정말로 한국교회는 성경을 하나님의 말씀으로 받아들이는가? 한국의 그리스도인들은 성경이 신자의 삶과 신앙에 유일한 규범이라고 정말로 믿는가? 그렇다면, 성경의 가르침이 그들의 삶과 생각을 근본적으로 바꾸어 놓아야 하는 것이 아닌가? 먼저 성경이 무엇인지, 성경을 어떻게 이해하고 해석해야 하는지를 알아야 하지 않겠는가? 바른 성경관과 성경 읽기는 진정성 있는 신앙의 길로 들어가는 입문과 같다. 그래서 여기 성경이란 무엇인가로부터 구·신약성경의 통일성, 성경 해석의 원리, 올바른 성경 해석의 필요성, 그로 인한 신앙적 유익 등을 또박또박 가르쳐주는 정통적 안내서가 나왔다. 성경 전체의 틀을 바라보는 거시적 관점을 세워주고, 역사 속에서 일하시는 하나님을 올바로 알게 해주어 신자의 신앙적 눈을 뜨게 해준다. 성경을 진지하게 대하는 그리스도인들, 하나님의 말씀에 정통적 설교자가 되기를 애쓰는 목회자들에게 적극적으로 권한다. 신학생들에겐 필독서가 되었으면 한다.

류호준_ 백석대학교 신학대학원 구약학 은퇴 교수

성경을 해석하는 일에는 적법한 해석 관점과 해석 방법이 필요하다는 것은 모두가 공감할 것이다. 흥미로운 일은, 해석 방법의 경우는 성경 해석에 관한 수많은 저작이 보여주듯이 독립된 연구와 저작의 대상으로 다루어졌는데 비해서, 해석 관점의 경우는 따로 독립된 연구나 저작의 대상으로 다루어지지 않고 많은 성경 신학에 관한 책들이 간접적으로 혹은 암시적으로 그 역할을 해왔다고 해도 과언이 아니다. 이런 차에 류호영 교수의 『성경 해석의 관점』, 『성경 해석의 방법과 실제』는 구약과 신약을 논증할 수 있는 자체적인 범주의 한계 내에서, 그렇지만 설득력 있게 하나의 거대한 메타-내러티브로 읽어가려는 시도를 보여주고 있다. 한 성경 신학자의 고뇌의 찬 작은 성경-신학적인 성경 읽기와 해석을 귀히 여기며, 성경적 가치관과 인생관 그리고 세계관에 관심을 두고 성경을 읽고 해석하려는 모든 분에게 일독을 강력히 추천한다.

홍인규_ 백석대학교 신학대학원 신약학 은퇴 교수

본서는 성경을 바르게 읽고 해석하게 해주는 친절한 책이다. 그것을 위해 역사적 문학적 신학적 세 차원(관점)에서 성경을 읽도록 이론과 실제를 보여준다. 본서는 우리가 단지 개인의 구원과 윤리, 그것을 위한 교리 추출을 위해 성경을 읽기보다는, 하나님의 창조 프로젝트에서 하나님의 백성으로 하나님의 목적을 위해 어떻게 살아가야 하는지 삶의 혁신을 위해 읽을 수 있음을 잘 드러내고 있다. 특히 예수님의 중심 주제인 하나님의 나라와 의의 관계가 구약과 신약의 일관된 신학적 주제로 잘 제시되고 있다. 또 본서는 성경의 장르마다 해석의 이론과 실제를 다루고 있는 친절한 책이다. 후대에 유익한 책이라고 생각하며 일독을 강력히 추천한다.

장석조_ 서울성경신학대학원 신약학 교수

『성경 해석의 관점』, 『성경 해석의 방법과 실제』는 우리가 성경을 피상적으로 읽든 심층적으로 읽든 성경을 이해하는 어떤 시각, 즉 성경 해석의 관점(Perspective)의 중요성을 강조한다. 특별히 본서는 신약, 구약을 총괄하는 성경신학적(Biblical Theological) 성경 읽기를 강조하며, '예수 믿고 천국 가는 것'이 기독교신앙의 목표인가에 대한 질문에, 성경신학적 성경 읽기를 통해서 기독교 신학의 근본 개념인 구원 및 예수님에 대해 올바르게 이해할 수 있다고 주장한다. 바른 성경적 관점에 관심 있는 여러분들에게 일독을 추천한다.

최순진_ 횃불트리니티신학대학원대학교 구약학 교수

성경 해석의 방법과 실제

II

성경 해석의 방법과 실제

지은이 류호영

초판 1쇄 인쇄 2022년 9월 13일
초판 1쇄 발행 2022년 9월 13일

발행처 도서출판 이레서원
발행인 문영이
출판신고 2005년 9월 13일 제2015-000099호

기획, 마케팅 김정태
편집 송혜숙, 오수현
총무 곽현자

디자인 박지나

경기도 고양시 일산동구 백석로71번길 46, 1층 1호
Tel. 02)402-3238, 406-3273 / Fax. 02)401-3387
E-mail: Jireh@changjisa.com
Facebook: facebook.com/jirehpub

책값은 표지에 있습니다.

ISBN 978 - 89 - 7435 - 602 - 6 (04230)
978 - 89 - 7435 - 593 - 7 (04230)(세트)

하나님 중심적 관점의 바른 성경 읽기

nterpretive Perspective

성경 해석의 방법과 실제

류호영 지음

이레서원

목차

Ⅳ 언어적 접근 방식들

Ⅴ 문학적 접근 방식들

II

제 1 부 성경 해석의 방법

Interpretive Perspective

I 성경 해석의 서론

1. 해석과 성경 해석의 유형들

1) 해석이란?

모든 사람들은 해석하며 살아간다. 그것이 사건, 사람, 문헌이건 간에 모든 것들을 나름대로 이해하고 산다는 뜻이다. 사람 간의 대화가 가능한 것도 서로 간의 이해가 있고, 또한 서로에 대해 나름대로 해석을 하고 있기 때문이다. 그러나 통상적으로 우리가 듣거나 읽는 것들의 의미를 파악하는 방식은 특정한 해석 방법을 사용하지 않고 그냥 무의식적으로 이해하거나 알아버리는 경우가 대부분이다. 이러한 통상적인 이해는 대부분 직관에 의해 이루어지는 무의식적인 것일 뿐, 특정한 해석의 과정을 거쳐서 이루어지는 것은 아니다. 이런 점에서 통상적인 이해는 우리가 학문의 장에서 말하는 의식적인 해석 작업과 구별된다.

학문의 장에서 말하는 해석이란 대상에 대한 직관적인 이해를 의식적인 차원으로 변환하고 특정한 해석의 과정을 통해서 대상의 의미를 파악한 뒤에, 이해한 바를 논리적으로 설명하는 모든 과정들을 총칭한다. 이런 점에서 성경 본문을 해석한다는 것은, 직관이 아니라 의식적인 차원에서 특정한 해석의 방법을 사용하여 본문의 의미를 파악하고 의미를 논리적으로 설명해나가는 것을 의미한다.

2) 성경 읽기의 두 유형

성경의 모든 독자들은 나름대로의 방식대로 성경을 읽고 이해한다. 그러나 대체적으로 성경을 읽는 방식은 크게 두 가지로 분류할 수 있다. 하나는 평범한 읽기(ordinary reading), 다른 하나는 비평적 읽기(critical reading)이다. 전자는 일반 독자가 성경을 읽는 방식이고, 후자는 학문의 장에 있는 사람들이 읽는 방식이다. 전자는 독자가 신앙이란 관점에서 성경의 표면적 의미를 액면 그대로 받아들여 개인의 삶에 적용해나가는 방식이라 할 수 있다. 그리고 후자는 독자가 이성을 수단으로 비평적 관점에서 성경의 역사적, 문학적, 신학적 차원 모두를 고려하여 분석적, 통합적으로 읽어가는 방식이다. 물론, 전자만이 경건한 성경 읽기고 후자는 그렇지 않다고 말할 수 없지만 통상적으로 전자는 신앙 성장을 위한 경건의 행위로 간주될 수 있는 반면, 후자는 이성을 중심으로 성경의 본래적 의미를 파악하고자 하는 이론적 해석 작업이라고 볼 수 있다.

학문의 장에서 이루어지는 성경 읽기는 또 다시 두 가지 방식으로 분류된다. 하나는 공시적인 읽기(synchronic reading), 다른 하나는 통시적인 읽기(diachronic reading)이다. 쉽게 표현하자면, 공시적인 읽기는 성경을 현재의 있는 그대로의 모습대로 읽는 것으로 숲을 보듯이 전체적인 관점에서 성경을 읽는 방식이다. 이에 반해서 통시적인 읽기는 본문이 현재의 형태에 이르기까지 거쳐왔던 문헌적 발전 과정들을 중심으로 본문 속에 담겨 있는 여러 단계의 세층들(layers)을 분석적으로 읽어가는 것으로, 숲이 아니라 나무를 보듯이 본문을 구성하고 있는 개별적 요소들에 대한 개체적인 관점에서 성경을 읽는 방식이다.

계몽주의 시대 이후로부터 성경 해석의 주도적인 방식은 역사-비평적 방식(historical-critical approach)으로서 역사 비평(historical criticism),[1] 양식 비평(form criticism),[2] 자료 비평(source criticims/ 전통적 의미의 문학비평),[3] 편집 비평(redaction criticism),[4] 전승사 비평(tradition-critical studies)[5]과 같은 고등 비평(higher criticism)들이 통시적인 읽기의 예들이다.

근래에 들어와 성경 해석은 이전의 역사-비평적 관점의 분석적이고 파편적인 해석 경향에서 벗어나 본문의 현재적 형태를 중심으로 전체적인 관점에서 읽어내려는 공시적인 성향의 보다 통합적인 해석 경향을 보이고 있다. 이러한 경향은 20세기 중반에 나타난 신-비평(새로운 의미의 문학비평/new literary criticism),[6] 수사 비평(rhetorical criticism),[7] 서사 비평(narrative criticism),[8] 이휘와 문법과 구문분석(lexical, grammatical, and syntactical analysis),[9] 의미론적 분석 혹은 담화분석(semantic or discourse

---

1 본문형성을 둘러싼 사건들에 대한 탐구를 지향한다.

2 본문에 반영된 구두 혹은 문서 형태의 전승들의 원형을 찾아내고 어떤 정황에서 전승들이 발전해나갔는지를 규명하려는 해석 경향이다.

3 본문에 사용된 문서자료들에 대한 탐구를 지향한다.

4 본문의 최종 저자가 자료를 어떻게 채택하여 어떤 방식으로 다루었는가를 탐구하려는 해석 경향이다.

5 하나의 전승이 시간이 경과하여 최종본문에 이르기까지 어떠한 발전의 과정을 거쳤는가를 탐구하려는 해석 경향이다.

6 본문을 문학의 일환으로 이해하여 일반적인 문학연구에서 사용하는 문학비평의 전통적인 모델이나 현대의 모델을 채용하여 본문을 해석하려는 경향이다.

7 본문이 지닌 수사학적인 요소들의 전반적인 목표와 효과들과 독자를 설득하거나 감동을 불러일으키려는 의도를 지닌 본문의 장치들과 전략들 그리고 구조를 규명하려는 해석 경향이다.

8 내러티브/이야기를 구성하는 본문의 형식상의 특성과 제재들의 특성을 규명하려는 해석 경향이다.

9 본문 기록 당시의 어휘적, 문법적, 구문적인 용법 기준에 따라서 단어와 숙어 문법적 형태

analysis)[10]을 통해 그 모습을 드러낸 바 있다.

통시적 해석들이 본문의 현재적 형태에 이르기까지의 형성 과정에 보다 큰 관심을 기울이는 반면, 공시적 해석들은 본문의 최종적 형태에 관심을 둔다는 점에서 중요한 차이가 있다. 그러나 이 두 해석 경향은 본문 그 자체에 일차적인 관심을 가진다는 공통점을 지닌다. 한편 이 두 해석 경향 이외에도 본문을 목적 자체가 아니라 목적을 위한 수단으로 읽어가려는 일종의 '도구적' 해석방법이 존재한다는 인식이 있다. 간단히 말하면 이런 해석방법이 지향하는 바는 본문을 넘어 그것이 증언하고자 하는 실체를 만나는 것이다. 즉 참된 인간됨의 의미, 인간의 관계성, 혹은 영적 진리나 하나님과 같은 참된 실체를 본문 해석을 통해서 실존적으로 만나는 일이다. 정경비평(canonical criticism)[11]이 이러한 해석 경향의 대표적인 사례라 할 수 있다.[12]

이상과 같은 공시적 성향의 통합적인 해석 경향에 뒤이어 모더니즘과 포스트-모더니즘의 출현과 함께 문헌 해석은 구조주의(structuralism)[13], 탈-구조주의 (deconstruction),[14] 독자-반응 비평(reader-response

---

와 이들 상호간의 관계를 규명하려는 해석 경향이다.

10 본문이 의미를 전달하는 방식을 현대 언어학의 원리와 이론에 따라 고찰하고 규명하려는 해석 경향이다.

11 본문을 성경 전체의 문맥에서 탐구하되 신앙공동체에 주어진 실존적인 의미에 천착하여 본문을 해석하려는 경향을 지닌다.

12 보다 자세한 설명을 위해 다음을 보라. 마이클 고먼, 『성서석의입문』 (크리스챤다이제스트, 2005), 24-25, 30-33, 264-266.

13 본문이 지닌 플롯, 주제, 모티브, 성격묘사, 박자, 운율, 평행법과 같은 '표면구조'가 아니라 본문 속에 투영된 보편적이고도 시원적인 구조, 즉 지속적으로 존속하는 인간 문화와 언어에 깊이 뿌리를 두고 있는 '심연구조'를 탐구하려는 해석 경향이다.

14 모든 텍스트 즉 모든 인간의 의사소통이 궁극적으로 어떻게 스스로 해체되고 붕괴되는가를 보여주려는 해석 경향으로, 본문 안에 아주 모호하게 잠재되어 있는 모순된 내용을 발견하여 해석자로 하여금 성급하게 그것이 어떤 고정된 의미를 가지고 있다고 주장하지 못하게 하려는 의도를 지닌다.

criticism)[15]과 같은 보다 진보된 이론들로 발전되어 갔다.[16]

3) 성경 해석의 방식들

3-1) 성경 해석의 네 가지 일반적인 유형

이상에서 살펴 본 여러 가지 성경 해석의 방식들을 마가복음 12:1-12의 악한 포도원 농부들의 비유를 중심으로 다음과 같이 네 가지 유형들로 정리해보면 성경 해석 방식들 사이의 차이들을 보다 분명하게 알 수 있을 것이다: 1) 경건한 읽기 혹은 비평-이전적 읽기; 2) 역사-비평적 읽기; 3) 신학적 읽기; 4) 다중적 읽기.[17]

(1) 경건한 읽기 혹은 비평-이전적 읽기(Pre-critical Reading)

이 방식의 본문 읽기는 성경의 권위를 가장 중요시 한다. 그리고 이 비유의 역사적 배경을 묻지 않으며, 본문을 액면 그대로 거룩한 하나님의 말씀으로 받아들인다. 이 방식의 독자는 성경 본문에서 하나님의 음성을 듣기를 원하며, 이런 점에서 자신을 악한 농부로 동일시하거나 혹은 핍박받는 선지자와 동일시하는 경향을 보인다.

---

15 본문과 독자 사이에 상호 작용을 통해서 의미가 발견되므로, 따라서 독자들마다 한 본문에 대해 다른 의미를 가질 수 있다는 전제하에 한 본문 안에 있는 말들과 관련한 독자의 발전적인 반응을 분석하려는 해석 경향이다.

16 이에 대한 보다 자세한 설명을 위해 다음을 보라. W. 클라인 & C. 블롬버그, & R. 하버드, 『성경 해석학총론』 (생명의말씀사, 1997), 816-868.

17 이하의 설명은 다음에 기인한다: N. T. 라이트, 『신약성서와 하나님의 백성』 (그리스챤다이제스트), 97-114.

(2) 역사-비평적 읽기(Historical-critical Reading)

이 방식의 본문 읽기는 성경의 역사성을 중시한다. 그런 점에서 이 비유를 말씀하셨을 당시의 예수의 의도가 무엇인지(역사-비평학적 질문), 혹은 초대교회는 이 비유를 자신의 복음 전파 가운데서 어떻게 사용했는지(양식 비평과 자료 비평적인 질문), 혹은 복음서 저자는 자신의 복음서가운데서 이 비유를 어떻게 사용하고 있는지(편집 비평적 질문)를 묻는다. 어떤 경우이든, 이 방식의 본문 읽기는 본문 자체에 대한 관심보다는 본문 이면에 놓인 사건들이나 정황들(예수의 삶의 정황, 초대교회의 삶의 정황, 복음서 저자의 삶의 정황)에 특별한 관심을 부여한다.

(3) 신학적 읽기(Reading as Theology)

이 방식의 본문 읽기는 본문을 신학적 저작으로 간주하여 비유는 어떠한 신학적 메시지를 전하고 있는지를 알고자 한다. 또 어떠한 신학이 비유의 근저에 놓여있는가를 묻는다. 예를 들면, "'아들'에 관한 묘사가 함축하고 있는 기독론은 어떤 것인가?", "이 비유는 복음서 저자 혹은 초대교회의 전체적인 신학적 진술 내에서 어떤 위치를 차지하고 있는가?" 등의 질문을 통해서 비유가 담고 있는 신학적 의미를 찾아내고자 한다.

(4) 다중적 읽기(Multiple Reading)(해석학적 관심)

이 방식의 본문 읽기는 본문의 권위나 본문의 역사성, 본문의 신학 등과 같은 본문 자체 혹은 본문과 직접적으로 관련된 것들에 관심을 두기보다는 주로 해석학적인 일에 관심을 둔다. 다시 말해, '이 비유를 읽는다는 것은 독자에게 무엇을 의미하는가?', '독자는 무슨 일이 일어나기를 기대하는가?', '또한 어떠한 변화가 일어나기를 기대하는가?', '이 비유를 해석한다는 것은 도대체 무슨 뜻인가?', '비유가 독자에게 무슨 일을 발생시키는 것인가 아니면 독자가 비유에 어떠한 의미를 부여하고 있는 것인가?'와 같은 질문들을 제기한다.

3-2) 성경 해석 역사의 관점에서 본 성경 해석

이상의 네 가지 유형 성경 해석은 새로운 각도, 즉 역사 변천에 따른 성경 해석의 역사를 통해 다시 설명될 수 있다. 역사적으로 성경 해석은 종교개혁 이전 시기의 성경 해석과 종교 개혁 시기의 성경 해석, 계몽주의와 함께 시작된 역사-비평적 성경 해석 그리고 20세기 이후의 새로운 해석 패러다임인 문학-비평적 해석과 사회-과학적인 분석으로 구별된다. 성경 본문의 해석 작업은 해석자, 본문, 저자, 그리고 사건들이라는 4가지 요소 혹은 지평들을 담고 있는데, 이상의 해석 유형들은 이 네 가지 요소를 선택하여 중점적으로 관계하는 것이라 할 수 있다.[18]

(1) 종교개혁 이전 시기

먼저 종교개혁 이전 식의 성경 해석은 주로 해석자가 본문만을 대상으로 해석 작업을 수행하였는데, 이로 인해 본문의 역사적 국면이 무시되고 철저히 글로 쓰인 문헌(written text)으로서의 본문 만을 강조함으로써 특정한 교리를 염두에 두고 본문을 매우 자의적으로 읽어냈다고 할 수 있다. 다시 말해, 이 시기의 성경 해석은 본문에 대한 문법적 해석의 가능성을 보였으나 본문의 역사적 차원을 간과함으로써 풍유적 해석으로 치닫게 된다. 이 시기의 해석학적인 교류 과정은 다음과 같이 도식화할 수 있다.

18 이하의 글은 다음의 저서에 의존하고 있다: N. T. Wright, 『신약성서와 하나님의 백성』 박문재 역 (크리스챤다이제스트, 2003)

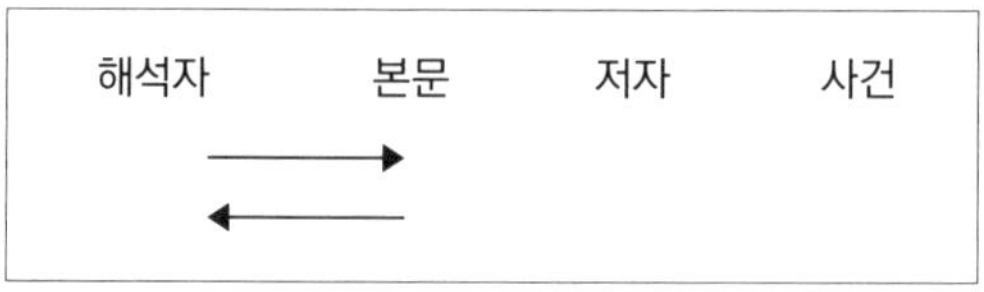

즉 이 시기의 성경 해석이란 기본적으로 해석자와 본문 사이의 관계로서, 해석자는 해석의 나머지 지평 중에서 오직 본문이라는 지평까지만 나아갔다가 다시 자신의 자리로 돌아온다.

(2) 종교개혁 시기

종교개혁 시기의 성경 본문 해석은 해석자가 해석 작업의 지평을 본문에서 본문의 저자로까지 확대했다고 볼 수 있다. 성경 본문을 단순히 하나의 문헌으로서 다루는 것이 아니라 특정한 역사적 국면에서 저자에 의해 기록된 저작으로 간주하여 저자가 본문을 기록했을 당시의 역사적, 문법적 의미를 염두에 두며 본문을 해석하고자 한다. 역사적 의미에 관심을 두면서 본문을 문법적으로 바르게 해석해 나감으로써, 결국 저자가 역사적으로 의미했던 신학적 의미를 찾고자 했던 해석 방법이라 할 수 있다. 이 시기의 해석학적인 교류 과정은 다음과 같이 도식화할 수 있다.

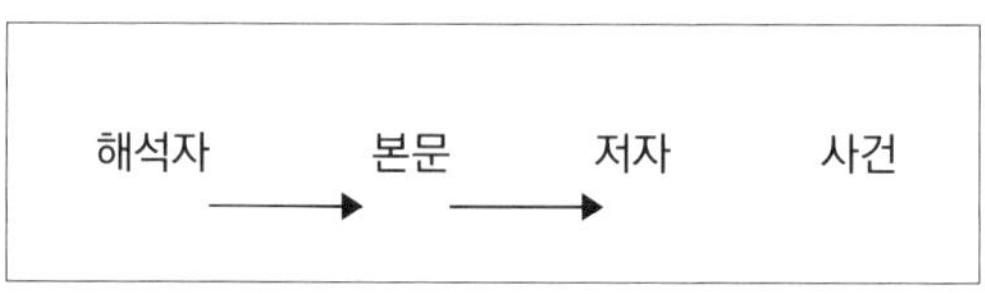

즉 이 시기의 성경 해석은 해석자가 해석의 지평을 한 걸음 넓혀서 본문의 저자에까지 나아간다.

(3) 계몽주의 시대

계몽주의와 함께 시작된 역사-비평적 성경 해석은, 해석자가 해석 작업의 지평을 본문에서 저자로 그리고 저자에서 사건으로까지 넓혀나 간다. 이제 해석자가 알고 싶은 것은 본문이 기술하고 있는 이야기가 아니라 실제로 일어났던 일, 곧 역사적 사건의 실체이다. 해석자는 본문 이면으로 나가서 역사적 사건을 재구성하고자 노력한다. 이들은 역사적 사건의 실체를 아는 것이 해석의 객관성을 확보하는 일이며, 실체를 통해 보다 객관적인 사실 혹은 진실에 근접할 수 있다고 본다. 한 마디로 이 시기의 성경 해석은 본문의 최종적 형태가 지닌 권위를 중시하기보다는 본문을 역사적 실체의 한 단면을 보여주는 사례로 취급하는 경향을 보인다. 이 시기의 해석학적인 교류 과정은 다음과 같이 도식화할 수 있다.

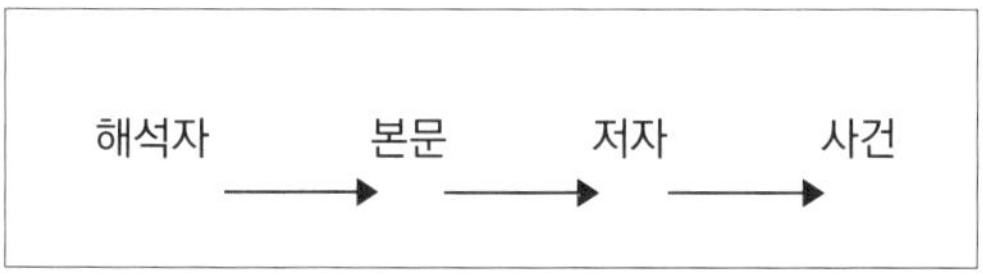

이 시기의 성경 해석은 해석자가 해석의 지평을 저자로부터 한 걸음 더 나아가 본문의 기초 자료라 할 수 있는 사건 자체에까지 확장하고 있다. 다시 말하지만 이러한 해석 지평의 확장은 현재 형태의 본문에게 주어진 최종적 권위를 인정하지 않고, 본문의 기초 자료라는 사건을 해석자가 직접 다루어보겠다는 것이다.

(4) 20세기

마지막으로 20세기에 들어와서 해석학에서 패러다임의 전환(paradigm shift)을 추구하고자 하는 움직임들이 대두된다. 이 움직임은 전통적인 해석 방법론인 역사적-문법적 해석으로부터 보다 현대적 의미의 문학-비평적 해석과 사회-과학적 분석으로 관심을 돌리고 있다.[19] 먼저 현대적 의미의 문학-비평적 접근은 보다 고전적 의미의 문학-비평적 접근이 하던 저작 시기, 장소, 저작 목적, 문체와 언어 등에 대한 관심에서 진일보하여, 보다 구조적인 접근과 수사적 관심, 내러티브에 대한 관심을 보인다. 그리고 사회-과학적 분석은 성경에 나타난 사회의 역사에 대한 탐구와 성경 텍스트에 기록된 인간 행위에 대한 현대적 이론들의 적용으로 이루어진다. 이러한 관심과 강조의 차이에도 불구하고 이 두 방법론의 공통점은 모두 해석의 지평을 본문으로부터 저자, 그리고 사건들의 역사적 정황들로 확장해 나가지만, 결국 다시 본문으로 회귀한다는 점이다. 이 두 해석방법론의 해석학적인 교류 과정은 다음과 같이 도식화할 수 있다.

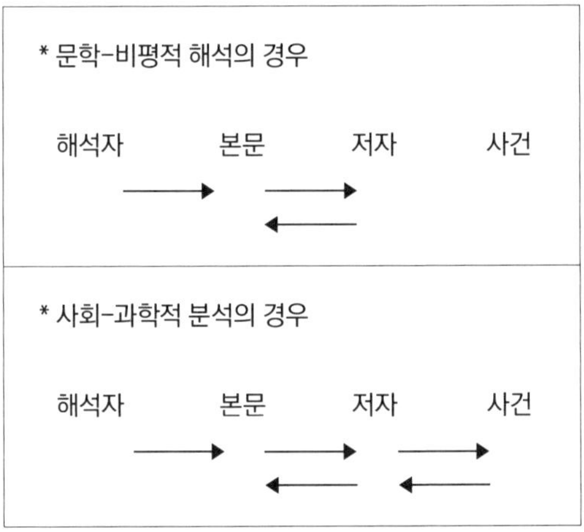

19 보다 자세한 성경 해석에 대한 현대적 접근들을 위해서 다음을 보라: 윌리엄 클라인 외 2인, 『성경 해석학 총론』 류호영 역, (서울: 생명의 말씀사, 1997), 816-68.

20세기의 성경 해석인 문학-비평적 해석과 사회-과학적인 해석의 경우는 모두 해석의 지평을 저자나 혹은 사건까지 확장하지만 다시 본문의 지평으로 회귀함으로써, 해석의 궁극적인 관심을 본문에 두고 있다. 이런 점에서 문학적인 비평적 도구나 사회학적인 분석이라는 비평적 도구 모두는 본문을 보다 잘 이해하기 위한 궁극적인 목표에 종속되는 해석도구이다.

3-3) 결론

결론적으로 이상의 네 가지 유형의 성경 읽기 방식과 해석 역사상에 있었던 해석 지평에 대한 다양한 관심은 결국 '성경을 어떻게 볼 것인가'와 연관되어 있다. 다시 말해, 성경을 규범적인 진술(prescriptive statement)로 보아 특정한 관점을 중심으로 읽어갈 것인가, 아니면 역사적인 진술(descriptive statement)로 보아 객관적으로 혹은 가치-중립적으로 읽어갈 것인가라는 질문과 깊은 관련을 맺고 있다는 것이다. 문제는 이 중 어느 하나에 극단적으로 치우쳐서 성경을 읽는 일이다. 진보 진영의 입장은 '모든 도그마 즉 교리는 역사라는 잣대에 비추어 검증되어야 한다'라는 계몽주의적 전통을 고수하는 반면, 근본주의 진영은 역사적 고찰 없이 믿음의 단순성만을 고수하는 경향이 있다.

그러나 어떠한 경우이든 중요한 것은 우리 앞에 놓인 성경 본문이다. 비록 순환적 논리일지 모르겠지만 성경 본문으로 돌아가는 길만이 이러한 극단적인 양자의 대립을 극복할 수 있는 유일한 대안이다. 다시 성경 본문으로 돌아가되, 저자의 역사적 의도와 원래의 독자들의 이해, 그리고 현재 우리 앞에 놓여있는 본문의 의미 사이의 관계를 바르게 설정하는 것이 필요하다.[20] 저자의 의도와 원래 독자들의 이해는 본문에 잘 반영되어 있다고 믿기에 최종적인 형태로 우리 앞에 놓여 있는 본문을 보다 책임성 있게 읽어가는 것이 바람직하다. 이렇게 할 때, 저자, 본문, 원래 독자 사이의 불필요한 혹은 순환적인 논쟁을 잠재울 수 있으며, 나아가 역사와 신학 사이의 대립적인 이원론적 논쟁을 극복할 수 있다.

끝으로 간단히 성경 해석과 관련한 비평 이론들에 대해 언급하고자 한다. 비평 이론들은 대개의 경우 성경과 성경이 담고 있는 사상과 주제들은 역사 발전에 따른 진화의 과정을 거쳐 이루어진 부산물로 생각하는 자연주의적이며 인본주의적인 사상을 그 기저에 담고 있다. 이런 사고 속에서는 성경의 계시적인 차원이 고려되지 않으며 오직 원인과 결과라는 자연법적인 이해와 이성적 판단이 놓여 있을 뿐이다. 이러한 비평 이론의 전제는 물론, 받아들일 수 없는 것이지만 성경 해석이 의식적인 차원의 해석 작업이라면 이성적 차원에서 이루어진 학문적인 비평 이론들이 지닌 각론적 차원의 해석 방법들에는 귀를 기울일 수 있는데, 이 모든 일은 결국 성경의 보다 나은 이해를 위해(for the better understanding of the Bible) 필요한 일이라는 점을 항상 인식할 필요가 있다.

한 가지 더 첨언하자면 성숙한 성경 해석자는, 계시적 차원의 성경주제들이 어떻게 인간역사라는 구체적 문맥 속에서 구체화되고, 어떻게 인간적인 요소들과 반응하는가를 자세히 살피는 사람이다. 예를 들어, 하나님의 주권이 인간의 삶의 실존적 정황 속에서 어떻게 역사하고, 인

20 이러한 본문의 의미에 대한 강조는 문학세계에서 소위 신비평(New Criticism)의 중흥과 함께 발현되었다. 특히 C. S. Lewis와 E. M. W. Tillyard 사이의 유명한 논쟁은 본문의 의미와 저자의 의도 사이에 관계에 대한 논쟁에 집중하고 있다. 신비평의 출현과 함께 함께 이제 해석의 관심은 본문을 통한 저자와 독자의 상호작용이 아니라, 독자와 본문의 상호작용으로 옮겨졌다. 이것은 성경 해석사에서 편집비평에서 서사비평으로 비평방식이 옮겨간 것과도 그 맥을 같이한다. 보다 자세한 설명을 위해서, N. T. 라이트, 『신약성서와 하나님의 백성』, 104f를 보라.

간의 다양한 요소들과 어떻게 상호-반응하는지를 주도면밀하게 바라보는 시각을 갖고 있는 사람이라고 할 수 있다.

4) 성경 해석의 목표

성경 해석과 관련한 또 하나의 중요한 질문은 본문 해석을 통해 해석자는 무엇을 발견하고자 하는가이다. 다시 말해, 해석자는 본문의 의미를 밝히려 하는가, 아니면 저자의 의도를 파악하려고 하는가, 그도 아니면 원래 독자들이 이해했던 바를 밝히려 하는가이다. 물론, 성령에 의해 감동된 저자들에 의한 오류 없는 저작이란 성경의 특성을 고려할 때 본문의 의미와 저자의 의도, 그리고 원래 독자의 이해는 모두 일치한다는 대전제가 필수적이지만 특별히 본문에 대한 해석자의 객관적인 해석 통제력을 확보하려면 해석의 목표는 본문의 의미를 파악하는 것이라고 정의하는 것이 옳다. 물론, 저자의 의도와 원래 독자들의 이해가 온전하게 현재의 본문 속에 반영되고 있다는 것을 알게 되면 본문의 의미를 밝히는 일의 당위성은 더욱 쉽게 받아들여 질 수 있을 것이다.

2. 성경 해석의 세 분야

성경을 해석하는 일에는 세 분야가 중첩되어 있다. 첫째로 '성경 해석학(biblical hermeneutics)'이란 분야가 있다. 성경 해석학은 철학적 해석학(philosophical hermeneutics)과 함께 보다 큰 차원의 해석학의 일부로, 성경 본문, 본문의 저자, 본문의 해석자, 본문의 원래 독자, 본문의 현대 독자라는 해석 작업에 관계된 모든 요소들을 개체적으로 살펴보고, 동시에 해석 과정에서 이들 간에 어떠한 상호작용이 일어나는가를 주목하는 해석의 통제소와 같은 역할을 한다. 엄밀한 의미에서 성경 해석의 원리적인 측면을 다룬다고 말할 수 있다. 기존에 출간된 성경 해석에 관한 대부분의 책들이 성경 해석학에 관한 책들이라 할 수 있다.[21]

둘째로 성경 해석(biblical interpretation)이라는 분야가 있다. 이것은 성경 해석학이 다루는 해석학적인 측면, 즉 성경 해석을 통제하는 여러 가지 원리들을 다루는 것이 아니라 실제로 성경을 어떻게 다룰 것인가에 대한 전반적인 지침들을 다루는 분야이다. 그러기에 성경을 해석하는데 관계된 여러 가지 전제들의 문제, 성경 해석의 역사, 성경 번역의 문제들, 장르에 따른 해석의 규칙들과 일반적인 해석의 법칙들을 개괄적으로 다룬다. 성경 해석의 장점은 다소 추상적인 원리를 다루는 성경 해석학보다는 해석에 있어 보다 실제적인 도움을 준다는 점이다. 해석자들에게 성경을 실제적으로 어떻게 다룰 것인가에 대한 일반적인 지침을 주기 때문이다.[22]

세 번째로 석의 방법론(exegetical method)이란 분야가 있다. 석의 방법론은 성경 본문을 실제적으로 해석하는 방법을 다루는 분야다. 성경 해석이 해석에 필요한 일반적인 지침을 주고 있다면, 석의 방법론은 성경 본문을 해석하는데 필요한 구체적인 지침, 방법을 제시하고 있다는 뜻이다.[23]

---

21 성경 해석학에 관한 참고문헌의 예들을 다음과 같다. 루이스 벌코프,『성경 해석학』(크리스챤다이제스트, 2008); 그레엄 골즈워디,『복음중심해석학』(CLC, 2010); R. H. 스타인,『성경 해석학』(CLC, 2011).

22 성경 해석에 관한 참고문헌의 예들은 다음과 같다. W. 클라인 C. 블롬버그 R. 하버드,『성경 해석학총론』(생명의 말씀사, 2012); J. 듀발 & J. 헤이즈,『성경 해석』(성서유니온선교회, 2009); 고든 피 & D. 스튜어트,『성경을 어떻게 읽을 것인가』(성서유니온, 2010); 시드니 그레이다누스,『성경 해석과 성경적 설교』(상), (중), (하) (여수룬, 1999).

23 석의방법론에 관한 참고문헌의 예들은 다음과 같다. 고든 피,『신약성경 해석방법론』(크

서두에서 언급했지만 이상의 세 분야는 성경을 해석하는 일에 모두 관계되어 있기에 이것들을 서로 정확히 분리하고 나누기는 어렵다. 그러나 각각이 중점적으로 다루는 분야 혹은 차원이 다르다는 점에서 지금까지와 같이 구분하여 설명할 수 있다. 더욱이 이 세 분야가 한데 잘 어우러지게 될 때 해석자는 보다 효과적으로 바르게 성경을 해석할 수 있게 된다.

석의 방법론(exegetical method)은 성경 본문의 원래적 의미인 역사적-문법적 의미를 찾는 구체적인 방법을 다루는 분야이다. 원래 석의를 뜻하는 영어 단어 exegesis는 두 개의 헬라어 단어인 ἐξ(…로부터)와 ἄγω(이끌다, 인도하다)에서 유래했으며, 그 뜻은 본문에서 원래의 의미를 이끌어 내는 과정을 가리킨다. 석의는 예술인 동시에 과학인 해석학(hermeneutics-"해석하다, 번역하다"를 뜻하는 헬라어 ἑρμηνεύω에서 유래함)과 밀접하게 연계되어 있다. 전통적으로 해석학은 철학의 한 지류로 발전했으며 한 사람이 다른 사람의 발화 혹은 의사소통의 행위들이 지닌 의미를 결정할 수 있는지, 만약 결정할 수 있다면 어느 정도로 어떻게 결정할 수 있는지에 관한 보다 포괄적이며 이론적인 질문들을 다룬다. 한마디로 해석학은 해석의 원리 전반을 다루는 학문분야다.

이에 비해 석의는 실제적으로 본문을 해석하는 작업이다. 혹자는 '석의'란 성경 본문의 해석자가 성경 본문의 원래적 의미를 파악하고자 성경원어(biblical languages)로 된 본문에 대한 해석 작업을 하는 경우만을 가리킨다고 주장한다. 그러나 석의 작업은 성경원어를 가지고 성경을 해석하는 경우에만 국한되는 작업이 아니며 성경 본문의 원래적 의미 곧

리스챤출판사, 2003); 더글라스 스튜어트, 『구약주석방법론』 (크리스챤다이제스트, 2008); 데이빗 앨런 블랙, 『설교자를 위한 신약석의 입문』 (솔로몬, 1997); G. 오스본 & S. 우드워드, 『성경연구, 어떻게 할 것인가』 (크리스챤다이제스트, 2001).

본문의 역사적-문법적 의미를 찾기 원하는 모든 성경 해석자와 성경 독자들의 관심사항이다. 이 말을 달리 표현하자면 의식적 혹은 무의식적으로 본문에 해석자 자신의 의미를 집어넣어 본문을 읽거나 해석하는 *독자-의미투사*(eisegesis)가 아니라, 본문에서 원래적 의미를 이끌어 내는 본문 읽기나 본문 해석인 ***텍스트-의미추출***(exegesis)을 원하는 모든 사람에게 석의가 요구된다는 뜻이다. 성경 본문을 바르게 읽고 해석하는 일은 크게 다음과 같은 두 가지에 깊이 연관되어 있다: 1) 해석의 관점; 2) 해석의 방법. 이런 점에서 성경을 삶과 믿음의 유일한 척도인 하나님의 계시의 말씀으로 받아들여 이 말씀을 배우고 가르치는 일에 헌신한 신학생들은 '성경 읽는 법을 배우는 일(learning how to read the Bible)'과 '성경적 관점/시각을 확고하게 세우는 일(establishing biblical-theological perspectives)'에 정진해야 한다.

해석의 관점이란 해석의 대상인 성경 본문을 들여다보는 창(window) 혹은 어떤 관점에서 본문을 바라볼 것인가 하는 관점(perspective)에 대한 문제이다. 우리가 어떤 풍광을 본다고 가정할 경우 적절한 전망대가 필요할 것이다. 그것은 풍광의 웅장함뿐만 아니라 풍광의 전체적인 모습을 조망하기 위한 것이다. 이처럼 사물이나 대상을 볼 때 전체적인 시각과 관점에서 본다는 것이 중요하다. 성경 본문들 역시 성경의 전체적인 관점에서 보는 것이 중요하다. 성경 본문을 바라보는 관점이 매우 지엽적이거나 편협하다면 처음부터 그 본문을 읽고 해석하는 방향성이 잘못되기 마련이다. 또한 성경 본연의 관점과 다른 관점에서 성경 본문을 바라보는 것 역시 성경 본문을 바르게 읽고 해석하는 일을 왜곡하게 만든다.

성경 본연의 관점은 성경 저자들이 의도적으로 전달하고자 하는 바(communicative intention)와 일치하며 이 의도는 대개의 경우 신학적(theological)이다.[24] 신학적이란 성경 저자들과 독자들이 살았던 당대의 세속 문화라는 역사적 배경이 보여주는 그들의 신들(무기력하고 무자비하며 변덕스러운 신들)과는 매우 다른 독특한 하나님(절대적으로 주권적이며, 언제나 은혜로우신, 약속에 일관되게 신실하신 하나님)과 그리고 이 독특한 하나님과의 관계 속에 살아가는 독특한 하나님의 백성들 (이러한 독특한 하나님과의 관계 속에 사는 삶의 전형[paradigm]을 보여줌으로써 만국에 대한 제사장 나라로 부름받은 자들)을 전제한다.[25] 이런 점에서 성경을 바르게 읽고 해석하려면 성경의 고유한 성격인 **신학적 관점**을 바르게 이해하는 일이 반드시 필요하다.

석의, 곧 성경 본문에 대한 해석은 기본적으로 역동적이다. 다시 말해, 석의란 정해진 해석 방법을 기계적으로 본문에 적용해서 이루어지는 것이 아니라, 해석자가 석의의 과정을 하나씩 수행해가면서 저자가 전달하고자 하는 의도(the author's communicative intention)에 초점을 맞춰 본문과 교감하고 역동적으로 상호작용하여 이루어지는 작업이란 뜻이다.

그럼에도 불구하고 이러한 역동성에 대한 최소한의 안전장치를 제공하는 것이 바로 해석의 지침 혹은 가이드라인으로서의 해석 방법이라 할 수 있다. 석의에 안전장치를 제공하는 길 중 하나는 본문을 자세히 관찰, 자세히 읽는 일이다. 즉 성경은 묵상의 대상이기 이전에 관찰의 대상이라는 뜻이다. 이런 점에서 석의의 목표는 본문에서 어떤 깊은 영적 의미를 만들어내는 것이 아니라 본문의 문법적-역사적 의미인 원래적 의미를 찾아내는 일이다.

중요한 점은 이러한 원래적 의미는 오직 인간 저자가 갖고 있었던 생

24 "신학적"이라함은 보편적인 인간 전통과 도덕을 중시하여 성경을 이런 맥락에서 읽어가려는 일반적 경향에 대해, 세속문화와 전통에 대한 성경의 근본적인 변증적 성격을 요약적으로 표현하는 방식의 일환이다.

25 Cf. Peter T. Vogt, *Interpreting The Pentateuch: An Exegetical Handbook* (Kregel, 2009), 45-49.

각을 텍스트에 특정한 역사의 언어와 문학의 형태로 표현했던 '문자적 의미'만을 뜻하지 않는다는 점이다. 대신 본문의 원래적인 의미는 하나님(성령)이 인간 저자의 언어와 문화라는 한계 상황을 기꺼이 수용하셔서(divine accommodation of human fallible language and culture) 자신의 뜻을 드러내기로 결정하셨던 의미, 다시 말해 신학적인 의미를 가리킨다. 이런 점에서 본문 석의를 통해서 본문의 원래적인 의미를 찾는다는 것은 인간저자의 언어로 표현된 문자적인 의미만을 찾는 것이 아니라. 이러한 하나님의 수용 가운데 표현된 의미가 지닌, 보다 근본적인 의미인 신학적인 의미를 찾는 것이라 할 수 있다. 이런 점에서 석의 작업은 결코 단순히 이성적인 비평적 분석 작업이 아니라, 동일한 성령의 조명과 역사를 따라서 이루어지는 영적이며 신학적인 작업이라 할 수 있다. 즉 단순히 언어 형태로 우리 앞에 놓여 있는 본문의 문자적인 의미가 아니라, 보다 깊은 의미, 즉 성령께서 불완전한 인간의 언어와 문화를 통해서 전달하려했던 보다 충만한 의미를 찾는 영적인 해석 작업이라 할 수 있다.

어떤 경우든 성경 본문의 해석자는 본문을 묵상하거나 해석하기 전에 앞서 항상 본문을 자세히 읽고 관찰한 바를 기술하는 훈련을 지속적으로 해야 할 필요가 있다. 저자 당대의 언어와 문화를 통해표현된 본문이기 때문에 일단 문자적인 의미를 찾는 이러한 이성적-비평적인 분석과 관찰의 작업은 성경 해석의 기본이라 할 수 있다.

석의방법론은 이러한 본문 관찰에 대한 기본적인 가이드라인을 제시하는 분야이다. 해석자로 하여금 본문을 보다 자세히 살필 수 있는 여러 가지 경로와 접근 방식들을 제공하는 데 그 목적이 있다. 본문 해석자는 석의방법론이 제시하는 여러 가지 접근 방식과 경로들을 잘 숙지함으로써 스스로 본문을 자세히 읽고 관찰할 수 있는 능력을 계발하게 될 수 있을 것이다. 물론, 해석자는 이러한 관찰 능력을 계발함으로써 본문의 저자가 전달하려는 의도를 보다 효과적으로 파악할 수 있게 될 것이다.

이 시점에서 우리는 종교개혁주의자들의 '성경으로 성경되게 하라/ Let the Bible be the Bible' 혹은 '성경 스스로 말하게 하라/ Let the Bible Speak Itself!'라는 모토를 기억할 필요가 있다. 진정한 의미의 교회 개혁과 삶의 갱신이 이루어지려면 성경 해석자 자신의 말이 아니라 성경의 말이 들려야 한다. 성경의 말이 들리려면 먼저 본문을 자세히 관찰해야 한다. 단어의 의미(사전적 및 의미론적 사항들), 단어와 단어 사이의 관계들(문법적 사항들), 문장과 문장 사이의 관계들(구문론적 사항들), 본문의 문학적 구조와 패턴들(교차 대구법, 수미-상관법, 평행법, 반복법, 점층법, 은유 등)을 반드시 살펴야 한다. 그리고 필요한 경우 본문의 역사적-문화적 배경도 알아야 한다. 물론, 이 모든 것 위에 성경 신학적 관점에서 본문을 조명할 수 있어야 한다. 석의방법론은 학생들에게 본문을 자세히 읽고 해석하는 일이 유용하고 효과적인 일이 되도록 도우려는 목표를 가진다.

3. 성경 본문 해석의 성격

성경 본문은 그 성격상 역사적 성격과 문학적 성격, 그리고 신학적 성격을 모두 지니고 있다. 이런 점에서 바른 성경 해석은 성경 본문의 이 세 가지 측면을 모두 정당하게 고려하는 해석이라 할 수 있다. 여기서는 간략하게 이 세 측면을 설명하고자 한다.

1) 역사적 성격

성경이 역사적 측면을 지닌다는 것은, 성경이 역사적 사건들에 기초한다는 자명한 사실에 기인한다. 사건들이 하나님의 창조의 행위에 관한 것이든 예수 안에서 행하신 재-창조 행위에 관한 것이든 성경에 기록된 사건들은 구체적인 역사적 실체를 갖고 있는 것이다. 이것은 성경의 진리가 역사적인 진정성을 갖고 있다는 점만을 암시하지 않는다. 보다 중요하게는 성경 진리의 근본적인 성격을 말하고 있다. 즉 성경은 추상적인 진리체계가 초역사적으로 전해진 것이 아니라, 구체적인 삶의 정황 가운데서 자신의 피조물인 인간과 함께 창조와 구속 역사를 역동적으로 이끌어 가신 하나님의 구체적인 행위들과 이에 대한 인간들의 반응에 관계된 것이라는 뜻이다. 앞에서 지적했지만, 이런 점에서 성경진리를 안다는 것은 추상적인 진리체계들을 연역적으로(deductively) 추론하여 얻는 것이 아니라, 점진적으로 드러난 하나님의 자기-계시, 곧 인류의 창조-구속의 역동적 성경 이야기들을 귀납적으로(inductively) 배우고 전-인격적으로 경험하는 것을 의미한다.

복음서의 예를 들어 성경의 역사적 성격을 살펴보자. 비평학자들에 따르면, 복음서는 최종적 형태로 나타나기까지 세 단계의 과정을 거친다. 첫 단계는 역사적 예수께서 친히 행하신 말씀과 사역의 기간이고, 둘째 단계는 예수에 관한 전승들이 구전으로 회자되고 전해내려오던 구전시기, 마지막 단계가 바로 복음서 저자들의 기록 단계이다.[26] 역사적 예수께서 친히 행하신 말씀과 사역에 관심을 두는 해석자는 자료들(sources)에 대한 문제를 일차적 관심사로 한다. 즉 역사적 예수의 생애를 구성하는 가장 확실하고도 신뢰할 만한 자료는 무엇인가에 대한 질문

26 이에 대한 간결한 설명은 다음을 보라: F. 메이트라 저, 『마가복음 신학』, 류호영 역 (기독교문서선교회, 1995), 9-11.

을 제기하게 된다. 이것이 바로 자료비평이 하는 일이다.

둘째로, 예수의 지상 사역 이후부터 복음서가 문서로 기록되던 시기까지의 구전전승 기간에 관심을 갖는 해석자는 어떤 구전 양식들(forms)로 예수의 전승들이 유지, 회자되고 전수되어 왔는지에 관심을 갖게 된다. 바로 이러한 질문과 관심이 양식비평이 하는 일이다.

마지막으로, 복음서 저자들이 자료들의 케리그마적인 핵심요소를 어떠한 신학적, 목회적인 관심에 따라 특정한 의의와 중요성을 강조하기 위해 선택했는지, 그리고 이 자료들을 어떠한 방식으로 배열 혹은 구성했으며 어느 정도까지 자료들을 편집(redaction 혹은 editing)했는가에 대한 질문을 하는 해석자들이 있다.[27] 이러한 질문들은 편집비평이 하는 일들이다.

이러한 세 단계에 대한 질문은 복음서의 자료들이 놓여 있었던 세 가지 삶의 정황에 대한 질문으로 이어진다: 예수의 삶의 정황; 초대교회의 삶의 정황; 복음서 저자의 삶의 정황.

이상의 역사적인 삶의 정황에 대한 질문은 바른 성경 해석을 위한 적절한 질문이라 할 수 있다. 이에 대한 설명을 요한복음 20:8을 통해 보다 구체적으로 예증해보고자 한다. 요한복음 20:8의 끝부분은 "보고 믿었더라"고 기록하고 있다. 이 부분이 속한 구절과 그 인접구절은 다음과 같이 되어있다.

8 τότε οὖν εἰσῆλθεν καὶ ὁ ἄλλος μαθητὴς ὁ ἐλθὼν πρῶτος εἰς τὸ μνημεῖον καὶ *εἶδεν καὶ ἐπίστευσεν*· 9 οὐδέπω γὰρ ᾔδεισαν τὴν γραφὴν ὅτι δεῖ αὐτὸν ἐκ νεκρῶν ἀναστῆναι.

27 참조, 시드니 그레이다누스, 『성경 해석과 성경적 설교』 (여수룬), 116 이하.

먼저 "보고 믿었더라"는 말을 실제 빈 무덤을 둘러싸고 일어났던 실제적인 역사적 문맥에서 생각해볼 수 있을 것이다. 실제로 요한이 빈 무덤에 들어가 본 뒤에 믿었다는 것을 역사 비평적 관점에서 사실 여부를 중심으로 생각해볼 수 있을테고, 또한 요한의 이러한 경험을 담고 있는 여러 구전자료들을 통해서 요한에 대해 표현되고 있는 "보고 믿었다"라는 말의 진정성과 각각의 자료들이 담고 있는 의미를 추적해볼 수 있을 것이다(자료비평). 나아가 이 표현을 포함해서 예수의 빈 무덤을 둘러 싼 사건이 초대교회의 사도들의 복음 전파 가운데서 어떻게 나타났고, 어떠한 의미로 이해되었는지를 생각해볼 수 있을 것이다(양식 비평). 마지막으로 요한은 그의 공동체의 상황에서 어떠한 목적으로 이 빈 무덤 기사를 사용하고 있으며, 이러한 목적 하에서 이 표현은 어떠한 의도로 사용되고 있는지를 생각해볼 수 있다(편집 비평).

2) 문학적 성격

성경 본문은 단순히 역사적 사건이란 실체에 관한 것이 아니다. 다시 말해, 가치-중립적으로 역사적 사건을 보고하는 객관적 서술이 아니라는 뜻이다. 성경 본문은 역사적 사건이 지닌 하나님 중심적 의미를 중심으로 문학적으로 구성한 것이다. 바로 이 점이 성경 본문이 지닌 문학적 성격이다.

이상에 언급한 요한복음의 본문을 갖고 성경 본문 해석이 지닌 문학적 성격을 예증하고자 한다. 요한복음 20:8의 "믿었더라"는 동사의 목적어가 나타나 있지 않는데, 어떤 단어를 목적어로 제시할 수 있겠는가, 다시 말하면, '무엇을 믿었는가?'라는 질문을 제기할 수 있다.

이에 대해서 두 가지 답을 할 수 있을 것이다. 첫째로 요한은 빈 무덤을 들여다보고 예수의 부활을 믿었다는 것이다. 그러나 이러한 해석은 소위 비평-이전적 읽기로 옳고 그름을 떠나 다소 안일한 성경 읽기의 결과라고 볼 수 있다. 두 번째로, 요한이 보고 믿었던 것은 예수의 부활이 아니라 무덤이 비어있었다는 사실, 더 정확히 말해서 누군가 예수의 시신을 가져가 버렸다는 사실(2절의 막달라 마리아의 말을 참조)이었다는 해석이 있다. 이 해석은 본문의 문학적 문맥에 그 기초를 두고 있는 해석으로 나름대로 설득력이 있는 해석이긴 하지만, 여전히 부족한 해석이라 볼 수 있다.

보다 나은 해석은 요한복음 전체의 문학적 구성(composition)을 고려한 해석이다. 요한복음은 문학적 구성상 '본다'와 '믿는다'(seeing and believing)라는 중요한 문학적 장치를 보여주고 있다. 요한은 1장에서 성육하신 주님에 대해 이야기하면서, 이미 이 주제를 크게 부각시킨바 있다 (cf. 12절과 14절). 또한 요한은 2장에서 예수님과 나다나엘의 만남에 대한 기사를 기록하면서, 6번에 걸쳐서 '본다'라는 동사와 1번의 '믿는다'라는 동사를 사용하고 있는데, 특히 50절에는 '본다'와 '믿는다'라는 동사가 함께 나란히 나타나 있음을 주목할 필요가 있다.

> "ἀπεκρίθη Ἰησοῦς καὶ εἶπεν αὐτῷ, Ὅτι εἶπόν σοι ὅτι εἶδόν σε ὑποκάτω τῆς συκῆς, πιστεύεις¨μείζω τούτων ὄψῃ /내가 … 너를 보았다 하므로 믿느냐"

그리고 요한복음은 예수께서 행하신 일곱 가지의 기적을 담고 있는데, 특이한 점은 이 기적들을 기적이라 하지 않고 표적(sign)이라고 부르고 있다는 점이다. 이것은 기적을 본다는 것과 주님을 믿는다는 것은 또 다른 차원의 것임을 암시하고 있다고 볼 수 있다. 특별히 20장 후반부에 나오는 도마의 이야기는 거의 '봄과 믿음'이란 주제로 구성되어 있을 정도이다(24절, 25절, 27절, 29절). 이런 요한복음의 구성적 측면, 특히 '본다'와 '믿다'라는 두 동사의 주목할 만한 병치를 볼 때 20:8의 '보고 믿었다'는 표현 역시 동일한 요한복음 구성의 하나라고 볼 수 있다. 다시 말해, 이 표현은 단순히 빈 무덤과 관련한 역사적 사실의 일부를 보여주는 것이 아니라는 느낌을 강하게 받게 된다.

이제 이와 같은 본문의 문학적 성격과 아울러 앞서 제시했던 본문의 역사적 성격과 관련해 요한의 공동체의 상황을 살펴보고자 한다. 요한의 공동체는 부활하신 주님을 직접 목격하지 못했던 자들이다. 이런 점에서 20:29에서 예수께서 도마에게 하신 말씀인 "너는 나를 본 고로 믿느냐 보지 못하고 믿는 자들은 복되도다"라는 표현은 요한의 공동체에게 특별한 의미를 주고 있다고 볼 수 있다. 요한의 공동체는 예수의 부활을 seeing하지 못한 자들이지만, 그러나 believing하는 자들로서 복된 자들이라고 요한이 암시하고 있는 것이다.

결과적으로 8절에서 요한은 요한공동체의 일원으로서 죽음에서 일어나신 예수의 '기적'을 표적으로 이해했을 가능성을 열어놓고 있다. 그런데 분명 9절은 요한을 직접적으로 지칭하고 있지 않고, 주어가 3인칭 복수임으로 제자들 전체를 지칭하고 있으며, 이 표현은 여전히 메시야가 죽음에서 반드시 부활하여야 한다는 구약의 말씀이 지닌 함의를 부활-이전적 시각에서 볼 때, 아직 제자들은 이해하지 못했다는 사실을 시사하고 있는 듯하다.

결론적으로 바른 성경 읽기는 단순히 인접 문맥을 통한 본문 읽기만으로는 부족하며, 책 전체의 구성과 관점에서 보아야 하고 이것은 필연적으로 책을 기록한 저자의 공동체의 상황을 또한 고려한 해석이어야 한다. 빈 무덤 사건이 일어났던 역사적 사건의 관점에서는 요한이 빈 무덤을 보고 믿었다는 것이 무엇인지는 결코 알 길이 없으며, 결국 요한의 저작 목적과 그의 책의 전체 구성을 통해야만 한다. 분명 요한은 8절을 통해서 자신은 예수의 부활을 최소한 사건적 의미에서는 믿었다는 점을 강력하게 시사하고 있다.

3) 신학적 성격

성경 본문이 역사적 사건들이 지닌 하나님의 중심적 의미를 중심으로 문학적으로 구성된 것이라는 점은 결국 성경 본문의 참된 읽기는 본문의 신학적인 의미를 밝히는 것임을 말하고 있다. 본문이 지닌 신학적 성격을 앞서 다룬 요한복음 20:8의 "보고 믿었다"라는 표현을 통해 간단히 설명하면 다음과 같다. 요한복음의 저자 요한은 "보고 믿었다"는 요한의 역사적 행위를 예수의 성육신 사건으로 대변되는 요한복음의 표적들에 대한 '봄과 믿음'이란 문학적인 구도 가운데서 표현하고 있다. 이를 통해 "보고 믿었다"는 표현은 '봄'이 반드시 '믿음'에 이르는 것은 아니며, 오직 부활이란 변혁적 사건을 통해서 '봄'의 대상인 예수의 표적들의 참된 의미를 알 수 있으며, 이를 통해 참된 실체에 대한 믿음을 갖게 된다라는 신학적 의미를 드러내고 있는 것이다. 정리하자면 본문이 지닌 역사적, 문학적 국면들은 성경 저자에 의해 의도된 신학적 의미를 이해하는 데 필요한 중요 요소들이기에 그 자체가 해석의 궁극적 관심이 될 수는 없다.

결론적으로 성경을 역사적으로 해석(역사적 석의)하는 일과 신학적으로 해석하는 일 사이의 관계를 간략히 설명하고자 한다. 만약 성경을 역사적으로 해석한다는 것이 성경의 특정한 신학적 메시지가 주어진 역사적 정황에 대한 이해를 위한 것이 아니라 '실제로 무슨 일이 일어났는가?/what really happened?'를 알기 위한 것이라고 생각한다. 이것은 성경의 성격을 잘못 이해한 결과이며, 동시에 역사에 대한 순진한 이해의 결과이다. 이렇게 생각하는 사람들은 역사적 연구나 질문들이 가치-중립적이며 객관적이라고 생각한다. 그리고 역사적 연구를 통해서 그 실체를 드러낼 수 있으며, 실체가 드러나면 진리가 규명될 것이라 생각한다. 그러나 이것은 매우 순진한 생각일 뿐이다. 왜냐하면 어떠한 해석자도 가치-중립적인 입장을 견지할 수 없으며 모든 해석은 해석자 자신의 정체성, 배경, 전통 등에 의해서 필연적으로 영향을 받게 마련이기 때문이다.

물론, 이것은 역사 연구가 전혀 불필요하다는 것을 의미하지 않는다. 왜냐하면 성경 본문의 저자들의 이야기는 분명 역사 가운데서 실제로 일어난 바에 관심을 두고 있기 때문이다. 이런 점에서 성경 본문 해석의 경우 반드시 문학적 연구 혹은 서사 연구보다 더 역사적 연구에 우선적인 관심을 두어야 할 것이고, 또한 성경 해석자가 추구하는 것이 본문의 문법적-역사적 의미라고 볼 때에도, 역사적 석의의 당위성은 의심의 여지가 없다.

그러나 성경 본문의 성격을 바로 이해한다면, 우리는 더 좋은 해석 노선을 채택할 수밖에 없다. 즉 성경은 본질상 가치-중립적인 진술(descriptive statement)이 아니라 신앙공동체의 복음 선포와 신앙-증언을 통해서 표현된 하나님-중심적인 처방적 진술(prescriptive statement)이라는 점이다. 그러므로 바른 성경 해석은 역사적 석의라기보다는 신학적 해석이어야 한다. 신학적 해석이란 성경 본문의 신학적 차원과 그 의미에 관심을 두는 해석이며 본질상 외부-시각이 아닌 내부-시각(perspective from within)에서 이루어지는 해석을 지칭한다. 동시에 정경이란 문맥 혹은 전망에서 본문을 해석하는 것을 의미한다.

끝으로 한 가지 첨언하자면, 신학적 해석은 무-비평적 해석(uncritical

exegesis)이 아니라는 점이다. 다시 말해, 이성을 배제한 가운데서 오직 '신앙적'으로 이루어지는 무책임한 해석이 아니라는 뜻이다. 신학적 해석은 성경 본문의 신학적(하나님-중심적) 성격을 정당하게 평가하고 여기에 준해서 본문의 하나님-중심적 의미를 발견하려는 노력 가운데 성령의 조명과 그 이성의 사용을 통해서 이루어지는 학문적이면서 동시에 고백적인 작업이라 할 수 있다.

Ⅱ 본문 해석의 준비 단계(Interpretive Preparations)

1. 서론

성경의 '특정한 단락'인 본문(the text)을 해석하기에 앞서 몇 가지 반드시 고려해야 할 사항이 있다. 첫째로 본문이 속한 책에 대한 전체적인 문단 나누기(making paragraphs)와 개요 만들기(making an outline)가 필요하다. 문단 나누기는 본문 해석의 기본 단위가 반드시 단락이어야 한다는 점을 고려하면서 먼저 책 전체를 독립된 단락들로 나누는 일이다. 그리고 개요 만들기는 해석자가 문단 나누기를 통해 만들어진 개별적인 단락들이 어떻게 서로 유기적으로 연결되어 하나의 전체(a book as a whole)를 구성하고 있는지를 살피는 작업이다.

둘째로 해석자가 본문을 바르게 해석하기 위해서 본문이 어떠한 구조로 이루어져 있으며 또한 어떠한 구성 형태를 지니고 있는가에 대한 분명한 인식이 필요하다. 본문의 구조란 건축에 비유하자면 언어적 차원으로서 건물의 골격(structure)에 관한 것이며 본문의 구성이란 문학적 차원으로서 구조인 골격 안에서 구체적인 구성 요소들이 어떠한 형태로 연결되고 있는가, 즉 건물의 구성 형태(design)에 관한 것이라고 할 수 있다.

2. 문단 나누기

먼저 주목할 점은 말로 이루어지는 의사소통과 달리 성경문헌(biblical texts)을 포함해서 글로 표현된 모든 문헌들(literary texts)이 본문이 말하려는 바, 즉 논지 혹은 주제(theme)의 원활한 의사전달을 위해 사용하는 최소 단위는 단어, 구, 절, 문장들이 아닌 단락이라는 점이다. 이런 점에서 글로 표현된 문헌의 경우, 원활한 의사 전달 혹은 의미 전달을 위한 최소 단위는 단락이 되어야 한다.

그러나 언어를 통한 의사소통과 관련한 전통적인 이해는 고려되어야 할 기본적인 의미 단위로 단어를 제시한다. 또한 실제적인 혹은 기본적인 의미와 연관된 중요 사항은 단어의 어원에 대한 연구라고 생각돼 왔다. 그리고 단어의 의미는 항상 단어와 단어가 가리키고 있는 대상 사이의 관계성에 의존하고 있다고 주장한다. 언어 소통과 관련한 이러한 전통적인 단어 이해는 근간에 들어서, 의미론을 연구하는 학자들에 의해서 매우 효과적으로 논박되어 왔는데 이를테면, 단어의 의미는 그 단어가 사용되는 전체적인 문맥 혹은 상황에 달려 있다는 점과 심지어 그 의미가 문법 그 이상으로 비언어적인 상황이나 단어의 세팅에 달려있다는 것이다.[28] 여기서 분명한 점은 단어가 속해있는 문맥(literary context)의 중요성이다.

---

28 단어해석에 대한 이러한 의미론적 고려들에 대한 보다 자세한 설명을 위해 다음을 참고하라: "제 4장 의미론과 신약해석," 앤서니 티슬턴, 107-153, 『신약해석학 I』, 하워드 마샬 편집 (크리스찬다이제스트, 1994).

그런데 여기서 보다 중요한 점은 문맥의 기본적인 단위는 단락(paragraph)이라는 점이다. 여기서 단락이란 영어 *paragraph*를 뜻하는데 웹스터 사전은 이 단어를 다음과 같이 정의하고 있다.

> 하나 혹은 그 이상의 문장들로 이루어져 있으면서 화자의 하나의 요점이나 논지를 다루고 있는 문장 구성의 하부단위(subdivision)로써 한 단락 그 자체로써 종결성을 지니고 있는 짧은 작문 형태이다.

성경 해석과 관련해서, 단락에 대한 보다 기술적인 용어는 페리코피(pericope)이다. 이 용어는 헬라어 περί+κόπτειν의 합성어에서 유래했다. 문자적으로 페리코피는 '둘레를 잘라내다,' '한계를 정해 잘라내다'라는 의미로 음악 분야에서 사용되는 싱코페이션(syncopation), 즉 절분음과 동일한 어원을 갖는다. 여기서 우리는 페리코피를 단락과 동일한 의미로 사용할 것인데 그 이유는 위에서 언급한 페리코피의 문자적 의미인 '한계를 정해 잘라내다'란 뜻이 웹스터 사전의 단락에 대한 정의와 일맥상통할 뿐만 아니라 다음에서 설명할 보다 기술적이고도 구체적인 의미에서 이 두 용어는 교차적으로 사용될 수 있다고 보기 때문이다.

단순히 원활한 의미전달 차원에서 단락 혹은 페리코피가 본문의 해석의 단위가 되어야만하는 것은 아니다. 성경 본문의 형성 과정의 관점에서 볼 때도 페리코피가 본문 해석의 최소 단위가 되어야 한다. 성경 본문들의 형성 과정들에 대한 연구들이 확연히 보여주듯이 신약 성경 특히 복음서들은 초대 교회의 구성원들 가운데 구전이나 문서의 초기 형태로 읽히고 회자되던 다양한 '페리코피들'을 성경 저자의 손으로 그 저작 의도와 목적에 따라서 현 형태의 책들로 구성되고 집필된 것이다.

복음서의 경우 이 페리코피들은 주로 예수께서 그의 지상 사역 중에 다양한 시기와 장소 가운데서 행하셨던 어록들(sayings) 혹은 교훈들(instructions) 혹은 행적들(deeds)에 대한 독립된 단위들로서, 이것들이 성경 저자에 의해서 통합되어서 현재의 단일한 저작을 이루었다고 본다. 다시 말해, 개별적으로 회자되던 예수의 어록과 행적에 관한 개개의 전승들이 복음서 저자들에 의해서 현재의 문맥으로 자리잡게 되었다는 뜻이다. 그런 점에서 현재의 복음서의 문맥들은 이러한 개별적인 전승들의 내러티브 구조를 형성하고 있는 것이다.[29]

여기서 개개의 페리코피들을 서로 연결짓는 기본적인 기준은 저자의 구성적인 신학적 전망과 의도(architectonic theological outlook and intention)이다. 중요한 사실은 페리코피들의 연결 원리는 언제나 연대기적인 순서에 기초한 것이 아니라 주제적 혹은 신학적인 요소에 기인한다는 점이다. 다시 말해, 페리코피들이 하나의 단일한 저작으로 집필되는 과정에서 연대기적 순서는 기초 자료일 수는 있으나 결코 그 순서가 저자의 주제적 혹은 신학적 관심보다 더 중요하다고는 볼 수 없다는 것이다. 이것은 복음서가 예수님의 전기가 아니며 굳이 정의한다면 신학적 전기(theological biography)라고 보는 학자들의 공통된 이해와 일맥상통한다. 페리코피들 사이의 다양한 연결 관계들은 대개 다음과 같이 정리될 수 있다. 연대기순의 배열, 주제상의 연속성, 논리적 순서, 다른 문학 장르, 심리적 전이, 돌연한 전환 등이다.

그렇다면 성경 본문의 해석의 출발점은 본문의 저자가 어떠한 주제상의 연결(thematic ties)을 사용하여, 보다 큰 문맥과 인접 문맥 속에서 다양한 페리코피들을 연결 짓고 있는가를 찾아내는 일이어야 한다. 어떠

29 다음을 비교해 보라: 결혼과 이혼에 관한 예수의 어록(고전 7:10, 11b// 막 10:11-12; 고전 9:14//마 10:10b; 갈 5:14과 롬 13:8-10//마 22:37-39); 예수 부활현현(고전 15:3-7// 복음서 부활기사들); 성만찬(고전 11:23-26// 복음서의 최후의 만찬기사들).

한 경우든 분명한 사실은 본문 해석의 최소 단위는 페리코피여야 한다는 점이다.

페리코피가 본문 해석의 최소 단위가 되어야 한다는 이러한 명제는 잘못 이해되어 온 축자영감설(verbal inspiration)에 대해서 중요한 시사점을 제공한다. 즉 성경은 한 단어 한 단어가 영감되었기에 해석의 기본은 단락이나 문맥이 아니라 개체적인 혹은 원자화된 최소 단위인 단어이며 또한 단어들이 지닌 문자적인 의미를 중시한다는 축자영감설에 대한 이해는 잘못되었다는 것이다.[30] 본문 해석의 최소 단위를 페리코피로 삼는다는 것은 이러한 잘못된 축자영감 이해를 재고하도록 하며, 많은 성경 주석들이 보여주고 있듯이 성경 본문들을 단어별로 해석하거나 또는 한 구절씩 해석하는 것이 지닐 수 있는 오류를 교정할 수 있는 대안이 된다. 왜냐하면 단어나 문장 혹은 구절들은 결국 페리코피, 곧 단락의 유기적인 일부이기 때문이다. 본문 저자의 생각은 단어나 문장으로 이루어진 구절로 표현되는 것이 아니라 독립된 최소단락인 페리코피로 표현된다고 보는 것이 여러 면에서 타당하다.

3. 책의 문단 나누기

특정한 본문이 속한 책의 문단 나누기는 실제적으로는 성경책의 단락을 표시하는데 사용되는 '○'라는 표식을 근거로 이루어진다. 이 표식은 성경 번역위원회에서 히브리어 성경인 구약과 헬라어 성경인 신약을 현대어로 번역하면서 위원들이 전승 과정에서 독립된 형태였을 것이라고

30 지면의 한계상 성경의 축자영감은 성경은 "글로 표현된 영감"이라는 뜻이라고 정리하는 것으로 충분하다.

판단되는 단락을 표시하는 지표이다. 그러나 성숙한 성경 해석자라면 자신의 책임 있는 해석적 결정과 판단 아래서 보다 자율적으로 문단을 나눌 수 있다. 이것은 성경 해석이라는 작업이 지닌 본질적인 자율성과 역동성을 보여주는 것이다.

학자들에 따르면 어떤 저작의 부분들이 유기적으로 연결되어 이루어진 하나의 통일된 저작이라는 것을 보여주는 중요한 세 가지 요소가 있다: 구분(division); 주제 (theme); 전략(strategy).

첫째로 '구분'은 어떤 저작이 어떠한 빌딩블록으로 형성되어 있는가를 살피는 것으로서 주로 구문론(syntax)에 관한 것이다. 둘째, '주제'는 저작이 담고 있는 다양한 주제들이 어떻게 의미상 연결되어 있는가를 살피는 것으로서 주로 의미(semantics)에 관한 것이다. 마지막으로 '전략'은 저자가 독자에게 저작을 통해서 어떠한 효과를 얻고자 했는가를 살피는 것으로서 주로 어용론(pragmatics)에 관한 것이다.

이러한 이론은 한 걸음 더 나아가 어떤 저작의 단락 혹은 문단을 나누는 일에 매우 중요하게 사용될 수 있다. 이러한 점을 고린도전서 1:10-4:21을 중심으로 설명하고자 한다. 첫째로 "구분"에 관한 이론인데 이 부분이 어떠한 빌딩블록으로 형성되어 있는가를 살피는 데 중요한 고려사항은 세 가지가 있다. ① 정동사 형태와 인칭 대명사들 등의 구조상에서의 교대적인 병발(alternations) ② 문체상의 변이 형태들 ③ 반복적으로 나타나는 핵심 단어들. 이러한 세 가지 사항들을 고려하면 다음과 같은 빌딩블록을 찾아낼 수 있다.

1:10-17 / 1:18-2:5 / 2:6-3:4 / 3:5-4:5 / 4:6-21.

두 번째로, 주제에 관한 이론인데 이 부분이 어떠한 다양한 주제를 담고 있는 것인지를 살피는 것이다. 이 부분을 살펴보면 다음과 같은 주제들이 분명해진다.

1) 교회 내의 분쟁과 나뉨(1:11-13)
2) 하나님의 지혜인 십자가에 죽으신 그리스도(1:18-2:5)
3) 성령을 통해 하나님의 숨겨진 지혜가 나타남(2:6-3:4)
4) 지도자의 신분(3:5-23)
5) 지도자들의 예시인 바울(4:6-21)

물론, 이러한 다양한 주제들이 어떻게 서로 연결되어서 하나의 통일된 전체를 이루고 있는가 하는 점은 또 다른 문제이지만, 그럼에도 불구하고 성경책의 특정한 부분들 또는 저작 전체를 주제적 관점에서 살피는 일은 매우 중요한 작업이다.

마지막으로 '전략' 즉 저술 효과에 관한 이론인데, 바울은 이 단락을 전략적으로 기록하고 운용함으로 고린도 교회 교인들에게 어떠한 효과를 기대했는가를 살피는 것이다. 이러한 효과 면에서 우리가 생각해볼 수 있는 것은 다음과 같은 세 가지이다.

1) 바울은 고린도 교회에 있는 파당주의와 맞서고 있다(1:10-17)
2) 바울은 고린도 교인들의 지혜에 대한 과도한 확신과 맞서기 위해서 그리스도의 십자가를 선포하고 있다(1:18-3:23)
3) 바울은 자신의 사도적 권위를 변호하고 변증하고 있다(4:1-21)

결론적으로 이상과 같은 세 차원의 고려사항들은 서로 대립적인 것이 아니라 이들이 함께 고려될 경우 본문의 통일된 일관성을 증명하는

데 필요하다. 보다 중요한 우리의 관심은 단락을 나누는 문제와 관련하여 이러한 세 차원을 고려함으로써 책 전체를 문단 혹은 단락으로 나누는 일에 매우 요긴하게 사용될 수 있다. 중요한 점은 이러한 단락 구분은 그 자체에 목적이 있는 것이 아니라 어떻게 저자의 논리가 전개되고 있는가 또한 저작의 여러 주제들이 어떻게 연결되어 확장되어 나가는가를 살피는 일을 용이하게 해줌으로써 결국 저자의 주된 요지 혹은 논지가 무엇인가를 알 수 있도록 도와주는데 있다는 점이다.

4. 책의 개요 만들기

본문 해석의 기본단위는 물론, 문단(단락 혹은 페리코피)이다. 개요를 만든다는 것은 개개의 문단들을 성경 각 책이라는 전체 구조(macro-structure) 속에서 파악하려는 노력의 일환이다. 보다 구체적으로 말해, 개개의 단락이 인접단락들과 어떻게 연결되어 있으며(인접 문맥 [immediate context] 연구) 이러한 여러 단락들은 어떻게 전개되어 보다 큰 문맥을 형성하게 되고(보다 큰 문맥[a large context] 연구) 결국 어떻게 하나의 단일한 저작을 이루게 되는지를(macro-structure에 대한 연구) 파악하려는 노력을 말한다.

개요 만들기는 궁극적으로 특정한 단락의 주제를 파악하는데 필요한데 그 이유는 특정한 단락은 책의 전체적인 문학적 구성의 일부로서 특정한 주제 흐름의 맥락에 놓여 있기 때문이다. 특정한 본문의 주제는 개개의 단락에 대한 해석을 통해서 파악된 그 주제들이 특정 연관관계 속에서 연결되고 전개되어 최종적으로 성경 각 권 전체의 주제를 형성하기 때문에, 이러한 주제들은 특정한 역사적 정황 속에서 쓰인 저작물을 통해 저자가 의도하는 저작 목적을 헤아릴 수 있는 기본적인 토대가 된다.

물론, 본문의 주제를 파악하는 일은 상대적으로 객관적인 작업인 반면, 각 주제들이 함께 어우러져 형성된 최종 저작이 어떠한 주제상의 구조를 지니고 있으며, 어떠한 계층의 논지들을 말하고 있는가를 논하는 것은 다소 해석자의 판단이 개입되는 주관적 작업일 수 있다는 점은 인정한다. 그럼에도 불구하고 개요를 만드는 일은 숲을 보려는 시도와 같은 의미이며, 결국 나무와 숲을 보는 일은 상호보완적 관계로서 각 단락은 전체구조 속에서 그리고 전체구조는 각 단락에 비추어서 해석되어야 하는 건강한 긴장 관계라 할 수 있다.

개요 만들기에 대한 간략한 예를 들고자 한다. 신약 복음서의 경우 구조의 근간은 예수의 사역의 시간적, 공간적인 진행과 함께 나타나는 갈릴리와 예루살렘이라는 구조이다. 이 구조를 중심으로 복음서는 갈릴리 섹션 - 중간 섹션 - 수난 이전 예루살렘 섹션 - 수난과 부활 기사라는 큰 개요를 지닌다. 이러한 큰 구도 속에서 각각의 복음서들은 서막과 종막을 포함하여 복음서들 각자의 특정한 신학적 관점에 따라 저술된 독특한 문학적 구성에 따른 보다 다양하고 큰 문맥들을 담고 있다.

예를 들어, 마가복음은 1장의 예수의 수세 장면에 나타나는 '하늘이 갈라지는' 사건과 15장의 예수의 십자가상의 죽음에서 일어나는 '성전 휘장이 갈라지는' 사건을 하나의 묵시론-종말론적 수미상관이라는 신학-문학적 구조와 함께 마가복음의 전반부를 4장의 씨 뿌리는 자의 비유(하나님의 나라의 도래라는 복음의 선포와 이에 대한 저항)를 중심으로 후반부를 12장의 포도원의 악한 소작인들의 비유(하나님의 아들의 죽음과 부활을 통한 천국 복음의 구현)를 중심으로 구성하고 있다.

또한 마가복음은 이 두 비유를 각각 중심으로 앞 뒤에 예수와 예수의 사역에 대해 악의적으로 저항하는 인간적 기원의 악한 세력들을 집중적으로 배치시켜(cf. 막 2:1-3:6; 11:27-33; 12:13-17) 예수와의 갈등을 고조시키고 있으며, 이러한 갈등은 결국 하나님 나라의 신비로운 도래 방식인 예수의 죽음으로 이어지게 된다. 특히 마가는 자신의 복음서를 저작할 때 자신에게 가용한 상태로 주어졌던 페리코피(독립된 형태의 개별적 단락) 형태의 문서와 구전 자료들을 자신의 신학적 전망에 따른 주제 전개라는 관점에서 적절한 위치에 배열하여 완결된 통일체로 저작하였다. 그렇다면 결론적으로 마가복음은 이상에서 언급한 종말론적 구조와 비유를 중심으로 한 보다 큰 구성의 틀 속에서 개별적인 단락들이 배열됨으로써 최종적인 현재의 모습으로 저작된 것이다. 이런 점에서 볼 때 마가복음의 개요는 구조와 구성, 지리적 위치-연대기적 순서, 그리고 주제상의 전개를 고려하여 자연스럽게 파악될 수 있다.

이와 같은 요소는 구약의 내러티브 장르에 속하는 책들의 개요를 이해하는 데에도 동일하게 적용될 수 있다. 예를 들어, 창세기의 경우 큰 구조는 물론, 1-11장의 태고의 역사, 12-50장의 족장들의 이야기들로 크게 구분되며, 다시 이 두 부분은 시간적 순서와 지리적 위치, 그리고 내용과 주제 그리고 문학적 구성 형태란 관점에서 보다 작은 단위들로 구분될 수 있다. 이러한 요소들을 고려하면서 자연스럽게 창세기의 전체적인 개요가 파악될 수 있는 것이다.[31]

31 물론, 성경의 각 책들에 대한 개요를 만드는 일은 해당 책의 전문적인 성경학자들에 의해서도 다양한 견해가 제기될 정도로 쉽지 않은 일이다. 그러나 보다 큰 차원에서의 개요를 파악하는 일과, 그리고 이 차원의 개요 아래에서 특정한 본문의 위치와 역할을 파악하는 일은 여전히 본문 해석에 대한 올바른 방향 설정을 제시한다는 점에서 의미있는 일이라 할 수 있다.

5. 본문 구조에 대한 인식(언어적 접근)[32]

언어학자들이 보통 언어를 이해할 경우 언어의 세 가지 계층을 고려의 대상으로 삼는다는 점을 생각해볼 필요가 있다. 이들에 따르면 언어의 첫 번째 계층은 소리와 관계된 음성학(phonetics) 분야, 두 번째는 단어들이 어떻게 문법적으로 연결되어서 문장을 형성하는지를 다루는 구문론(syntactics) 분야, 마지막은 의미론(semantics)에 관한 것인데 의미론의 관심은 사람이 어떻게 언어적 표현들로부터 의미를 추출해내는지를 설명하는 학문분야이다.

이상의 고려사항들, 즉 언어의 본질이 무엇인가, 또한 언어를 이해함에 있어서 다루어야 할 계층들은 어떤 것이 있는가에 대한 이해들을 통해서 우리는 성경 본문에 대한 이해의 목표를 분명히 하고자 한다. 먼저 여기서 언어의 본질에 대한 논쟁을 언급한 이유는 본문의 의미가 어떻게 생성되는 것인가를 말하려는 것이 아니라 표면구조를 중심한 구문론적 관심과 심연구조를 중심한 의미론적 관심을 구별하고, 나아가 이 글에서는 의미론적 초점을 지닌 심연구조가 아니라 주어진 본문 속에서 실제적으로 나타나 있는 문장들 속에 놓여있는 단어들로 이루어진 표면구조를 제시하고자 한다는 점을 분명히 하기 위함이다.

둘째로, 언어 이해에서 고려해야 할 세 가지 계층과 관련하여 성경 본문의 이해에 대한 관심은 기술적인 의미에서의 음성학적 관심이나 의미론적 관심에 있지 않고, 단어들과 단어들 사이의 문법적 관계와 절들과 절들 사이의 구문론적인 관계를 다루는 데 있다. 이러한 구문론적인

---

32 헬라어 원문에 대한 이러한 구조 분석에 대한 보다 자세한 설명을 위해서는 Gordon D. Fee, 『신약성경 해석 방법론』, 장동수 역 (크리스챤 출판사, 2003), 75-98의 문장구조 분석을 보라.

관심은 주어진 해석단위인 본문(literary texts)에 대한 해석자의 주관적 읽기를 최소화하면서 보다 객관적으로 본문을 읽어가고자 하는 바람에서 기인한다. 그러기에 본문을 해석함에 있어서 우리의 관심은 현 상태로 주어진 본문 속의 단어들과 구들, 그리고 절들과 문장들의 관계를 구문론적인 측면에서 이해하고 설명함으로써 단어들과 단어들의 연관관계는 어떠하며, 연결된 단어들이 어떻게 문장을 형성하고 있고 또한 문장들은 서로 간에 어떠한 논리적 관계를 유지하고 있는지, 다시 말해 어떻게 문장들이 흘러가는가(sentence flow), 이를 통해 어떻게 본문이 말하려는 주제가 전개되고 있는가, 어떻게 본문의 저자는 그의 논리를 발전시키고 있는가를 보다 잘 이해하려는 데 있다. 본문에 대한 객관적인 주제파악이 이루어진 후에 보다 자세한 의미론적인 고려가 이루어짐으로써 저자가 원래 의도했던 의미를 파악할 수 있다고 본다.

그렇다면 본 구조 이해의 목표는 저자의 의도(authorial intention)나 원래 독자들이나 수신자들의 이해에 있다기보다는 본문의 의미(textual meanings)에 있다고 볼 수 있다. 물론, 성경이란 특수성에 비추어 볼 때 이 세 가지 요소는 동일하다는 대전제가 필수적이나 순수하게 문헌으로서의 본문(literary texts)에 대한 석의적 방법론을 제시하려는 이 책의 목적상 본문 해석의 목표를 본문의 의미(textual meaning), 곧 문학적 주제(literary theme) 파악으로 제한하고자 한다. 또한 이러한 목표 설정의 배경에는 본문의 의미를 떠나서는 저자의 의도나 원래 수신자들의 이해를 알 길이 없다는 자명한 이치도 놓여있다.

본문의 구조 이해는 기본적으로 본문 내의 절들(clauses)과 문장들(sentences)에 대한 문법적-구문론적 분석(grammatical-syntactical analysis)을 통해 이루어지는 구문-서열화(syntactical subordination)를 통해 이루어진다. 문법직-구문론적 분석을 통한 본눈의 구조 이해는 본문이 말하려는 바, 즉 본문의 주제를 파악하려는 하나의 객관적인 방법론이다. 구체적으로 이 방법론은 본문 속에 있는 단어들과 문장들에 대해 관심을 기울이는데, 단어의 경우는 단어들에 대한 문법적 질문(격의 종류와 용법이나, 시제의 종류와 용법 등에 관한 질문들)을 제기함으로써 해당 단어들의 문법적 역할과 단어들 상호간의 문법적 관계 등을 규명하고자 하며, 문장의 경우는 문장과 문장 사이의 구문론적 관계를 규명하는 일에 집중한다. 먼저 문장 차원의 구조 분석을 생각해보기로 하자.

먼저 주어진 본문 속에 있는 모든 문장들을 주절과 종속절로 구분한다. 주절이라 함은 주어+정동사(finite verb)로 이루어진 문장들을 가리키며 접속사가 이끄는 모든 문장들은 종속절로 취급한다. 다시 설명하자면 주절과 종속절을 나누는 기준은 해당 문장이 정동사를 담고 있는지 그리고 이 문장이 접속사에 의해서 이끌리고 있는지를 살피는 것이다. 어떤 문장이 접속사로 시작된다거나, 정동사가 아닌 부정사나 분사로 시작되거나 전치사 혹은 그 밖의 전치사 상당어귀로 시작될 경우 이 문장은 종속절로 분류한다. 이러한 분류의 전제는 저자의 주된 사상 혹은 논지는 언제나 종속절이 아니라 주절에 담겨있다는 점이다. 다시 말해 주절이 종속절보다 더욱 중요한 가치를 갖고 있다고 보며, 이런 점에서 종속절은 주절에 종속되어 있다고 볼 수 있다. 이것을 1차적 서열화 혹은 종속화라 부른다.

문제는 한 본문 내에서 주절이 하나가 아니라 여러 개가 존재할 경우인데 이 경우 주절들 간의 서열화 혹은 종속화 작업의 과정이 또 다시 필요하며, 이를 통해 가치상 혹은 무게상 가장 중요한 문장 하나를 결정하여 이것을 본문의 주문장(main sentence)으로 확정한다. 이것을 2차적 서열화라고 부른다. 이 두 번째 과정은 주절들이 논리상으로 어떻게 연결되어 있는가에 대한 해석자의 석의적 판단에 기초한다. 이런 점에서 2차적 서열화는 주절들과 종속절들을 구분함으로 이루어지는 1차적 서열화 과정보다 다소 주관적인 측면을 갖고 있다고 볼 수 있다.

둘째로 단어들을 중심으로 한 구조 분석을 생각하고자 한다. 여기서 우리의 관심은 단어들 사이의 상호연관관계와 단어들의 배열에 관한 것이다. 먼저 단어들이나 구 혹은 절들의 배열에 관한 문제이다. 이러한 배열은 이하의 구체적인 구조 분석의 예들에 나오는 도식화된 구조가 보여주듯이 각 행 좌측을 기준으로 해당되는 단어들이 어느 정도로 좌측부터 멀리 떨어져 있는가를 통해서 드러난다. 즉 들여쓰기(indentation)의 정도에 따라서 단어나 구 혹은 절의 중요성이 표현된다. 좌측을 기점으로 해서 들여쓰기의 정도가 적을수록 해당 단어나 구 혹은 절은 중요성이 크고, 들여쓴 정도가 클수록 해당 요소의 중요성은 적다고 전제한다. 다시 말해, 가장 좌측에 놓인 단어나 구, 혹은 절들이 그 중요성에 있어서 우선되는 요소들이다. 오른쪽으로 들여 쓴 정도에 따라서 해당 요소들의 종속 정도가 판단된다. 그렇다면 가장 왼쪽 편에 나타나는 요소들이 중요한 부분들이며, 가장 오른 편에 나타나는 요소들은 왼쪽에 나오는 요소들에 종속되어 있으며 그런 점에서 상대적으로 덜 중요하다고 판단한다. 그리고 동일하게 들여쓰기 된 요소들은 동일한 무게를 지녔다고 간주한다.

셋째로 단어들 사이의 상호연관관계의 문제이다. 예를 들어, 골로새서 2:18의 "천사 숭배함/the worship of angels"이란 표현은 문법적 분석이 필요한 경우인데, '천사'란 단어와 '숭배함'이란 단어 사이의 문법적인 관계를 규명하는 것을 의미한다. 두 단어 사이의 관계는 '천사를 숭배함'이란 뜻으로 혹은 '천사가 경배함'이란 뜻으로 해석될 수 있는데 전자는 목적격 속격으로 해석된 경우이고 후자는 주격적 속격으로 해석된 경우이다. 이와 같이 둘 혹은 여러 개의 단어들이 서로 연계되어 나타날 경우 단어들 사이의 관계를 규명하는 일은 문법적인 분석을 통해서 본문의 구조를 이해하는 중요한 작업이다.

이상과 같이 해석자는 본문을 읽어가면서 단어들이나 구들, 혹은 절들 사이의 상호관계가 대등 관계인지, 종속의 관계인지, 만약 종속의 관계라면 시간 상의, 원인 상의, 조건 상의, 양태 상의, 양보 상의 혹은 목적 상의 종속관계인지를 판단하고 규명함으로써 본문의 구조를 이해할 수 있게 된다. 이상의 문법적-구문론적 분석에 따른 본문의 구조에 대한 이해를 베드로전서 2:11-3:12을 통해서 예증하고자 한다.

구문서열화를 통한 본문 구조 이해-언어적 접근(Linguistic Approach)

한글사역과 구문 서열화

11 *사랑하는 자들아,*

내가 나그네와 거류민 같은 너희를 ***권하노니***

영혼을 대항하여 싸우는 육신적 욕심을 금할지니

12 이방인들 가운데서 너희의 선한 행실을 보임으로써[33] 그렇게 하라.

이는 그들이 너희에게 악을 행한다고 비방하는 일 중에 너희의 선한 일을 봄으로써

그들이 하나님의 방문의 그 날에 하나님께 영광을 돌리게 하려 함이라.

13 인간의 모든 제도들에 대해 주로 인하여 ***순복하라***.

이것이 다스리는 위치에 있는 왕이든지,

14 혹은 악을 행하는 자를 징벌하고 선을 행하는 자를 포상하

---

33 여기서 '보이다' 라는 동사는 분사형태를 띠고 있는데, 이것은 독립적 분사의 용법의 일환으로 명령법으로 해석할 수도 있고, 아니면, 부대상황의 분사로 취급하여, 주동사인 '끊어 버리다'의 부사적 상황, 즉 시간이나 수단의 상황을 보여주는 것으로 해석할 수 있다. 이상의 본문에서는 후자의 경우로 해석하고 있다. 반면,에 이상의 본문 중에서 2:18의 '순복하다,' 3:1의 '순복하다,' 3:7의 '함께 살다' 와 '보이다,' 3:9의 '갚다'와 '복을 빌다'는 모두 전자의 경우로 해석된 경우이다.

기 위하여

그로부터 보냄을 받은 통치자들이든지 순복하라.

15 이는 하나님의 뜻이 이와 같기 때문이니,

곧 어리석은 사람들의 무지한 말을 잠잠케 하기 위해 선을 행하는 것이라.

16 자유인이지만, 악을 변명하는 자유를 갖지 말고,

하나님의 종으로서

17 모든 자들을 존중하고, 형제를 사랑하며 하나님을 경외하고, 왕을 존경하라.

18 *사환들아,*

모든 경외 가운데 주인들에게 ***순복하되***

선하고 너그러운 자들에게만 아니라 옳지 못한 주인들에게도 순복하라.

19 이는 하나님을 의식하기에 어떤 이가 부당하게 고난을 당하면서 슬픔을 견디어 낸다면

그것이 은혜이기 때문이라.

20 왜냐하면 만약 죄를 지어서 매를 맞으면서 참는다면

무슨 영예이겠는가?

그러나 만약 선을 행하면서 고난을 받으며 참는다면

이것은 하나님을 향한 호의이기 때문이라.

21 이는 너희가 이를 위해 부르심을 입었기 때문이라.

그 이유는 그리스도 역시 너희를 위하여 고난을 받으셨기 때문이요,

너희에게 모범적 예를 남겨둠으로써

너희가 그의 발자취를 따라오게 하려함이라.

22 이 분은 죄를 범치 아니하셨고 그 입에 궤사도 없었으며

23 이 분은 저주를 당하면서도 저주로 응답하지 않으셨고 고난
을 받으면서도 위협하지 아니하시고,

오직 공의롭게 판단하시는 분에게 자신을 내어맡기셨고,

24 이 분은 친히 나무에 달려 그 몸으로 우리 죄를 담당하셨으니

이는 우리로 하여금 죄에 대하여 죽음으로써

의에 대하여 살게 하려 하심이라.

이 분을 통해, 즉 그의 상처를 통해 너희가 나음을 얻었으니

25 그 이유는 너희가 전에는 양과 같이 길을 잃었더니

이제는 너희 영혼의 목자와 감독 되신 이에게 돌
아왔기 때문이라.

1 *아내들이여,*

이와 같이 자기 남편에게 ***순복하라***.

이는 혹 어떤 이가 말씀을 불순종한다 해도, 말이 아니라 아내의 행실로
말미암아

2 너희의 경외감 어린 그리고 순결한 행실을 봄으로써

그가 구원을 얻게 하려 함이라.

3 그 행실은 머리를 땋고 금을 차고 아름다운 옷을 입는 것과 같은

외형적인 것들이어서는 안 되며,

4 오직 썩지 아니할 마음의 숨겨진 사람,

즉 온유하고 조용한 심령의 사람이 되어야 할 것이니 이것
이 하나님 앞에서 값진 것이라.

5 왜냐하면 전에 하나님께 소망을 두었던 거룩한 부녀들도

이와 같이 자기 남편에게 순복함으로써

자신들을 단장하였기 때문이라.

6 마치 사라가 아브라함을 주라 부름으로써 순종한 것과 같으니

너희는 이 사라의 딸이 되었도다.

그러므로 선을 행하고 아무것도 두려워하지 말라.

7 *남편들이여,*

이와 같이 깨달음 중에 더 연약한 그릇과 같은 자인 너희 아내와 ***함께 살아가라***.

생명의 은혜를 유업으로 함께 받을 자인 그녀에게 존중을 보임으로써 그렇게 하라.

이는 너희 기도가 방해를 받지 않게 하려 함이라.

8 *마지막으로* 모든 자들이

한 마음을 지니고 동일한 마음을 품으며, 형제를 사랑하고 불쌍히 여기며,

겸손한 마음을 지닌 자들로서

9 악을 악으로, 욕을 욕으로 ***갚지 말고, 도리어 복을 빌라***.

이는 너희가 이를 위해 부르심을 입었기 때문이니

이는 너희가 복을 유업으로 받게 하려 함이라.

10 왜냐하면 생명을 사랑하고 좋은 날을 보고자 하는 자는

혀로 하여금 악한 말을 그치게 해야 하고,

입술로 궤사를 말하지 못하게 해야 하며,

11 대신 악에서 떠나 선을 행하고 화평을 추구하며 이것을 좇아야 하기 때문이라.

12 그 이유는 주의 눈이 의인을 향하며, 그의 귀는 저의 간구에 귀 기울이되

주의 얼굴은 악을 행하는 자들을 향하여 계시기 때문이라.

이상의 본문 도식화는 본문의 문장들을 모두 문법적으로 그리고 구문론적으로 해석하여 문장들 간에 일종의 계급을 정하는 작업인 구문서열화를 통해 이루어졌다. 이러한 구문분석과 구문서열화를 통해 볼 때, 본문은 다음과 같은 소단락들로 이루어져 있음을 알게 된다: 1) 2:11-12; 2) 2:13-17; 3) 2:18-25; 4) 3:1-6; 5) 3:7; 6) 3:8-12.

이러한 소단락들의 구분은 내용(content)을 중심으로 이루어질 수도 있고, 어떠한 빌딩블록으로 구성되어 있는가 하는 형식(form)상의 관점에서도 이루어질 수 있다. 이상의 소단락 구분은 주어+정동사로 이루어진 주절의 존재 여부와, 단락을 연결 짓는 접속사에 대한 집중된 관심을 통해 이루어지는 형식 분석(form analysis)을 통한 본문의 구조 분석에 따른 것이다. 본문이 어떻게 이루어져 있는가, 더 정확히 말해 본문이 말하려는 바를 본문은 어떻게(how) 말하고 있는가를 살피는 형식 분석을 통한 본문의 주제 파악은, 본문은 무엇을(what) 말하고 있는가를 살피는 내용 분석(content analysis)을 통한 본문의 주제 파악보다 더욱 객관적이라 할 수 있다.

보다 자세히 살펴보면 첫 번째 단락인 11-12절은 "내가 육신적인 욕심을 제어하라고 권면하노라"는 주절 하나와 분사 구문과 목적절 하나씩, 그리고 여기에 여러 부가적인 문장 요소들로 구성되어 있으며 두 번째 단락인 13-17절은 "인간의 모든 제도들에 대해 순복하라"는 명령법의 주절 하나와 여기에 종속된 이유절(15절)과 나머지 부가적 요소들로 이루어졌다. 세 번째 단락은 "남편에게 순복하라"는 명령법의 주절 하나와 여기에 종속된 목적절(1b)과 나머지 부가적인 요소들로 구성되어 있으며 네 번째 단락은 "아내들에게 존중을 보임으로써, 아내들과 함께 살아가라"는 분사 구문과 분사 형태로 이루어진 명령법의 주절 하나와 부가적인 요소들로 이루어져 있다. 마지막 단락은 "되갚지 말고 내신 복을 빌라"는 명령법의 주절 하나와 여러 개의 이유절과 목적절 하나, 그 리고 부가적인 요소들로 구성되어 있다. 이러한 단락의 구분은 이상에서 보여주듯이 주절과 종속절 및 부가적인 요소들을 살핌으로 이루어지는 상당히 객관적인 작업이라 할 수 있다.

6. 본문 구성에 대한 인식(문학적 접근)

이상에서 우리는 언어적으로 접근하여 본문의 구조를 분석하는 다소 객관적인 작업을 생각해보았는데 여기서는 이제 본문이 어떠한 구성 형태를 지니고 있는가를 파악함으로써 본문이 말하려는 바를 찾아내려는 작업을 다루고자 한다.

본문이 어떠한 구성 형태를 지니고 있는가를 파악하는 일은 본문을 자세히 관찰함으로써 이루어질 수 있는데, 특히 다음과 같은 수사적 형태들과 관찰 목록들을 자세히 주목함으로 가능하다. 다시 말해, 해석자는 본문 해석과 관련하여 이러한 수사적 형태들이 본문 내에서 혹은 본문의 인접 문맥에서 나타나고 있는지를 살펴봄으로써 저자의 논지를 보다 쉽게 파악할 수 있다. 또한 이 단계에서 해석자는 본문이 보여주는 특정한 문학적 패턴이나 장치들에 주목한다. 예를 들면, 수미상관, 교차대구법, 평행법, 반복법, 점층법, 동심원 구조 등의 특이한 패턴이나 구조를 중심으로 본문을 자세히 관찰해야 한다. 먼저 본문의 해석자가 살펴봐야 할 수사형태들에는 다음과 같은 것들이 있다.[34]

34 이하는 다음 책에서 기인한다: W. 클라인 외 2인, 『성경 해석학총론』, 류호영 역 (생명의 말씀사, 1997), 327-28.

서론	뒤따르는 것을 준비케 함	국면전환	국면 전환의 중대한 표지
설명	의미를 분명케 함	점층	작은 것에서 큰 것으로 나아감을 보여줌
예증	본보기나 예를 듦	연장	한 아이디어를 확장시킴
인과 관계	원인과 결과를 보여줌	연속	동일한 아이디어를 재 진술함
수단화	목적에 대한 수단을 나타냄	반복	강조를 위해 동일한 단어를 재 진술함
문답	질문과 대답을 주고받음	비교	다른 것과의 유사점을 보여 줌
증거	요점을 증명함	대조	다른 것과의 차이점을 보여 줌
구체화	보다 세밀하게 말함	요약	주요 요점을 간단하게 다시 재고함
일반화	구체적인 것들로부터 일반적인 원리를 추출해 냄	결론	앞의 것에서 추론을 끌어내거나 결론에 도달케 함
변환	순서를 교차적으로 일어나게 함		

이상에서 살펴본 수사적 형태들과 함께 본문의 해석자는 본문 내에서 발견되는 여러 가지 사항들을 관찰할 필요가 있다.[35] 이러한 관찰을 통해서 본문에서 저자가 말하려는 바를 보다 쉽게 파악할 수 있기 때문이다. 본문에서 관찰의 대상들로는 다음과 같은 것들을 포함한다.

▸ 질문과 대답들

본문이 질문과 대답이라는 형식을 그 토대로 하고 있는지를 주목하라.

▸ 대화

본문이 대화를 담고 있는지를 살펴라. 누가 누구에게 말하고 있는지를 결정하라.

35 이하의 설명은 다음에서 기인한다: J. 듀발 외 1인, 『성경 해석』, 류호영 역 (성서유니온선교회, 2009), 60, 86-7, 115-6.

▸ 수단

어떤 문장이 그 어떤 것이 누군가에 의해서 혹은 무엇에 의해서 이루어지고 있음을("어떻게"란 질문에 대한 대답임) 암시하고 있는지 주목하라. 보통 해석자는 문장 가운데 '…에 의해서'라는 표현을 넣을 수 있다.

▸ 목적/결과절

이 절들은 보다 구체적인 형태의 "수단"으로써, 보통 "왜"라는 점을 말하고 있다. 목적절과 결과절은 비슷하며 때때로 서로 교차적으로 사용된다. 목적절에는 보통 "…하기 위해서/ in order that"라는 표현을 넣을 수 있다. 결과절의 경우는 "…함으로써 ~한다/so that"이란 표현을 넣을 수 있다.

▸ 일반적인 것들에서 구체적인 것들로/구체적인 것들에서 일반적인 것들로

일반적인 진술에 뒤이어 일반적인 것들의 구체적인 예들이니 특정한 적용들이 나오는 경우들을 발견하도록 하라. 또한 일반적인 것으로 요약되는 구체적인 진술들을 찾도록 하라.

▸ 조건절

어떤 절은 하나의 조건을 제시할 경우가 있는데, 이러한 조건절의 경우, 제시되는 조건에 의해서 어떤 행위나 결말이 결과로 나타날 수 있게 된다. 종종 이러한 진술들은 '만약 ~ 그렇다면/if ~ then'이란 구조를 사용한다(영어의 경우 '그렇다면/then'이란 표현이 나타나지 않지만).

▸ 하나님의 행위/역할들

본문이 하나님의 탓으로 돌리고 있는 행동들이나 역할들을 찾도록 하라.

▸ 사람들의 행위/역할들

본문이 사람의 탓으로 돌리거나 사람들로 하여금 실천하도록 격려하는 행동들이나 역할들을 발견하도록 하라.

▸ 감성적 용어들

본문이 가족관계를 나타내는 단어들(아버지, 아들)이나 "권면한다"와 같은 단어들과 유사한 감성적 에너지를 동반하는 용어들을 사용하고 있는가?

▸ 본문의 톤

본문의 전반적인 톤은 어떠한가? 즐거운가, 슬픈가, 격려하는가? 등.

이상의 문학적 구성에 대한 이해를 다음의 본문을 통해 예증해보자.

베드로전서 2:11-3:12의 2차 구문서열화를 통한 구성 파악
-문학적 접근(Literary Approach)

한글사역과 본문의 문장흐름도

11 *사랑하는 자들아,*

<u>내가</u> 나그네와 거류민 같은 너희를 ***권하노니***

영혼을 대항하여 싸우는 육신적 욕심을 ***제어할지니***

12 이방인들 가운데서 너희의 선한 행실을 보임으로써[36] 그렇게 하라.

---

36 여기서 '보이다'라는 동사는 분사형태를 띠고 있는데, 이것은 독립적 분사의 용법의 일환으로 명령법으로 해석할 수도 있고, 아니면, 부대상황의 분사로 취급하여, 주동사인 '끊어 버리다'의 부사적 상황, 즉 시간이나, 수단의 상황을 보여주는 것으로 해석할 수 있다. 이상의 본문에서는 후자의 경우로 해석하고 있다. 반면에 이상의 본문 중에서 2:18의 '순복하다,' 3:1의 '순복하다,' 3:7의 '함께 살다'와 '보이다,' 3:9의 '갚다'와 '복을 빌다'는 모두 전자의 경우로 해석된 경우이다.

이는 그들이 너희에게 악을 행한다고 비방하는 일 중에 너희의 선한 일을 봄으로써
그들이 하나님의 방문의 그 날에 하나님께 영광을 돌리게 하려 함이라.

13 인간의 모든 제도들에 대해주로 인하여 ***순복하라***.
이것이 다스리는 위치에 있는 왕이든지
14 혹은 악을 행하는 자를 징벌하고 선을 행하는 자를 포상하기 위하여
그로부터 보냄을 받은 통치자들이든지 순복하라.
15 이는 하나님의 뜻이 이와 같기 때문이니,
곧 어리석은 사람들의 무지한 말을 잠잠케 하기 위해 선을 행하는 것이라.
16 자유인이지만 악을 변명하는 자유를 갖지 말고,
하나님의 종으로서
17 모든 자들을 존중하고, 형제를 사랑하며 하나님을 경외하고, 왕을 존경하라.
18 *사환들아*,
(하나님에 대한) 모든 경외 가운데, 주인들에게 ***순복하되***
선하고 너그러운 자들에게만 아니라 옳지 못한 주인들에게도 순복하라.
19 이는 하나님을 의식하기에 어떤 이가 부당하게 고난을 당하면서 슬픔을
견디어 낸다면, 그것이 하나님의 임재의 표현, 곧 은혜이기 때문이라.
20 왜냐하면, 만약 죄를 지어서 매를 맞으면서 참는다면 영예가 없고,
오직 선을 행하고 고난을 받으면서 참는다면
영예가 있을 것이기 때문이라.
21 이것이 하나님이 판단하시기에 은혜, 곧 그의 임재의 표현이라.

이는 너희가 이를 위해 부르심을 입었기 때문이라.
그 이유는 그리스도 역시 너희를 위하여 고난을 받으셨
기 때문이요
이를 통해 너희에게 모범적 예를 남겨둠으로써
너희들로 하여금 그의 자취를 따라오
게 하려함이라.

22 이 분은 죄를 범치 아니하셨고, 그 입에 궤사도 없었으며,
23 이 분은 저주를 당하면서도, 저주로 응답하지 않으셨고, 고난을 받으면서도,
위협하지 아니하시고, 오직 공의롭게 판단하시는 분에게 자신을 내
어맡기셨고,
24 이 분은 친히 나무에 달려 그 몸으로 우리 죄를 담당하셨으니
이는 우리로 하여금 죄에 대하여 죽음으로써,
의에 대하여 살게 하려 하심이라.
이 분을 통해, 즉 그의 상처를 통해 너희가 나음을 얻었으니,
25 그 이유는 너희가 전에는 양과 같이 길을 잃었더니
이제는 너희 영혼의 목자와 감독 되신 이에게 돌아왔기 때문이라.

1 *아내들이여,*
이와 같이 자기 남편에게 ***순복하라***.
이는 혹 어떤 이가 말씀을 불순종한다 해도, 말이 아니라
아내의 행실로 말미암아
2 너희의 경외감 어린 그리고 순결한 행실을 봄으로써
그가 구원을 얻게 하려 함이라.
3 그 행실은 머리를 땋고 금을 차고 아름다운 옷을 입는 것과 같은

외형적인 것들이어서는 안 되며,

4 오직 썩지 아니할 마음의 숨겨진 사람,

즉 온유하고 조용한 심령의 사람이 되어야 할 것이니

이것이 하나님 앞에서 값진 것이라.

5 왜냐하면 전에 하나님께 소망을 두었던 거룩한 부녀들도

이와 같이 자기 남편에게 순복함으로써 자신들을 단장하였기 때문이라.

6 예를 들어, 사라가 아브라함을 주라 부름으로써 순종한 것과 같으니,

너희는 이 사라의 딸이 되었도다.

그러므로 너희는 아무 것도 두려워하지 말고 선을 행하라.

7 *남편들이여,*

이와 같이 깨달음 중에 더 연약한 그릇과 같은 자인 너희 아내와 ***함께 살아갈지니***

생명의 은혜를 유업으로 함께 받을 자인 그녀에게 존중을 보임으로 그렇게 하라.

이는 너희 기도가 방해를 받지 않게 하려 함이라.

8 *마지막으로* 모든 자들이

한 마음을 지니고 동일한 마음을 품으며, 형제를 사랑하고 불쌍히 여기며,

겸손한 마음을 지닌 자들로서

겸손한 마음을 지닌 자들로서

9 악을 악으로, 욕을 욕으로 ***갚지 말고, 도리어 복을 빌라.***

이는 너희가 이를 위해 부르심을 입었기 때문이요,

이로 인해 너희가 복을 유업으로 받게 하려 함이라.

10 왜냐하면 생명을 사랑하고 좋은 날을 보고자 하는 자는

혀로 하여금 악한 말을 그치게 해야 하고,
입술로 궤사를 말하지 못하게 해야 하며,
11 대신 악에서 떠나 선을 행하고 화평을 추구하며 이것을 좇
아야 하기 때문이라.
12 그 이유는 주의 눈이 의인을 향하며, 그의 귀는 저의 간구에 귀 기울이되
주의 얼굴은 악을 행하는 자들을 향하여 계시기 때문이라.

이상의 본문 도식을 통해서 이러한 여러 개의 소 단락들이 어떤 관계로 연결되어서 하나의 전체를 이루고 있는가 하는 점에 주목해야 한다. 이 일은 본문의 전체적인 구성 형태를 살피는 작업에 해당되며 구문서열화를 통해 구분되는 소 단락들에 대한 작업보다는 다소 주관적인 측면을 지닌다고 볼 수 있다. 그럼에도 불구하고 구성 형태를 살피는 일은 본문을 전체적으로 파악하는 데 매우 중요한 작업이라 볼 수 있다.

구성 형태를 살피는 작업은 크게 둘로 나눌 수 있는데 하나는 소 단락들을 연결 짓는 여러 형태의 연결사들 혹은 접속사들에 주의를 기울임으로써 소 단락들의 전개가 어떤 식으로 이루어지는가를 살피는 것이다. 또 하나의 고려 사항은 소 단락 간에 나타나는 유사한 단어들이나 주제들에 주목하는 일이다. 본문의 경우의 '선'과 '악', '선을 행하다' '악을 행하다,' '선한 행실' 혹은 '악한 행실' 등의 동일한 단어나 혹은 유사한 단어들이 본문 전체에서 매우 전략적으로 나타남으로써, 본문을 하나의 통일적인 유기체로 연결 짓고 있음을 주목할 필요가 있다.

먼저 본문의 구성상 특이한 점을 살펴보고자 한다. 첫째로 본문은 첫 번째 소 단락에서 '악을 행한다'고 비방하는 이방인들에게 '선한 행실'을 보이라는 권면으로 시작하여 마지막 소단락에서 '악을 행하는' 자들을 주님이 보고 계시기에 '선을 행하라'는 권면으로 끝맺고 있다. 이 섬

은 본문이 전체적으로 수미상관(inclusio)이란 문학적 구조를 띠고 있다는 것을 보여준다. 이 수미상관의 구조는 본문을 하나의 일관된 주제로 형성되어 있는 단일한 단락이라는 점을 시사할 뿐만 아니라 본문의 주제적 관심 역시 선한 행실을 촉구하는 일이라는 점을 보여준다.

또 하나 주목할 사실은 세 번째 소 단락에서 네 개의 관계대명사로 시작되는 절이 나타나고 있는데 이 절들은 모두 선행사가 그리스도로, 그리스도 인성과 사역을 다루고 있다. 문제는 이 부뷴을 단지 앞서 나오는 주인들에게 순복하라는 사환들에 대한 명령의 모범적 예로 보기에는 양적으로 상당히 길뿐만 아니라 매우 정형화된 시적 형태를 띠고 있으며 이런 점에서 매우 돌출적인 성격을 지니고 있다는 점이다.[37]

이런 점을 고려할 때 이 부분은 본문 구성상 보다 중요한 전략적 위치를 점하고 있다고 판단된다. 즉 이 부분은 본문의 중심 부분에 해당하며, 본문은 이 축을 중심으로 양쪽에 서로 대조되는 두 그룹의 소 단락들이 놓여있는 구조를 띠고 있다고 볼 수 있 다: 11-12절(A) -13-21절(B) -22-25절(C) -3:1-7절(B') -8-12절(A'). 즉 이 본문은 A-B-C-B'-A'의 교차대구법적인 구조를 지니며 이 경우 C가 중심부분으로써 본문의 해석 원리를 제공하고 있다고 볼 수 있다. 이 부분은 여러 면에서 양쪽에 놓여있는 소단락들과 유기적 관계를 맺고 있음을 보여준다.

첫째로 A-A'의 관계는 앞에서 수미상관 구조를 말하면서 이미 설명한 바 있다. 둘째로, B-B'의 관계는 가족법에서 통상적으로 다루는 아내와 남편, 자녀와 부모, 종과 주인에 대한 명령 중에서 자녀와 부모라는 항목을 생략하고 있을 뿐만 아니라 종과 주인의 항목에서도 주인을

---

37 이 부분은 소위 초대교회의 그리스도 찬송시라 불리는 2:6-11("그는 근본 하나님과 본체시나…") 과 골 1:15-20("그는 보이지 않는 하나님의 형상이요…")의 구절들을 연상시킨다. 헬라어성경 중 하나인 NA27판은 이 세 본문들을 모두 시형으로 구성해 놓고 있다.

생략한 채 종에 대한 부분만을 다루고 있고, 아내와 남편의 항목에서도 남편에 대한 부분은 매우 간략하게 처리하고 아내에 대한 부분만을 매우 길게 다루고 있다는 점에서, 정작 본문에서 다루고자 하는 부분은 사환들과 아내들에 대한 진술이라고 볼 수 있다. 즉 B와 B'는 사환과 아내를 집중적으로 조명하고 있다고 볼 수 있고, 이런 점에서 서로 평행적 관계를 지닌다고 볼 수 있다. 그 다음 C부분은 대응하거나 평행적 관계를 지닌 부분이 없는, 가운데 부분에 해당된다.

이제 어떤 점에서 가운데 해당하는 C부분이 나머지 부분들에 대한 해석의 원리를 제공할 수 있는지를 살펴보고자 한다. 무엇보다 가장 중요한 점은, C부분은 예수 그리스도의 대속의 죽음의 궁극적 목적을 24절에서 우리로 하여금 의에 대하여 살게 하려는 것이라고 말하고 있는데 바로 이러한 의로운 삶은 본문 전체에 걸쳐서 일관되게 나타나는 선한 행실(12절, 14절, 15절, 20절, 3:3장 1절, 6절, 11절, 12절의 의인)과 일맥상통할 뿐만 아니라 이러한 선한 행실에 대한 근본적 토대를 제공하고 있다는 점이다.

뿐만 아니라 C부분은 이 단락을 둘러싸고 있는 단락들과 주제상의 다른 많은 연관관계를 분명히 보여주고 있다. 첫째로 C부분은 악하다고 비방을 받으면서도 악에 응대하지 않음으로써 암묵적으로 선을 행하고 있는 예수의 모습을 보임으로써 A가 말하는 악을 행한다고 비방하는 자들을 향해선한 행실을 보이라는 권면과 일맥상통한다. 둘째로 C의 이러한 예수의 모습은 악을 악으로 갚지 말고 선을 행하라는 A'의 권면과 정확히 일치한다. 셋째로 C가 보여주는 예수의 선한 행실은 선을 행함으로 어리석은 자들의 무지한 말 즉 악한 자들의 비방을 잠잠케 하는 것이 하나님의 뜻이라는 B의 진술과 일치할 뿐만 아니라, C가 보여주는 죄 없는 예수의 대속적인 고난과 죽음은 B에서 말하는 불의한 주인으로 말미암은 고난과 슬픔 중에서의 인내와 정확히 그 맥을 같이한다. 넷째로 C가 보여주는 예수의 행실, 특히 공의로운 재판장 되신 하나님께 자신을 맡기는 순종의 행위야말로 B'가 말하는 아내의 순결한 행실, 즉 온유하고 조용한 심령의 행실로써, 이는 하나님 앞에서 값진 행실이라는 진술과 매우 유사하다. 이로 보건대 그리스도의 인성과 속죄 사역을 말하고 있는 C부분은 본문 전체에 대한 해석학적인 토대와 원리를 제공하고 있음이 분명하다.

Ⅲ 성경 본문 해석의 접근 방식들의 개관

1. 서론

앞에서 성경은 성격상 역사적, 문학적, 신학적 측면을 지닌다는 점을 지적한 바 있다. 이런 맥락에서 우리는 또한 성경 해석 역시 이러한 역사적, 문학적, 신학적 측면 모두를 정당하게 고려하고 평가하는 해석 작업이라는 점도 살펴보았다.

특별히 우리는 석의작업을 성경 본문의 원래적 의미 곧 본문의 역사적-문법적 의미를 밝히는 것이라고 정의했다. 문제는 이러한 석의 작업이 어떻게 이루어져야하는가에 대한 많은 이견과 논쟁이 존재한다는 점이다. 그렇지만 석의 작업에 관한 논쟁은 결국 통시적인 또는 공시적인[38]

38 원래 '통시적(diachronic)' 혹은 '공시적(synchronic)'이란 표현은 스위스의 저명한 언어학자이자 구조주의-비평학자(structuralist critics)의 선구자인 F. 소쉬르의 언어학에서 기인한 것으로, 문헌이나 저작에까지 확장되어 적용되는 해석이론이다. '통시적'이란 헬라어로 '시간에 걸쳐서(through time)'란 의미로서, 시대의 변천에 따른 언어의 변화와 발전을 연구하는 것을 지칭하며, 이에 반해 공시적이란 헬라어로 '시간과 함께(with time)'란 의미로서, 언어 체계를 연구하되 언어 체계의 발전의 역사와 상관없이 특정한 시점 상의 언어 체계를 연구하는 것을 지칭한다. 이 방법들은 문헌이나 저작의 해석에도 적용되는

해석 방식으로 귀결된다.

성경 본문의 석의와 관련해 이 두 해석 방식을 간단히 설명하고자 한다. 통시적 해석 방식은 현재의 본문 형태에 이르기까지의 본문 형성의 과정을 해석의 주안점으로 삼아서 본문의 개별적인 요소들을 분석적으로 해석하는 방식이다. 통시적 해석 방식을 유비적으로 표현하면, 숲이 아니라 숲을 이루는 나무들을 개체적으로 연구하는 것과 같은 방식으로 본문을 다루고 해석하는 방식이다. 이에 반해 공시적인 해석 방식은 본문의 요소들을 개별적으로 분석하기보다는 본문을 하나의 유기적 전체로 취급하여 통합적으로 본문을 다루고 해석한다. 다시 말해, 이 해석 방식은 주로 본문의 현재적인 전체적 구성 형태에 초점을 맞추면서 본문의 개별적 요소들을 다루는데, 이를 유비적으로 표현하자면 숲을 이루는 나무들이 아니라 나무들로 이루어진 숲에 주안점을 두는 방식이라고 할 수 있다.

이러한 두 접근 방식은 양자택일의 문제라기보다는 상호보완적인 성격을 지니고 있다. 숲을 구성하는 나무들을 보는 것과 숲을 보는 것이 반드시 서로 배타적일 필요는 없다. 간단히 말해서 숲은 나무들로 구성

데, 이 경우 통시적 해석 방식은 텍스트가 어떻게 형성되었는지 또는 텍스트가 시간에 따라서 어떠한 역사적 변화를 겪었는지를 추적하고 살피는데 초점을 맞추며, 이에 반해 공시적 접근 방식은 텍스트의 역사와 형성에 대한 질문을 차치하고서 집중적으로 텍스트와 텍스트의 구조에 초점을 맞춘다.

해석 방식에 대한 이러한 이중적인 분류 방식은 현금에 와서 3중적인 분류 형태를 지향하고 있다. 이러한 3중적 분류에도 독자를 중심으로 한 3중적 분류와 본문을 접근하는 길을 중심으로 한 3중적 분류가 존재한다. 전자의 경우는 본문 이면의 세계(역사적인 원래 독자의 세계-역사 비평적 접근), 본문 내의 세계(잠재적 독자의 세계-신비평 계열의 문학적 접근), 본문 앞에 세계(현대 독자의 세계-독자 반응 비평계열의 문학적 접근)를 해석의 초점으로 삼으며, 후자의 경우는 본문 이면의 길(역사-비평적 접근), 본문 내의 길(문학적 접근), 본문 앞에 길(정경적-신학적 접근)을 해석 방식의 초점으로 삼는다. 전자를 위해서 다음을 참조하라. W. Randolph Tate, *Biblical Interpretation: An Integrated Approach* , 3rd ed. Baker Academic, 2008. 후자를 위해서 다음을 참조하라. 조나단 T. 패닝톤, 『복음서 읽기: 복음서의 내러티브와 신학적 개론』, 류호영 역 (CLC, 2015).

되어 있기 때문이다. 그러나 숲 전체를 보는 것과 개별적인 나무 하나만을 보는 것은 분명히 다르며, 나무 하나만을 보는 것과 숲을 생각하며 개별적인 나무를 보는 것 또한 다르다. 본문 해석과 관련해 타당한 것은 숲 전체를 생각하며 개별적인 나무들을 보는 경우이다. 다시 말해, 나무들은 숲의 일부로서 의미를 지니듯이, 마찬가지로 본문의 개별적인 요소들은 본문 전체의 일부로서 의미를 지닌다고 보는 것이 타당하다. 보다 구체적으로 말해, 본문의 개별적인 요소들을 해석하는 이유는 궁극적으로 본문이 전체적으로 말하려는 의미를 찾기 위한 것이다. 이런 전제를 받아들인다면 본문의 개별적인 요소들에 대한 관심과 본문 전체에 대한 관심은 상호보완적임을 쉽게 이해할 수 있을 것이다.

본문 해석의 대상은 전체로서의 본문과 본문의 개별적인 요소들 양자 모두이다. 왜냐하면 필연적으로 모든 해석 작업은 전체적인 차원의 본문 해석과 개별적인 차원의 본문 해석을 모두 포함하고 있기 때문이다.

그런데 이러한 전체적인 차원의 본문 해석과 개별적인 차원의 본문 해석은 본문 해석이 지니고 있는 여러 가지 측면이란 관점에서 세 가지로 분류해 볼 수 있다. 즉 모든 본문은 여러 가지 측면에서 해석될 수 있다는 뜻이다.

첫째로 본문은 언어적 차원을 지닌다. 본문의 저자는 기본적으로 의사소통의 방식이며 의미전달 매체인 언어(language)를 통해 자신의 메시지를 전달한다. 이런 점에서 본문 해석 작업은 언어적 접근 방식(linguistic approach)이 필요하다.

둘째로 본문은 문학적인 차원을 지닌다. 본문의 저자는 단순히 의사소통 또는 의미전달을 위해 언어를 사용할 뿐만 아니라 보다 중요하게는 효과적인 의사소통을 위해 본문을 구성한다. 즉 저자는 본문의 모든 개별적인 구성 요소들을 특정한 방식으로 구성함으로써 자신이 진달하고

자 하는 메시지를 효과적으로 전달할 뿐만 아니라 독자들에게 강한 정서적 충격을 남겨준다는 뜻이다. 이런 점에서 본문 해석 작업은 문학적 접근 방식(literary approach)이 필요하다.

셋째로 본문은 역사적-신학적 차원을 지닌다. 본문의 저자는 특정한 역사적 정황에 놓여 있는 독자들에게 특정한 메시지를 전달하고자 본문을 저작한다. 이러한 특정한 역사적 정황은 특정한 신학적 메시지를 만들어 내는 모체와 같은 역할을 한다. 그러기에 성경 본문의 해석 작업은 특정한 역사적 정황에 대한 이해와 이 정황이 만들어낸 신학적 메시지에 대한 이해를 포함한다. 이런 점에서 본문 해석은 역사적-신학적 접근 방식(historical-theological approach)이 필요하다. 다음에서 이상의 세 가지 본문 해석의 접근 방식을 하나씩 다루고자 한다.

2. 언어적 접근 방식

본문(a literary text)은 단어, 구, 절, 문장들로 이루어진 하나의 문학적 단위이다. 그런데 본문을 구성하고 있는 단어, 구, 절, 문장들이라는 본문의 개별적인 구성 요소들에 대한 모든 해석 작업은 언어적 차원 혹은 측면에 관계된 것이라 할 수 있다.

언어적 차원의 본문 해석은 ***첫째로*** 본문 확정으로부터 시작된다. 본문 확정이란 본문의 원래적 형태를 확정하는 일이다. 원래 본문의 원래적 형태를 확정하는 일은 본문 비평(textual criticism)에 관한 것이다. 현재 성경은 원본(autograph)이 아니라 수많은 사본들(히브리어, 아람어, 헬라어로 기록된 manuscripts)과 역본들(사본들을 당대의 언어들로 번역한 versions)의 형태로 존재할 뿐이다. 그러기에 성경 해석자들은 가용한 여러 사본들을 외적 증거(사본 전승들 혹은 본문 유형들에 대한 평가)와 내적 증거(필사상의 원리들에 대한 평가)를 중심으로 평가하고 판단해서 본문의 원래적 형태를 재구성하는 본문 비평 작업을 수행한다.[39]

그러나 현실적으로 성경 본문을 해석하는 일반적인 성경 연구자나 해석자가 전문 성경 해석자들에 의해 이루어지는 이러한 본문 비평 작업을 수행하기는 어렵다. 이런 점에서 차선책으로 성경 본문을 해석하려는 모든 사람은 최소한 가용한 현대 번역 성경들(translations)을 비교 분석해서 ***자신의 개인적인 번역 본문***을 만들어야 한다. 왜냐하면 본문 해석자에게 가용한 현재 성경들은 원본(autograph)이나 고대 사본(manuscript)도 아니고, 고대 역본(versions)도 아니며 현대 번역 성경일 뿐이기 때문이다. 물론, 현대 번역 성경들이 성서학자들을 통해서 본문 비평을 거쳐 원래적 형태를 재구성한 경우가 많지만(정확성을 추구한 번역 성경들의 경우), 그렇지 않은 경우들도 많다(특히 가독성을 위주로 번역한 성경들의 경우).

특히 현재 한국 교회 전통에서 가장 많이 사용되고 있는 개역개정 한글 번역 성경의 경우는 본문의 원래적 형태를 재구성한 작업이라기보다는 선교적인 상황에서 복음 전파를 일차적 목표로 의미 전달을 중심으로 번역된 경우이기에 원문과 관련한 정확성이 의문시되며, 더욱이 지금에 와서는 현대 독자들에게 분명한 의미를 전달한다는 점에서의 가독성마저도 현저히 문제가 되고 있다.

물론, 현재 읽기 쉬운 많은 성경들(가독성을 추구하는 현대 번역 성경들)이 출판된 상태이지만, 이들의 경우는 가독성을 추구한 결과 원문과 관련한 정확성이 여전히 의문시 될 수밖에 없다.

---

39 본문 비평에 대한 많은 참고문헌들 중에서 특히 다음의 둘을 참조하라. 1) 고든 피, 『신약성경 해석 방법론』(크리스챤출판사, 2003), 99-112 ("II. 2. 본문을 확정하라"); 2) 크레이그 블롬버그 & 제니퍼 마클리, 『신약성경석의방법』(도서출판 대서, 2013), 27-85 ("제1장 본문 비평").

바로 이러한 몇 가지 이유에서 모든 본문 해석자는 어떤 형태로든 자신 만의 특정한 사역을 통해서 해석하려는 본문을 확정할 필요가 있다. 이것은 본문을 해석하는 모든 해석자들에게 주어진 특권일 뿐만 아니라 책임 있는 해석자가 지녀야할 기본적인 책무이기도 하다.

본문을 확정하는 과정, 즉 본문에 대한 해석자 사역을 만드는 과정에서 해석자는 필요한 단어를 연구하게 된다. 이런 점에서 본문 해석에는 단어 연구(word studies)가 필요하다. 단어 연구는 여러 번역 성경들을 비교하면서 서로 다른 단어가 사용되는 경우나 단어의 의미가 불분명해서 보다 정확한 의미를 알고 싶은 경우에 사전과 같은 참고문헌을 통해 해당 단어를 정확히 번역하는 일이다.

두 번째로 언어적 차원 혹은 측면에서 이루어지는 본문 해석 작업은 ***본문의 구조를 파악***하는 일이다. 본문은 단어와 구들이 문법적인 관계로 연결되어 있고, 또 절과 문장들이 구문론적인 관계로 연결되어 있다. 구조 파악은 이러한 연결 관계들을 규명해서 본문이 어떠한 구조와 형태로 이루어져 있는가를 살피는 작업이다. 문법적-구문론적인 분석을 통해서 본문의 구조가 파악되는 일은 일반적으로 행해지는 본문의 논리 흐름을 분석하는 일과 일맥상통한다. 즉 본문에서 저자의 논리 흐름을 파악해서 찾아내는 본문의 구조와 문법적-구문론적인 분석을 통해서 찾아내는 본문의 구조는 이상적인 관점에서 볼 때 동일하다.[40]

---

40 본문의 논리 흐름을 파악하는 일은 본문에 대한 의미론적인 해석과 중첩되는 면이 큰데, 본문의 의미론적인 해석과 문법적-구문론적인 해석은 본문의 의미를 파악하는 일에 다소 다른 결과를 가져온다. 이런 차이는 본문 해석에서 관여하는 차원이 다르기 때문에 생겨난다.

3. 문학적 접근 방식

본문을 문학적 차원에서 접근하는 방식의 ***첫 번째*** 요소는 ***구성 파악***이다. 즉 본문이 어떤 형태로 구성되어있는지를 파악하는 일이다. 본문은 단어, 구, 절, 문장들이 연결된 하나의 문학적 단위일 뿐만 아니라, 이러한 본문의 구성 요소들이 특정한 방식으로 배치된 문학적 구성이기도 하다. 본문의 저자는 특정한 단어나 구와 절 혹은 문장들을 본문 내에서 특정한 곳에 배치하거나, 본문을 특정한 방식으로 구성함으로써 자신이 전하려는 메시지를 효과적으로 전달한다. 이런 점에서 본문의 구성 파악은 본문을 문학적으로 접근하는데 필수적인 요소이다. 구성 파악의 일반적인 형태는 이야기 전개를 살피는 일이다. 즉 본문의 저자는 어떻게 이야기를 전개시키고 있는가를 분석하는 것을 말한다. 그러나 특정한 표현 방식들의 전략적인 배치나 특정한 방식으로 이야기를 전개하는 일은 모두 본문을 특정한 방식으로 구성하여 저자가 메시지를 효과적으로 전달하려는 의도의 일환이라는 점에서 같다고 할 수 있다.

문학적인 접근 방식의 ***두 번째*** 요소는 본문의 ***문학적 문맥***을 연구하는 일이다. 본문은 동떨어져 있는 독립된 대상이 아니다. 본문은 특정한 문학적 문맥에 놓여 있으면서 문맥 내에 있는 다른 본문들과 상호 연계되어 있다. 이 문맥은 본문 바로 앞과 뒤에 놓여 있는 본문들일 수도 있고, 아니면 보다 큰 단위의 문맥일 수도 있다. 어떤 경우이든 본문을 그 자체로서만 해석해서는 안 되며 반드시 본문이 놓여 있는 맥락 혹은 문맥에서 읽고 해석할 필요가 있다.

문학적 접근 방식의 ***세 번째*** 요소는 본문을 본문이 속해있는 책 전체라는 맥락에서 살펴보는 일이다. 이것을 ***책내-본문 연구***(intra-textual studies)라고 부른다. 이 작업은 두 번째 요소인 문학적 문맥 연구와 중첩되는 점이 있지만, 다른 차원의 중요성을 지닌다. 문학적 문맥 연구는 본문이 어떠한 흐름 가운데 있는가를 살피는 데 주안점이 있다면, 책내-본문 연구는 본문과 유사한 책 안의 다른 본문들을 비교하여 본문을 연구하는데 초점이 맞추어 진다. 이런 비교 연구를 통해서 책 저자의 전반적인 신학적 사상을 파악할 수 있다.

4. 역사적 접근 방식

본문을 역사적 차원에서 접근하는 방식은 ***본문의 역사적 문맥을 연구***하는 일이다. 다시 말해, 이 연구는 본문이 기록될 당시에 저자와 그의 독자들이 처해 있던 역사적 문맥이나 정황이 무엇이었는가를 살펴보는 것이다. 그런데 중요한 점은 역사적-정황 연구는 자체적으로 독립된 분야가 아니고, 저작의 특정한 목적과 의도와 연결되어 있다는 점에서 필연적으로 본문의 신학적 연구와 밀접하게 연계되어 있다. 왜냐하면 모든 성경책은 저자의 특정한 신학적 관점의 저작이기 때문이다.

여기서 역사적인 정황과 신학적인 해석 사이의 유기적인 관계를 잠시 설명하고자 한다. 성경(the Bible)은 구체적인 역사적 정황에서 기록된 하나님의 계시의 말씀이다. 구체적인 역사적 정황에서 기록되었다는 점에서 특정성(particularity)을 지니며 하나님의 말씀이란 점에서 보편성(universality)을 지닌다. 더 정확히 표현하자면 성경은 특정한 역사적 정황들에 대한 가치-중립적인 객관적 진술(descriptive statement)이 아니라 하나님 중심적 관점에서 기록된 처방적 진술(prescriptive statement)이다.[41]

---

41 이러한 처방적 성격은 신약 성경의 책들의 경우는 분명하지만, 구약의 경우는 그렇지 못한 것이 사실이다. 구약의 책들은 오랜 전승의 역사를 갖고 있기 때문이다. 그럼에도 불구

특정한 역사적 정황들에 대한 이러한 하나님 중심적 관점의 처방은 성경의 각 권의 저자들의 저작 목적이나 의도, 또는 성경 각권의 신학적 메시지로 표현된다. 이런 점에서 성경 본문을 바르게 이해하고 해석하려면 본문이 속한 책의 역사적 정황을 저자의 저작 목적과 의도 혹은 신학적 메시지와 함께 이해하려는 노력이 필요하다. 다른 말로 표현하자면 성경의 역사적 정황 연구란 단순히 특정한 책에 기록된 당시의 역사적 배경, 풍습, 언어, 문화, 전통들을 의미하지 않는다(성경은 역사적 진술이 아니라 신학적 진술이라는 점을 기억하라!). 보다 정확하게 말해서 역사적 정황 연구는 특정한 성경이 쓰이게 된 저작 동기나 저작 의도 혹은 저작 목적을 밝혀내는 방식으로 이루어져야 한다는 뜻이다.

성경의 역사적 연구가 지닌 이러한 성격은 성경의 역사적 정황을 단순히 역사적 국면으로서만 이해해서는 안 되고, 오히려 특정한 책을 기록하게 만든 신학적 모체(theological matrix)로 이해할 수 있게 한다.

바벨론 포로 사건을 예로 삼아 이러한 신학적 모체로서의 역사적 정

하고 구약의 책들이 전승 과정에서 뿐 아니라 최종적인 정경 형태에서 특정한 신앙 공동체들에 의해서 하나님의 말씀으로 고백되고 증언되었다는, 구약의 근본적인 성격을 이해한다면, 구약 역시 역사적 사실들에 대한 객관적 서술이 아니라 처방적 진술이라는 점은 부인할 수 없을 것이다.

구약 성경의 정경적 의미를 간략히 설명하면 다음과 같다. 구약 성경은 정경적 문맥을 지니는데, 이 정경적 문맥은 이전의 원래 저자가 의도했던 문자적 의미들을 신앙의 공동체가 공식적으로 받아들이고 보존하여 신앙 공동체의 특정한 문맥에 따라 상황화시켜 하나님의 말씀으로 고백하고 증언했다는 것을 의미한다. 이런 맥락에서 볼 때 본문의 단어들의 의미 역시 단어의 어원론적인 분석을 통해 찾아지는 것이 아니며, 단어는 특정한 문장의 문맥 내에서 의미와 중요성을 얻게 된다. 성경 책들의 정경적 문맥을 중시하는 정경비평학자들은 역사 비평의 문제를 성경의 묘사를 언제나 보다 역사적인 정확한 서술로 바꾸려는 경향을 보인다고 비판하며, 이것은 성경 책들의 정경적 문맥을 간과하는 것이라 판단한다. 물론, 정경 비평을 지지하는 사람들은 궁극적 실체의 성격을 하나님의 계시에 대한 믿음의 증언으로서의 성경 책들을 통해 설명해야 한다는 전제를 지니고 있다. 정경비평의 대표적인 학자들로는 J. Sanders와 B. Childs를 들 수 있다. 정경으로서의 성경과 정경 비평에 대한 보다 자세한 설명을 위해 다음을 보라. Gerald T. Sheppard, "Canonical Criticism," in *Anchor Bible Dictionary 1* (Doubleday, 1992), 861-866.

황을 설명하고자 한다. 이스라엘의 바벨론 포로 유형은 물론, 역사적 사건이다. 그러나 성경 저자의 관점 즉 하나님 중심적 관점에서 보면 특정한 성경책을 기록하게 만든 신학적 모체라 할 수 있다.

이런 점에서 성경이 기술하고 있는 바벨론 포로 사건은 단순히 성경의 역사적 정황이 아니라 신학적 정황이란 뜻이다. 즉 신학적 정황으로서의 바벨론 포로 유형에 따르면 이스라엘은 하나님의 언약 백성으로서 언약적 의인 하나님의 공의의 자비, 그리고 거룩함을 드러내도록 창조되었고(cf. 미 6:8) 또한 애굽의 속박으로부터 구출되어 하나님의 의의 백성으로 흑암 가운데 앉아있는 열방에게 빛이 되도록 부름받은 백성이었다(cf. 사 9:2).

그러나 이스라엘의 역사는 놀랍게도 하나님에 대한 끊임없는 반역과 불신의 역사로 점철되었고 하나님의 오랜 고통의 기다림에도 불구하고 그들의 강포와 부정은 끝없이 이어져간다. 이 때문에 이스라엘은 선지자들의 예언의 성취의 일환으로 바벨론 포로 유형이라는 역사적 사건을 겪게 되는데, 이 사건은 하나님의 구원 역사(God's salvation history)의 기념비적인 전기의 역할을 감당하게 된다. 왜냐하면 이 사건을 통해 선지자들에 의해 예언되었던 우주적-보편적이며 종말론적인 제2의 출애굽이 예수를 통해 성취되는 구원 역사가 절정에 이르기 때문이다. 이런 점에서 바벨론 사건은 신학적 모체로서의 역사적 정황이라 할 수 있다.

성경의 역사적 정황 연구와 관련해 기억해야 할 것이 있다. 모든 성경의 각 책들은 특정한 역사적 정황을 염두에 두면서 기록된 신학적 저작이지만, 모든 본문이 특정한 역사적 정황을 반영하거나 암시하지는 않는다는 점이다. 이런 점에서 모든 성경에 대한 역사적-신학적 정황 연구는 반드시 해야 하지만 본문에 대한 역사적 정황 연구가 반드시 필요한 것은 아니다. 본문이 명시적으로 혹은 암시적으로 특정한 역사적 정황을 반영하는 경우에만 본문의 역사적 정황 연구를 할 수 있다는 뜻이다.

이러한 역사적 정황 연구와 신학적 해석 사이의 연결성에도 불구하고 역사적 정황 연구는 특정한 성경이 기록될 당시의 역사적 정황을 집중적으로 다룬다는 점에서, 그리고 이에 걸맞는 특정한 연구방법이 필요하다는 점에서 독립적으로 다루어져야 할 해석의 한 단계 또는 분야이다.

5. 신학적 접근 방식

비록 특정한 성경이 기록된 역사적인 정황이 저자의 신학적인 처방을 낳게 했다는 점에서 역사적인 정황과 신학적인 해석이 유기적으로 연결되어있지만, 그럼에도 불구하고 연구방법론이라는 점에서는 분명하게 역사적 정황 연구와 신학적 해석은 구별되며 이런 점에서 신학적인 접근 방식은 독립된 해석분야로 다루어질 필요가 있다.

신학적인 접근 방식은 기본적으로 해석하려는 본문을 특정한 책의 저자의 특정한 신학적인 관점에서 해석하는 일과, 특정한 저자의 특정한 신학적인 관점이 속해있는 보다 큰 차원인 성경-신학적인 관점에서 해석하는 일로 이루어진다. 먼저 책 저자의 특정한 신학적인 관점에서 본문을 해석하는 일은 동일한 저자가 기록한 다른 책들을 비교하거나, 동일한 사건에 대한 다른 기록들을 비교하는 일을 통해서 이루어진다. 또한 이러한 비교에는 단순히 특정한 저자의 전반적인 신학 사상을 찾아내려는 노력만이 아니라, 문헌상으로 비교될 수 있는 유사본문(parallel passages)을 비교해서 본문 자체가 지닌 특정한 신학적 사상을 찾는 일이 포함된다. 예를 들면, 모세 오경이나 바울 서신들을 해석할 경우는 동일 저자에 의한 다른 책들을 비교함으로써 저자의 득정한, 혹은 일관된 신학적 관점에서 저자의 본문들을 해석하게 된다. 또한 열왕기 상하나 역대기 상하 그리고 복음서들을 해석할 때 동일한 사건에 대한 다른 저자들의 저작을 살펴보는 경우에 해당하는 데, 이 경우는 동일한 사건을 어떤 다른 신학적 관점에서 다루고 있는지를 살필 수 있는 좋은 기회이다.

이러한 신학적인 접근 방식은 대개의 경우 ***책-간 본문 연구***(inter-textual studies)라는 형태로 이루어진다. 책-간 본문 연구는 본문이 속한 책 이외의 다른 책들의 본문들과 해석하려는 본문을 비교하는 일이다. 이 일을 통해 해석자는 본문을 성경-신학적으로 조명할 수 있으며 결국 본문의 성경-신학적 의미를 보다 잘 파악할 수 있게 된다.

책-간 본문 읽기는 동시대에 살았던 저자들이 동일한 역사적 정황과 문학적 관행들 그리고 신학적 전망 아래에서 함께 살았다는 점을 인식할 경우 그 중요성이 분명해진다. 특히 한 사람의 저자에 의해서 여러 권의 책이 쓰였을 경우 책-간 본문 읽기의 중요성과 그 유용성은 매우 크다고 볼 수 있다. 더욱이 구약과 신약을 하나의 언약적인 관점 아래에서 약속-성취라는 전망에서 바라보는 해석자의 경우는 신약 본문을 해석할 경우 필히 책-간 본문 읽기를 통해 관련된 구약 본문들과 해당 신약 본문을 비교 관찰함으로써 그 본문이 말하고 있는 구약 예언의 성취의 성격과 의미, 그리고 중요성을 보다 정확하게 파악할 필요가 있다.

책-간 본문 읽기는 크게 세 가지 경우로 사용된다. 첫째로는 동일한 저자에 의해 쓰인 다른 책들을 서로 비교하면서 해석하려는 본문과 비교될 만한 본문들을 찾아서 비교, 대조하면서 본문의 보다 분명한 의미를 드러내는 경우이다. 이 경우는 주로 바울 서신들과 단일한 저작으로 간주되는 모세오경의 다섯 권의 책들, 그리고 통상적으로 요한문헌이라 불리는 요한복음과 요한계시록 그리고 요한 서신서들이 여기에 해당된다.

두 번째로 비록 다른 저자들에 의해 쓰였지만 유사한 사건들이나 동일한 자료들을 다루고 있는 책들을 비교하면서 본문을 연구하는 경우다. 이 경우는 신약의 공관 복음서나 구약의 사무엘 상하와 열왕기 상하 그리고 역대기 상하와 같은 경우인데, 이들은 대부분 역사적 사실들을 다루고 있는 책들이다. 하나님의 창조와 구속의 역사적 사건들은 특정한 역사적 정황 속에 있던 신앙 공동체를 통해서 계시와 증언의 형태로 받아들여졌으며, 각각의 신앙 공동체는 그들이 받아들였던 계시와 증언이라는 신앙적 유산들을 자신들의 특정한 역사적 정황 속에서 새롭게 조명하여 자신들의 정황에 대한 신학적 메시지로 정착시켰다. 뿐만 아니라 이 신앙 공동체는 자신들이 받아들였던 이러한 믿음의 유산들을 세대에서 세대로 신실하게 전수해나갔다. 이런 점에서 구약과 신약 성경은 하나님의 계시인 동시에 하나님의 백성들인 신앙 공동체의 믿음의 증언이기도 하다.

세 번째로 신약 성경 속에서 구약 본문이 인용되고 있는 경우에 원래의 구약 본문과 신약에서 인용되고 있는 구약 본문을 비교하는 경우이다. 특별히 이 경우 해석자는 인용되고 있는 구약 본문이 원래의 문맥에서는 어떤 의미로 쓰이고 있고, 인용되고 있는 신약 본문 속에서는 어떤 의미로 인용되어 사용되고 있는지를 반드시 살펴보아야 한다.

이상의 본문 해석의 세 측면을 ***본문****(text)*이란 단어를 중심으로 간략히 표현하면 다음과 같다.

1. 언어적 접근 방식(linguistic approach)
   1) 본문선정과 확정 · 핵심단어 연구(***text***ual studies)
   2) 구조 파악 - 본문의 논리 흐름 파악(***text***ual studies)

2. 문학적 접근 방식

3) 구성 파악 - 이야기 전개 파악(***text***ual studies)

4) 문학적 문맥 연구(literary con-***text***ual studies)

5) 책-내 본문 연구(intra-***text***ual studies)

3. 역사적 접근 방식

6) 역사적 문맥과 정황 연구(historical-con***text***ual studies)

4. 신학적 접근 방식

7) 책-간 본문 연구(inter-***text***ual studies)

이상에서 볼 수 있듯이, 성경 해석은 특정한 본문에 대한 해석을 뜻하며, 모든 본문 해석 작업들은 결국 본문과 관련한 작업들임을 알 수 있다. 이런 점에서 본문 해석은 텍스트 자체에 대한 연구(textual studies), 텍스트를 둘러싸고 있는 정황에 대한 연구(contextual studies), 텍스트가 속해있는 책에 비춰 본 본문 연구(intra-textual studies), 그리고 텍스트가 속해있는 책 이외의 다른 책들의 본문들에 비춰 본 본문 연구(inter-textual studies)로 축약될 수 있다. 이런 점에서 본문 해석은 하나의 큰 흐름을 지닌다. 즉 본문 해석은 먼저 본문 자체에 대한 철저한 이해로부터 시작해서, 본문이 놓여있는 문맥에 대한 이해로 확장되고, 그 다음 본문이 속해 있는 책의 다른 본문들과의 연계성에 대한 이해로 나아가고, 마지막으로 본문을 성경 전체의 성경-신학적인 관점에서 이해함으로 완결된다고 할 수 있다.

Ⅳ 언어적 접근 방식들

1. 본문 선정 · 본문 확정 · 단어 연구

1) 본문 선정과 확정, 그리고 단어 연구의 정의와 방법

1-1) 본문 선정

앞서 '본문 해석의 준비단계'에서 문단의 중요성을 설명하며 글로 된 문헌(written text)의 경우 커뮤니케이션(의미전달)이 원활하게 이루어지는 데 필요한 최소한의 사고 단위는 문단 혹은 단락이라는 점을 지적한 바 있다. 이런 점에 비추어 볼 때 본문 선정의 원칙은 본문은 반드시 단락의 형태를 지녀야한다는 점이다.[42] 단락은 기원상 페리코피로부터 연유한다. 페리코피는 원래 최종적 형태의 성경 기록(inscripturation)에 이르는 전승 과정에서 독립된 형태로 놓여 있던 구전 혹은 문서 형태의 개별

42 본문 선정의 원리와 본문 선정의 동기는 구별되어야 한다. 선정의 원리는 "어떤 기준으로 이 본문을 하나의 사고 단위로 삼았는가?"란 질문의 대답이며, 선정의 동기는 "왜 이 본문을 선정했는가?"라는 질문의 대답이다. 선정의 동기는 크게 본문을 해석하거나 설교하려는 취지 혹은 정황에 관계된 것이다.

적인 단락을 가리킨다.[43]

이 페리코피들은 성경 기록으로 나타나기 이전에 이미 신적 권위(divine authority)을 지닌 경건한 문헌들로 간주되고 있었다. 이 페리코피들이 특정한 신앙 공동체의 일원인 성경 저자에 의해서 신적 권위의 자료들로 받아들여졌고,[44] 성경 저자는 페리코피들을 특정한 하나의 독립된 완전한 저작으로 저술하였다. 이러한 저술 과정에서 성령에 의해 감동된 저자는 특정한 페리코피들이 본래적으로 지닌 의미를 자신의 특정한 신앙공동체의 맥락에서 신학적 성찰(theological reflection)과 신학적 상상력(theological imagination)을 통해서 하나님 중심적 의의(God-centered significance)를 찾아내어 이 의의를 중심으로 최종적 형태의 책으로 저술하였다.

그리고 다시 특정한 신앙 공동체는 이러한 성경 저자들의 저작들을 자신들의 신앙과 삶의 절대적 표준으로 생각하여 저작들을 정경으로 받아들였다. 정경으로 받아들이는 과정에서 특정한 성경 저작이 담고 있는 의의는 본문의 본래적 의미(original meaning//historical-gramatical meaning[역사적-문법적 의미]로 정착된다. 이러한 과정 전반에 걸쳐서 성경은 성령으로 감동되어 기록된 영감된 하나님의 말씀으로[Inspired Word of God])로 간주된 것이다.

이것은 성경을 읽고 해석하는 일과 관련하여 중요한 관점을 시사한다. 본문을 읽고 해석하는 사람 역시 성경의 최종 저자가 신학적 성찰과

---

43 일반적으로 해석 혹은 설교의 대상인 문학적 단위는 '본문'(text), 혹은 '구절'(passage)로 불리며, 보다 전문적인 용어로 구약의 열왕기와 역대기 그리고 복음서와 사도행전과 같은 이야기체의 경우에는 '단화'(pericope)란 표현을 사용한다. 그러나 이상에서 말하는 단락은 이런 기술적인 의미의 단화로서의 단락이 아니라, 일반적으로 이해하듯이 하나의 사고 단위로서의 단락을 가리킨다.

44 전승 단위들인 페리코피들의 기록 단계에서 뿐만 아니라 이 페리코피들의 구전 전승 단계에서도 성령은 능동적으로 역사하셨는데, 이 점을 전승 단위들인 페리코피의 양식 형태를 연구하는 양식비평가들은 인정하지 않는다. 그 이유는 이들은 신학자가 아니라 역사가로 자신들의 일을 수행하기 때문이다 (cf. 조지 래드, 『신약과 비평 익』 [크리스찬다이제스트, 2003], 140).

상상력을 통해서 원래의 페리코피들의 신학적 의의를 발견하여 본문의 의미로 정착시켰듯이, 동일하게 신학적 성찰과 상상력을 통해서 본문의 의미를 자신의 특정한 신앙 공동체의 문맥에서 어떠한 현재적 의의/중요성을 지니는가를 중심으로 읽고 해석해야 한다는 점이다. 물론, 성경 저자의 경우는 원래 페리코피가 지닌 의미를 의의로 전환하였고, 이 의의가 최종적 형태의 현재 본문의 의미로 자리 잡게 되는 과정을 거쳤지만, 우리의 경우는 우리가 신학적 성찰 가운데 본문의 의미 가운데서 찾아낸 현대적 의의가 그저 의의로 머물러 있다는 중요한 차이점이 존재한다. 그럼에도 불구하고, 우리의 해석은 반드시 성경 저자가 거쳐 갔던 과정을 그대로 따라야 한다는 점은 변치 않는 사실이다.

또한 이것은 또 다른 중요한 부분을 암시한다. 즉 해석자인 우리가 성경 본문의 의미를 찾는 일과 이 의미를 현재적 의의로 전환하는 작업은 모두 하나님 중심적 관점에서 이루어져야 한다는 점이다. 하나님 중심적 관점이란, 하나님의 창조와 구속의 행위와 관련한 하나님의 주권과 은혜의 관점을 말한다. 이런 점에서 성경을 바르게 읽고 해석한다는 것은 성경 본문을 하나의 따라야 할 바른 모델 혹은 모범으로 보는 것이 아니라, 하나님의 창조-구속의 원리를 밝히는 일과 관계된 것이다. 이러한 하나님의 구속사적 관점의 성경 읽기는 특별히 내러티브 본문들의 경우는 매우 중요하며, 여타 다른 유형의 본문들의 이면과 바탕에도 역시 이러한 하나님의 창조-구속의 원리가 근본적 요소로 깔려 있다고 할 수 있다.

하나의 사고의 단위로서의 단락은 다음과 같이 정의할 수 있다. '하나의 주제(theme)를 담고 있는 독립된 최소의 사고 단위(thought unit).' 여기서 '하나의 주제'란 본문은 여러 개의 주제를 다루고 있지 않아야 한다는 것을 의미하며, '독립된' 단위란, 해석하려는 본문은 앞 뒤 단락과 구분되어야 한다는 뜻이다. '최소의' 단위란, 비록 이야기 전개 혹은 논리 전개 상 단락 구분이 분명치 않아 여러 사고 단위들이 계속 이어지는 경우가 있지만, 그래도 본문은 가능하면 사고 단위들 중 최소한의 크기를 갖고 있어야 한다는 것을 말한다. 끝으로 단락이 하나의 '사고 단위'라는 것은 단락은 특정한 사고(thought) 혹은 요지(point)를 담고 있다는 뜻이다.

현실적으로 성경책의 단락 구분은 새로운 단락이 시작되는 부분에 나타나는 '○'라는 표식을 통해 이루어진다.[45] 이 표지는 많은 경우 본문의 형성 과정에서 단락이 취했던 독립된 단위를 나타낸다. 대개의 경우 성경 본문들은 다양한 기원을 가진 개별적인 이러한 단위들(이 단위들은 복음서의 경우는 예수의 말씀[words]과 행적[deeds]들이 전승 과정에서 독립된 개체의 형태로 존재했었으며, 이 단락들은 기술적인 용어인 페리코피[pericope]로 불린다)이 개개 성경 저자들의 특정한 신학적 관점에 따라 문학적인 구성으로 저작되어 현재와 같은 최종적인 형태를 띠게 된 것이다.

현재 한글 성경에 나타난 '○'라는 표식은 물론, 구약 히브리어 성경과 신약 헬라어 성경의 단락 구분에서 기인한 것이지만, 단락 구분에 대한 출발점 혹은 토대로서의 형식적인 표지(formal marker)로 보는 것이 적절하며, 대개의 경우 성경 본문의 해석자는 저자의 문학적 구성과 주제 전개나 사고의 발전이라는 관점에 따라서 단락을 새롭게 규정하고 확정

---

45 한글 성경에 나타나는 '○'는 구약 히브리어 본문의 경우는 BHS(엄밀한 의미에서는 맛소라 텍스트)의 단락 구분에 따른 표지이며, 신약 헬라어 본문의 경우는 Nestle-Aland(NA27) 혹은 UBS(3판)의 단락 구분에 따른 표시이다. 이러한 구분은 원어 성경들에 대한 구문론적이며, 양식 비평적 혹은 자료 비평적인 관점에서 이루어진 것들로 비록 '영감 된 오류 없는' 구분은 아니지만, 권위 있는 단락 구분이라 할 수 있다. 그럼에도 불구하고 학자들의 이론적 작업이란 것은 최소한의 보편적인 객관성만을 확보하는 것이기에, 다양한 계층의 성경 본문 독자들이나 해석자들은 이러한 객관적인 작업을 기반으로 해서, 보다 책임성 있고도 현실적인 단락 구분을 해 나갈 수 있는 것이다.

할 수 있다.

해석자가 주제상의 흐름을 따라서 새롭게 단락을 확정할 수 있다는 점을 마태복음 19:16-30(cf. 막10:17-31; 눅18:18-30)을 통해 간략히 예증하고자 한다. 한글성경에 따르면 이 본문은 16절과 23절에 'O' 표식이 나타나고 있으며 이런 점에서 이 본문은 16-22절의 단락과 23-30절의 두 단락으로 구분될 수 있다. 그러나 내용상 이 본문은 16-22절(예수와 부자 청년 사이의 대화), 23-26절(부자가 천국에 들어가는 일의 어려움에 대한 예수와 제자들 사이의 대화) 그리고 27-30절(소유를 버리고 예수를 따른 것에 대한 미래 보상과 관련한 예수의 제자들 사이의 대화)로 구분된다.

더욱이 이 세 단락 사이의 주제의 밀접성과 내용의 유사성의 측면에서 볼 때 처음 두 단락의 관계가 마지막 두 단락의 관계보다 더욱 가깝게 연결되어 있다. 다시 말해, 처음 두 단락은 부자 청년이 재물이 많아 근심하며 예수의 말씀을 받아들이지 않고 떠나갔으며, 이런 점에서 예수께서는 부자가 천국에 들어가는 것이 어렵다고 말씀하셨음을 이야기하고 있는데 반해 마지막 단락은 소유를 포기하고 예수를 따랐음에 대한 미래 보상에 관해 말하고 있기에 이 두 부분은 분명 서로 구별된 주제를 다루고 있다는 뜻이다. 이런 점에서 해석자는 이 본문의 단락을 한글 성경의 단락 구분을 새롭게 규정하여 16-26절과 27-30절로 나눌 수 있을 것이다.

페리코피를 반드시 본문 해석의 단위로 삼아야 한다는 본문 선정의 원리는 성경 본문 해석과 관련하여 매우 중요한 함의를 지닌다. 원래 개별적으로 존재했던 페리코피들이 어떠한 연유에서 특정한 성경 책 내에서 현재의 위치와 현재의 구성적 형태를 지니게 되었는가 하는 점이다. 분명한 사실은 개별적으로 존재했던 페리코피들이 특정한 주제(theme) 하에서 하나로 연결되어 현재의 위치로 통합되어 들어왔다는 점이다. 페리코피들이 제멋대로 모아진 것이 아니며, 또한 토픽(topic) 별로 단순히 열거된 것도 아니다. 저자의 전체적인 신학적 전망과 문학적 구조 혹은 구성 속에서 특정한 주제 발전에 기여하기 위한 목적에서 현재의 형태와 위치로 통합된 것이다. 그렇다면, 개별적인 단락에 대한 해석의 출발 역시 어떤 주제적 관점에서 그 단락이 현 위치에 놓여 있는가에 대한 생각에서 시작되어야 하는 것이다.[46]

1-2) 본문 확정

해석의 대상인 본문은 원어 성경이든 현대어 성경이든 모두 원본에서 추출된 사본의 형태 혹은 번역의 형태를 지닌다. 그러기에 특정한 번역 성경에 전적으로 의존한다는 것은 이미 책임있는 해석자의 모습이 아니다. 더욱이 번역 성경이 의미상 불분명하거나 번역 상의 오류가 있을 경우에는 더욱 문제가 클 수밖에 없다.

이런 점에서 본문의 좋은 해석자는 반드시 개인적인 사역을 통해 자신의 본문을 확정지어야 한다. 이런 점에서 본문 확정은 해석하려는 본문을 개인적인 사역으로 확정짓는 것을 가리킨다. 원래 본문 확정은 원어 성경이 많은 사본 상의 이문들을 제시하고 있기에 ***본문 비평***을 통해서 해석자가 자신의 본문을 최종적으로 결정하는 것을 의미한다.

---

46 단락들 간의 연결 관계는 외형상 연대기적 순서나, 논리적 순서, 혹은 사고의 흐름의 비약, 또한 돌연한 전환 등으로 설명될 수 있으나(cf. 『성경 해석학 총론』, 327-330), 이 모든 것들 역시 저자의 특정한 주제 혹은 관점의 전개라는 측면에서 이해될 수 있는 것이다.

【부록 1】 본문 비평에 대한 간략한 개관

1. 본문 비평의 정의와 목적

성경 해석의 일환인 본문 비평(textual criticism)은 일명 하등 비평(lower criticism)이라고도 불린다. 계몽주의의 도래와 함께 성경은 이성을 중심으로 철저히 역사적 관점에서 해석/해체되고 다시 역사적으로 바르게 재구성되어야 할 대상으로 이해되었다. 이런 점에서 역사-비평적 해석방법들(historical-critical approaches)이 생겨났다. 진리는 계시가 아니라 오직 이성을 통해서만 진위여부가 판단되어야 하며, 그러므로 성경과 성경이 말하는 진리 역시 이성적인 판단의 대상이어야 한다는 것이다. 현재 회자되는 대부분의 해석방법들, 즉 양식 비평, 편집 비평, 자료 비평, 전승사 비평, 사회과학적 비평, 독자반응 비평 등 모든 해석방법은 계몽주의의 도래와 현대주의의 부상과 함께 생겨난 역사-비평적 접근 방식들의 면면들이다.

그러나 하등 비평이라고 불리는 본문 비평은 비록 이성적인 작업의 성격을 띤다는 점에서 여타 다른 비평적 해석 작업들과 궤를 같이 하지만, 본문을 만들어낸 역사적 정황에 대한 재구성이라는 역사적-비평작업이 아니라 성경 본문을 현재 존재하는 사본들과 고대 역본들에 비추어서 가장 원본에 가깝게 복원하고자 하는 노력이라는 점에서 문헌적-비평작업이라 할 수 있고, 이런 점에서 분명 역사적-비평 해석 작업과 다르다. 역사-비평적 관점의 모든 해석 작업들은 성경의 신적 권위와 성경의 영감과 정경성 등의 관점에서 볼 때, 분명 인간-이성 중심적이며 동시에 현재 형태의 성경의 진정성을 의심하고, 복원된 역사적 정황에 따라서 새롭게 성경을 재구성하려는 목적을 둔다는 점에서 해체적인 성격을 지닌다. 그러나 본문 비평은 문헌적-비평작업이라는 점에서, 특히 하나님의 영감된 말씀이자 신적 권위의 말씀이며 정경적인 권위를 지닌 원본이 부재한 상태에서 사본들과 고대 역본들을 통해서 원본에 가장 가까운 형태를 복원하려는 진지한 노력이라는 점에서 마땅하고도 건설적인 작업이라 할 수 있다. 한 마디로 본문 비평은 신약성경의 원형을 복원하고자 하는 목적을 지닌다.

2. 본문 비평의 전제들

1) 신약의 원본은 존재하지 않는다.

2) 인쇄술이 발명되기 이전인 주후 1450년까지는 신약 사본들은 사본을 베낀 필사본들이었으며, 이러한 방법은 단어 사이에 구분이 없었다는 사실과 그리고 여백을 충분히 사용하고자 하는 필사자들에 의해 문장 사이의 간격이 없었다는 점 등과 함께 필연적으로 필사 중에 오류를 발생시킬 수밖에 없었다. 이 오류들은 필사하는 과정 중에서 우연히 발생한 우연적인 오류와 필사하는 사람이 의도적으로 바꾸거나 교정함으로 생겨나는 의도적인 오류로 구분된다.

3. 본문상의 오류들

1) 5개의 우연적인 오류들

(1) Itacism(모음대용)

구전(소리)으로 들으면서 필사하면서 잘못 듣거나, 강독하면서(읽으면서) 필사하는 중 잘못 보아(읽어) 발생되는 오류이다.

예 1) 골로새서 1:7

καθὼς ἐμάθετε ἀπὸ Ἐπαφρᾶ τοῦ ἀγαπητοῦ συνδούλου ἡμῶν,

ὅς ἐστιν πιστὸς ὑπὲρ ὑμῶν (ἡμῶν p46 ℵ A B D)

διάκονος τοῦ Χριστοῦ,

예 2) 로마서 5:1 (그러므로 우리가 믿음으로 의롭다하심을 얻었은즉 우리 주 예수 그리스도로 말미암아 하나님과 더불어 화평을 ***누리자***[***누리도록 하자***]

δικαιωθέντες οὖν ἐκ πίστεως εἰρήνην

ἔχομεν***(우리는 갖고 있다)***(ἔχωμεν [우리는 가집시다] ℵ A B C D)

πρὸς τὸν θεὸν διὰ τοῦ κυρίου ἡμῶν Ἰησοῦ Χριστοῦ

예 3) 디모데전서 3:16

καὶ ὁμολογουμένως(고백하건대) (D* ὁμολογουμέν ως [..처럼 우리는 고백한다])

μέγα ἐστὶν τὸ τῆς εὐσεβείας μυστήριον·

ὅς (ὅ D*; θεος ℵ A B C D)

ἐφανερώθη ἐν σαρκί,

ἐδικαιώθη ἐν πνεύματι,

ὤφθη ἀγγέλοις,

ἐκηρύχθη ἐν ἔθνεσιν,

ἐπιστεύθη ἐν κόσμῳ,

ἀνελήμφθη ἐν δόξῃ

(2) Haplography(중자탈락)

필사자가 필사하는 중에 실수로 한 단어에서 유사한 형태와 소리의 다른 단어로 건너 뛰어 필사를 할 때 생기는 오류이다.

예) 요한복음 17:14-16

καθὼς ἐγὼ οὐκ εἰμὶ ἐκ τοῦ κόσμου"

(몇몇 소문자 사본들의 경우, 다음의 15절 전부가 생략됨)

(15 οὐκ ἐρωτῶ ἵνα ἄρῃς αὐτοὺς ἐκ τοῦ κόσμου, ἀλλ' ἵνα τηρήσῃς αὐτοὺς ἐκ τοῦ πονηροῦ)

16 ἐκ τοῦ κόσμου οὐκ εἰσὶν

(3) Dittography(중복오사)

동일한 단어를 실수로 중복 사용하는 오류

예) 로마서 7:25

χάρις (ευχαριστω א A) δὲ τῷ θεῷ διὰ Ἰησοῦ Χριστοῦ τοῦ κυρίου ἡμῶν

(4) Homoioteleuton(단어의 어미들 반복 사용)

두개의 구나 두 개의 행의 끝에 있는 동일한 소리에 의해서 생략이 실수 로 생겨나는 오류이다. 이러한 오류의 예는 앞서 살펴본 요한복음 17:15의 경우를 참조하면 된다.

(5) 사본 전체 혹은 부분의 파손에 의한 오류 발생

만약 권위 있는 마가복음의 종결부분이 파손되어 16:8에 주어진 구절이 불완전한 형태가 되었다고 가정할 경우의 오류이다.

2) 고의적인 수정들(Attempts to Secure an Intelligent Text)

이러한 수정들은 필사자가 필사하는 중에 이해하기 어려운 본문을 보다 이해하기 쉽게 하고자 할 때 생겨난다.

(1) 본문들 간에 조화를 이루려는 의도의 수정

예) 사도행전 9:4

τί με διώκεις (σκληρού σοι πρὸς κέντρα λακτίζειν E)

τί με διώκεις σκληρού σοι πρὸς κέντρα λακτίζειν (E)(행전 26:14)

(2) 신학적인 이유의 수정

예) 데살로니가전서 2:7

δυνάμενοι ἐν βάρει εἶναι ὡς Χριστοῦ ἀπόστολοι

ἀλλὰ ἐγενήθημεν νήπιοι (p65 ℵ * B C*/ ἤπιοι 2ℵ A C2 D2) ἐν μέσῳ ὑμῶν

ὡς ἐὰν τροφὸς θάλπῃ τὰ ἑαυτῆς τέκνα,

3) 상세한 설명 첨가의 오류

예) 로마서 8:1

Οὐδὲν ἄρα νῦν κατάκριμα τοῖς ἐν Χριστῷ Ἰησοῦ.

(A D사본의 경우는 뒤에 μὴ κατὰ σάρκα περιπατοῦσιν을 첨가함)

(2ℵ D2의 경우는 뒤에 μὴ κατὰ σάρκα περιπατοῦσιν 뿐만 아니라

뒤 이어서 ἀλλὰ κατὰ πνεῦμα를 더 첨가함)

4. 본문 비평의 과제

본문 비평은 다음의 세 단계로 이루어진다.

1) Recensio(조사 단계)

사본상의 증거들을 그룹별로 묶어놓고, 오류들을 관찰함으로서, 증거를 근래의 것으로부터 오래된 형태들로 거슬러 올라가며 배열하는 작업이다.

(1) 웨스트코트와 호르트에 의해 재구성된 본문 유형들

<table>
<tr><td colspan="3">원본</td></tr>
<tr><td>서양 본문(δ)
베자사본(D)
고대라틴역본
시리아역본</td><td colspan="2">후기 본문들의 공통된 조상</td></tr>
<tr><td rowspan="3"></td><td>알렉산드리아 본문(γ)
에브라임 사본(C)</td><td>중립 본문(β)
바티칸사본(B)
시내사본(א)</td></tr>
<tr><td colspan="2">시리아 본문(α)
알렉산드리아 사본(A), E, F, G, H, S, V, Y와
대부분의 소문자사본들</td></tr>
<tr><td colspan="2">Textus Receptus(ς)</td></tr>
</table>

① 시리아 본문(α)

이 본문은 4세기 이후의 헬라어 본문으로 시리아 혹은 안디옥 본문이라 불린다. 이 본문은 혼합된 본문으로 보다 부드럽고 완전한 본문을 확보하려 했던 편집자에 의해 만들어졌다. 복음서의 경우는 알렉산드리아 사본(A), 그리고 보다 후대의 대문자 사본들, 그리고 소문자 사본들이 여기에 해당되는 대표 사본들이다.

② 중립 본문(β)

바티칸 사본과 시내산 사본의 헬라어 본문으로, 웨스터코트와 호르트에 의해 중립본문이라고 불리며, 이들에게 이 사본들은 가장 권위있는 사본으로 간주된다.

③ 알렉산드리아 본문(γ)

웨스트코트와 호르트에 의해 이 본문은 알렉산드리아에서 만들어진, 중립 본문의 개정판으로 간주된다.

④ 서양 본문(δ)

웨스트코트와 호르트에 따르면 이 사본들은 의역을 좋아하는 성향이 있는 본문들로 평가된다.

(2) 스트리터에 의해 후에 수정된 본문 유형들

원본			
알렉산드리아	동방		서방
아프리카	가이사랴	안디옥	이탈리아-가울
(γ) (ℵ) B( )	Θ	시리아, C	D Win Mark, κ
	Lucian 주후 310		
	비잔틴 혹은 표준 본문, A, E.		
	Textus Receptus(ς)		

스트리터의 경우 시리아 본문(α)은 비잔틴 본문이란 이름으로 바뀌었는데, 이는 이 본문이 4세기부터 중세기 이르기까지 표준본문이었기 때문이다.

2) Examinatio(평가 단계)

Recensio의 과정을 통해 만들어진 가장 오래된 독법(readings)들의 질을 평가하는 일이다. 내적 증거의 요건들을 모두 충족시킨 독법이 원형이라 간주된다.

3) Emendatio(수정 단계)

본문 비평 시에 만족스러운 독법을 찾아내지 못했을 때, 본문 비평가들은 본문을 수정한다.

예) 베드로전서 3:19

ἵνα ὑμᾶς προσαγάγῃ τῷ θεῷ

θανατωθεὶς μὲν σαρκὶ ζῳοποιηθεὶς δὲ πνεύματι·

19 ἐν ᾧ καὶ (Βοωψερ와 Ηαρρισ는 ἐν ᾧ καὶ를

Ενωχ και와 ἐν ᾧ και Ενωχ로 각각 수정하고 있다)

τοῖς ἐν φυλακῇ πνεύμασιν πορευθεὶς ἐκήρυξεν

5. 본문 비평 대상 자료들

헬라어 신약성경은 사본(manuscripts)과 역본(versions)들, 교부들의 인용(patristic citations)으로 구성되며, 역본들은 헬라어 성경을 몇몇 당대의 언어들로 번역된 것들을 말하는데, 라틴본, 시리아역본, 콥틱어(가장 최근

형태의 이집트어) 등이 있다. 사본들로는 크게 파피루스본(부분적 형태로 발견됨), 대문자본(majuscules 혹은 uncials 가장 중요한 사본형태임), 소문자본 (minuscules)으로 구성되어 있다. 사본들의 재질은 파피루스며, 양피의 사용은 주후 4세기 이후부터 유행했다. 사본들은 제본 형태에 따라, 두루마리(scroll) 혹은 코덱스(codex)로 나뉜다.

1) 사본들(Manuscripts)

(1) 대문자사본들(Uncials)

① 01 א (Codex Sinaiticus)-

a. 복음서들[e], 행전과 공동서신들[a], 바울서신들[p], 계시록[r]

b. 4세기경

c. 하나의 독본만을 지닌 본문의 경우는 B보다 열등하다. 이 사본은 B와 함께 alexandria text를 대변한다.

② A 02 (Codex Alexandrinus)-

a. eapr (defective) b. 5세기경

c. 이 사본의 가치는 일정치 않으며, 복음서의 경우는 열등하고, 나머지의 경우는 괜찮은 편이며, 특별히 계시록의 경우 매우 우등하다. 계시록의 경우는 이 사본이 C와 함께 p47과 א보다 우등하다.

③ B 03 (Codex Vaticanus)-

a. eap (defective) b. 4세기경

c. 현재까지는 이 사본이 대문자본 중에서 가장 중요한 사본으로 알려있다.

④ C 04 (Codex Ephraemi Syri Rescriptus)

a. eapr (defective) b. 5세기경

c. 257개의 알려진 대문자본 중에서 55개가 양피지 사본인데, 이중에서 이 사본들이 가장 우수하다.

⑤ D 05 (Codex Bezae Cantabrigiensis)

a. ea (defective) b. 5세기 경

c. 소위 서방 텍스트로 알려진 본문의 핵심적인 사본으로서 신약 대문자본 중에서 가장 논란의 대상이다. 이 사본이 초기 전승들을 지지할 경우에는 그 중요성이 인정되나, 그렇지 않을 경우에는, 매우 조심스럽게 대할 필요가 있다.

2) 사본들의 범주화(카테고리)

(1) 카테고리 1

원문을 확정할 때 언제나 고려해야할 대상으로 매우 특별한 중요성을 지닌 사본들로, 알렉산드리아 텍스트가 여기에 속한다.

(2) 카테고리 2

특별한 중요성을 지닌 사본들로, 이국적 영향들이 나타난다. 비잔틴 텍스트들이 여기에 해당되며, 원문 확정시에 중요성을 지닌다.

(3) 카테고리 3

독립된 본문들을 지니고 있는 특정한 성격의 사본들로, 일반적으로 원문 확성시 그 중요성이 인정되며, 특히 본문의 전승역사를 살피는데

중요하다 (f1, f2)

(4) 카테고리 4

D 텍스트의 사본들

(5) 카테고리 5

비잔틴 본문들을 지닌 사본들로. 이들은 특성상 너무 간략하거나, 무미 건조하기에, 원문 확정시 별로 중요치 않다.

3) NA26판의 비평 각주(본문 밑에 있는 각주를 일컬음)에 있는 기호들

° : 본문에서 뒤따르는 단어가 각주에서 인용되는 사본들에서 생략되어 있음을 나타낸다.

□ : 본문에서 뒤따르는 단어들, 절들, 문장들이 각주에서 인용되는 사본들에서 생략되어 있음을 나타낸다.

\ : 생략된 본문의 끝을 나타낸다.

⸢ : 본문에서 뒤따르는 단어가 각주에서 인용되는 사본들에 의해서 하나 혹은 여러 단어들로 대체된 것을 나타낸다.

⸀ : 본문에서 뒤따르는 단어들이 각주에서 인용되는 사본들에 의해서 다른 단어들로 대체되어 있음을 나타낸다.

⸁ : 대체된 본문의 끝을 나타내는 표시다.

⊤ : 하나 혹은 여러 단어들, 때로는 구절 전체가 각주에서 인용되는 사본들에 의해 삽입되어 있음을 나타낸다.

ʃ : 본문에서 뒤따르는 단어들이 각주에서 인용되는 사본들에 의해서 순서가 뒤바뀌어 있음을 나타낸다.

ι : 본문에 나타나는 이 기호는 순서가 뒤바뀐 부분의 끝을 표시한다.

⁝ : 다른 형태의 구두점을 나타낸다.

| : 각주에 나오는 한 절 또는 한 부분 안에서 이문들 혹은 이형들을 서로 구분하는 표시이다.

¦ : 하나의 이문 혹은 이형 내에서 다양한 대안의 독법들을 서로 구분하는 표시이다.

txt : 본문을 지지하는 사본들의 목록을 나타내는 표시이다.

4) 본문 비평의 12가지 기초법칙들

(1) 오직 하나의 독법만이 원래의 형태(original)이다.

(2) 외적(사본 상의 증거들) 및 내적 판단 기준들(아래 참조)을 모두 만족시키는 독법만이 원형이다.

(3) 본문 비평은 먼저 사본전승의 증거로부터 시작해야하며, 그 다음에 내적 기준들을 고려해야 한다.

(4) 절대로 내적 기준들(구절의 문맥, 구절의 스타일과 언어, 저자의 신학적 환경들)만이 본문 확정에 유일한 토대가 되서는 안 된다.

(5) 본문 확정시 1차적 권위는 헬라어 사본 전승들에게 주어지며, 역본들이나 교부들의 저작 및 인용들은 부차적 도움 정도의 역할을 한다.

(6) 사본들은 반드시 개체적으로 그 경중을 살펴보아야 한다. 특정한 사본이 아무리 중요할지라도, 기계적으로 따라야할 어떠한 유일의 권위 사본이나 사본 그룹은 존재하지 않는다.

(7) 원래의 독법은 오직 하나의 사본 속에서 발견된다는 원리는 오직 이론 상으로 가능할 뿐이다.

(8) 다른 형태들의 유래를 가장 쉽게 설명해줄 수 있는 독법이 원형(original)일 확률이 가장 높다.

(9) 변형체(이형 또는 이문)들은 항상 전승의 문맥에 비추어 생각되어야 한다.

(10) 가장 어려운 독법이 가장 원형(original)일 가능성이 높다.

(11) 짧은 독법이 가장 원형(original)일 가능성이 높다.

(12) 신약 사본들의 지속적인 관심과 이로 인한 친숙도가 본문 비평의 가장 좋은 훈련이다.

6. 본문 비평의 예

1) 데살로니가 2:7의 경우

δυνάμενοι ἐν βάρει εἶναι ὡς Χριστοῦ ἀπόστολοι.

ἀλλὰ ἐγενήθημεν ***νήπιοι*** (ηπιοι)ἐν μέσῳ ὑμῶν,

ὡς ἐὰν τροφὸς θάλπῃ τὰ ἑαυτῆς τέκνα,

비록 그리스도의 사도들로서 권위 가운데 행할 수 있었음에도 불구하고

그러나 우리는 너희들 중에서 ***어린아이들***(*유순한, 점잖은*)이 되었으니

마치 유모가 자신의 아이들을 보살피듯이 말이다.

우등 사본들의 독본은 νήπιοι인데 반해, 몇몇 열등 사본들은 ἤπιοι를 독본으로 삼고 있다. ἤπιοι는 'gentle'의 뜻으로 '유순하다'고 한국 성경이 번역하고 있으며, νήπιοι는 '어린애,' '미숙한' 등의 뜻을 담고 있다. νήπιοι에서 ἤπιοι로 바뀐데 대한 설명으로 먼저 중복오사(dittography)를 생각할 수 있다. 이 현상은 필사자가 실수로 ν을 한 번 더 중복해서 씀으로 일어날 수 있다(정반대의 현상은 중자탈락[haplography]으로 실수로 철자 한 두 개를 생

략하는 경우임).

외적 기준으로 볼 때, νήπιοι가 더 좋은 사본들의 지지를 받는다. 내적 기준상을 볼 때, νήπιοι은 신약에서 총 15번 나타나는데, 이중 11번 바울서신에서 나타난다. 반면, ἤπιοι는 신약에서 단 한 번, 디모데후서에서 나타날 뿐이다. 또한 νήπιοι라는 독법은 ἤπιοι보다 더 어려운 독법이기도 하다. 그러나 문맥상 특별히 7절 상반절과 하반절 사이의 대조관계란 점에서 볼 때, '유순한'이란 표현이 더 잘 어울리는 듯하다.

2) 요한복음 3:15

ἵνα πᾶς ὁ πιστεύων ἐν αὐτῷ ἔχῃ ζωὴν αἰώνιον.

이는 ***그를 믿는 모든 자들이*** 영생을 갖게 하려함이라 or

이는 ***그를 믿는 자들이 그 안에*** 있는 영생을 갖게 하려 함이라.

(1) 외적(사본 상의) 증거

P^{66} L은 ἐπ' αὐτῷ를 지지하며, P^{63} ℵ A 등은 εἰς αὐτὸν을 지지하며, NA27 본문(txt)가 사용하는 ἐν αὐτῷ는 P^{75} B T W에 의해서 지지를 받는다. 그렇다면 사본상으로는 ἐν αὐτῷ가 원형일 개연성이 높다.

(2) 내적 증거(요한의 문체와 언어사용 용례 등)

성구사전을 살펴보면 πιστεύειν은 그 대상으로 αὐτῷ αὐτῶ나 εἰς αὐτὸν을 취하고 나머지를 취하는 경우는 거의 없다. 이러한 요한의 문체에 비추어 볼 때 επι αὐτῷ와 επι αὐτὸν은 배제될 수 있다. 문제는 πιστεύειν의 목적격 대상으로 거의 사용되지 않으나, 가장 우등한 사본들의 지지를 받는 ἐν αὐτῷ는 어떻게 할 것인가 하는 점이다. 이에 대한 대답은 ἐν αὐτῷ는 πιστεύων의 목적격 대상이 아니라, 뒤따르는 ἔχῃ ζωὴν αἰώνιον에 연결된 단어라는 점이다(영생의 원천 혹은 토대라는 점에서 그에게 있는 영생이라는 의미). 성구사전을 보면 동일한 사용의 예가 5:39 에서도 발견되는데, 이로서 이러한 표현이 요한의 문체의 일환임을 알 수 있다.

(3) 필사상의 개연성

επι αὐτῷ와 επι αὐτὸν은 ἐν αὐτῷ나 εἰς αὐτὸν의 변이형이라는 개연성은 다음과 같은 점에서 지지를 받는다. 첫째로 필사자는 ἐν αὐτῷ가 ἔχη ζωὴν αἰώνιον에 속한다는 사실을 놓쳤을 개연성이 높고, 둘째로 필사자는 ὁ πιστεύων ἐν αὐτῷ가 좋지 못한 헬라어 어법이란 점을 알고 ἐν αὐτῷ를 επι αὐτῷ로 바꿨었을 개연성이 높다. 셋째로 εἰς αὐτὸν이 변이형일 수 있다는 주장은 필사자의 조화 노력을 통해 설명될 수 있다. 즉 16절에서 ὁ πιστεύων εἰς αὐτὸν μὴ ἀπόληται ἀλλ'이란 표현이 나타나고 있고, P^{63} ℵ A 사본 등이 μὴ ἀπόληται ἀλλ'란 표현을 지지하고 있다는 점에서 그렇다.

이상에서 살펴본 사본과 고대 역본들 그리고 교부들의 인용들을 갖고 원문을 확정하는 작업인 본문 비평은 목회자들이나 신학생들이 사용하기에는 너무 복잡하며, 또 한 본문 비평 자체도 사실상 개연성이나 추론적인 판단에 좌우되는 경우도 많다. 비록 그렇더라도, 헬라어 신약성경 원본의 99퍼센트 이상이 매우 합리적으로 재구성될 수 있으며, 학자들 사이에서는 단지 400개 정도의 이문들만이 본문 해석에 심각한 영향을 미칠 수 있다고 여긴다. 또한 현대의 성경번역들을 만들어내는 성경 번역위원회들은 대다수의 경우 이문들 중에서 가장 신학적으로 중요한 것들은 모두 비평-각주에 명시함으로써, 해석자들로 하여금 자율적인 선택을 할 수 있게 해놓았다.[47] 이런 점에서 이상적으로는 히브리어 성경이나 헬라어 성경을 사용해서 개인적으로 사역한 본문을 만드는 것이 가장 바람직하다. 그러나 현실적으로 목회자와 신학생들에게 여의치 않기에 차선이지만 좋은 한글 번역 성경들과 영어 번역 성경을 몇 개 선택해서 서로 비교, 대조해가면서 자신의 사역을 만들면 된다.

본문 확정의 1차적 관심은 원어 성경의 정확한 번역(precision)에 있고 2차적 관심이 가독성(readability)에 있다. 본문의 원래적 의미를 정확하게 현대어로 번역하는 것이 중요하고 그 다음에 원래적 의미를 읽기 쉽게 번역하는 것이 중요하다는 뜻이다. 원어 성경을 사용하는 것이 여의치 않을 경우 원어 성경을 형식상의 대등번역(formally equivalent translation)의 원리[48]에 따라 이루어진 문자적 번역의 NASB를 주-텍스트(main text)로 놓고 한글 번역 성경들을 서로 비교하면서 해석자 자신의 말로 본문을 재-진술하면 된다.

본문 확정시에 이루어지는 본문의 개인 사역은 잠정적이지만 완성된 형태를 갖추도록 해야 한다. 물론, 이 개인 사역은 본문에 대한 해석의 여러 다른 단계들을 거치면서 어느 정도 수정되고 보완되겠지만 그럼에도 불구하고 본문에 대한 본격적인 해석 작업들이 시작되기 전에 해석자는 반드시 완결된 형태의 사역을 갖고 있어야 한다. 이 사역은 그 다음 과정에서 본문을 자세히 읽고 관찰하거나 연구하는 일에 기초가 되기 때문이다.

본문을 개인적으로 사역하는 일은 먼저 번역 성경들을 자세히 서로 비교하고 대조해가면서 번역 성경들 사이에서 유사점들과 차이점들을

47 크레이그 블롬버그 & 제니퍼 마클리, 『신약성경석의 방법』 (대서, 2012), 72-73.

48 성경 번역의 원리들에 대한 보다 자세한 설명을 위해 다음을 보라. 『성경 해석학 총론』, 165-167.

찾아낸다. 그 다음 번역 성경들 사이에서 별 차이가 없는 부분들의 경우는 정확성보다는 가독성을 중심으로 번역 성경들을 비교해가면서 개인 번역을 만든다. 번역 성경들 사이에 큰 차이나 중요한 차이점들이 발견될 경우 혹은 애매한 번역들이 발견되는 경우 좋은 주석을 참고하면서 원어 성경이나 문자적 번역 성경들을 통해서 정확한 자신의 번역을 하도록 한다. 대개의 경우 번역 성경들의 차이점은 해석상의 중요한 이슈를 담고 있기에 이것들에 대한 해석자 자신의 정확한 번역을 통해 해석자는 본문을 보다 창의적으로 읽어낼 수 있는 기회를 갖게 된다.

1-3) 중요 단어 연구(Word Studies)[49]

본문의 요지는 기본적으로 본문의 저자가 본문의 단어와 문장들을 어떻게 연결하여 본문의 전체적인 구조를 만들었는가를 살피는 일(구조 이해의 문제)과 본문의 단어들과 문장들이 어떠한 형태로 배열되어 있는가를 살피는 일(구성 파악의 문제)을 통해서 드러난다. 그러나 또한 저자는 특정한 단어를 반복적으로 사용하거나 혹은 전략적으로 중요한 위치에 사용함으로써 자신의 요점을 드러내기도 한다.

이런 점에서 본문의 저자가 본문에서 어떤 특정한 단어를 사용한 경우 그 단어의 사용은 본문에서 저자가 말하려는 바인 본문의 주제와 필연적으로 연계되어 있는 것이다. 이러한 단어와 본문 요지와의 관계는 단어가 특별한 단어 혹은 특정한 비중을 지닌 단어일 경우 더욱 밀접할

49 이에 관한 참고문헌은 다음과 같다: 윌리엄 클라인 외 2인, 『성경 해석학 총론』, 361-392; 더글라스 스튜어트, 『구약 주석 방법론』, 52-54; 고든 피, 『신약성경 해석방법론』, 45, 122-139.

수밖에 없다. 이러한 밀접성은 본문 가운데서 여러 가지 방식으로 암시되고 있으며 본문을 자세히 읽고 연구하는 해석자는 이러한 연계성을 충분히 인식할 수 있다.

또한 단어는 기본적으로 살아있는 유기체 같아서 시간과 공간에 따라 그 의미가 발전되거나 새로운 의미를 지니게 되는 경향을 보인다. 이러한 단어의 경향성 때문에 단어 연구의 필요성이 생겨난다.

물론, 그렇다고 해도 해석자는 본문에 나오는 모든 단어를 연구할 수는 없으며, 그럴 필요도 없다. 그 이유는 본문 단어들의 상당부분은 당시 문학적 관행의 일부로서 의사소통을 위한 일상적 표현들의 일환이기 때문이다. 다시 말해, 본문의 모든 단어들이 저자의 특정한 의도를 반영하고 있는 것이 아니라 당시 저자와 독자들 사이의 의사소통의 일환으로 자연스럽게 행해지던 관용적 표현들(contemporary literary conventions for communication)의 범주에 속한 것들이라는 뜻이다.

그럼에도 불구하고 분명한 사실은 본문의 특정한 몇몇 단어들은 저자가 말하고자 하는 바와 의식적인 차원에서 보다 밀접하게 연계되어 있어서 본문의 주제를 드러내는 역할을 하고 있다는 점이다. 해석자는 본문의 이러한 특정한 단어들을 찾아내서 단어 연구의 대상으로 삼으며, 이 단어들에 대한 연구를 통해 본문 저자의 의도를 보다 정확하게 파악할 수 있게 된다.

이러한 특정한 단어를 분별해내는 중요한 원리들에는 다음과 같은 것들이 있다.

1) 신학적으로 중요한 함의를 지닌 단어
2) 본문에서 반복적으로 나타나는 단어
3) 본문의 구성상 매우 중요하거나 전략적인 위치에 나타나는 단어

4) 매우 희귀하게 혹은 이례적으로 나타나는 단어

해석자는 이러한 단어들을 선정하여 연구의 대상으로 삼는다. 단어 연구의 방향은 단순히 단어의 사전적인 의미를 밝히는 일이 아니라 선정된 단어들이 본문의 저자가 말하려는 바에 어떠한 주제상의 기여를 하고 있는가를 파악하는 데 있어야 한다. 통상적으로 단어 연구는 다음과 같이 다섯 단계로 이루어진다.

1) 자세한 분석이 필요한 단어를 선택한다.
2) 단어사전(lexicon)을 통해서 의미 영역을 확인한다.
3) 신학사전(theological dictionary)[50]을 통해서 단어의 역사적 궤적을 살펴본다.
4) 성구사전(concordance)을 통해서 본문이 속한 책 속에서 혹은 책 밖에서 어떠한 의미로 사용되고 있는가를 살펴본다.
5) 본문이 속한 문맥 내에서 단어가 어떠한 의미로 사용되고 있는가를 문맥적 읽기를 통해 판단하여 본문에 가장 적합한 의미를 최종적으로 정한다.[51]

첫째로 해석자는 위에서 제시한 단어 선택의 원리에 따라 연구할 단어를 선택하고 선택한 단어를 먼저 단어사전을 통해서 단어의 의미 영역(semantic domain)을 확인한다. 모든 단어는 특정한 의미 영역, 곧 몇 개

---

50 구약의 경우는 *TDOT*, 신약의 경우는 *TDNT*가 신학사전의 예이다. 이외에도 다음과 같은 신학사전들이 있다: *New International Dictionary of New Testament Theology; Exegetical Dictionary of The New Testament; New International Dictionary of Old Testament Theology; Exegetical Dictionary of The Old Testament.*

51 W. 클라인, 『성경 해석학 총론』, 372-392.

의 의미 범주를 지니고 있다.

예를 들어, κύριός란 단어를 단어사전(lexicon)에서 찾아보면 여러 계층의 의미를 제시하는데 대략적으로 다음과 같은 세 범주로 나누어지며, 이 범주들이 바로 이 단어가 지닌 의미 영역이다: 1) 주인(owner); 2) 경(sir), 주(lord); 3) 예수님이나 하나님을 지칭하는 주님(Lord). 해석자는 단어 연구의 과정을 통해서 이 세 범주의 의미 중 특정한 한 의미를 선택하여 보다 정확하게 그 의미를 파악하게 되는 것이다.

두 번째로 신학 사전을 통해서 단어가 전승 과정 중에서 어떠한 의미 변화의 궤적을 지니고 있는가를 찾아본다. 단어의 역사적 궤적을 살핀다는 것은 단어가 시대의 흐름 속에 있었던 특정한 역사적 정황에 따라 의미가 다소 변천되기에, 의미 변화의 흐름들을 일목요연하게 설명해 놓은 신학사전을 살펴보며 본문의 특정한 단어가 이 흐름 속에서 어떠한 위치에 놓여 있는가를 판단하는 작업이다. 다시 말해, 특정한 단어가 구약 시대와 구약과 신약의 중간 시대, 그리고 신약 시대에 와서는 어떤 의미로 사용되고 있는지를 살펴보는 것이다.

예를 들어, '인자/사람'이라는 단어는 창세기 1:26에서 인간 창조에 대한 기술 가운데 사용되고 있고, 시편 8:4에서 동일한 표현이 집단적 인간에 대해 사용되고 있다. 그리고 다니엘 7:14에서 '인자 같은 이'라는 표현에 다시 나타난다. 끝으로 신약에서 이 표현은 예수에 대한 칭호로 사용된다.

세 번째로 성구사전을 통해서 연구하려는 단어가 본문이 속한 책 안의 다른 곳과 본문이 속한 책 밖에서는 각각 어떠한 의미로 사용되는지를 개관해본다. 특별히 본문이 속한 책 속에서 그리고 본문을 기록한 저자에 의해 기록된 다른 책들 속에서 연구해야 할 단어가 어떻게 사용되고 있는지를 살피는 것이 매우 중요한데 이를 동해 단어의 보다 확실한 의미, 곧 저자가 의도했던 의미를 파악할 수 있기 때문이다.

끝으로 단어가 본문이 속한 문맥 내에서 어떠한 의미로 사용되고 있는가를 알기 위해서 앞 뒤 문맥과 보다 큰 문맥을 중심으로 문맥적 읽기를 한다. 그리고 문맥에서 가장 자연스러운 의미를 본문에 가장 적합한 의미로 채택한다.

2) 본문 선정 · 본문 확정(사역) · 단어 연구의 예증

2-1) 마가복음 11:1-11

(1) 본문 선정과 본문 확정(개인 번역)

본문을 마가복음 11:1-11로 선정할 때에 먼저 고려할 사항은 이 단락이 하나의 주제를 담고 있는 독립된 최소 단락인지를 확인하는 것이다. 일반적으로 한 글 성경의 경우 '○'표식이 새로운 단락의 시작을 암시하는데, 한글 성경은 11절에 '○' 표식이 나타난다. 그러나 11:1은 예수께서 '예루살렘에 가까이 가시면서 베다니에 이르렀다'고 기술하고 있는데, 11절은 예수께서 '예루살렘에 이르러 … 성전에 들어가서 모든 것을 둘러보시고 … 베다니로 나갔다'고 기술하고 있다. 이 러한 기술방식은 일종의 수미상관의 구성 형태로서 이 단락이 자체로 완결된 하나의 독립된 단위로 하나의 특정한 주제를 담고 있음을 암시한다. 이런 점에서 마가복음 11:1-11을 해석을 위한 하나의 독립된 단락으로 선정할 수 있다.

이제 본문을 개인적으로 번역하는 과정이 필요하다. 여기서 본문의 번역은 초역의 형태를 지니는데, 본문의 해석이 진행되면서 필요에 따라 수정되며 석의 마지막 단계인 '본문의 주제문 작성' 직전에 최종적인 번역이 완성되어 이것을 바탕으로 주제문이 작성된다.

일반적으로는 중요한 한글 번역 성경들(개역개정, 표준새번역, 공동번역개정)과 문자적 번역 성경인 영어성경 NASB를 서로 비교해가면서 자신의 번역 본문을 작성하지만, 여기서는 헬라어 본문을 기초로 한 개인적인 번역을 작성하도록 한다. 그러나 이 경우에도 보다 효율적인 번역 작업을 위해서 한 종류의 한글 번역 성경을 근간으로 삼아서 헬라어 원문을 번역하는 방식을 채택한다. 번역 과정 중에서 한글 번역 성경이 석의상의 문제를 담고 있지 않을 경우에는 가독성을 중심으로 한글 번역 성경을 따라가면서 필요한 수정하면서 번역을 하고, 석의상의 혹은 번역상의 문제가 있는 경우는 자신의 결정에 따라 특정한 번역을 한다. 실제적으로 필자의 경우에는 본 단계에서 본문 사역을 할 때에 석의의 제 3단계인 본문의 구조 파악이 동시에 이루어진다.

이상과 같은 과정을 거쳐서 이루어진 마가복음 11:1-11에 대한 개인 사역은 다음과 같다.

1 그들이 예루살렘에 가까워져 감람산 쪽 벳바게와 베다니에 이르렀을 때,
예수께서 제자 중 둘을 보내시며,
2 그들에게 말하기를,
너희는 맞은편 마을로 가라. 즉시 거기로 들어가면 너희는 아무도 타 보지 않은 나귀 새끼가 매여 있는 것을 발견할 것이라. 그것을 풀어서 가져오라.
3 만일 누가 너희에게'너희가 왜 이렇게 하느냐?' 묻거든
주가 그것을 필요로 하신다 하라.
주가 그것을 필요로 하신다 하라.

그리고 그가 즉시 그것을 이리로 다시 돌려보낼 것이라," 하시더라.[52]

4 제자들이 가서

나귀 새끼가 길가에 문을 향해 매어 있음을 발견하고 그것을 푸니

5 거기 서 있던 자들 중 어떤 이들이 제자들에게 말하기를

"나귀 새끼를 풀어 너희가 무엇을 하려느냐?"하더라.

6 이에 제자들이 예수께서 말씀하셨던 대로 말하니,

그들이 제자들에게 허락하였더라.

7 제자들이 나귀 새끼를 예수께로 가져와서

그들의 옷을 나귀 새끼 위에 펼치니 예수께서 그 위에 앉으셨더라.

8 그리고 많은 사람들이 그들의 옷을 길 위에 펴며

다른 자들은 들에서 벤 나뭇가지들을 펼치더라.

9 앞에서 가고 뒤를 따르는 자들이 외쳐 말하기를

호산나! 주의 이름으로 오시는 이가 복되도다!

10 우리 조상 다윗의 오는 나라가 복되도다! 지극히 높은 곳에서 호산나!"

하더라.

11 예수께서 예루살렘에 이르러 성전에 들어가셔서 모든 것을 둘러보시니

시간이 이미 늦었기에 열두 제자와 함께 베다니로 나가셨더라.

이상의 번역의 과정 중에 해석자는 여러 가지 번역상 혹은 해석상의 문제점들을 발견할 것이다. 이 때 해석자는 이러한 문제점들은 석의의

52 이 구절에서 "그가[주가] 즉시 그것을 이리로 다시 돌려보낼 것이라"는 헬라어 원문 번역이지만, 영어 번역 성경들의 경우는 KJV을 제외한 NIV, NLT, NASB는 주가 나귀를 사용한 후 되돌려 보낸다고 번역하고 있고, 대부분의 한글 번역 성경들은 주가 아니라 누군가가 "즉시 이리로 보내리라"고 번역하고 있다. 이것은 단순한 번역상의 문제가 아니라 중요한 해석상의 문제를 담고 있다. 즉 이 문장의 번역은 앞에 '주'가 누구인가 하는 문제가 연결되어 있기 때문이다.

과정 중 필요한 단계에서 적절하게 해결될 것이기에 이 문제점들은 따로 명기해두고, 일단 전체적인 이야기의 전개나 논리의 흐름을 중심으로 본문의 전체적인 모습을 그리면서 신속하게 번역을 해나간다. 이러한 번역은 해석자로 하여금 본문에 대해 친숙하게 해주고 본문에 대한 폭넓은 이해를 갖게 한다.

(2) 단어 연구

단어 연구의 단어 선택 원리에 따라 필자는 '감람산,' '주,' '호산나,' '다윗의 오는 나라'가 본문에 쓰인 단어들 중에서 본문의 주제와 관련하여 보다 자세한 연구가 필요한 단어들이라고 생각한다.

① 감람산

감람산은 본문 1절에서 예수의 예루살렘 입성의 사건의 역사적 맥락을 제공한다. 감람산은 마가복음에서 이곳 이외에 예수께서 예루살렘 성전 멸망을 예언하시면서(13:3), 그리고 예수께서 죽으시기 전날 밤에 기도하던 장소로(14:26) 두 번 언급된다. 특별히 예수의 수난과 죽음을 다루고 있는 11-16장에서만 '감람산'이란 표현이 나타나고 있다는 것은 단순히 역사적으로 그의 죽음이 예루살렘에서 일어난 일이기 때문만이 아니라 보다 중요한 신학적 의미가 있다.

특별히 나귀를 타시는 예수의 모습을 마가는 비록 직접적으로 인용하고 있지는 않지만, 분명 스가랴 9:9을 암시하고 있는데, 이 점과 관련한 보다 중요한 사실은 동일한 스가랴 본문에 속하는 14:4(슥)에서 하나님이 종말의 한 날에 "예루살렘 동편 감람산에 서실 것이요, 감람산이 동과 서로 갈라질 것"이라고 예언하고 있다는 점이다. 이 구절에 따르면 감람산은 하나님의 최후 심판의 장소이며, 동시에 하나님이 주관하시는 우주적 전쟁의 장소이기도 하다. 이런 점에서 마가는 마가복음 14:26에서 예수께서 최후의 만찬 후에 감람산으로 나아가는 모습을 통해서 예수의 죽음은 사탄과 최후의 일전을 통해 최종적 승리를 거두시는 것으로 이해하고 있는 것으로 보인다. 그렇다면 동일한 맥락에서 여기서 감람산은 예수의 예루살렘 입성은 죽음을 향한 길이며, 이 죽음을 통해 사탄과 죄에 대한 근본적 승리가 이루어질 것임을 전조하고 있다고 볼 수 있다.

② 주

3절의 '주'라는 표현도 보다 자세한 연구가 필요하다. 이미 번역 과정에서 이 단어는 나귀의 주인(owner)을 뜻하는지 아니면 예수께서 자신을 가리켜 하신 존경의 표현으로서의 주(lord)인지를 잠깐 언급한 바 있다.

본문의 문맥이 결국 이 단어의 의미를 밝혀준다. 3절에서 예수께서는 자신을 "주/κύριος"라고 명명하며 누가 뭐라고 하면 "주가 그것을 필요로 하신다"(3a)라고 말하라고 지시한다. 여기서 "κύριος"라는 표현이 나귀의 주인을 가리킬 수도 있겠지만, 이어지는 예수의 말씀인 "그가 즉시 그것을 이리로 다시 돌려보낼 것이라"(3b)는 말은 분명 이 표현이 제자들의 주로서의 예수 자신을 가리키고 있음을 말해준다. 그러나 이 표현이 단순히 제자들의 주로서의 예수를 가리키는 표현일 수 없다. 앞에서도 언급했지만 나귀를 준비하라고 제자들을 보내시는 장면과 14:12-16에서 유월절을 준비하라고 제자들을 보내시는 장면은 1:2-3의 주의 길을 준비하는 제자들의 모습을 연상시킨다. 그렇다면 여기서 주는 단순히 제자들의 주(lord)가 아니라 여호와의 길에 대한 이사야의 예언을 예루살렘의 입성과 뒤 이은 고난과 죽음을 통해 이루시는 종말론적인 왕적 메시아로서의 주님(the Lord)을 가 리킨다고 볼 수 있다.

이 점은 2절에서 "아무도 타 본 적이 없는 나귀"라는 표현에서 '타다'가 일반적으로 사용되는 ἐπιβαινω(mount)가 아니라 καθίζω가 사용되고 있고, 실제로 예수께서 나귀를 타는 장면에서도 동일하게 καθίζω가 사용되고 있다는 데에서 지지를 받는다. 이 표현은 마가복음 16:19(… 하늘로 올리우사 하나님 우편에 앉으시니라)에서 예수께서 권능의 보좌 우편에 앉으신 모습을 기술하는 데 사용되며, 이 단어의 동족어인 καθήμαι가 14:62에서 대제사장의 심문에 대한 대답 중에 하나님의 우편에 앉아있는 모습에 대한 기술에서 사용된다(cf. 히 1:3, 8:1, 10:12, 12:2). 이것은 예수의 예루살렘 입성과 뒤따른 사역이 왕적 메시아로서의 지위로 행해지는 일들임을 암시하고 있는 것이다.

③ 호산나

'호산나'라는 단어도 연구가 필요한데, 그 이유는 마가가 예수의 예루살렘 입성을 기술하면서 9-10절에서 구약 본문인 시편 118:26을 인용하고, 9-10절을 호산나로 시작하고 끝을 맺고 있기 때문이다. 이 단어는 히브리어 "הוֹשִׁיעָה נָּא"(cf. 시 118:25)의 음역으로 '지금/제발 구원하소서!'란 의미를 지닌다. 유대전통에서 이 단어는 7일간의 초막절 행사 중에 비를 내려 달라는 예식 끝 부분에서 7번씩 "save, please!"란 의미로 불렸으며, 이러한 외침의 기도는 시편 118:27이 보여주 듯이 버드나무와 종려나무로 땅으로 치는 행위들을 동반했다. 이러한 유대 전통의 단어는 크리스천 전통으로 들어오면서 예전 가운데서 하나님에 대한 찬양의 의미로 사용되게 되었다.[53]

그렇다면 본문에서 무리들의 외침 속의 호산나는 과연 구원을 요청

53 Cf. D. Freedman, ed., "Hosanna," *The Anchor Bible Dictionary* Vol.3(Doubleday, 1992), 291.

하는 것인지 아니면 구원하심에 대한 찬양을 의미하는지를 판단해야 할 것이다. 중요한 점은 본문을 대하는 해석자의 일차적 관심이 역사적 무리들의 의도가 아니라 저자 마가의 의미라는 점이다. 마가는 과연 이 외침을 어떻게 이해했을 것인가?

당시의 예루살렘 입성은 도보를 통해 이루어지는 순례의 마지막 여정이며, 이 가운데 순례자는 많은 무리들에 의해서 환호와 찬양을 받게 된다. 이런 점에서 예수의 예루살렘 입성은 무리들의 관점에서 볼 때 위대한 선생의 예루살렘 순례의 일환으로 크나큰 환호를 동반하게 되었을 것이다. 그러나 구약 예언의 성취의 관점에서 기록된 마가복음에서 볼 때 이제 종말론적인 왕적 메시아이신 예수의 예루살렘의 입성은 하나님의 종말론적인 다스림의 구현을 가져온 사건이며, 비록 이러한 의미가 제자들을 포함한 모든 무리들에게는 충분히 알려져 있지 않았을지라도 '호산나'란 표현은 마가의 독자들에게 예수를 통해 성취된 하나님의 구원에 대한 찬양의 의미를 지녔음이 분명하다.

④ 다윗의 오는 나라

'다윗의 오는 나라'를 살펴볼 필요가 있다. 이 단어의 중요성은 9절에서 시편 118:26인 "주의 이름으로 오는 이가 복되다"를 인용한 뒤에 마가는 10절에서 "우리 조상 다윗의 오는 나라가 복되다"란 표현을 첨가하고 있다. 이 두 표현은 동의적 평행법의 형태를 이룬다. 여기서 '오는 나라'를 뜻하는 "ἡ ἐρχομένη βασιλεια"란 표현은 1:7에서 세례요한이 예수를 소개하면서 말한 "나보다 더 강한 이가 내 뒤에 오신다/ἔρχεται ὁ ἰσχυρότερός μου ὀπίσω μου"는 표현을 상기시키며, 다시 이 표현은 3:27이 말하는 강한 자를 결박하고(… τὸν ἰσχυρὸν δήσῃ) 강한 자의 집을 약탈하는 더 강한 자를 상기시킨다. 이 두 본문은 1:3에서 이미 인용된 이사야

40:3에 뒤이어 10절에 나오는 "보라 주 여호와께서 강한 자로 임하실 것이라/ ἰδοὺ κύριος μετὰ ἰσχύος ἔρχεται"는 표현을 강력하게 암시한다. 이상의 모든 구절들 은 '도래/오심' 혹은 '다스림/나라' 등의 이미지를 공유하고 있으며, 그런 점에서 예수의 예루살렘 입성은 구약이 예언한 바 있는 하나님의 왕적인 오심과 왕적 다스림의 도래의 성취와 관련된 것임을 강력히 암시하고 있다.

2-2) 마가복음 3:20-35

(1) 본문 선정과 본문 확정(개인 번역)

해석자는 이 본문이 성경의 단락 표기상으로 볼 때 20절에 '○'라는 표식이 나오고 35절까지 '○' 표식이 없음으로 20-35절이 하나의 단락임을 알 수 있다. 보다 중요하게 20절 앞의 단락은 13절부터 이어지는 열두 제자를 부르는 이야기를 담고 있고, 35절 이후는 4장으로 이어지는데 "장"의 표기가 된 경우는 여기에 '○' 표식이 있는 것으로 간주하며, 또한 4장은 장면이 바뀌어 바닷가에서 비유로 무리를 가르치는 이야기가 나온다. 이런 점에서 3:20-35을 하나의 본문 즉 독립된 단락으로 취급하여 이 본문을 해석의 단위를 선정하는 것이 타당하다.

두 번째로 본문을 자신만의 사역으로 만드는 작업인 본문 확정은 앞의 예에서 예증했듯이 네 개의 번역 성경을 비교해서 유사점은 기본으로 받아들이고 차이점들을 해석자의 해석결정에 따라서 자신의 번역을 만드는 작업이다.

이와 같은 과정을 거쳐서 다음과 같은 개인 사역이 이루어진다.

20 그가 집에 들어가시니(Καὶ ἔρχεται)

무리가 다시 모여들었고

그 결과 그들이 식사를 할 수도 없게 되었더라.

21 예수의 친족들이 듣고

그를 붙들러 나왔더니(ἐξῆλθον)

이는 그들이 그가 미쳤다고 말하기 때문이라.

22 예루살렘에서 내려온 서기관들이 말하기를

그가 바알세불을 지녔고

또 귀신의 왕을 힘입어 귀신을 내어 쫓는다고 하니,

23 예수께서 저희를 자기에게로 불러

비유로 그들에게 말하시되(ἔλεγεν)

어떻게 사단이 사단을 내어 쫓을 수 있겠는가

24 만약 왕국이 자신에 대해 분쟁한다면 그 나라가 설 수 없을 것이요,

25 만약 집이 자신에 대해 분쟁하면 그 집이 설 수 없을 것이라.

26 만약 사탄이 자신을 대항하여 일어나 분쟁한다면

그는 설 수 없게 될 것이요

오히려 그는 끝을 맞게 되느니라.

27 그런데 먼저 강한 자를 결박하지 않는다면

그 어느 누구도 강한 자의 집에 들어가 그의 소유들을 약탈할 수 없도다.

결박한 후에야 그의 집을 약탈할 수 있을 것이라.

28 내가 너희에게 진실로 말하노니(λέγω)

사람의 모든 죄와 그들이 행하는 모든 신성모독들은 용서함을 얻게 될 것이되,

29 그러나 성령을 거슬려 말하는 자는 영원히 용서받지 못하며,

영원한 죄에 처하게 되느니라.

30 *이는 저희가, 그가 더러운 영을 지니고 있다고 말하기 때문이더라.*

31 예수의 모친과 동생들이 와서(Καὶ ἔρχεται), 밖에 서서

사람을 들여보내시고, 그를 부르니,

32 그 주위에 무리가 앉았다가 그에게 이르기를

보소서, 당신의 모친과 동생들과 누이들이 밖에서 찾고 있나이다.

33 그들에게 대답하여 이르시되

누가 내 모친이며 동생들이냐 하더라.

34 그 주위에 둘러 앉아 있는 자들을 둘러보시며 그가 이르시되

나의 모친과 나의 동생들을 보라

35 이는 하나님의 뜻을 행하는 자는 누구든지

그가 나의 형제요 자매요, 모친이기 때문이라 하시더라.

20 Καὶ ἔρχεται εἰς οἶκον·

καὶ συνέρχεται πάλιν ὁ ὄχλος,

ὥστε μὴ δύνασθαι αὐτοὺς μηδὲ ἄρτον φαγεῖν.

21 καὶ ἀκούσαντες

οἱ παρ' αὐτοῦ ἐξῆλθον κρατῆσαι αὐτόν·

ἔλεγον γὰρ ὅτι ἐξέστη.

22 καὶ οἱ γραμματεῖς οἱ ἀπὸ Ἱεροσολύμων καταβάντες

ἔλεγον ὅτι Βεελζεβοὺλ ἔχει καὶ

ὅτι ἐν τῷ ἄρχοντι τῶν δαιμονίων ἐκβάλλει τὰ δαιμόνια.

23 καὶ προσκαλεσάμενος αὐτοὺς

ἐν παραβολαῖς ἔλεγεν αὐτοῖς,

Πῶς δύναται Σατανᾶς Σατανᾶν ἐκβάλλειϋ

24 καὶ ἐὰν βασιλεία ἐφ' ἑαυτὴν μερισθῇ, οὐ δύναται σταθῆναι ἡ βασιλεία ἐκείνη·

25 καὶ ἐὰν οἰκιά ἐφ' ἑαυτὴν μερισθῇ, οὐ δυνήσεται ἡ οἰκία ἐκείνη σταθῆναϊ

26 καὶ εἰ ὁ Σατανᾶς ἀνέστη ἐφ' ἑαυτὸν καὶ ἐμερίσθη, οὐ δύναται στῆναι

ἀλλὰ τέλος ἔχει

27 ἀλλ' οὐ δύναται οὐδεὶς εἰς τὴν οἰκιά ν τοῦ ἰσχυροῦ εἰσελθὼν

τὰ σκεύη αὐτοῦ διαρπάσαι,

ἐὰν μὴ πρῶτον τὸν ἰσχυρὸν δήσῃ,

καὶ τότε τὴν οἰκίαν αὐτοῦ διαρπάσεϊ

28 'Αμὴν λέγω ὑμῖν

ὅτι πάντα ἀφεθήσεται τοῖς υἱοῖς τῶν ἀνθρώπων

τὰ ἁμαρτήματα καὶ αἱ βλασφημίαι ὅσα ἐὰν βλασφημήσωσιν·

29 ὃς δ' α'ν βλασφημήσῃ ειὐ τὸ πνεῦμα τὸ ἅγιον,

οὐκ ἔχει ἄφεσιν εἰς τὸν αἰῶνα,

ἀλλὰ ἔνοχός ἐστιν αἰωνίου ἁμαρτήματος

30 *ὅτι ἔλεγον, Πνεῦμα ἀκάθαρτον ἔχει*

31 Καὶ ἔρχεται ἡ μήτηρ αὐτοῦ καὶ οἱ ἀδελφοὶ αὐτοῦ καὶ ἔξω στήκοντες

ἀπέστειλαν πρὸς αὐτὸν καλοῦντες αὐτόν

32 καὶ ἐκάθητο περὶ αὐτὸν ὄχλος, καὶ λέγουσιν αὐτῷ,

Ἰδοὺ ἡ μήτηρ σου καὶ οἱ ἀδελφοί σου¨αὶ αἱ ἀδελφαί σοϋ

ἔξω ζητοῦσίν σε

33 καὶ ἀποκριθεὶς αὐτοῖς λέγει,

Τίς ἐστιν ἡ μήτηρ μου καὶ οἱ ἀδελφοί μου

34 καὶ περιβλεψάμενος τοὺς περὶ αὐτὸν κύκλῳ καθημένους λέγει,

Ἴδε ἡ μήτηρ μου καὶ οἱ ἀδελφοί μου·

35 ὃς γὰρ ἂν ποιήσῃ τὸ θέλημα τοῦ θεοῦ,

οὗτος ἀδελφός μου καὶ ἀδελφὴ καὶ μήτηρ ἐστίν

(2) 중요 단어 연구

먼저 본문에서 연구가 필요한 단어를 선택하고, 사전들을 통해서 단어 의미에 대한 보다 폭넓은 이해를 한다. 그리고 본문의 문맥 속에서 단어가 지닌 의미(문맥적 의미)를 파악한다.

① 예수의 친속

여기서 친속을 지칭하는 헬라어 단어는 "οἱ παρ' αὐτοῦ"로써 문자적으로는 '그와 함께 있는 자들'이란 뜻을 지니는데 정확한 의미와 번역이 어려운 표현이다. 그러나 본문의 맥락 속에서 볼 때 보다 명시적인 예수의 가족이란 표현 대신에 다소 애매한 표현을 쓴 것은 아마 의도적인 것으로 여겨진다. 이 점은 이 표현이 34절에 나오는 "그의 둘레에 있는 자들/τοὺς περὶ αὐτὸν"이란 표현과 비교를 통해서도 알 수 있다. 예수의 둘레에 앉아서 그의 말씀을 경청하는 자들과 비교하여 자신들이 예수와 가깝다고 주장하면서 예수를 붙잡아 구속하려는 자들은 정작 하나님의 뜻을 행하는 자들이 아니라는 뜻을 함의하고 있다. 특히 31-35절이 명시적으로 예수의 모친과 형제들을 밖에 서 있는 자들로 묘사함으로써 예수의 둘레에 앉아 있던 자들과 대비시키고 있기에 21절의 친속이라 불리는 자들은 큰 범주에서 예수의 물리적 가족의 일환이라 볼 수 있을 것이다.

② 바알세불

바알세불은 사전적 의미로는 'Baal is raised' 혹은 'exalted Baal'을 뜻한다. 그런데 신학사전을 통해 볼 때, 이 단어는 신약시대에 이르러서는 마귀 집단들의 우두머리나 지배자인 사탄을 지칭하는 또 하나의 표현이 되었다. 보다 구체적으로 바알세불의 어원적 연구에 따르면, 바알세불은 그 어원상 우가릿 본문들에서 가나안 신인 바알(Baal)이 z*bl ba'al* (exalted Baal을 의미함)로 표기된 것에서부터 유래된 것으로 보인다. 여기서 *zbl ba'al*이 역순으로 표기되면 *ba'al zbl*이 된다. 또 다른 가능성은 보다 후기의 히브리어에 따르면 zěbûl은 후에 이르러 '처소' 혹은 '집'이란 의미를 갖게 되었는데 이와 동일한 맥락에서 마태복음 10:25에서 바알세불은 '집의 머리' 혹은 '집 주인'으로 불리고 있다.

본문의 맥락에서 볼 때 22절에서 서기관들의 말 가운데서 바알세불은 귀신의 왕과 동일시되고 있고 또한 23절에서 예수의 대답 가운데 암묵적으로 바알세불을 사탄과 동일시되고 있다. 이상을 모두 고려해 볼 때, 본문 25절과 27절에서 집과 왕국이 사탄과 교차적으로 사용되고 있다는 점에서도 암시되고 있듯이 바알세불, 곧 사탄은 이 세상의 지배자로서 집의 주인으로 묘사되고 있다고 할 수 있다. 이런 점에서 27절에서 말하는 "강한 자의 집"은 바알세불을 암시하는 의도적인 단어유희(wordplay)의 일종이라 볼 수 있다.

이러한 단어 연구를 통해서 우리는 본문에서 예수는 이 세상의 지배자인 바알세불, 곧 사탄을 결박하고 그의 왕국을 무력화시키고 이 왕국에 속한 것들을 되찾아 자신의 왕국으로 복속시키는 사역을 하시는 분으로 표현하고 있다고 볼 수 있다.

③ 아멘

이 단어는 본문에서 성령을 훼방하는 죄, 곧 용서받을 수 없는 죄에 대한 부분(28-30)을 도입하는 역할을 하고 있다. 히브리어 אָמֵן을 음역한 헬라어 Ἀμὴν(아멘)은 구약의 사용의 경우에는 진실, 진실됨, 혹은 신실됨 등을 내포하는 어원적 뿌리를 갖고 있으며, 칠십인역의 경우는 히브리어 אָמֵן을 '그대로 될지어다'라고 번역하고 있으며, 예수의 말씀 전승 이외의 경우에도 이 단어는 앞에서 진술한 바를 확증한다는 뜻으로 사용되고 있다. 그러나 예수의 전승 가운데서 이 단어는 전술한 바에 대한 확언이 아니라 새로운 진술을 도입하는 경우에 사용되고 있다. 한 걸음 더 나아가 J. 예레미야스의 주장에 따르면 이 표현은 역사적 예수로부터 기인하는 말이며, 전례 없는 권위를 갖고 계신 종말론적인 인물이라는 자신의 정체성에 대한 예수의 인식을 반영하고 있다.[54]

이런 점에서 예수는 이 표현을 통해서 그의 말의 절대적 참됨과 진실성을 미리 주창하고 있는 것이다. 이런 맥락에서 볼 때 28b에서 말하는 죄 사함에 대한 선포는 여전히 2:6-10에서 말하는 종말론적인 인자의 죄 사함의 선포와 동일한 맥락에서 이해될 수 있으며, 성령을 훼방하는 죄가 용서받을 수 없다는 선언 역시 하나님의 종말론적인 구원 사역에 대한 근본적인 도전과 대적은 종말론적인 중요성을 지닌 죄악이라는 점에서 영원한 형벌, 즉 용서받을 수 없는 죄에 해당한다는 뜻이다.

54 J. Jeremias, *New Testament Theology*, 35-36.

2-3) 마가복음 2:23-29

(1) 본문 선정

한글 성경이 보여주듯이 이 본문에 서두에 '○'표식이 나타나 있으며 내용에서도 앞 단락과 뒤따르는 단락과 구별된다. 이런 점에서 마가복음 2:23-29은 하나의 사고 단위로서의 단락이며 해석의 적합한 대상인 본문이라 할 수 있다.

(2) 본문 확정

여기서 마가복음 2:23-28에 대한 본문 확정은 문자적 번역 성경인 NASB와 교회에서 가장 일반적으로 사용되는 개역개정, 그리고 비교적 가독성을 갖춘 표준새번역과 새번역을 비교하고 대조해서 이루어지는데, 필요에 따라 동일한 정도의 가독성을 갖춘 공동번역이나 공동번역 개정을 참고할 수 있다.

① 번역 성경들 비교

개역개정

23 안식일에 예수께서 밀밭 사이로 지나가실새 그의 제자들이 길을 열며 이삭을 자르니 24 바리새인들이 예수께 말하되 보시오 저들이 어찌하여 안식일에 하지 못할 일을 하나이까 25 예수께서 이르시되 다윗이 자기와 및 함께 한 자들이 먹을 것이 없어 시장할 때에 한 일을 읽지 못하였느냐 26 그가 아비아달 대제사장 때에 하나님의 전에 들어가서 제사장 외에는 먹어서는 안 되는 진설병을 먹고 함께 한 자들에게도 주지 아니하였느냐 27 또 이르시되 안식일이 사람을 위하여 있는 것이요 사람이 안식일을 위하여 있는

것이 아니니 28 이러므로 인자는 안식일에도 주인이니라

표준새번역

23 안식일에 예수께서 밀밭 사이로 지나가시게 되었다. 제자들이 길을 내면
서, 밀이삭을 자르기 시작하였다. 24 바리새파 사람이 예수께 말하였다. "보
십시오, 어찌하여 이 사람들은 안식일에 해서는 안 되는 일을 합니까?" 25
예수께서 그들에게 말씀하셨다. "다윗과 그 일 행이 먹을 것이 없어서 굶주
렸을 때에, 다윗이 어떻게 하였는지를 너희는 읽지 못하였느냐? 26 아비아
달 대제사장 때에, 다윗이 하나님의 집에 들어가서, 제사장들 밖에는 먹지
못하는 제단 빵을 먹고, 그 일행에게도 주지 않았느냐?" 27 그리고 그들에
게 말씀하셨다. "안식일이 사람을 위하여 생긴 것이지, 사람이 안식일을 위
하여 생긴 것이 아니다. 28 그러므로 인자는 안식일에조차도 주인이다."

공동번역 개정

23 어느 안식일에 예수께서 밀밭 사이를 지나가시게 되었다. 그 때 함께 가
던 제자들이 밀 이삭을 자르기 시작하자24 바리사이파 사람들이 예수께
"보십시오, 왜 저 사람들이 안식일에 해서는 안 될 일을 하고 있습니까?" 하
고 물었다. 25 예수께서는 이렇게 반문하셨다. "너희는 다윗의 일행이 먹을
것이 없어서 굶주렸을 때에 다윗이 한 일을 읽어본 적이 없느 냐? 26 에비아
달 대사제 때에 다윗은 하느님의 집에 들어가서 제단에 차려놓은 빵을 먹고
함께 있던 사람들에게도 주었다. 그 빵은 사제들 밖에는 아무도 먹을 수 없
는 빵이 아니었더냐?" 27 예수께서는 이어서 이렇게 말씀하셨다. "안식일이
사람을 위하여 있는 것이지, 사람이 안식일을 위하여 있는 것은 아니다. 28
따라서 사람의 아들은 또한 안식일의 주인이다."

NASB

23 And it happened that He was passing through the grainfields on
the Sabbath, and His disciples began to make their way along while
picking the heads of grain. 24 The Pharisees were saying to Him,
"Look, why are they doing what is not lawful on the Sabbath?" 25 And
He said to them, "Have you never read what David did when he was in
need and he and his companions became hungry; 26 how he entered
the house of God in the time of Abiathar the high priest, and ate the
consecrated bread, which is not lawful for anyone to eat except the
priests, and he also gave it to those who were with him?" 27 Jesus
said to them, "The Sabbath was made for man, and not man for the
Sabbath. 28 "So the Son of Man is Lord even of the Sabbath."

② 차이점들과 유사점

위에 제시된 번역본들을 자세히 비교해보면 많은 유사점들과 몇몇 차이점들이 나타난다. 여기서 관심은 개인 사역을 통한 본문 확정을 예증하는데 있기에 일단 번역 성경들 사이의 유사점은 사역의 기본으로 가져가면서 차이점들에 관심을 기울일 필요가 있다. 많은 부분 차이점들이 본문 해석의 정확도나 의미의 차이점을 만들어내기 때문이다.

개략적으로 볼 때 번역 성경들 사이의 주된 차이점은 23절에 길과 관련된 부분과 28절에 안식일과 관련된 부분이다. 23절의 경우 개역개정과 표준새번역은 '길을 열며' 혹은 '길을 내면서'라고 말하고 있는데 공동번역개정은 이 표현 자체가 생략되어 있다. 그리고 NASB는 'make their way along/길을 열며 앞으로'라고 말하고 있다. 그렇다면 이러한 차이점들을 통해서 길을 내거나 여는 일과 밀 이삭을 자르는 일 사이의 관계가 이슈가 될 수 있다는 개연성을 생각해본다. 또한 이 점은 뒤따르는 바리새인들이 제기하는 안식일에 해서는 안 될 일과 관계된 것이라는 점에서 중요함이 분명해보인다. 두 번째로 28절에 인자가 안식일의 주인이라는 점을 표현함에 있어서 번역 성경 간에 차이를 보인다. 개역개정은 "안식일에도"로 표준새번역은 "안식일에조차도"로, 공동번역개정은 "또한 안식일의"로, NASB는 "even of the Sabbath"로 번역하고 있다. 이 상이한 표현들은 28절 서두에 나오는 연결사들인 "이러므로"(개역개정), "그러므로"(표준새번역), "따라서"(공동번역개정), "So"(NASB)와 함께 27절과 28절의 논리적 관계를 이해하는데 중요한 역할을 한다.

이즈음에서 해석자는 좋은 주석의 도움을 받아 원어 성경을 살펴볼 필요가 있다. 먼저 23절의 경우 헬라어 본문을 보면 다음과 같이 되어 있다. "καὶ οἱ μαθηταὶ αὐτοῦ ἤρξαντο ὁδὸν ποιεῖν τίλλοντες τοὺς στάχυας?" 이것을 한글로 직역하면 다음과 같다. "그의 제자들이 길을 내기 시작하였다, 이삭을 자르면서/자르는 동안/자름으로써(picking the heads of grain)." 이 원어 성경을 통해 볼 때 제자들이 길을 내는 행위와 이삭을 자르는 행위 사이의 관계는 다음과 같이 정리할 수 있다.

이삭을 자르는 행위는 길을 내는 행위를 수반하는 부사적 상황을 기술하고 있으며 이 부사적 상황은 시간이나 수단을 나타낸다. 즉 이삭을 자른 후에 혹은 자르면서 제자들이 길을 냈거나 혹은 이삭을 자름으로써 제자들이 길을 냈다는 것을 뜻한다. 어떤 경우이든 중요한 점은 23절의 주된 관심은 제자들이 길을 냈다는 점이고 부차적인 관심은 이삭을 자름으로써 길을 냈다는 점이라 할 수 있다.

결론적으로 헬라어 본문을 중심으로 번역 성경들의 비교를 통한 차이점과 유사점에 유의하면서 해석자는 본문을 개인적으로 사역한다. 이때 가능하다면 본문의 문장들 사이의 문법적-구문론적 관계를 중심으로 본문의 문장흐름도(diagram of the sentence flow)를 다음과 같이 제시할 수 있다.

한글사역

23 안식일에 예수께서 밀밭 사이로 지나가실 때

이삭을 자름으로써

그의 제자들이 길을 내기 시작하더라.

24 바리새인들이 예수께 말하되

보시오 저희가 어찌하여 안식일에 옳지 못한 일을 행합니까?

25 예수께서 그들에게 말씀하시되

너희가 읽어보지 못했느냐

자기와 및 함께 한 자들이 핍절되어 시장할 때에

무엇을 다윗이 행했는지를 읽어보지 못하였느냐?

26 어떻게 그가 아비아달 대제사장 때에 하나님의 전에 들어가서

제사장 외에는 먹지 못하는 진설병을 먹고 함께한

자들에게도 주었는지 읽어보지 못하였느냐? 하시니라.

27 예수께서 그들에게 말씀하시되

안식일은 사람을 위하여 있는 것이요;

사람이 안식일을 위하여 있는 것이 아니라.

28 이러므로 인자는 안식일에도 주인이라, 하시니라

헬라어 본문

23 Καὶ ἐγένετο αὐτὸν ἐν τοῖς σάββασιν παραπορεύεσθαι διὰ τῶν σπορίμων,

καὶ οἱ μαθηταὶ αὐτοῦ ἤρξαντο ὁδὸν ποιεῖν

τίλλοντες τοὺς στάχυας.

24 καὶ οἱ Φαρισαῖοι ἔλεγον αὐτῷ,

Ἴδε τί ποιοῦσιν τοῖς σάββασιν ὃ οὐκ ἔξεστιν;

25 καὶ λέγει αὐτοῖς,

Οὐδέποτε ἀνέγνωτε

τί ἐποίησεν Δαυίδ

ὅτε χρείαν ἔσχεν καὶ ἐπείνασεν αὐτὸς καὶ οἱ μετ' αὐτοῦ,

26 πῶς εἰσῆλθεν εἰς τὸν οἶκον τοῦ θεοῦ ἐπὶ Ἀβιαθὰρ ἀρχιερέως

καὶ τοὺς ἄρτους τῆς προθέσεως ἔφαγεν,

οὓς οὐκ ἔξεστιν φαγεῖν εἰ μὴ τοὺς ἱερεῖς,

καὶ ἔδωκεν καὶ τοῖς σὺν αὐτῷ οὖσιν;

27 καὶ ἔλεγεν αὐτοῖς,

Τὸ σάββατον διὰ τὸν ἄνθρωπον ἐγένετο

καὶ οὐχ ὁ ἄνθρωπος διὰ τὸ σάββατον·

28 ὥστε κύριός ἐστιν ὁ υἱὸς τοῦ ἀνθρώπου καὶ τοῦ σαββάτου.

2-4) 고린도전서 3:5-15

(1) 본문 선정

한글 성경은 이 본문의 서두에 '○'표식을 담고 있지 않다. 한글 성경은 3:1에 그리고 10절에 '○'표식을 넣음으로써, 고린도전서 3:1-9이 하나의 사고 단위인 단락임을 나타내고 있다. 그러나 해석자는 본문의 논리 전개와 주제 발전이란 관점에서 단락을 새롭게 규정할 수 있는데, 대부분의 영어 성경들의 경우 5절 그리고 10절을 들여쓰기 함으로써 1-4절, 5-9절, 10절 이하를 개별적인 단락들로 취급하고 있다. 3장 전체의 논리적 혹은 수사적 전개를 보면 1-15절이 하나의 긴 단락에 해당하며 이 중 1-4절은 고린도 교인들의 영적이지 않고 육신적인 성격을 보여주는 분쟁에 대한 서론, 5-9절은 하나님의 밭이란 은유를 통한 육신적 성격의 예증, 10-15절은 하나님의 건물이란 은유를 통한 육신적 성격의 예증의 역할을 한다. 이런 점에서 해석자는 이러한 전체적인 구조를 염두에 두면서 본문을 새롭게 규정할 수 있는데 여기서는 5-15절이 공히 밭과 건물이란 은유를 통해 분쟁이 지닌 육신적 성격을 예증하고 있다는 점에서 한 단락으로 취급하고자 한다.

(2) 본문 확정

여기서는 개역개정과 새번역, 공동번역 그리고 NASB를 비교하고 대조하면서 개인 번역을 만든다

① 번역 성경들 비교

개역개정

5 그런즉 아볼로는 무엇이며 바울은 무엇이냐 그들은 주께서 각각 주신 대
로 너희로 하여금 믿게 한 사역자들이니라 6 나는 심었고 아볼로는 물을 주
었으되 오직 하나님께서 자라나게 하셨나니 7 그런즉 심는 이나 물주는 이
는 아무 것도 아니로되 오직 자라게 하시는 이는 하나님뿐이니라 8 심는 이
와 물주는 이는 한가지이나 각각 자기가 일한 대로 자기의 상을 받으리라 9
우리는 하나님의 동역자들이요 너희는 하나님의 밭이요 하나님의 집이니라

10 내게 주신 하나님의 은혜를 따라 내가 지혜로운 건축자와 같이 터를 닦아 두매 다른 이가 그 위에 세우나 그러나 각각 어떻게 그 위에 세울까를 조심할지니라 11 이 닦아둔 것 외에 능히 다른 터를 닦아둘 자가 없으니 이 터는 곧 예수 그리스도라 12 만일 누구든지 금이나 은이나 보석이나 나무나 풀이나 짚으로 이 터 위에 세우면 13 각 사람의 공적이 나타날 터인데 그 날이 공적을 밝히리니 이는 불로 나타내고 그 불이 각 사람의 공적이 어떠한 것을 시험할 것임이라 14 만일 누구든지 그 위에 세운 공적이 그대로 있으면 상을 받고 15 누구든지 그 공적이 불타면 해를 받으리니 그러나 자신은 구원을 받되 불 가운데서 받은 것 같으리라

새번역

5 그렇다면 아볼로는 무엇이고, 바울은 무엇입니까? 아볼로와 나는 여러분을 믿게 한 일꾼들이며, 주님께서 우리에게 각각 맡겨 주신 대로 일하였을 뿐입니다. 6 나는 심고, 아볼로는 물을 주었습니다. 그러나 하나님께서 자라게 하셨습니다. 7 그러므로 심는 사람이나 물 주는 사람은 아무것도 아니요, 자라게 하시는 분은 하나님이십니다. 8 심는 사람과 물 주는 사람은 하나이며, 그들은 각각 수고한 만큼 자기의 삯을 받을 것입니다. 9 우리는 하나님의 동역자요, 여러분은 하나님의 밭이며, 하나님의 건물입니다. 10 나는 하나님께서 나에게 주신 은혜를 따라, 지혜로운 건축가와 같이 기초를 놓았습니다. 그런데 다른 사람이 그 위에 다가 집을 짓습니다. 그러나 어떻게 집을 지을지 각각 신중히 생각해야 합니다. 11 아무도 이미 놓은 기초이신 예수 그리스도 밖에 또 다른 기초를 놓을 수 없습니다. 12 누가 이 기초 위에 금이나 은이나 보석이나 나무나 풀이나 짚으로 집을 지으면, 13 그에 따라 각 사람의 업적이 드러날 것입니다. 그 날이 그것을 환히 보여 줄 것입니다. 그것은 불에 드러날 것이기 때문입니다. 불이 각 사람의 업적이 어떤 것인가

를 검증하여 줄 것입니다. 14 어떤 사람이 만든 작품이 그대로 남으면, 그는 상을 받을 것이요, 15 어떤 사람의 작품이 타 버리면, 그는 손해를 볼 것입니다. 그러나 그 사람은 구원을 받을 것이지만 불 속을 헤치고 나오듯 할 것입니다

공동번역

5 도대체 아폴로는 무엇이고 바울로는 무엇입니까? 아폴로나 나나 다같이 여러분을 믿음으로 인도한 일꾼에 불과하며 주님께서 우리에게 각각 맡겨 주신 일을 했을 따름입니다. 6 나는 씨를 심었고 아폴로는 물을 주었습니다. 그러나 그것을 자라게 하신 분은 하느님이십니다. 7 심는 사람이나 물을 주는 사람은 중요할 것이 없고 자라게 하시는 하느님만이 중요 하십니다. 8 심는 사람과 물 주는 사람은 동등한 사람이고 각기 수고한 만큼 삯을 받을 따름입니다. 9 우리는 하느님을 위해서 함께 일하는 일꾼들이고 여러분은 하느님의 밭이며 하느님의 건물입니다. 10 나는 하느님께서 주신 은총으로 능숙한 건축가가 되어 기초를 놓았고 다른 사람은 그 위에 집을 짓고 있습니다. 그러나 집을 짓는 방법에 대해서는 각자가 신중히 생각해야 합니다. 11 이미 예수 그리스도라는 기초가 놓여 있으니 아무도 다른 기초는 놓을 수가 없습니다. 12 이 기초 위에다가 어떤 사람은 금으로, 어떤 사람은 은으로, 어떤 사람은 보석으로, 어떤 사람은 나무로, 어떤 사람은 마른 풀로, 어떤 사람은 짚으로 집을 짓는다고 합시다. 13 이제 심판의 날이 오면 모든 것이 드러나서 각자가 한 일이 명백하게 될 것입니다. 심판의 날은 불을 몰고 오겠고 그 불은 각자의 업적을 시험하여 그 진가를 가려줄 것입니다. 14 만일 그 기초 위에 세운 집이 그 불을 견디어내면 그 집을 지은 사람은 상을 받고 15 만일 그 집이 불에 타버리면 그는 낭패를 볼 것입니다. 그러나 그 자신은 불 속에서 살아 나오는 사람같이 구원을 받습니다.

NASB

5 What then is Apollos? And what is Paul? Servants through whom you believed, even as the Lord gave opportunity to each one. 6 I planted, Apollos watered, but God was causing the growth. 7 So then neither the one who plants nor the one who waters is anything, but God who causes the growth. 8 Now he who plants and he who waters are one; but each will receive his own reward according to his own labor. 9 For we are God's fellow workers; you are God's field, God's building. 10 According to the grace of God which was given to me, like a wise master builder I laid a foundation, and another is building on it. But each man must be careful how he builds on it. 11 For no man can lay a foundation other than the one which is laid, which is Jesus Christ. 12 Now if any man builds on the foundation with gold, silver, precious stones, wood, hay, straw, 13 each man's work will become evident; for the day will show it because it is to be revealed with fire, and the fire itself will test the quality of each man's work.14 If any man's work which he has built on it remains, he will receive a reward. 15 If any man's work is burned up, he will suffer loss; but he himself will be saved, yet so as through fire.

② 차이점들

이상의 번역 성경들 사이에서 큰 차이점을 보이는 부분은 5절, 7절, 8절, 9절, 10 절, 13절, 15절이다. 5절의 경우는 의미가 불분명하며, 7절 역시 두 문장 사이의 관계가 부자연스럽다. 8절은 상이냐 삯이냐 하는 문제가 있고, 9절은 하나님의 동역사라는 표현의 문세점이 10절은 터인가 기초인가 하는 점과 "어떻게?"라는 것이 뜻하는 바의 문제이다. 13절은 공적/업적인지 아니면 일인지의 문제가 있다. 끝으로 15절은 해인지 손해인지 낭패인지 아니면 손실인지가 문제이다. 이러한 차이점들을 해결하기 위해서 해석자는 주석의 도움을 받아 원어 성경을 통해 자신의 석의상의 결정을 내려서 개인 번역을 해야 한다.

아래에 고린도전서 3:5-15 전체를 원어 성경에 기초하여 개인적으로 번역한 것을 싣는다. 그리고 문장들 사이의 문법적-구문론적 관계를 중심으로 본문의 문장흐름도(diagram of the sentence flow)를 같이 제시한다.

한글사역

5 그렇다면 아볼로는 무엇이고 바울은 무엇이냐?

사역자들로, 그들을 통해 너희가 믿게 된 것이니, 주께서 각자에게 맡기신 대로라.

6 나는 심었고 아볼로는 물을 주었으되

그러나 하나님이 자라나게 하셨으니,

7 결과적으로 심는 자가 아무 것도 아니요 물주는 자가 아무 것도 아니되,

그러나 자라나게 하신 분 곧 하나님이 중요하니라(everything)

8 그런데 심는 자와 물주는 자가 하나이고

각각은 자신의 수고에 따라 자신의 보상을 받게 될 것이라.

9 이는 우리가 하나님께 속한 동역자이며,

너희는 하나님의 밭이요 하나님의 건물이기 때문이라.

10 지혜로운 건축자처럼 (여겨) 내게 주신 하나님의 은혜에 따라

나는 기초를 놓았고, 다른 사람이 그 위에 (건물을) 세우느니라.

그러나 각각은 어떻게 그 위에 세울까를 유의해야 하느니라.

11 왜냐하면 어느 누구도 현재 닦여진 것 곧 예수 그리스도 이외에

다른 기초를 놓을 수 없기 때문이라.

12 그런데 만약 어떤 이가 이 기초 위에 금, 은, 보석, 나무, 풀 혹은 짚으로

세운다면

13 각 사람의 일이 드러나게 될 것이라.

왜냐하면 그 날이 각자의 일을 환히 밝힐 것이기 때문이니,

이는 그것이 불로 드러날 것이요

또한 불이 각 사람의 일이 어떤 종류의 일이었는지를

시험할 것이기 때문이라.

14 만약 어떤 이의 일 곧 그가 위에 세운 것이 그대로 있다면,

그는 보상을 받게 될 것이요,

15 만약 어떤 이의 일이 불타버린다면,

그는 손실을 겪게 될 것이라.

그러나 그 자신은 구원을 받게 될 것이니,

불을 통한 구원과 같으리라.

헬라어 본문

5 Τί οὖν ἐστιν Ἀπολλῶς; τί δέ ἐστιν Παῦλος;

διάκονοι δι’ ὧν ἐπιστεύσατε, καὶ ἑκάστῳ ὡς ὁ κύριος ἔδωκεν.

6 ἐγὼ ἐφύτευσα, Ἀπολλῶς ἐπότισεν,

ἀλλὰ ὁ θεὸς ηὔξανεν·

7 ὥστε οὔτε ὁ φυτεύων ἐστίν τι οὔτε ὁ ποτίζων

ἀλλ’ ὁ αὐξάνων θεός.

8 ὁ φυτεύων δὲ καὶ ὁ ποτίζων ἕν εἰσιν,

ἕκαστος δὲ τὸν ἴδιον μισθὸν λήμψεται κατὰ τὸν ἴδιον κόπον·

9 θεοῦ γάρ ἐσμεν συνεργοί, θεοῦ γεώργιον, θεοῦ οἰκοδομή ἐστε.

10 Κατὰ τὴν χάριν τοῦ θεοῦ τὴν δοθεῖσάν μοι ὡς σοφὸς ἀρχιτέκτων

θεμέλιον ἔθηκα, ἄλλος δὲ ἐποικοδομεῖ.

ἕκαστος δὲ βλεπέτω πῶς ἐποικοδομεῖ.

11 θεμέλιον γὰρ ἄλλον οὐδεὶς δύναται θεῖναι παρὰ τὸν κείμενον,

ὅς ἐστιν Ἰησοῦς Χριστός.

12 εἰ δέ τις ἐποικοδομεῖ ἐπὶ τὸν θεμέλιον χρυσόν, ἄργυρον, λίθους τιμίους,

ξύλα, χόρτον, καλάμην,

13 ἑκάστου τὸ ἔργον φανερὸν γενήσεται,

ἡ γὰρ ἡμέρα δηλώσει,

ὅτι ἐν πυρὶ ἀποκαλύπτεται·

καὶ ἑκάστου τὸ ἔργον ὁποῖόν ἐστιν τὸ πῦρ [αὐτὸ] δοκιμάσει.

14 εἴ τινος τὸ ἔργον μενεῖ ὃ ἐποικοδόμησεν,

μισθὸν λήμψεται·

15 εἴ τινος τὸ ἔργον κατακαήσεται,

ζημιωθήσεται, αὐτὸς δὲ σωθήσεται, οὕτως δὲ ὡς διὰ πυρός.

2-5) 히브리서 6:1-8

(1) 본문 선정

한글 성경은 6장 1절과 9절에 'O'표식을 넣고 있다. 영어 성경의 경우는 NASB, KJV은 1-8절을 NIV와 NLT는 1-12절을 한 단락으로 취급하고 있다. 1-8절과 9-12절을 구분할 수 있는 근거는 1-8절은 권면과 함께 강한 경고를 담고 있는데 반해 9-12절은 권면에 따른 격려와 확신을 담고 있다는 점이다. 그렇다면 1-8절을 하나의 사고 단위인 단락으로 취급하는 것이 타당하다.

(2) 본문 확정

여기서는 개역개정과 새번역, NASB를 비교 대조하여 개인 번역을 만든다.

① 번역 성경 비교

개역개정

1 그러므로 우리가 그리스도의 도의 초보를 버리고 죽은 행실을 회개함과
하나님께 대한 신앙과 2. 세례들과 안수와 죽은 자의 부활과 영원한 심판에
관한 교훈의 터를 다시 닦지 말고 완전한 데로 나아갈지니라 3 하나님께서
허락하시면 우리가 이것을 하리라 4 한 번 빛을 받고 하늘의 은사를 맛보고
성령에 참여한 바 되고 5 하나님의 선한 말씀과 내세의 능력을 맛보고도 6
타락한 자들은 다시 새롭게 하여 회개하게 할 수 없나니 이는 그들이 하나
님의 아들을 다시 십자가에 못 박아 드러내 놓고 욕되게 함이라 7 땅이 그
위에 자주 내리는 비를 흡수하여 밭 가는 자들이 쓰기에 합당한 채소를 내
면 하나님께 복을 받고 8 만일 가시와 엉겅퀴를 내면 버림을 당하고 저주함
에 가까워 그 마지막은 불사름이 되리라

새번역

1 그러므로 우리는 그리스도교의 초보적 교리를 제쳐놓고서, 성숙한 경지로
나아갑시다. 죽은 행실에서 벗어나는 회개와 하나님에 대한 믿음과 2 세례
에 관한 가르침과 안수와 죽은 사람의 부활과 영원한 심판과 관련해서, 또

다시 기초를 놓는 일이 없어야 하겠습니다. 3 하나님께서 허락하시면, 우리
는 그렇게 할 수 있을 것입니다. 4 한번 빛을 받아서 하늘의 은사를 맛보고,
성령을 나누어 받고, 또 5 하나님의 선한 말씀과 장차 올 세상의 권능을 맛
본 사람들이 6 타락하면, 그들을 새롭게 해서 회개에 이르게 할 수 없습니
다. 그런 사람들 이야말로 하나님의 아들을 다시금 십자가에 못박고 욕되게
하는 것이기 때문입니다. 7 땅이 자주 내리는 비를 흡수하여 농사짓는 사람
에게 유익한 농작물을 내 주면, 그 땅은 하나님께로부터 복을 받습니다. 8
그러나 가시덤불과 엉겅퀴를 내면, 그 땅은 쓸모가 없어지고, 저주를 받아서
마침내는 불에 타고 말 것입니다.

공동번역 개정

1 그러므로 우리는 그리스도교의 초보적 교리를 넘어서서 성숙한 경지로
나아갑시다. 이제 와서 죽음에 이르는 행실을 버리고 돌아서는 일과 하느님
을 믿는 일과 2 세례와 안수, 그리고 죽은 자들의 부활과 영원한 심판과 같
은 기초적인 교리를 다시 배우는 일은 없도록 합 시다. 3 하느님께서 허락
하시는 대로 우리는 성숙한 지경으로 나아가야 합니다. 4 한번 빛을 받아서
하늘의 선물이 주는 기쁨을 맛보고 성령을 나누어 받은 사람들이, 5 또 하
느님의 선한 말씀과 앞으로 올 세상의 권세의 맛을 본 사람들이 6 이제 배
반하고 떨어져 나간다면 그것은 하느님의 아들을 다시 제 손으로 십자가에
못박아 욕을 보이는 셈이니 그 들에게는 다시 회개하고 새 사람이 될 가망
이 없습니다. 7 땅이 자주 내리는 비를 빨아들여 농사짓는 사람들에게 유익
한 농작물을 내주면 하느님께서 그 땅을 축복하실 터이지만 8 가시나무와
엉겅퀴를 내게 되면 그것은 아무 쓸모가 없어서 오래지 않아 저주를 받아
마침내 불에 타버리고 말 것입니다.

NASB

1 Therefore leaving the elementary teaching about the Christ, let us press on to maturity, not laying again a foundation of repentance from dead works and of faith toward God, 2 of instruction about washings and laying on of hands, and the resurrection of the dead and eternal judgment. 3 And this we will do, if God permits. 4 For in the case of those who have once been enlightened and have tasted of the heavenly gift and have been made partakers of the Holy Spirit, 5 and have tasted the good word of God and the powers of the age to come, 6 and then have fallen away, it is impossible to renew them again to repentance, since they again crucify to themselves the Son of God and put Him to open shame. 7 For ground that drinks the rain which often falls on it and brings forth vegetation useful to those for whose sake it is also tilled, receives a blessing from God; 8 but if it yields thorns and thistles, it is worthless and close to being cursed, and it ends up being burned.

② 차이점들

이상의 번역 성경들 사이에는 많은 차이점들이 존재한다. 특히 개역개정과 새번역은 1-2절에서 아주 상이한 구문상의 구조를 보여주고 있다. 이러한 차이점을 해결하기 위해서 해석자는 원어 성경을 중심으로 NASB같은 문자적 번역 성경과 주석들을 도움을 받아 자신의 개인 번역을 충분히 만들어 낼 수 있을 것이다. 아래에 히브리서 6:1-8 전체를 원어 성경에 기초하여 개인적으로 번역한 사역을 싣는다. 그리고 문장들 사이의 문법적-구문론적 관계를 중심으로 본문의 문징흐름도(diagram of the sentence flow)를 같이 제시한다.

한글사역

1 그러므로

그리스도의 시작의 말씀을 뒤로 한 다음에

성숙함으로 우리 함께 나아가자,

기초를 다시 놓지 않음으로써(어떤 기초),

죽은 행위들로부터 회개의(기초)

하나님에 대한 믿음의(기초)

2 세례의 가르침의(기초)

손을 얹어 놓는(안수; 기초)

죽은 자들의 부활의(기초)

영원한 심판의(기초).

3 그리고

만약 하나님이 허락하신다면 우리가 이것을 할 것이라.

4 이는 한번 도를 깨달은(단회적 사건) 자들

하늘의 선물을 맛본(단회적 사건)자들

성령의 참여자가 된(단회적 사건)자들

5 하나님의 좋은 말씀과 내세의 능력을 맛 본(단회적 사건)자들이

6 배교한다면

다시 회복되어 회개에 이른다는 것은 불가능하기 때문이다,

이는 자신들을 위해하나님의 아들을

다시 십자가에 못 박기 때문이요,

현저히 욕보이기 때문이라.

7 왜냐하면 그 위에 많이 내리는 비를 흡수하며,

이들 곧 땅을 경작하는 자들에게 유용한 채소를 내는

땅은 하나님으로부터 복을 받지만

8 가시와 엉겅퀴를 내는 땅, 곧 버려진 땅은 임박한 저주를 받게 되어

소멸되는 종국이 있을 뿐이기 때문이라.

헬라어 본문

1 Διὸ

ἀφέντες τὸν τῆς ἀρχῆς τοῦ Χριστοῦ λόγον

ἐπὶ τὴν τελειότητα φερώμεθα,

μὴ πάλιν θεμέλιον καταβαλλόμενοι

μετανοίας ἀπὸ νεκρῶν ἔργων καὶ

πίστεως ἐπὶ θεόν,

2 βαπτισμῶν διδαχῆς ἐπιθέσεώς τε χειρῶν,

ἀναστάσεώς τε νεκρῶν καὶ

κρίματος αἰωνίου

3 καὶ τοῦτο ποιήσομεν, ἐάνπερ ἐπιτρέπῃ ὁ θεός

4 Ἀδύνατον γὰρ τοὺς ἅπαξ φωτισθέντας,

γευσαμένους τε τῆς δωρεᾶς τῆς ἐπουρανίου καὶ

μετόχους γενηθέντας πνεύματος ἁγίου

5 καὶ καλὸν γευσαμένους θεοῦ ῥῆμα

δυνάμεις τε μέλλοντος αἰῶνος

6 καὶ παραπεσόντας,

πάλιν ἀνακαινίζειν εἰς μετάνοιαν,

ἀνασταυροῦντας ἑαυτοῖς τὸν υἱὸν τοῦ θεοῦ καὶ

παραδειγματίζοντας

7 γῆ γὰρ ἡ πιοῦσα τὸν ἐπ' αὐτῆς ἐρχόμενον πολλάκις ὑετὸν καὶ
τίκτουσα βοτάνην εὔθετον ἐκείνοις δι' οὓς καὶ γεωργεῖται,
μεταλαμβάνει εὐλογίας ἀπὸ τοῦ θεοῦ·
8 ἐκφέρουσα δὲ ἀκάνθας καὶ τριβόλους, ἀδόκιμος
καὶ κατάρας ἐγγύς, ἧς τὸ τέλος εἰς καῦσιν.

2-6) 신명기 24:1-4

(1) 본문 선정

한글 성경은 24:5 서두에 'O'표식을 넣음으로써 1-4절이 한 단락임을 나타낸다. 영어 성경들도 대부분 5절에 들여쓰기를 함으로서 5절이 새로운 단락의 일부임을 나타낸다. 또한 비록 5절 이하가 다루는 제재가 1-4절과 같이 '사람이 아내를 취한 경우'이지만, 정작 내용에 있어서는 분명 다르기에 1-4절을 하나의 단락으로 삼는 것이 자연스럽다.

(2) 본문 확정

여기서는 개역개정, 공동번역, 새번역, NASB와 NIV를 비교하고 대조하여 개인 번역을 한다.

① 번역 성경 비교

개역개정

1 사람이 아내를 맞이하여 데려온 후에 그에게 수치되는 일이 있음을 발견

하고 그를 기뻐하지 아니하면 이혼 증서를 써서 그의 손에 주고 그를 자기 집에서 내보낼 것이요 2 그 여자는 그의 집에서 나가서 다른 사람의 아내가 되려니와 3 그의 둘째 남편도 그를 미워하여 이혼 증서를 써서 그의 손에 주고 그를 자기 집에서 내보냈거나 또는 그를 아내로 맞이한 둘째 남편이 죽었다 하자 4 그 여자는 이미 몸을 더럽혔은즉 그를 내보낸 전남편이 그를 다시 아내로 맞이하지 말지니 이 일은 여호와 앞에 가증한 것이라 너는 네 하나님 여호와께서 네게 기업으로 주시는 땅을 범죄하게 하지 말지니라

공동번역

1 누가 아내를 맞아 부부가 되었다가 그 아내에게 무엇인가 수치스러운 일이 있어 남편의 눈 밖에 나면 이혼 증서를 써주고 그 여자를 집에서 내보낼 수 있지만, 2 그 여자가 나가 지내다가 다른 사람에게 시집을 갔는데, 3 둘째 남편도 그 여자를 싫어하게 되어 이혼 증서를 써 주고 집에서 쫓아냈다든가, 둘째 남편이 죽었다든가 할 경우에 4 그 여자를 내쫓은 처음 남편이 이렇게 몸을 더럽힌 여자를 다시 아내로 맞아들일 수는 없다. 이런 짓은 야훼께서 역겨워하시는 짓이다. 이런 짓을 하여 너희 하느님 야훼께서 너희에게 주시어 차지하게 하신 땅에 죄를 입혀서는 안 된다.

새번역

1 남녀가 결혼을 하고 난 다음에, 남편이 아내에게서 수치스러운 일을 발견하여 아내와 같이 살 마음이 없을 때에는, 아내에게 이혼증서를 써주고, 그 여자를 자기 집에서 내보낼 수 있습니다. 2 그 여자가 그의 집을 떠나가서 다른 남자의 아내가 되었는데, 3 그 둘째 남편도 그 여자를 싫어하여 이혼증서를 써주고 그 여자를 자기 집에서 내보냈거나, 그 여자와 결혼한 둘째 남편이 죽었을 경우에는, 4 그 여자가 이미 몸을 더럽혔으므로, 그를 내보낸 첫

번째 남편은 그를 다시 아내로 맞아들일 수 없습니다. 이런 일은 주님 앞에 서 역겨운 일 입니다. 당신들은 주 당신들의 하나님이 당신들에게 유산으로 주신 땅을 죄로 물들게 해서는 안 됩니다."

NASB

1 "When a man takes a wife and marries her, and it happens that she
finds no favor in his eyes because he has found some indecency in
her, and he writes her a certificate of divorce and puts it in her hand
and sends her out from his house, 2 and she leaves his house and goes
and becomes another man's wife, 3 and if the latter husband turns
against her and writes her a certificate of divorce and puts it in her
hand and sends her out of his house, or if the latter husband dies who
took her to be his wife, 4 then her former husband who sent her away
is not allowed to take her again to be his wife, since she has been
defiled; for that is an abomination before the LORD, and you shall
not bring sin on the land which the LORD your God gives you as an
inheritance.

NIV

1 If a man marries a woman who becomes displeasing to him
because he finds something indecent about her, and he writes her
a certificate of divorce, gives it to her and sends her from his house,
2 and if after she leaves his house she becomes the wife of another
man, and her second husband dislikes her and writes her a certificate
of divorcc, gives it 3 to her and sends her from his house, or if he dies,

4 then her first husband, who divorced her, is not allowed to marry her again after she has been defiled. That would be detestable in the eyes of the LORD. Do not bring sin upon the land the LORD your God is giving you as an inheritance.

② 유사점과 차이점들

한글 성경들 모두는 2-3절을 경우 혹은 사례를 나타내는 방식으로 번역하고 있고, 4절은 모두 명령법으로 번역하고 있다. 이들 사이의 큰 차이점은 1절의 경우 개역개정은 명령법으로 번역하고 있는데 반해서, 공동번역과 새번역은 개연성을 나타내는 방식으로 번역하고 있다는 점이다. 영어 성경들은 모두 4절을 제외하고는 모든 구절을 경우 혹은 사례로 번역하고 있다.

다음 페이지에 신명기 24:1-4을 히브리 성경을 기초로 NASB와 주석의 도움을 받아서 개인적으로 번역한 사역을 싣는다. 그리고 문장들 사이의 문법적-구문론적 관계를 중심으로 본문의 문장흐름도(diagram of the sentence flow)를 같이 제시한다.

한글사역

1 남자가 여자를 ***취해서***[55]

결혼했고,[56]

시간이 흘러 남자가 여자에게서 벌거벗음의 일을 발견했기 때문에

만약 그녀가 남자에게서 호의를 발견하지 못하게 되었고,

남자가 여자에게 이혼의 증서를 *써서,*

55 미완료

56 와우+연속 완료동사, 이하의 이탤릭체 동사들도 모두 동일함.

그녀의 손에 *주고,*

그녀를 그의 집으로부터 내 *보내고,*

2 그녀가 그의 집으로부터 *떠났고,*

나아가,

다른 남자와 *있게 되었고,*

3 그 후의 남자가 그 여자를 *미워했고,*

그 남자가 여자에게 이혼의 증서를 *써서,*

그녀의 손에 *주고,*

그녀를 그의 집으로부터 내 *보내었을* **때**[57]

혹은 그 여자를 취했던 그 후의 남자가 ***죽었을***[58] **때,**[59]

4 그녀를 내 보냈던 그 이전의 주인은 그녀가 더럽혀진 후에,

자기에게 아내가 되기 위한 목적으로 그녀를 취하기 위하여

다시 데리고 올 수 없나니,[60])

왜냐하면 그녀는 여호와의 눈에 가증한 것이기 때문이라.

너희 하나님 여호와께 너에게 기업으로 주신 땅으로 하여금

죄를 짓지 않게 할지라.[61]

히브리어 본문

כִּֽי־יִקַּח אִ֛ישׁ אִשָּׁ֖ה 1

57 접속사로서 이상의 모든 이탤릭체 동사들을 이끌고 있는 종속절임.

58 미완료

59 이상의 각주 3번의 접속사와 동일한 종속절

60 영어로 should 혹은 shall로 표기될 수 있는 당위성을 뜻하는 미완료의 주동사, 주절을 이끔.

61 미완료 주동사, 주절.

וּבְעָלָהּ

וְהָיָה אִם־לֹא תִמְצָא־חֵן בְּעֵינָיו

כִּי־מָצָא בָהּ עֶרְוַת דָּבָר

וְכָתַב לָהּ סֵפֶר כְּרִיתֻת

וְנָתַן בְּיָדָהּ

וְשִׁלְּחָהּ מִבֵּיתוֹ׃

2 וְיָצְאָה מִבֵּיתוֹ

וְהָלְכָה

וְהָיְתָה לְאִישׁ־אַחֵר׃

3 וּשְׂנֵאָהּ הָאִישׁ הָאַחֲרוֹן

וְכָתַב לָהּ סֵפֶר כְּרִיתֻת

וְנָתַן בְּיָדָהּ

וְשִׁלְּחָהּ מִבֵּיתוֹ

אוֹ כִי יָמוּת הָאִישׁ הָאַחֲרוֹן אֲשֶׁר־לְקָחָהּ לוֹ לְאִשָּׁה׃

4 לֹא־יוּכַל בַּעְלָהּ הָרִאשׁוֹן אֲשֶׁר־שִׁלְּחָהּ לָשׁוּב לְקַחְתָּהּ

לִהְיוֹת לוֹ לְאִשָּׁה אַחֲרֵי אֲשֶׁר הֻטַּמָּאָה

כִּי־תוֹעֵבָה הִוא לִפְנֵי יְהוָה

וְלֹא תַחֲטִיא אֶת־הָאָרֶץ אֲשֶׁר יְהוָה אֱלֹהֶיךָ נֹתֵן לְךָ נַחֲלָה׃

이상의 개인 번역은 1-3절이 조건절(혹은 전제절/protasis)의 형태를 띠고 있으며, 4절은 조건문의 귀결절의 형태를 띠고 있다. 이런 점에서 조건절에 해당되는 1-3절은 하나의 가설적인 상황을 그리고 있고 4절의 귀결절은 명령 혹은 금지 사항을 규정하고 있다.[62]

62 Cf. Eugene H. Merill, Deuteronomy, The New American Commentary Vol 4. (B & H Publishers, 1994), 316, footnote 217.

이상의 개인 번역은 1절에서 말하는 바는 아내의 부정 때문에 남편이 아내와 이혼하는 가정 혹은 가설 아래서 말하고 있는 것이지 이혼을 명령하거나 강제하는 것이 아님을 분명히 하고 있다. 동일한 맥락에서 2절이 말하는 바 역시 이혼한 아내가 다른 남자와 재혼한다는 가정 아래서 말하고 있는 것이지 재혼을 명령하거나 강제하는 것이 아니다(책간-본문 연구에서 다루어져야 하지만, 이러한 이해를 지지하는 중요한 증거로 예레미야 3:1,8을 참조할 필요가 있다[cf. 학 2:12-13]).

2-7) 시편 1:1-6

(1) 본문 선정

시편의 경우는 하나의 시편을 하나의 사고 단위인 단락으로 취급한다. 이런 점에서 시편 1에 속하는 1-6절 전부가 단락이 된다.

(2) 본문 확정

한글 성경들과 NASB를 비교하고 대조하면서 개인 번역을 한다.

① 번역 성경 비교

개역개정

1 복 있는 사람은 악인들의 꾀를 따르지 아니하며 죄인들의 길에 서지 아니
하며 오만한 자들의 자리에 앉지 아니하고 2 오직 여호와의 율법을 즐거워
하여 그의 율법을 주야로 묵상하는도다 3 그는 시냇가에 심은 나무가 철을
따라 열매를 맺으며 그 잎사귀가 마르지 아니함 같으니 그가 하는 모든 일이
다 형통하리로다 4 악인들은 그렇지 아니함이여 오직 바람에 나는 겨와 같

도다 5 그러므로 악인들은 심판을 견디지 못하며 죄인들이 의인들의 모임에
들지 못하리로다 6 무릇 의인들의 길은 여호와께서 인정하시나 악인들의 길
은 망하리로다

표준새번역

1 복 있는 사람은 악인의 꾀를 따르지 아니하며, 죄인의 길에 들어서지 아니
하며, 오만한 자들의 자리에 함께 앉지 아니하며, 2 오로지 주의 율법을 즐
거워하며, 밤낮으로 율법을 묵 상하는 사람이다. 3 그는 시냇가에 심은 나
무가 철따라 열매 맺으며 그 잎이 시들지 아니함 같으니, 하는 일마다 잘 될
것이다. 4 그러나 악인은 그렇지 않으니, 한갓 바람에 흩날리는 겨와 같다. 5
그러므로 악인은 심판받을 그 때에 얼굴을 들지 못하며, 죄인은 의인들의 모
임에 들어서지 못한다. 6 그렇다. 의인의 길은 주께서 인정하시지만, 악인의
길은 망할 것 이다.

공동번역개정

1 복되어라. 악을 꾸미는 자리에 가지 아니하고 죄인들의 길을 거닐지 아니
하며 조소하는 자들과 어울리지 아니하고, 2 야훼께서 주신 법을 낙으로 삼
아 밤낮으로 그 법을 되새기는 사람. 3 그에게 안 될 일이 무엇이랴! 냇가에
심어진 나무 같아서 그 잎사귀가 시들지 아니하고 제철 따라 열매 맺으리.
4 사악한 자는 그렇지 아니하니 바람에 까불리는 겨와도 같 아. 5 야훼께서
심판하실 때에 머리조차 들지 못하고, 죄인이라 의인들 모임에 끼지도 못하
리라. 6 악한 자의 길은 멸망에 이르나, 의인의 길은 야훼께서 보살피신다.

NASB

1 Blessed is the man who does not walk in the counsel of the wicked,

Nor stand in the path of sinners, Nor sit in the seat of scoffers! 2 But his delight is in the law of the LORD, And in His law he meditates day and night. 3 He will be like a tree firmly planted by streams of water, Which yields its fruit in its season And its leaf does not wither; And in whatever he does, he prospers. 4 The wicked are not so, But they are like chaff which the wind drives away. 5 Therefore the wicked will not stand in the judgment, Nor sinners in the assembly of the righteous. 6 For the LORD knows the way of the righteous, But the way of the wicked will perish.

② 유사점과 차이점들

공동번역개정은 1절을 "복되어라"는 청원 내지는 기원의 형태로 번역하는데 반해서 나머지 번역 성경들을 모두 "복 있는 사람은" 혹은 "Blessed"로 번역함으로써, 복 있는 사람의 상태를 서술하는 형태로 번역하고 있다.

③ 한글사역

아래에 시편 1:1-6을 히브리 성경을 기초로 NASB와 주석의 도움을 받아서 개인적으로 번역한 사역을 싣는다. 그리고 문장들 사이의 문법적-구문론적 관계를 중심으로 본문의 문장흐름도(diagram of the sentence flow)를 같이 제시한다.

히브리어 본문

1 אַשְׁרֵי־הָאִישׁ

אֲשֶׁר לֹא הָלַךְ בַּעֲצַת רְשָׁעִים

וּבְדֶ֣רֶךְ חַ֭טָּאִים לֹ֣א עָמָ֑ד

וּבְמוֹשַׁ֥ב לֵ֝צִ֗ים לֹ֣א יָשָֽׁב׃

כִּ֤י אִ֥ם בְּתוֹרַ֥ת יְהוָ֗ה חֶ֫פְצ֥וֹ

2

וּֽבְתוֹרָת֥וֹ יֶהְגֶּ֗ה יוֹמָ֥ם וָלָֽיְלָה׃

וְֽהָיָ֗ה כְּעֵץ֮ שָׁת֪וּל עַֽל־פַּלְגֵ֫י מָ֥יִם

3

אֲשֶׁ֤ר פִּרְי֨וֹ יִתֵּ֬ן בְּעִתּ֗וֹ

וְעָלֵ֥הוּ לֹֽא־יִבּ֑וֹל

וְכֹ֖ל אֲשֶׁר־יַעֲשֶׂ֣ה יַצְלִֽיחַ׃

לֹא־כֵ֥ן הָרְשָׁעִ֑ים

4

כִּ֥י אִם־כַּ֝מֹּ֗ץ אֲֽשֶׁר־תִּדְּפֶ֥נּוּ רֽוּחַ׃

5 עַל־כֵּ֤ן לֹא־יָקֻ֣מוּ רְ֭שָׁעִים בַּמִּשְׁפָּ֑ט

וְ֝חַטָּאִ֗ים בַּעֲדַ֥ת צַדִּיקִֽים׃

כִּֽי־יוֹדֵ֣עַ יְ֭הוָה דֶּ֣רֶךְ צַדִּיקִ֑ים

6

וְדֶ֖רֶךְ רְשָׁעִ֣ים תֹּאבֵֽד׃

한글사역

1 그는 복이 있도다!

악인의 꾀를 따르지 아니하며,

죄인의 길에 서지 아니하며,

오만한 자들의 자리에 앉지 아니하는 자여.

2 이는 그가 수의 율법/교훈을 즐거워하며

주의 율법/교훈을 밤낮으로 묵상하기 때문이라.[63]

3 그는 계절에 열매를 맺으며

나무의 잎이 시들지 않는

물가에 심겨진 나무 같으니,

그가/그것이 하는 모든 일이 형통하도다.

4 악인은 이와 같지 아니하니,

이는 바람에 날리는 겨와 같기 때문이라.

5 그러므로 악인은 심판을 견디지 못하며

죄인은 의인들의 회중에 들지 못하도다.

6 이는 주께서 의인의 길을 알고 계시지만

악인의 길은 망할 것이기 때문이라.

2-8) 고린도전서 1:18-25

(1) 본문 선정과 본문 확정

번역 성경들은 대부분은 18절에 'O'표식을 넣고 있고 26절에 'O'표식을 넣음으로써 18-25절이 하나의 문학적 단위임을 나타낸다. 이런 점에서 고린도전서 1:18-25 을 본문으로 선정할 수 있다. 그럼에도 불구하고 영어 번역 성경들이 보여주듯이, 18절은 이유를 나타내는 접속사 "for(왜냐하면)"으로 시작되기에 18-25절은 10-17절 단락에 대한 이유라는 측면에서 서술되고 있음을 해석자는 주목해야 한다.

---

63 수 1:8 참조: "이 율법책을 네 입에서 떠나지 말게 하며 주야로 그것을 묵상하여 그 가운데 기록한 대로 다 지켜 행하라. 그리하면 네 길이 평탄하게 될 것이라. 네가 형통하리라."

① 번역 성경들 비교

개역개정

18 십자가의 도가 멸망하는 자들에게는 미련한 것이요 구원을 받는 우리에게는 하나님의 능력이라 19 기록된 바 내가 지혜 있는 자들의 지혜를 멸하고 총명한 자들의 총명을 폐하리라 하였으니 20 지혜 있는 자가 어디 있느냐 선비가 어디 있느냐 이 세대에 변론가가 어디 있느냐 하나님께서 이 세상의 지혜를 미련하게 하신 것이 아니냐 21 하나님의 지혜에 있어서는 이 세상이 자기 지혜로 하나님을 알지 못하므로 하나님께서 전도의 미련한 것으로 믿는 자들을 구원하시기를 기뻐하셨도다 22 유대인은 표적을 구하고 헬라인은 지혜를 찾으나 23 우리는 십자가에 못 박힌 그리스도를 전하니 유대인에게는 거리끼는 것이요 이방인에게는 미련한 것이로되 24 오직 부르심을 받은 자들에게는 유대인이나 헬라인이나 그리스도는 하나님의 능력이요 하나님의 지혜니라 25 하나님의 어리석음이 사람보다 지혜롭고 하나님의 약하심이 사람보다 강하니라

새번역

18 십자가의 말씀이 멸망할 자들에게는 어리석은 것이지만, 구원을 받는 사람인 우리에게는 하나님의 능력입니다. 19 성경에 기록하기를 "내가 지혜로운 자들의 지혜를 멸하고, 총명한 자들의 총명을 폐할 것이다" 하였습니다. 20 현자가 어디에 있습니까? 학자가 어디에 있습니까? 이 세상의 변론가가 어디에 있습니까? 하나님께서는 이 세상의 지혜를 어리석게 하신 것이 아닙니까? 21 이 세상은 그 지혜로 하나님을 알지 못하였습니 다. 하나님의 지혜가 그렇게 되도록 한 것입니다. 하나님께서는 어리석게 들리는 설교를 통하여 믿는 사람들을 구원하시기를 기뻐하신 것입니다. 22 유대 사람은 기적을

요구하고, 그리스 사람은 지혜를 찾으나, 23 우리는 십자가에 달리신 그리스
도를 전합니다. 그리스도가 십자가에 달리셨다는 것은 유대 사람에게는 거
리낌이고, 이방 사람에게는 어리석은 일입니다. 24 그러나 부르심을 받은 사
람에게는, 유대 사람에게나 그리스 사람에게나, 이 그리스도는 하나님의 능
력이요, 하나님의 지혜입니다. 25 하나님의 어리석음이 사람의 지혜보다 더
지혜롭고, 하나님의 약함이 사람의 강함보다 더 강합니다.

공동번역 개정

18 멸망할 사람들에게는 십자가의 이치가 한낱 어리석은 생각에 불과하지
만 구원받을 우리에게는 곧 하나님의 힘입니다. 19 성서에도 "나는 지혜롭
다는 자들의 지혜를 없애버리고 똑똑하다는 자들의 식견을 물리치리라."하
는 말씀이 있지 않습니까? 20 그러니 이제 지혜로운 자가 어디 있고 학자가
어디 있습니까? 또 이 세상의 이론가가 어디 있습니까? 하느님께서 이 세상
의 지혜가 어리석다는 것을 보여주시지 않았습니까? 21 세상이 자기 지혜
로는 하느님을 알 수 없습니다. 이것이 하느님의 지혜로운 경륜입니다. 그래
서 하느님께서는 우리가 전하는 소위 어리석다는 복음을 통해서 믿는 사람
들을 구원하시기로 작정하셨습니다. 22 유다인들은 기적을 요구하고 그리
스인들은 지혜를 찾지만 23 우리는 십자가에 달리신 그리스도를 선포할 따
름입니다. 그리스도가 십자가에 달렸다는 것은 유다인들에게는 비위에 거
슬리고 이방인들에게는 어리석게 보이는 일입니 다. 24 그러나 유다인이나
그리스인이나 할 것 없이 하느님의 부르심을 받은 사람들에게는 그가 곧 메
시아시며 하느님의 힘이며 하느님의 지혜입니다. 25 하느님께서 하시는 일이
사람의 눈에는 어리석어 보이지만 사람들이 하는 일보다 지혜롭고, 하느님
의 힘이 사람의 눈에는 약하게 보이지만 사람의 힘보다 강합니다.

NASB

18 For the word of the cross is foolishness to those who are perishing, but to us who are being saved it is the power of God. 19.For it is written, "I WILL DESTROY THE WISDOM OF THE WISE, AND THE CLEVERNESS OF THE CLEVER I WILL SET ASIDE." 20.Where is the wise man? Where is the scribe? Where is the debater of this age? Has not God made foolish the wisdom of the world? 21.For since in the wisdom of God the world through its wisdom did not come to know God, God was well-pleased through the foolishness of the message preached to save those who believe. 22.For indeed Jews ask for signs and Greeks search for wisdom; 23.but we preach Christ crucified, to Jews a stumbling block and to Gentiles foolishness, 24.but to those who are the called, both Jews and Greeks, Christ the power of God and the wisdom of God. 25.Because the foolishness of God is wiser than men, and the weakness of God is stronger than men.

② 유사점과 차이점들

몇 가지 번역상의 차이점들이 주목된다. 첫째로 18절의 개역개정의 "십자가의 도"이다. 이 표현을 새번역과 공동번역개정은 각기 "십자가의 말씀"과 "십자가의 이치"로 NASB는 "the word of the cross"로 번역하고 있다. 둘째로 21절의 개역개정의 "전도의 미련한 것"이다. 이 표현을 새번역과 공동번역개정은 각기 "어리석게 들리는 설교"와 "소위 어리석다는 복음"으로 NASB는 "the foolishness of the message preached(선포된 메시지의 어리석음)"으로 번역하고 있다. 세 번째로 23절의 개역재정의 "거리끼는 것"이다. 이 표현을 새번역과 공동번역개정 그리고 NASB

는 각기 "거리낌," "비위에 거슬리는 일," "a stumbling block(발부리에 걸리는 장애물)"으로 번역하고 있다.

③ 한글사역

비교한 번역 성경들과 원어 성경을 참조하여 다음과 같이 자신의 번역본문을 만든다.

18 십자가의 말씀이 멸망 당하는 자들에게는 미련한 것이요

구원을 받는 우리에게는 하나님의 능력이니,

19 그 이유는 기록되었듯이,

"내가 지혜 있는 자들의 지혜를 멸하고 총명한 자들의 총명을 폐하리라"

하였기 때문이라.

20 지혜 자가 어디 있느냐? 서기관이 어디 있느냐? 이 세대의 변론가가 어디 있느냐?

하나님께서 이 세상의 지혜를 미련하게 하시지 않았느냐?

21 왜냐하면

하나님의 지혜 가운데 이 세상은 자신의 지혜로 하나님을 알지 못하기에,

하나님은 선포의 어리석음으로 믿는 자들을 구하시기를 기뻐하셨기 때문이라.

22 또한 유대인은 표적을 구하고 헬라인은 지혜를 찾기에,

23 우리는 십자가에 못 박힌 그리스도를 전파하노니,

24 유대인들에게는 거치는 것이요, 이방인들에게는 어리석은 것이로되,

부르심을 받은 자들에게는 유대인이나 헬라인이나

그리스도는 하나님의 능력이요 하나님의 지혜니라.

25 왜냐하면 하나님의 어리석음이 사람보다 더 지혜롭고
하나님의 약하심이 사람보다 더 강하기 때문이라.

(2) 단어 연구

① 십자가의 말씀(도)

십자가의 도는 문자적으로 "Ὁ λόγος ὁ τοῦ σταυροῦ"이다. 여기서 'λόγος'를 위해 사전을 찾아보니, 의미군(semantic domain)들이 다음과 같이 3개가 있다: 말; 말씀; 산출 혹은 계산. 다시 각각의 의미군 아래 다양한 의미들이 나타난다. 예를 들면,, 첫 번째 의미군인 말 아래 다음과 같은 의미들이 있다: 일반적인 의미의 말; 제제 혹은 사안; 주장, 진술, 선언; 전하는 것, 선포, 명령, 교훈, 메시지 등.

그런데 문맥상 볼 때, 23절은 ***십자가에 달려 죽은*** 그리스도를 ***선포***한다고 되어 있고, 21절은 선포의 미련한 것이란 표현이 나온다. 그렇다면 여기서 로고스 역시 선포의 의미를 지닌다고 볼 수 있다. 그렇다면 "Ὁ λόγος τοῦ σταυροῦ"는 십자가를 선포하는 것(목적격적 속격), 혹은 십자가라는(복음) 선포(대등 혹은 내용의 속격)를 뜻한다고 볼 수 있다.

② 멸망 당하는 자들; 구원을 얻는 자들

여기서 이 두 표현은 모두 현재시제와 수동형의 형태를 띠고 있다. 이것은 옛 시대와 새 시대의 전환점에서 일어나고 있는 일들을 암시하고 있다. 십자가는 두 시대의 전환점에서 어떤 이들은 멸망을 당하는 길로 어떤 이들은 구원을 받는 길로 향하게 한다는 뜻이다. 이런 점에서 여기서 구원받은 자들이란 완료형을 쓰지 않고 구원을 받고 있는 자들이란 현재형을 쓰고 있는 것은 새 시대의 능력을 경험한다는 것은 고후 5:16

이 암시하듯이, 옛 시대의 방식인 육체를 따라와 새 시대의 방식인 영을 따라 사이의 이분법적 구조 하에서의 경험이 아니라, 전환기의 시점인 십자가를 따라 이루어지는 것임을 암시한다.

③ 능력

이 단어는 문자적으로 'δύναμις'인데, 의미군으로는 무력, 힘, 능력, 기적 등이 있다. 이것은 문맥상, 능력(ability or capability)을 뜻한다. 즉 하나님은 십자가를 통해서 약속하셨던 구원을 이루실(able to accomplish) 수 있게 되었다는 뜻이다. 이런 점에서 십자가는 하나님의 구원의 약속이 구현되고 가동되는 시점 혹은 수단을 뜻한다고 볼 수 있다.

④ 이 세대

이 단어는 유대-크리스천 전통의 세대 이해의 일환을 보여준다. 이 세대는 옛 시대에 속하며, 다가올 세대는 새 시대를 가리킨다. 즉 옛 질서에 속한 자로서 옛 시대의 정신과 안목을 지닌 자들을 말한다. 그렇다면 이 세대에 속한 인식에서는 십자가를 어리석음으로, 새 세대의 도래라는 관점에서 볼 때는 십자가는 하나님의 지혜라 할 수 있다.

⑤ 전도의 미련한 것 τῆς μωρίας τοῦ κηρύγματος

문자적으로는 '선포의 어리석음'이란 뜻을 지닌다. 여기서 '선포의'는 동격의 속격으로써, 선포라는 어리석음을 의미하며 또한 본문 23절은 선포, 곧 케리그마의 내용을 '십자가에 달려 죽으신 그리스도/ Χριστὸν ἐσταυρωμένον'로 명시하고 있음에 비추어 볼 때 선포의 어리석음이란 십자가에 죽으신 그리스도라는 선포가 인간의 지혜 전통에 따르면 어리석은 것임을 뜻한다고 볼 수 있다.

⑥ 표적; 지혜

유대전통에 따르면 어떤 일의 신적 적법성은 거기에 준하는 표적을 동반해야 한다고 한다(cf. 요 3:2). 지혜는 궁극적 이성으로서의 신 이해 속에 있는 헬라 전통의 철학 혹은 인식을 가리킨다.

⑦ 하나님의 미련한 것; 하나님의 약한 것

여기서 미련한 것과 약한 것은 모두 정관사+중성 형용사로 되어 있음에 비추어 볼 때 이 두 표현은 하나님의 미련 혹은 하나님의 약함보다는 하나님의 미련한 것 과 하나님의 약한 것으로 번역되는 것이 옳다. 이 표현은 두 가지로 해석되어지는데 하나는 하나님의 행위인 그리스도의 십자가상의 죽음을 지칭하는 것으로 보는 해석과, 다른 하나는 하나님의 미련한 것처럼 보이는 것과 하나님의 약한 것처럼 보이는 것으로 보는 해석이다.

문맥상 본문은 하나님의 지혜와 세상의 지혜를 대비시키고 있는데 동일한 맥락에서 하나님의 지혜 관점에서 볼 때는 십자가가 능력이요 지혜이며 세상의 지혜 관점에서 볼 때 십자가는 약함이고, 어리석음이라 볼 수 있다고 말하고 있다. 그렇다면 세상의 지혜 관점에서 볼 때의 하나님의 미련한 것과 하나님의 약한 것, 곧 십자가가 하나님의 지혜의 관점에서 볼 때의 사람의 지혜보다 더 지혜롭고 사람의 강함보다 더 강하다는 뜻으로 해석될 수 있다.

2-9) 창세기 9:8-17

(1) 본문 선정

대부분의 번역 성경들은 8절과 18절에 'O'표식을 넣고 있기에, 8-17절을 하나의 본문 해석 단위를 잡는 것은 타당하다. 또한 내용 상으로도 앞 단락인 1-7절은 노아 홍수에 주어지는 최초의 하나님의 말씀을 담고 있는데, 중요한 점은 이 단락은 최초의 창조 시에 주어졌던 하나님의 복된 약속의 말씀(참조 창 1:28)인 "생육하고 번성하고 땅에 충만하라"는 표현으로 시작하고 끝을 맺는 일종의 수미상관 형태를 띠고 있다는 점이다. 흥미로운 점은 최초 약속에서 "정복하고 다스리라"는 요소가 빠져 있다는 점이다. 이렇게 노아 홍수 후에 제일 먼저 최초 창조 시 주어졌던 하나님의 복의 약속을 상기시킨 다음에, 본문 8-17절은 1-7절의 복의 약속에 대한 부가적인 확증으로서 다시는 홍수와 같은 것을 이 땅을 멸망시키지 않을 것이라는 언약의 표시로 무지개를 주시는 장면이다.

(2) 본문 확정

이 본문의 확정은 편의상 개역개정과 NASB로 대체한다.

개역개정

8 하나님이 노아와 그와 함께 한 아들들에게 말씀하여 이르시되 9 내가 내
언약을 너희와 너희 후손과 10 너희와 함께 한 모든 생물 곧 너희와 함께 한
새와 가축과 땅의 모든 생물에게 세우리니 방주에서 나온 모든 것 곧 땅의
모든 짐승에게니라 11 내가 너희와 언약을 세우리니 다시는 모든 생물을 홍
수로 멸하지 아니할 것이라 땅을 멸할 홍수가 다시 있지 아니하리라 12 하
나님이 이르시되 내가 나와 너희와 및 너희와 함께 하는 모든 생물 사이에
대대로 영원히 세우는 언약의 증거는 이것이니라 13 내가 내 무지개를 구름
속에 두었나니 이것이 나와 세상 사이의 언약의 증거니라 14 내가 구름으로
땅을 덮을 때에 무지개가 구름 속에 나타나면 15 내가 나와 너희와 및 육체
를 가진 모든 생물 사이의 내 언약을 기억하리니 다시는 물이 모든 육체를
멸하는 홍수가 되지 아니할지라 16 무지개가 구름 사이에 있으리니 내가 보

고 나 하나님과 모든 육체를 가진 땅의 모든 생물 사이의 영원한 언약을 기억하리라 17 하나님이 노아에게 또 이르시되 내가 나와 땅에 있는 모든 생물 사이에 세운 언약의 증거가 이것이라 하셨더라.

NASB

8 Then **God** ***spoke*** **to Noah** and to his sons with him, saying, 9 "Now
behold, I Myself do establish My **covenant** with you, and with your
descendants after you; 10 and with every living creature that is with
you, the birds, the cattle, and every beast of the earth with you; of all
that comes out of the ark, even every beast of the earth. 11 "I establish
My **covenant** with you; and all flesh shall never again be cut off by
the water of the flood, neither shall there again be a flood to destroy
the earth." 12 **God** ***said***, "This is ***the sign*** of the **covenant** which I am
making between Me and you and every living creature that is with
you, for all successive generations; 13 I set My **bow** in the cloud, and
it shall be for a sign of a **covenant** between Me and the earth. 14 "It
shall come about, when I bring a cloud over the earth, that the **bow**
will be seen in the cloud, 15 and I will remember My **covenant**, which
is between Me and you and every living creature of all flesh; and
never again shall the water become a flood to destroy all flesh. 16
"When the **bow** is in the cloud, then I will look upon it, to remember
the everlasting **covenant** between God and every living creature of all
flesh that is on the earth." 17 And **God** ***said*** to **Noah**, "This is ***the sign***
of the **covenant** which I have established between Me and all flesh
that is on the earth."

(3) 단어 연구

이 본문에서 단어 사용과 관련한 두드러진 특징들 중에 주목할 점은 '언약/ בְּרִית'이란 단어가 본문 전반에 걸쳐서 7번씩 사용되고 있다는 점이다. 또 하나 주목할 점은 본문에서 언약의 표인 '무지개/ קֶשֶׁת'가 언약의 표의 내용을 기술하는 14-16절에서 집중적으로 총 3번 나타난다는 점이다. 이런 점에서 '언약'과 '무지개'를 단어사전과 성구사전 그리고 신학사전을 통해서 보다 자세히 연구할 필요가 있다.

① 언약 בְּרִית

성경의 언약은 기원상 고대 근동지방의 계약을 반영한다. 하나님이 인간과 맺으신 언약은 그 형태와 기능에서 당시 고대 근동지방의 계약들의 형태를 반영한다. 이 계약들 중 특히 영주-가신 조약(종주계약)과 왕의 하사(royal grant)란 계약형태가 특히 성경 언약과 유사점을 갖고 있다. 종주 계약은 가신 편에 의무조항이 부여되기에 서약 당사자가 가신인 반면에 왕의 하사는 왕에게 의무조항이 부여되기에 왕이 서약 당사자이며 동시에 무조건적이며 왕의 하사는 영속적이다. 이 중에서 노아 언약은 무조건적인 왕의 하사에 해당되는 언약 형태이다.

창조주되신 하나님의 창조세계가 가신된 인간들의 죄악과 무질서로 가득함에 따라 하나님은 그의 은혜로운 창조질서를 무효화시키게 되는데 이중 한 사람 노아가 하나님의 눈에 합한 자로 발견되고 그를 대홍수에서 살려두시어 노아와의 언약을 약속하신다(창 6:18). 이후 창세기 9:8-11에서 친히 노아와 언약을 맺으신다. 이 언약은 형식상 왕의 하사(royal grant)이다. 하나님은 자신의 의에 따라 하나님의 눈에 합한 자에게 장엄한 공약을 행하신다. 여기서 약속은 무조건적이면서 영속적이다. 여기서 언약을 인준하신 분은 바로 맹세로 서약하신 분이시다.

노아 언약이 의미하는 바는 다음과 같다. 인간 죄악에 대한 심판으로서 하나님은 창조의 질서를 무효화하셨으며, 모든 사람의 생각과 계획이 항상 악하다는 점에 비추어볼 때, 심지어 천둥과 번개만 쳐도 하나님의 노아 홍수 재개라는 전조로 비쳐질 수 있다. 이러한 상황 하에서 하나님은 그와 동행하는 자들에게 "결코 물로 심판치 않으리라"는 은혜로운 확신을 제공하고 있다.

② 무지개 קֶשֶׁת

'무지개'는 노아 홍수 시에 하나님께서 노아와 노아로부터 시작된 새 인류에게 자신의 약속을 보증하기 위한 증표로 삼으신 자연현상이다. 다시는 물로 인류를 심판하시지 않으시겠다는 하나님의 약속의 증표로 만인의 눈앞에 두신 것이 무지개이다. 히브리어로 무지개는 'קֶשֶׁת/케쉐트'로 전쟁의 무기인 활을 가리킨다. 무지개는 마치 화살을 당긴 활의 모습이다. 그것도 천체의 중앙인 하늘 끝을 향해 시위를 당긴 형태의 활이다. 천상의 극(極)에 주거한다고 믿어진 신들의 거주지를 향해 화살이 당겨져 있는 것과 같은 무지개(활)의 모습은 하나님을 향한 인간의 반역과 배반을 상징한다 할 수 있다. 이러한 인간의 배반과 반역에도 불구하고 하나님은 반역과 배반을 심판으로 벌하지 않으시고 이 문제를 하나님이 친히 책임을 지시겠다는 약속을 하신다. 그렇다면 여기서 무지개는 반역으로 인한 인간의 죄를 하나님이 친히 감당하시겠다는 극한 은총의 표현이라 할 수 있다.[64]

64 Cf. 다음의 '류호준 교수의 무지개성서교실' website "http://rbc2000.pe.kr/rbc"를 보라.

2. 본문의 구조 파악

1) 본문의 구조 파악 정의와 방법

인간의 언어 혹은 글로 쓰인 문헌(literary or written texts)들의 의미를 파악하는 일은 기본적으로 문헌이 어떠한 형식(form 혹은 structure)을 띠고 있는가 하는 점과 문헌이 어떠한 내용(content)을 담고 있는가 하는 질문에 대한 대답을 통해 이루어진다. 이런 점에서 성경 본문의 해석자 역시 먼저 본문이 어떠한 구조 혹은 형식을 지니고 있는가를 파악할 필요가 있다. 또한 앞에서 성경 해석의 목표는 본문의 원래적 의미인 역사적-문법적 의미를 밝히는 것이라는 점을 지적한 바 있다. 여기서 본문의 문법적 의미란 본문을 구성하는 단어, 구, 절, 문장들의 조합을 통해 만들어진 의미를 가리키는데 바로 본문의 구조를 파악하는 일은 이러한 본문의 문법적 의미를 발견하는 일에 필수적이라 할 수 있다.

특별히 본문의 구조 파악은 본문 속에 있는 모든 문장들이 어떠한 문법적 관계와 구문론적인 관계를 지니고 있는가를 살핌으로써 본문의 전체적인 구조(architectonic structure)를 파악하는 일에 집중한다. 본문의 구조를 안다는 것은 본문의 주제, 곧 본문을 통해서 저자가 말하려고 했던 요지를 보다 용이하게 파악할 수 있는 이 점을 제공한다. 뿐만 아니라 본문의 구조에 대한 해석자의 이해는 본문의 주제를 보다 객관적으로 파악할 수 있도록 도와준다.

본문에는 다양한 형태의 단어(words), 구(phrases), 절(clauses), 문장(sentences) 들이 존재하는데 이것들은 서로 여러 가지의 문법적, 구문론적인 관계로 연결되어 있다. 문법적 사항이란 주로 단어와 구의 문법적인 성격에 관한 것들로 인칭, 성, 수, 격, 시제, 태, 법 등의 문제에 관심을 둔다. 구문론적인 사항은 주로 절과 문장의 성격에 관한 것들로 절과

절, 그리고 문장과 문장 사이의 논리적 연결 관계를 규명하는데 필요한 사항이다.

먼저 단어들 사이의 문법적 관계를 규명하는 일을 간단히 살펴보고자 한다. 예를 들어, 에베소서 1:6은 "이는(우리를 양자로 삼으신 목적은) 그의 사랑하시는 자 안에서 우리에게 거저 주시는 바, 그의 은혜의 영광을 찬미하게 하려는 것이라"로 말하고 있다.[65] 여기서 '은혜의 영광'이란 표현 중에서 '은혜'와 '영광'이란 두 단어의 문법적 관계를 규명할 필요가 있다. 이 두 단어의 관계는 은혜란 단어가 영광이란 단어의 질(quality)을 기술하거나 묘사해주는 관계(질의 속격)라 볼 수 있거나, 아니면 영광이 은혜의 상태를 기술하는 것(주격적 속격)으로 볼 수 있다. 전자의 경우는 '은혜로운 영광'이라 번역할 수 있고, 후자의 경우는 '은혜가 영광스럽다'는 점에서 '영광스러운 은혜'라고 번역할 수 있다.[66]

본문의 구조를 이해하는 보다 중요한 차원은 구들(phrases)의 문법적-구문론적 관계를 규명하는 일이다. 구(phrase)란 동사를 담고 있지 않은 단어들의 조합 형태를 가리킨다. 예를 들어, 에베소서 1:5-6은 다음과 같이 되어 있다: "5 이는 그의 뜻의 선한 기쁨에 따라서 6 그의 은혜의 영광의 찬양을 위해 예수그리스도를 통해그에게 양자되게 하려고 우리를 예정하셨기 때문이라."[67] 이 구절들에는 '그의 뜻의 선한 기쁨에 따

65 이 구절을 포함해서 에베소서의 특이점 중 하나는 '~의 …'(은혜 의 영광)와 같은 속격의 표현들이 상당히 자주 사용된다는 점이다. 실제로 이 구절의 "그의 은혜의 영광을 찬미하게 하려는"이란 표현은 헬라어로 "εἰς ἔπαινον δόξης τῆς χάριτος αὐτοῦ"로 직역을 하면 "그의 은혜의 영광의 찬양을 위하여"가 된다. 이 표현에도 이미 세 개의 속격이 들어있다. 이런 점에서 본문을 바로 이해하려면 이러한 속격 관계들을 푸는 일이 반드시 필수적이라 할 수 있다. 필자는 이 표현을 다음과 같이 풀어 쓴다: '하나님의 (값없는) 은혜가 (그리스도를 통해 혹은 그리스도 안에서 우리 가운데) 임재(영광)한 것에 대해 (우리가) 찬양하도록 하나님이 우리를 아들로 삼으셨다.'

66 cf. 류호영, 『헬라어 교본』 (기독교문서선교회, 1997), 234-235.

67 헬라어 원문에 대한 필자의 사역에 따른 것이다.

라서(a),' '그의 은혜의 영광의 찬양을 위해(b),' '예수 그리스도를 통해(c),' '그에게 양자 됨을 위해(d)'라는 네 개의 구가 포함되어 있다.

여기서 제기되어야 할 질문은 이 구들은 서로 간에 어떠한 문법적-구문론적인 관계를 지니고 있는가 하는 점이다. 이것이 기본적으로는 문법적-구문론적인 사항으로 분류되지만, 결국은 구들 사이의 논리적인 관계로 귀착되며, 논리적 관계의 규명을 통해 구들 사이의 관계에 대한 이해에 이를 수 있다. 5-6절을 전체적인 관점에서 보면, 핵심은 "이는 … 우리를 예정하셨기 때문이라"는 진술이다. 그리고 이 네 구들 중 (a)와 (b)와 (d) 모두는 순서대로 말하자면 우리를 예정하신 일에 대한 근거, 목적, 수단, 목표를 기술하고 있다. 즉 예정의 근거는 하나님의 뜻의 선한 기쁨이며(a), 예정의 목적은 하나님의 영광을 찬양하게 하는 것이고(b), 예정의 목표는 양자가 되게 하는 것(d)이라는 뜻이다. 그리고 (c)는 양자 되게 하는 것이 이루어지는 수단을 기술하고 있다.

마지막으로 그렇지만 본문의 구조를 이해하는 데 가장 중요한 차원은 본문의 모든 절들 혹은 문장들 사이의 구문론적인 관계를 규명하고 절들 혹은 문장들 사이의 연결 관계를 기초로 서열을 결정하는 것이다. 여기서 절과 문장이란 정동사(finite verbs)를 담고 있는 문장 형태(주절이라 불림)나, 접속부사가 이끌고 있는 모든 문장 형태들(종속절이라 불림)을 가리킨다.

여기서 해석자의 관심은 어떤 문장이 구문론(혹은 논리)상 위에 있고 어떤 문장이 밑에 있는가를 결정하는 데 있다. 다시 말해, 해석자는 주로 본문의 문장들 간의 연결 관계를 규명하려는데 초점을 맞춘다. 구체적으로 말해 만약 어떤 두 문장이 서로 연결되어 있다면, 이 연결의 성격은 무엇인가, 즉 원인과 결과의 관계인가, 아니면 조건과 목표의 관계인가? 연결 관계의 성격을 파악하기 위해서 해석자는 문장들을 연결히고 있는 접속부사들(예: 그리고, 그러나, 그러므로 등)에 특별히 관심을 집중해야 한다. 한글 번역 성경의 경우에는 많은 경우 원문에 나타나는 이러한 접속부사들이 생략되어 있기에 대신 문장 끝에 오는 연결 어미(예: 시작하였으니, 시작하려고, 시작하였으나 등)와 종결 어미(예: 시작하였다, 시작해라, 시작하자, 시작했는가? 등)에 관심을 기울여야 한다.[68]

이상의 구조 파악은 일반적으로 행해지는 본문의 논리 흐름의 파악과 중첩되어 있다. 즉 이상의 문법적-구문론적인 분석과 본문 저자의 논리 흐름을 파악하거나 저자가 말하려는 바인 주제 전개를 파악하는 일은 중첩되는 해석 영역이라는 뜻이다.

본문의 요지는 기본적으로 언어적 차원에서 단어와 문장들의 연결 관계에 주목하는 구조 이해를 통해서 그리고 단어와 문장들의 배치 상태를 주목하는 구성 파악을 통해서 드러난다. 그러나 본문의 요지는 일반적으로 본문 이해는 본문 저자의 논리 흐름이나 주제[69] 전개를 파악함으로 이루어진다. 본문이 이야기 형태를 띠고 있든지, 아니면 설교의 형태를 띠고 있든지, 아니면 논쟁이나 담화 혹은 강화의 성격을 띠고 있든, 본문 에 흐르는 저자의 논리의 흐름 혹은 주제의 흐름은 일관되게 전개되고 있으며, 이러한 논리의 흐름(주로 선지서나 서신서 같은 본문들의 경우)이나

68 한국어에서 연결어미는 크게 대등과 종속의 관계를 나타내는 역할을 하며 종결어미는 크게 평서문, 의문문, 명령 혹은 청유문, 감탄문을 표현하는데 사용된다. 그러기에 연결어미를 통해서는 절 혹은 문장 사이의 대등 관계와 종속관계 여부를 판단하는 일에 집중해야 하고, 종결어미를 통해서는 절 혹은 문장들의 종결 형태를 파악하는데 집중한다.

69 주제 전개와 관련해 한 가지 지적할 점은 주제와 토픽은 구별해야 한다는 점이다. 여기서 주제는 본문의 저자가 말하려는 바를 가리키며, 토픽은 지지기 …에 관해 말할 때, …에 관한 것을 가르킨다. 예를 들어, 왕상 8:22-53은 솔로몬의 성전 봉헌 기도에 관한 본문이다. 이 경우 이 본문의 토픽은 성전 봉헌 기도이며, 이 본문의 주제는 성전 봉헌 기도를 통해 본문의 저자가 말하고자 하는 바이다. 간략히 말해서 이 본문의 주제는 솔로몬이 돌로 지은 자신의 성전은 천지 만물의 주인이신 하나님을 담을 수 없지만, 앞으로 성전에서 행해질 사죄와 청원의 기도를 들어달라는 청원이다.

주제 혹은 이야기 전개(내 러티브 본문들의 경우)를 잘 따라가게 되면 본문의 요지를 잘 파악할 수 있다. 본문 저자의 논리나 이야기 전개를 파악하는 최선의 길은 본문을 여러 번 읽으면서 본문을 해석자 자신의 말로 풀어서 요약하는 것이다 본문을 자기 말로 풀어서 요약하는 과정 중에 해석자는 본문의 저자가 명시적으로 말하고 있는 바를 보다 더 잘 이해할 수 있게 된다. 이 때 중요한 것은 본문의 지엽적인 부분들에 얽매이지 않고, 본문 전체를 생각하면서 본문을 자기 말로 풀어서 요약하는 것이다.

본문을 자기 말로 풀어서 요약하는 일이 가장 효과적으로 이루어질 수 있는 방법은 좋은 번역 성경을 사용하는 것이다. 먼저 해석자는 원문을 가장 충실하게 반영할 수 있도록 정확성을 목표로 번역해 놓은 번역 성경(예를 들면, NASB)과 원문의 주제의 흐름을 가장 쉽게 파악할 수 있도록 가독성을 목표로 번역해 놓은 번역 성경(예를 들면, NIV 혹은 E. Peterson, *the Message*/메시지 성경)을 하나씩 준비해서 이들을 참고해가면서 자신의 말로 본문을 풀어서 요약한다.

여기서 본문을 풀어서 요약하는 것은 본문을 사역한다는 것과 다르다. 본문 확정시에 이루어지는 본문에 대한 개인 번역은 본문의 모든 구절들을 하나하나씩 번역하는 것이지만, 풀어서 요약하는 것은 본문의 지류에 해당하는 지엽적인 부분들에 얽매이지 않고, 본문 전체적인 관점에서 본문의 본류(main stream)를 중심으로 논리나 주제의 흐름 혹은 이야기 전개를 따라 본문을 풀어서 요약하는 것이다. 이런 점에서 본문의 본류를 중심으로 본문의 지류들을 가지치기 하는 것이 본문을 자신의 말로 풀어쓰는 목적이며, 이를 통해 본문이 중심적으로 말하고 있는 바가 자연스럽게 드러나게 된다.

2) 구조 파악의 예증

2-1) 베드로후서 1:1-21

(1) 구조 파악을 통한 문장흐름도 만들기와 한글사역

1 예수 그리스도의 종이며 사도인 시몬 베드로는,

우리 하나님과 구주(σωτῆρος) 예수 그리스도의 의로 *인하여*

우리의 믿음과 동일한 ***믿음****(πίστιν)*을 *받은* 자들에게

2 하나님과 우리 주 예수에 대한 ***지식****으로*(ἐπιγνώσει)

풍성해지는 은혜와 평안이 있기를 (기원하노라!)//

(다음은 접속사 Ὡς가 암시하듯이, 바로 이 지식에 대한 예증의 진술임)

3 (Ὡς)그리스도의 신적 ***능력***이 우리에게 생명과 경건에 관한 모든 것을 주었으니,

이것은 자신의 영광과 ***선하심***으로 우리를 부르셨던 (하나님)에 대한

(우리의) ***지식***을 통해 이루어진 것이요,

4 이 영광과 선하심을 통해 귀하고 위대한 약속들이 우리에게 주어졌던 것이니,

그 목적은 이 영광과 선하심을 통해,

세상에서 정욕으로 인한 부패/멸망을 피함으로써

너희가 신적 성품의 참여자가 되게 하려는 것이라.

5 ***그러기에*** 이런 이유에서 최선을 다하여

너희의 ***믿음***에 ***선함***을

선함에 ***지식***을

6 지식에 절제를, 절제에 인내를, 인내에 경건을,

7 경건에 우애(φιλαδελφία)를, 우애에 사랑(ἀγάπη)을
더하라.
8 ***왜냐하면*** 이런 것들이 너희에게 갖추어지고 넉넉해지면,
그 상태는 우리 주 예수 그리스도에 대한 지식에 관해 무기력하거나 열매 없는
상태가 아니기 때문이라.
9 다시 말하자면 이것들이 없으면, 그 사람은 눈멀고 근시안적인 자로서,
자신의 이전 죄가 정결케 된 것을 잊어버린 자와 같기 때문이라.
10 ***그러므로*** 형제들아
최선을 다해 너희의 부르심과 택하심을 확실하게 하라.
왜냐하면 이것들을 행한 후에는 너희가 결코 넘어지지 않을 것이기 때
문이라.
11 이는 그렇게 해서 우리 주 곧 구주(σωτῆρος)이신 예수 그리스도의
영원한 나라에 들어가는 것이 너희에게 풍성히 더해질 것이기
때문이라.
12 ***그러므로*** 비록 너희가 이미 ***알고 있고***, 또 이미 갖고 있는 진리에 굳게 서 있지만,
나는 언제나 이것들을 너희에게 상기시키려 하노라.
13 ***그런데*** 내가 생각하기에,
내가 육신의 장막에 있는 동안에 너희의 기억을 일깨우는 것이 좋으니,
14 이는 우리 주 예수 그리스도께서 나에게 보여 주셨듯이,
나의 육신의 장막을 벗는 일이 임박했기 때문이라.
15 ***그러기에*** 나는 나의 출발 후에
너희가 이것들에 대한 기억을 갖게 되도록 최선을 다할 것이라.
16 ***왜냐하면*** 기묘하게 만들어진 신화를 모방하여
우리가 너희에게 우리 주 예수 그리스도의 ***능력***과 재림을
알게 한(*ἐγνωρίσαμεν*) 것이 아니라

이 장엄함의 목격자 되어 (알게 한 것이기 때문이라)

17 이는 하나님 아버지로부터

장엄한 영광에 의해

그에게 주어진 이와 같은 음성의 존귀와 영광을 그가 받았기 때문이니,

곧 "이는 나의 사랑하는 아들이요, 그를 내가 기뻐하였다"는 음

성이라,

18 그 거룩한 산에서 그분과 함께 있을 때,

우리는 하늘에서 주어진 이 음성을 들었도다.

19 ***그러기에*** 우리가 더 확실하게 된 예언의 말씀을 갖게 된 것이니,

어두운 곳에서 환히 비추이는 등불과 같은

이 말씀에, 날이 새고 샛별이 너희 마음에 떠오를 때까지

너희가 귀-기울이는 것이 좋으니,

20 이는 먼저 너희가 이것을 ***알고 있기*** 때문이니,

곧 성경의 모든 예언은 한 사람의 개인적인 해석의 문제가 아니라는 점이라.

21 왜냐하면 예언은 언제나 사람의 뜻으로 주어진 것이 아니라,

사람들이 성령에 의해서, 하나님께로부터 받아서 말한 것이기

때문이라.

(2) 구조/문장흐름도 설명

1절은 베드로 공동체의 구성원들의 삶을 하나님의 의를 통해 주어진 예수 그리스도에 대한 믿음(1절)이 주어진 자들로 규정하고 있으며, 2절은 이들에게 하나님과 예수 그리스도에 대한 지식이 점점 더 깊어져서 하나님의 은혜와 평강을 풍성하게 누리기를 기원하고 있다. 그렇다면 크리스천의 삶은 그리스도에 대한 믿음을 기초로, 하나님과 예수 그리스도를 더욱 깊이 알아감에 따라서 하나님의 은혜와 평안을 경험하는

삶이라 할 수 있다.

이어서 3-4절은 1-2절이 말한 바에 대한 구체적인 예증이라 할 수 있다. 이 예증 가운데 먼저 3절은 이러한 베드로 공동체 구성원의 삶을 그리스도의 능력을 통해 가능케 된 경건한 삶으로 정의하고 있으며, 이 경건한 삶은 자신의 영광과 선하심에 근거해 우리를 부르신 하나님을 아는 일을 통해 가능케 되었다고 말하고 있다.

이어서 4절은 동일한 영광과 선하심에 기초해서 하나님은 우리에게 약속, 곧 성령이란 선물과 구원의 복음을 주셨고, 그 목적은 우리로 하여금 신적 성품 곧 영광과 선하심에 참여하는 자들이 되게 함이라 말하고 있다.

5-7절은 4절 특히 신적 성품에 참여하게 하시려는 하나님의 목적에 비추어서 최초로 주어진 믿음을 기초로 선함, 지식, 절제, 인내, 경건, 우애를 더해가라고 권면하고 있고 이 모든 일은 결국 하나님의 자기-희생적 사랑이 아가페를 구현하는 것이라 말한다.

8절은 5-7절의 권면에 대한 이유로, 하나님과 그리스도를 알아가는 삶은 결국 앞서 말한 덕목들을 구현하는 삶이기 때문이라 밝힌다.

10-11절은 앞에서 말한 바를 기초로 부르심, 곧 신적 성품에 참여하도록 부름받은 사실을 확실하게 하라 명령한다. 이 점이 분명해지면, 신앙 여정에서 흔들림이 없을 것이며 이것을 달리 표현하면, 예수 그리스도의 영원한 나라/다스림/생명이 확실해지기 때문이라는 것이다.

12-15절은 이상에 비추어 크리스천 삶의 중요한 덕목은 기억, 곧 지속적인 성찰이라고 말한다. 즉 우리를 은혜롭게 부르셨고, 그리스도를 통해 믿음을 주셔서 경건한 삶을 살도록 하신 일을 위해 특히 그리스도를 알아가는 일, 곧 그리스도가 누구이시며 그가 행하신 일들이 어떤 것인지를 기억하고 깊이 성찰하는 것이라는 점이다.

이런 점에서 16-18절은 이러한 기억과 성찰의 대상으로서의 더욱 확실한 예언, 즉 변화산 상에서 들려진 하늘의 음성인 하나님의 말씀에 대해 말하고 있다.

이어서 19-21절은 이러한 더 확실한 예언, 곧 변화산상의 하늘의 음성에 대한 기억과 성찰은 오직 새로운 시대의 도래와 함께 이 땅의 지평에 떠올라 온 인류를 비추는 빛으로 이 시대와 함께 주어진 종말론적 선물인 성령의 역사를 통해서만 이루어질 수 있는 것임을 상기시키고 있다.

특별히 19절은 크리스천의 삶의 중요한 요소인 종말론적 긴장에 대해 말하고 있다. 그리스도의 종말론적 사건들을 통해 이루어진 새 시대의 빛과 종말론적 선물로서의 성령이 어둠에 있는 세상과 인류에게 하나님의 빛을 비추어 주지만, 동시에 이 빛과 성령에 대한 끊임없는 호소와 의지를 통해서만 이 빛이 세상과 삶에서 어두움을 지속적으로 몰아내 갈 수 있다는 점이다.

2-2) 디모데전서 6:3-11

(1) 구조 파악을 통한 문장흐름도 만들기와 한글사역

2b 너는 이것들을 가르치고 권면하라.

3 만약 누군가 다른 교리를 가르치고

우리 주 예수 그리스도의 건전한 말씀들 곧 **경건**한 가르침에 동감하지

않는다면,

4 그는 아무 것도 알지 못하면서 논쟁과 변론에 대한 잘못된 열망을 갖고

있기에 **자만**한 자로다.

이것들(논쟁과 변론)로부터 질투와 분쟁과 악한 의구심과

5 지속적인 논쟁이 생겨나 사람의 마음을 철저히 망가트리고
진리를 빼앗아 버리니,
이는 **경건**을 이익의 방편으로 생각하기 때문이라.

6 그러나 **자족**을 동반하는 **경건**이 큰 이익이니라.
7 왜냐하면 우리가 어떤 것도 세상 밖으로 가져갈 수 없기에
우리가 아무 것도 세상에 가져오지 않았기 때문이라.
8 음식과 의복을 갖고 있다면,
우리는 이것들로 충분하게 될 것이라.

9 그런데 부하게 되기를 원하는 자들은 시험과 올무와 많은 어리석고 해로운
욕망에 떨어지나니,
이것들이 사람들을 파멸과 멸망에 빠져들게 하느니라.
10 왜냐하면 돈을 사랑하는 것이 모든 악의 뿌리이기 때문이니,
어떤 이는 이에 대한 열망 때문에 믿음으로부터 이탈되어지며,
자신을 많은 고통과 염려로 찌르게 되느니라.

(2) 구조/문장흐름도 설명

본문을 하나의 일관된 논리의 흐름의 결정체라고 간주할 경우, 논리의 흐름을 따라 가는 방식 중 하나는 중요 단어들 사이의 의미론적인 연계성을 살피는 것이다. 본문의 경우 이러한 연계성은 경건, 자만, 자족, 믿음 사이에서 발견된다. 또한 이런 중요 단어들에 대한 주목을 통해서 우리는 본문을 논리 전개상 3-5절, 6-8 절, 9-10절이란 세 부분으로 나눌 수 있게 된다. 즉 저자는 3-5절에서 경건하지 못함으로 인해 자만하게 된다는 사실을 지적하고, 이어 6-8절에서 대안으로 자족을 동반하

는 경건을 제시하고 있다. 그리고 끝으로 9-10절에서 저자는 부자가 되려는 자들은 자족하지 않고 과욕을 부림으로써 믿음에서 떨어져 나가게 된다고 말한다. 이러한 논리 전개라는 관점에서 볼 때, 저자는 경건과 믿음은 의미상 서로 연결되어 있음을 암시하고 있다.

이상의 문장 흐름을 통해서 본문을 주제적인 관점 특히 성경-신학적 관점에서 다음과 같이 읽을 수 있다. 예수 그리스도의 가르침은 경건에 관한 가르침이다. 이러한 경건을 받아들이지 않고 이를 거역하는 자들은 자만한 자들인데, 이들은 자신의 경건을 세속적인 이익을 챙기는 방편으로 생각할 뿐 경건을 하나님에 대한 전적인 의존과 헌신으로 생각하지 않는다. 경건은 하나님에 대한 전적인 의존과 헌신을 뜻하기에 외형적인 것들에 연연하지 않는다. 이런 점에서 참된 경건은 오직 하나님에게만 의존하는 것을 의미하고 그렇기 때문에 자족을 뜻한다. 전능한 신이신 하나님에 의해서 창조되어 이 땅 위에 보내진 피조물로서 우리는 주어진 것들에 대한 감사와 만족 가운데 하나님에게만 의존하여 살도록 부름을 받은 자들이다. 그러기에 본문은 음식과 의복 곧 생에 필수적인 최소한의 것들만 있다면 이것들로 이 땅 위에서의 삶이 충분하다는 것을 알게 될 것이라 말하고 있다.

한편 이에 반하는 자들은 부를 추구하는 자들이다. 이들은 자족을 동반한 경건을 거부하는 자들로 과도한 욕심으로 인해 스스로를 파멸에 이르게 하는 자들이다. 본질상 하나님과 돈을 겸하여 사랑할 수 없기 때문에(cf. 마6:24), 이들은 하나님에 대한 배타적 의존을 싫어하고 돈을 사랑하는 자들임이 분명하며, 이것은 이들이 자족을 동반하는 경건을 포기한 자들임을 보여준다. 이들은 예수 그리스도를 통해 구현된 삶의 원리 즉 자족을 동반하는 경건을 받아들이지 않는 자들, 곧 하나님에 대한 믿음에서 떨어져 나간 자들로 고통과 염려 속에서 이 땅 위에서의 삶을 사는 자들이라 할 수 있다.

2-3) 마가복음 3:20-35

(1) 구조 파악을 통한 문장흐름도 만들기와 한글사역

20 그가 집에 들어가시니(Καὶ ἔρχεται)

무리가 다시 모여들었고

그 결과 그들이 식사를 할 수도 없게 되었더라.

21 예수의 친족들이 듣고

그를 붙들러 나왔더니(ἐξῆλθον)

이는 그들이 그가 미쳤다고 말하기 때문이라.

22 예루살렘에서 내려온 서기관들이 말하기를

그가 바알세불을 지녔고 또 귀신의 왕을 힘입어 귀신을

내어 쫓는다고 하니,

23 예수께서 저희를 자기에게로 불러

비유로 그들에게 말하시되(ἔλεγεν)

어떻게 사단이 사단을 내어 쫓을 수 있겠는가

24 만약 왕국이 자신에 대해 분쟁한다면 그 나라가 설 수 없을 것이요,

25 만약 집이 자신에 대해 분쟁하면 그 집이 설 수 없을 것이라.

26 만약 사탄이 자신을 대항하여 일어나 분쟁한다면

그는 설 수 없게 될 것이요

오히려 그는 끝을 맞게 되느니라.

27 그런데 먼저 강한 자를 결박하지 않는다면

그 어느 누구도 강한 자의 집에 들어가 그의 소유들을 약

탈할 수 없도다.

결박한 후에야 그의 집을 약탈할 수 있을 것이라.

28 내가 너희에게 진실로 말하노니(λέγω)

사람의 모든 죄와 그들이 행하는 모든 신성모독들은 용서함을 얻게 될 것이되,

29 그러나 성령을 거슬려 말하는 자는 영원히 용서받지 못하며,

영원한 죄에 처하게 되느니라.

30 *이는 저희가, 그가 더러운 영을 지니고 있다고 말하기 때문이더라.*

31 예수의 모친과 동생들이 와서(Καὶ ἔρχεται), 밖에 서서

사람을 들여보내시고, 그를 부르니,

32 그 주위에 무리가 앉았다가 그에게 이르기를

보소서, 당신의 모친과 동생들과 누이들이 밖에서 찾고 있나이다.

33 그들에게 대답하여 이르시되

누가 내 모친이며 동생들이냐 하더라.

34 그 주위에 둘러 앉아 있는 자들을 둘러보시며 그가 이르시되

나의 모친과 나의 동생들을 보라

35 이는 하나님의 뜻을 행하는 자는 누구든지

그가 나의 형제요 자매요, 모친이기 때문이라 하시더라.

(2) 구조/문장흐름도 설명

이상의 흐름도, 특히 들여쓰기 정도를 주목해보면 20절, 21절, 22절, 23절, 31절, 32절, 33절, 34절이 모두 왼쪽에서 가장 적게 들여쓰기가 이루어져 있다. 그렇다면 본문은 구조상 흐름상 20절, 21절, 22절, 23-30절, 31절, 32절, 33절, 34절로 구분해서 볼 수 있다. 이러한 구조를 통해 만들어진 문장흐름도 집중적으로 정동사를 중심으로 이루어지는

작업이다. 만약 의미 혹은 내용상으로 본문의 구조를 파악한다면, 20절은 본문의 서론적인 역할로 21절은 서론에서 묘사된 것에 대한 친족들의 반응으로, 22-30절은 예루살렘에서 내려온 서기관들의 반응(논쟁)으로, 31-35절은 모친과 동생들의 반응으로 본문을 구조화할 수 있다.

2-4) 마가복음 11:1-11

(1) 구조 파악/문장흐름도 만들기와 한글사역

1 그들이 예루살렘에 가까워져 감람산 쪽 벳바게[70]와 베다니에 이르렀을 때

예수께서 제자 중 둘을 보내시며

2 그들에게 말하기를,

"너희는 맞은편 마을로 가라

즉시 거기로 들어가면

너희는 아무도 타보지 않은 나귀 새끼가 매어있는 것을 발견

할 것이라.

그것을 풀어서 가져오라.

3 만일 누가 너희에게 '너희가 왜 이렇게 하느냐?' 묻거든

주가 그것을 필요로 하신다 하라,

그리고 그가 즉시 그것을 이리로 다시 돌려보낼 것이라," 하시더라.

4 제자들이 가서

나귀 새끼가 길가에 문을 향해매여 있음을 발견하고

---

70 이 지명은 '익지 않은 무화과의 집'을 뜻하는 아람어 bet pagge'로부터 유래한 것으로 추정되고 있다 (cf. J. Marcus, *Mark 8-16*, ABC 27A [Yale Univ. Press, 2009], 771). 이것이 사실이라면 이 본문은 이어지는 무화과 저주 사건(11:12-14)과 주제상의 좋은 연결을 보여주고 있다 할 수 있을 것이다.

그것을 푸니,
5 거기 서 있던 자들 중 어떤 이들이 제자들에게 말하기를
"나귀 새끼를 풀어 너희가 무엇을 하려느냐?" 하더라.
6 이에 제자들이 예수께서 말씀하셨던 대로 말하니
그들이 제자들에게 허락하였더라.
7 제자들이 나귀 새끼를 예수께로 가져와서
그들의 옷을 나귀 새끼 위에 펼치니
예수께서 그 위에 앉으셨더라.
8 그리고 많은 사람들이 그들의 옷을 길 위에 펴며
다른 자들은 들에서 벤 나뭇가지들을 펼치더라.
9 앞에서 가고 뒤를 따르는 자들이 외쳐 말하기를
"호산나!
주의 이름으로 오시는 이가 복되도다!
10 우리 조상 다윗의 오는 나라가 복되도다!
지극히 높은 곳에서
호산나!" 하더라.

11 예수께서 예루살렘에 이르러 성전에 들어가셔서
모든 것을 둘러보시니
시간이 이미 늦었기에
열두 제자와 함께 베다니로 나가셨더라.

1 Καὶ ὅτε ἐγγίζουσιν εἰς Ἱεροσόλυμα *εἰς Βηθφαγὴ καὶ Βηθανίαν*

πρὸς τὸ Ὄρος τῶν Ἐλαιων[71]·,

ἀποστέλλει δύο τῶν μαθητῶν αὐτοῦ

2 καὶ λέγει αὐτοῖς,

Ὑπάγετε εἰς τὴν κώμην τὴν κατέναντι ὑμῶν,

καὶ εὐθὺς εἰσπορευόμενοι εἰς αὐτὴν

εὑρήσετε πῶλον δεδεμένον ἐφ' ὃν οὐδεὶς οὔπω ἀνθρώπων ἐκάθισεν·

λύσατε αὐτὸν καὶ φέρετε

3 καὶ ἐάν τις ὑμῖν εἴπῃ,

Τί ποιεῖτε τοῦτο

εἴπατε,

Ὁ κύριος αὐτοῦ χρείαν ἔχει, καὶ εὐθὺς αὐτὸν ἀποστέλλει πάλιν ὧδε

4 καὶ ἀπῆλθον καὶ

εὗρον πῶλον δεδεμένον πρὸς θύραν ἔξω ἐπὶ τοῦ ἀμφόδου

καὶ λύουσιν αὐτόν

5 καί τινες τῶν ἐκεῖ ἑστηκότων ἔλεγον αὐτοις,

Τί ποιεῖτε λύοντες τὸν πῶλον

6 οἱ δὲ εἶπαν αὐτοις καθὼς εἶπεν ὁ Ἰησοῦς,

καὶ ἀφῆκαν αὐτούς

7 καὶ φέρουσιν τὸν πῶλον πρὸς τὸν Ἰησοῦν

καὶ ἐπιβάλλουσιν αὐτῷ τὰ ἱμάτια αὐτῶν,

καὶ ἐκάθισεν ἐπ' αὐτόν

71 마가의 수난 기사(11-16장)에서 스가랴 본문들이 자주 암시되거나 인용된다는 점에 비추어 볼 때(막 14:27/슥 13:7; 막 11:7/슥 9:9), 슥 14:4의 하나님의 종말론적인 전쟁과 관련한 감람산의 언급은 위의 예수의 승리의 입성 초두에서 언급되는 감람산과 주제상의 깊은 연관이 있는 것으로 보인다.

8 καὶ πολλοὶ τὰ ἱμάτια αὐτῶν ἔστρωσαν εἰς τὴν ὁδόν,

ἄλλοι δὲ στιβάδας κόψαντες ἐκ τῶν ἀγρῶν

9 καὶ οἱ προάγοντες καὶ οἱ ἀκολουθοῦντες ἔκραζον,

Ὡσαννά·

Εὐλογημένος ὁ ἐρχόμενος ἐν ὀνόματι κυρίου·

10 Εὐλογημένη ἡ ἐρχομένη βασιλειά τοῦ πατρὸς ἡμῶν Δαυίδ·

Ὡσαννὰ ἐν τοῖς ὑψίστοις

11 Καὶ εἰσῆλθεν εἰς Ἱεροσόλυμα εἰς τὸ ἱερόν

καὶ περιβλεψάμενος πάντα,

ὀψίας ἤδη οὔσης τῆς ὥρας,

ἐξῆλθεν *εἰς Βηθανίαν* μετὰ τῶν δώδεκα

(2) 구조/문장흐름도 설명

이상의 도식화된 본문의 구조에 따르면 본문은 1절의 '예루살렘에 가까이 이르렀을 때에 예수께서 두 명의 제자들을 보내시며 말씀하셨다'라는 점과 11절의 '예루살렘에 입성하여 성전에 들어가셨고, 베다니로 나가셨다'는 점을 안과 밖의 구조로 지니고 있다. 이 구조 사이에 제자들이 예수의 지시대로 나귀를 준비했다는 점과 무리들은 나귀를 타신 예수에 대해 열렬히 환영했다는 점 두 가지가 놓여 있다. 그렇다면 본문은 예수께서 예루살렘에 들어가시려고 제자들에게 나귀를 준비하라는 지시 부분(1-3절)과 이에 따라 제자들이 나귀를 준비한 뒤에 예수께서 나귀를 타고 무리들의 환영 속에 예루살렘에 입성하시는 부분(4-10절), 끝으로 예수께서 예루살렘에 들어가셔서 성전을 둘러보신 후에 베다니로 나가시는 부분(11절)으로 이루어져 있음을 알 수 있다. 이러한 구조는 예수의 예루살렘 입성이 성전과 관련이 있다는 점과 예수께서 예루살렘에 들어가실 때에 당시 일반적인 관행인 도보를 통해서 아니라 나귀를 타고 들어가셨다는 점을 특히 부각시키고 있음을 알 수 있다.

2-5) 에베소서 1:3-6

(1) 구조 파악하기

3 a 찬송하리로다 b 하나님 곧 우리 주 예수 그리스도의 아버지께서 그리스도 안에서 하늘에 속한 모든 신령한 복으로 우리에게 복 주시되 4 c 곧 창세 전에 그리스도 안에서 우리를 택하사 d 우리로 사랑 안에서 그 앞에 거룩하고 흠이 없게 하시려고 5 e 그 기쁘신 뜻대로 우리를 예정하사 f 예수 그리스도로 말미암아 자기의 아들들이 되게 하셨으니 6 g 이는 그의 사랑하시는 자 안에서 우리에게 거저 주시는 바 그의 은혜의 영광을 찬미하게 하려는 것이라.

(2) 구조 설명

이상의 본문은 개역개정의 본문이다. 먼저 개역개정을 통해서 본문의 구조를 파악한다는 것이 무엇인지를 예증하고, 이어서 원어 성경을 기초로 개인적으로 번역한 본문을 갖고 구조 파악을 예증하고자 한다. 위 본문에서 영어 알파벳 소문자로 표시된 것같이 (a, b, c, d, e, f, g), 7개의 절들 혹은 문장들을 구별해낼 수 있다. 본문의 구조 혹은 형식 파악이란 이 문장들이 서로 어떠한 논리적 관계를 지니고 있는가를 규명하는 작업이다. a는 총체적인 독립된 권면의 성격을 지닌 것으로 여겨진다. 즉 뒤따르는 문장들이 말하고 있는 것 때문에 찬송하라는 뜻으로 여겨진다. b는 하나님이 찬송 받으실 이유에 대한 첫 번째 서술에 해당하는

데 끝이 '주시되'로 되어 있다. 이것은 (c의 초두에 나오는'곧'과 함께) 뒤이은 c는 b에 대한 예증임을 암시한다. c는 우리에게 주어진 복의 첫 번째 사례를 말하고 있으며 택하사'로 끝을 맺고 있다. 택하사'라는 e의 끝에 나오는 '예정하사'와 평행적 관계에 놓여 있다. 그렇다면 우리에게 복을 주신 구체적인 사례는 우리를 '택하신' 것과 우리를 '예정하신' 것이라 할 수 있다. d는 우리를 '예정하신' 일의 목적을 말하고 있다. f는 택하시고 예정하신 일의 결과 혹은 목적에 해당된다. g는 아들이 되게 하신 일의 최종적 목적 혹은 목표에 해당된다.

이 본문의 문장들에 대한 연관 관계들에 대한 이상의 판단들을 기초로 다음과 같이 본문을 도식화할 수 있다.

3 a 찬송하리로다 (명제)

b 하나님 곧 우리 주 예수 그리스도의 아버지께서 그리스도 안에서 하늘에 속한 모든 신령한 복으로 우리에게 ***복 주시되*** (찬송의 이유나 근거)

4 c 곧 창세 전에 그리스도 안에서 우리를 ***택하사*** (복에 대한 예증 1)

d 우리로 사랑 안에서 그 앞에 거룩하고 흠이 없게 ***하시려고*** (예정의 목적)

5 e 그 기쁘신 뜻대로 우리를 ***예정하사*** (복에 대한 예증 2)

f 예수 그리스도로 말미암아 자기의 아들들이 ***되게 하셨으니*** (택함과 예정의 결과)

6 g ***이는*** 그의 사랑하시는 자 안에서 우리에게 거저 주시는 바 그의 은혜의 영광을 찬미하게 하려는 것이라 (양자 삼으심에 대한 목적)

이상의 도식화된 본문의 구조를 통해 볼 때 이 본문의 요지(main point)는 우리는 하나님을 찬송해야 하는데, 그 이유는 하나님이 우리를 택하시고 예정하여 자녀들이 되게 하셨고, 이를 통해 우리가 하나님의 은혜를 찬양하게 하셨기 때문이라'는 점을 발견하게 된다.

이와 같은 문장들 간의 연결 관계를 보다 객관적으로 규명할 수 있는 방법은 원어 성경을 통한 문장들의 구분과 서열화 혹은 종속화 작업(clausal delimitation and subordination)이다. 먼저 본문의 모든 문장들을 주절과 종속절들로 나눈다. 주어+정동사로 이루어진 문장은 주절(main clause)로 취급하며, 그 이외에 접속사, 관계대명사, 분사, 부정사, 연결사, 전치사 등으로 시작되는 문장들은 종속절(subordinate clause)로 취급한다. 그리고 주절에 담긴 사상이 종속절에 담긴 사상보다 중요하거나 우선한다고 간주한다. 이러한 문장들의 서열화를 통해서 해석자는 본문의 저자가 말하려는 요지를 보다 객관적으로 찾아 낼 수 있게 된다.

다음의 헬라어 본문과 한글사역은 단어들의 연결 관계, 구들의 연결 관계, 그리고 절과 문장들 사이의 연결 관계를 헬라어 본문을 통해 보다 객관적으로 규명하는 문법적-구문론적인 예증이다.[72]

헬라어 본문

3 Εὐλογητὸς ὁ θεὸς καὶ πατὴρ τοῦ κυρίου ἡμῶν Ἰησοῦ Χριστοῦ,

ὁ εὐλογήσας ἡμᾶς ἐν πάσῃ εὐλογίᾳ πνευματικῇ

ἐν τοῖς ἐπουρανίοι

ἐν Χριστῷ,

72 헬라어와 한글의 언어상의 특성이 다르기에 두 본문의 도식화가 전체적인 모습에 있어서 다른 형태를 띠고 있지만, 개별적인 단어들과 구들, 그리고 절들은 똑같은 방식으로 서열화 되었고, 일대일의 대응되는 방식으로 두 본문이 제시되고 있다.

4 καθὼς ἐξελέξατο ἡμᾶς ἐν αὐτῷ πρὸ καταβολῆς κόσμου

εἶναι ἡμᾶς ἁγίους καὶ ἀμώμους

κατενώπιον αὐτοῦ ἐν ἀγάπῃ,

5 προορίσας ἡμᾶς εἰς υἱοθεσίαν

διὰ Ἰησοῦ Χριστοῦ εἰς αὐτόν,

κατὰ τὴν εὐδοκίαν τοῦ θελήματος αὐτοῦ,

6 εἰς ἔπαινον δόξης τῆς χάριτος αὐτοῦ

ἧς ἐχαρίτωσεν ἡμᾶς ἐν τῷ ἠγαπημένῳ

7 ἐν ᾧ ἔχομεν τὴν ἀπολύτρωσιν

διὰ τοῦ αἵματος αὐτοῦ,

τὴν ἄφεσιν τῶν παραπτωμάτων

κατὰ τὸ πλοῦτος τῆς χάριτος αὐτοῦ

8 ἧς ἐπερίσσευσεν εἰς ἡμᾶς,

ἐν πάσῃ σοφίᾳ καὶ φρονήσει,

한글사역

3 우리 주 예수 그리스도의 아버지이신 하나님을 찬송할지어다!

이 분은 그리스도 안에서

하늘에 있는

모든 영적인 복으로 우리를 복 주신 분이니,

4 이것은 이 분이

우리로 하여금 자기 앞에서 거룩하고 흠이 없게 하시려고

그리스도 안에서 우주의 기초를 놓기 전에 우리를 택하셨다는 점에서

잘 나타나 있는 바로다.

5 (하나님을 찬송할 이유는)

그의 뜻의 선한 기쁨에 따라

6 그의 은혜로운 영광을 찬양하기 위한 목적으로

예수그리스도를 통해

그의 양자됨의 목표로 우리를 예정하셨기 *때문이니,*

하나님은 사랑받은 자 안에서 이 은혜를 우리에게 값없이 베푸셨으며,

7 우리는 이 사랑받은 자 안에서 그의 피

로 말미암아

구속 곧 죄의 용서함을 얻었고

8 모든 지혜와 총명 속에 우

리에게 부어주신

그의 은혜의 부요함에 따라서

(구속 곧 죄의 용서함을 얻었도다)

2-6) 마태복음 5:13-16

(1) 구조 파악/문장흐름도 와 한글사역

헬라어 본문

13 Ὑμεῖς ἐστε τὸ ἅλας τῆς γῆς·

ἐὰν δὲ τὸ ἅλας μωρανθῇ, ἐν τίνι ἁλισθήσεται

εἰς οὐδὲν ἰσχύει ἔτι εἰ μὴ βληθὲν ἔξω καταπατεῖσθαι ὑπὸ τῶν ἀνθρώπων

14 Ὑμεῖς ἐστε τὸ φῶς τοῦ κόσμου

οὐ δύναται πόλις κρυβῆναι ἐπάνω ὄρους κειμένη·

15 οὐδὲ καίουσιν λύχνον

καὶ τιθέασιν αὐτὸν ὑπὸ τὸν μόδιον ἀλλ' ἐπὶ τὴν λυχνίαν,

καὶ λάμπει πᾶσιν τοῖς ἐν τῇ οἰκίᾳ

16 οὕτως λαμψάτω τὸ φῶς ὑμῶν ἔμπροσθεν τῶν ἀνθρώπων,

ὅπως ἴδωσιν ὑμῶν τὰ καλὰ ἔργα

καὶ δοξάσωσιν τὸν πατέρα ὑμῶν τὸν ἐν τοῖς οὐρανοῖς

한글사역

13 너희들은 이 땅의 소금이라.

그런데 만약 소금이 맛을 잃는다면, 무엇으로 그것이 다시 짜게 되겠는가?

밖에 던져짐으로써 사람들에 의해서 밟혀지는 것 이외에는

그 소금은 아무런 소용이 없도다.

14 너희들은 이 세상의 빛이라.

산 위에 놓여 있는 도시가 숨겨진다는 것은 불가능하니라.

15 사람들이 등불을 켜서 들통 아래가 아니라 등경 위에 두나니,

그래서 등불이 집에 있는 모든 것들을 환히 비추느니라.

16 이와 같이 너희들의 빛이 사람들 앞에서 환히 비추어지도록 하라

이는 그들이 너희의 좋은 행위들을 보고

하늘에 계신 너희 아버지께 영광을 돌리게 하려 함이라.

(2) 구조 설명

이 본문은 분명 두 개의 주절인 13절의 "너희는 땅의 소금이라"는 명제와 14절의 "너희는 세상의 빛이라"는 명제, 두 축으로 이루어져 있다. 각각의 명제는 2인칭 복수의 인칭 대명사를 따로 주어로 명기하고 있는데, 앞선 지복강화 중 11-12절 역시 2인칭 복수의 인칭대명사를 사용하고 있다는 점에 비추어 볼 때, 본문과 앞선 지복강화는 서로 주제 흐름상 연계되어 있음을 시사하고 있다. 보다 중요하게 여기서 2인칭 복

수 인칭대명사는 강조 용법으로 사용되고 있는데 이것은 다음과 같은 의미를 강력하게 암시한다:

> "바리새인들 혹은 여타 유대인들이 아니라 너희들, 곧 연약한 형태지만 그러나 강력하게 도래한 하나님 나라를 받아들임으로써 복된 자들임을 드러내 보인 너희들이 바로 땅과 세상의 소금이요 빛이라."[73]

또한 이러한 암시는, 하나님 나라의 도래가 이 나라가 요구하는 윤리를 앞서고 있음을 강하게 시사하고 있다. 즉, 흔히 말하는 것처럼 하나님의 나라를 받아들이기 위해서 빛과 소금의 삶을 살아야 한다는 암시는 어디에도 없다.[74] 오히려 본문은 하나님의 나라를 받아들인 자들의 정체성을 먼저 빛과 소금이라고 말하고 있으며, 이것은 존재가 행함을 앞선다는 기독교 진리와 일치되는 것이다. 이들이 빛과 소금이기에 그에 준하는 삶을 살도록 기대되는 것이다. 이런 점에서 이 본문은 이어 뒤따르는 산상수훈의 교훈적 부분들의 매우 적절한 서론이라 할 수 있다.

잠시 본문의 구조를 살펴보면, 13a의 "너희는 땅의 소금이라"는 첫 번째 명제는 14a의 "너희는 세상의 빛이라"는 두 번째 명제와 일종의 동의적 평행법(synonymous parallelism)을 이루고 있다. 이 각각의 두 명제를 뒤따르는 부분들은 서로 형식에서가 아니라 내용에서 역시 평행구조를 이룬다. 즉 두 표현 모두 짜지 않은 소금이 무용하듯이 감추어진 빛 역시 무용하다는 점에 초점을 맞추고 있다. 특별히 두 번째 명제는 이러한 무용성에 대한 직접적인 서술에 앞서 조금은 특이한 구절인 "산 위에 놓여 있는 도시가 숨겨질 수 없다"는 진술이 첨부되고 있다. 이 진술은 구

73 cf. M. Boring, "The Gospel of Matthew", *The New Interpreter's Bible* Vol. VIII, 181.

74 cf. D. Hagner, *Matthew 1-13*, WBC 33A, 98.

문론적인 관점에서 볼 때 "너희는 세상의 빛이라"는 명제에 대한 논리적 귀결을 뜻할 수도 있고, 아니면 부차적이지만 독립된 명제로 '너희는 산 위에 놓여 있는 도시'라는 뜻을 담고 있을 수 있다.[75]

그러나 여기서 고려해야 할 보다 중요한 사실은 '땅의 소금'과 '세상의 빛'이 보여주는 구조상, 의미상의 평행법과 이 두 은유의 초점은 원래의 기능과 역할을 잃어버린 소금과 빛의 무용성에 있다는 점이다. 그렇다면 '산 위에 놓여 있는 도시'의 진술 역시 숨겨짐의 '불가능성' 내지는 '무용성'을 뜻하고 있는 것으로 '세상의 빛'이란 명제의 일환으로 보는 것이 더 타당하다.

이 두 명제에 이어서 16절은 13-15절의 직설법의 구문과 달리 명령법의 구문과 이 구문에 대한 목적을 나타내는 목적절로 이루어져 있다. 물론, 16절은 명시적으로는 14-15절의 빛에 관한 명제와 연관된 것이지만 암시적으로는 분명 13절의 소금에 관한 명제와도 연결되어 있으며 이런 점에서 본문 전체의 결론이라 할 수 있다. 즉 하나님 나라에 속한다는 것은 선한 행실을 통해서 하나님 나라의 빛을 반영하는 것을 반드시 필요로 한다는 뜻이다. 특별히 16b는 하나님 나라의 도래를 받아들인 자들로서 땅의 소금과 세상의 빛이란 정체성을 지닌 자들은 '사람들이 이들의 선한 행위를 보게 하려는' 목적과 '사람들이 하나님께 영광을 돌리게 하려는' 목적을 지닌 자들이다. 이 두 목적절 역시 일종의 동의적 평행법적인 구조를 띠고 있다. 사람들이 하나님 나라를 받아들인 자들의 선한 행위를 본다는 것은 사람들이 하나님께 영광을 돌린다는 것과

75 M. Boring에 따르면, 세상의 빛과 산 위에 도시는 두 개의 충돌적인 은유인데, 그 이유는 빛은 다른 사물들을 밝히 *보여주는* 기능을 하는 반면, 산 위에 도시는 보여 지는 기능을 한다는 점에서 그렇다 (Boring, "The Gospel of Matthew" 182). 그러나 여기서 관심은 이처럼 '보여주는 것'과 '보여 지는 것' 사이의 차이에 있다기보다는 숨겨져 있을 수 없다는 데 있음을 주지할 필요가 있다.

의미상 동일하다는 뜻이다.

2-7) 마태복음 5:17-20

(1) 구조 파악/문장흐름도와 한글사역

헬라어 본문

17 <u>*Μὴ νομίσητε ὅτι*</u> ἦλθον καταλῦσαι τὸν νόμον ἢ τοὺς προφήτας·

οὐκ ἦλθον καταλῦσαι ἀλλὰ πληρῶσαι

18 ἀμὴν γὰρ λέγω ὑμῖν·

<u>ἕως</u> ἂν παρέλθῃ ὁ οὐρανὸς καὶ ἡ γῆ,

ἰῶτα ἓν ἢ μία κεραία οὐ μὴ παρέλθῃ ἀπὸ τοῦ νόμου,

<u>ἕως</u> ἂν πάντα γένηται

19 ὃς ἐὰν οὖν λύσῃ μίαν τῶν ἐντολῶν τούτων τῶν ἐλαχίστων καὶ

διδάξῃ οὕτως τοὺς ἀνθρώπους,

ἐλάχιστος κληθήσεται ἐν τῇ βασιλείᾳ τῶν οὐρανῶν·

ὃς δ᾽ ἂν ποιήσῃ καὶ διδάξῃ,

οὗτος μέγας κληθήσεται ἐν τῇ βασιλείᾳ τῶν οὐρανῶν

20 λέγω γὰρ ὑμῖν ὅτι

ἐὰν μὴ περισσεύσῃ ὑμῶν ἡ δικαιοσύνη

πλεῖον τῶν γραμματέων καὶ

Φαρισαίων,

οὐ μὴ εἰσέλθητε εἰς τὴν βασιλείαν τῶν οὐρανῶν

한글사역

17 너희들은 내가 율법이나 선지자들을 철폐하기 위해왔다고 **생각지 말라**

나는 (율법을)철폐하기 위해서 아니라 성취하기 위해왔으니,

18 **이는** 내가 너희에게 진실을 말하자면 곧,

하늘과 땅이 지속되는 한

모든 것이 이루어지기까지

율법의 일점과 일획도 결코 사라지지 않을 것이기 **때문이라.**

19 **그러므로**

이 계명들의 가장 작은 것 중 하나라도

어기고 그렇게 사람들을 (어기라고) 가르치는 자는

천국에서 가장 작다고 불릴 것이요

그러나 이것을 행하며 (또한 행하라고) 가르치는 자는 천국에서 크다고 불릴 것이니,

20 **이는** 내가 너희에게 이르노니

너희들의 의가 서기관과 바리새인들의 의를 더 많이 능가하지 않는다면

너희가 결코 천국에 들어가지 못할 것이기 **때문이라.**

(2) 구조 설명

본문은 17절에서 주된 요지를 말하고 있고, 18절 초두에 나오는 접속사 γὰρ가 암시하듯이 18절은 이 요지에 대한 근거를 제시하는 이유의 절에 해당된다. 그리고 19절 초두에 나오는 접속사 οὖν이 시사하고 있듯이 19절은 17-18절에서 말한 바에 대한 논리적 귀결을 서술하고 있으며 20절은 초두에 나오는 접속사 γὰρ가 암시하듯이 19에서 말한 바에 대한 근거 혹은 이유를 제시하는 구절이다.

다시 말하자면, 먼저 저자는 17절에서 예수는 율법이나 선지자들을 철폐하기 위해 왔다고 생각하지 말라는 명제를 서술하고 있고 이 명제에 대한 이유를 18절에서 '율법의 일점과 일획도 모두 이루어지기 전까지 결코 사라지지 않을 것이기 때문이라'고 밝히고 있다. 17-18절의 명제와 명제에 대한 근거로부터 자연스럽게 흘러나오는 귀결이 바로 19절에서 대조의 평행법적 구조로 이루어진 두 진술로 표현되고 있다. 즉 계명들 중 아무리 작은 것이라도 어기는 자는 천국에서 작은 자라 불릴 것이며, 반면, 계명 중 아무리 작은 것이라도 행하는 자는 천국에서 큰 자라 불릴 것이라는 점이다. 끝으로 마태는 20절에서 19절의 두 진술에 대한 논리적 근거를 제시하고 있다. 즉 두 범주의 사람들이 각기 천국에서 작은 자 그리고 큰 자라고 불리는 이유는, 전자의 사람들은 보다 작은 의와 관련된 자들이기 때문이고 후자의 사람들은 보다 큰 의와 관련된 자들이기 때문이라고 말하고 있다.

이상을 보다 구체적으로 표현하자면 17절은 '나는 율법을 폐하기 위해서가 아니라 성취하기 위해서 왔다'고 말하고 있으며, 이에 대한 이유를 18절은 율법의 일점일획도 결코 사라지지 않을 것이기 때문이라고 말하고 있다. 17-18절을 한데 묶어서 표현하자면 '율법의 전부가 반드시 이루어지지 않고는 결코 폐기되지 않을 것이기에, 예수는 율법을 이루기 위해 왔다'는 것이다. 이러한 요지의 논리적 귀결인 19절은 '율법의 아무리 작은 것이라도 어기는 자는 천국에서 가장 작은 자라 불릴 것이며, 율법의 아무리 작은 것이라도 지키는 자는 천국에서 큰 자라 불릴 것이라'고 말하고 있다. 그리고 20절은 '율법의 아주 작은 것이라도 어기는 작은 천국에서 가장 작은 자요, 율법의 아주 작은 것이라도 행하는 자는 천국에서 큰 자라 불리'는 이유는 서기관과 바리새인들의 의보다 더 큰 의를 행하는 자만이 천국에 들어갈 것이기 때문이라도 말하고 있다.

여기서 19절과 20절 사이의 논리적 연결 관계를 다른 말로 표현하자면 서기관과 바리새인들의 의는 율법의 아주 작은 것이라도 어기는 의로서 이들은 천국에서 가장 작은 자들이고, 더 큰 의를 행하는 자는 율법의 아주 작은 것이라도 행하는 자의 의로서 이들은 천국에서 큰 자라고 말하고 있는 것이다.

2-8) 고린도전서 1:18-25

(1) 구조 파악/문장흐름도와 한글사역

헬라어 본문

18 <u>*Ὁ λόγος*</u> γὰρ ὁ τοῦ σταυροῦ τοῖς μὲν *ἀπολλυμένοις* μωριά <u>ἐστίν</u>,

τοῖς δὲ *σῳζομένοις* ἡμῖν δύναμις θεοῦ ἐστιν·

19 γέγραπται γάρ,

Ἀπολῶ τὴν σοφίαν τῶν σοφῶν καὶ τὴν σύνεσιν τῶν συνετῶν

ἀθετήσω·

20 ποῦ σοφός; ποῦ γραμματεύς; ποῦ συζητητὴς τοῦ αἰῶνος τούτου;

οὐχὶ ἐμώρανεν ὁ θεὸς τὴν σοφίαν τοῦ κόσμου;

21 ἐπειδὴ γὰρ ἐν τῇ σοφίᾳ τοῦ θεοῦ οὐκ ἔγνω ὁ κόσμος διὰ τῆς σοφίας

τὸν θεόν,

εὐδόκησεν ὁ θεὸς διὰ τῆς μωρίας τοῦ κηρύγματος σῶσαι τοὺς *πιστεύοντας*·

22 ἐπειδὴ καὶ Ἰουδαῖοι σημεῖα αἰτοῦσιν καὶ Ἕλληνες σοφίαν ζητοῦσιν,

23 ἡμεῖς δὲ κηρύσσομεν Χριστὸν *ἐσταυρωμένον*,

Ἰουδαίοις μὲν σκάνδαλον, ἔθνεσιν δὲ μωρίαν,

24 αὐτοῖς δὲ τοῖς κλητοῖς, Ἰουδαίοις τε καὶ Ἕλλησιν,
Χριστὸν θεοῦ δύναμιν καὶ θεοῦ σοφίαν·
25 ὅτι τὸ μωρὸν τοῦ θεοῦ σοφώτερον τῶν ἀνθρώπων ἐστίν καὶ
τὸ ἀσθενὲς τοῦ θεοῦ ἰσχυρότερον τῶν ἀνθρώπων

한글사역

18 십자가의 말씀이 멸망당하는 자들에게는 미련한 것이요
구원을 받는 우리에게는 하나님의 능력이니,
19 그 이유는 기록되었듯이,
"내가 지혜 있는 자들의 지혜를 멸하고 총명한 자들의 총명을 폐하리라"
하였기 때문이라.

20 지혜 자가 어디 있느냐? 서기관이 어디 있느냐? 이 세대의 변론가가 어디 있느냐?
하나님께서 이 세상의 지혜를 미련하게 하시지 않았느냐?
21 왜냐하면
하나님의 지혜 가운데 이 세상은 자신의 지혜로 하나님을 알지 못하기에,
하나님은 선포의 어리석음으로 믿는 자들을 구하시기를 기뻐하셨기 때문이라.
22 또한 유대인은 표적을 구하고 헬라인은 지혜를 찾기에,
23 우리는 십자가에 못 박힌 그리스도를 전파하노니,
24 유대인들에게는 거치는 것이요, 이방인들에게는 어리석은 것이로되,
부르심을 받은 자들에게는 유대인이나 헬라인이나
그리스도는 하나님의 능력이요 하나님의 지혜니라.
25 왜냐하면 하나님의 어리석음이 사람보다 더 지혜롭고

하나님의 약하심이 사람보다 더 강하기 때문이라.

(2) 구조 설명

본문의 구조를 살펴보면 본문은 18절에서 명제적 진술을 제시하고 있고 19절은 이에 대한 원인적 근거를 제시하고 있다. 그리고 20절은 수사의문문을 통해서 이 세대의 전통에 속한 것들인 현자, 전문가, 변론가를 십자가와 대비하여 제시하고, 이어서 20b는 이것들을 세상의 지혜 전통의 일환임을 밝히면서 하나님이 이것들을 어리석게 하셨다고 말한다. 21절, 특히 21a는 두 가지 역할을 한다. 하나는 20a에 대한 이유를 밝히고 있고, 두 번째로는 21b에 대한 이유를 밝히고 있기 때문이다. 그리고 22절은 20절과 동일한 역할을 한다. 즉 18절에서 말하는 명제에 대한 상술의 역할이다.

2-9) 에베소서 6:10-20

(1) 구조 파악/문장흐름도와 한글사역

헬라어 본문

10 Τοῦ λοιποῦ,

ἐνδυναμοῦσθε ἐν κυρίῳ καὶ ἐν τῷ κράτει τῆς ἰσχύος αὐτοῦ.

11 ἐνδύσασθε τὴν πανοπλίαν τοῦ θεοῦ

πρὸς τὸ δύνασθαι ὑμᾶς στῆναι πρὸς τὰς μεθοδείας τοῦ διαβόλου·

12 ὅτι οὐκ ἔστιν ἡμῖν ἡ πάλη πρὸς αἷμα καὶ σάρκα,

ἀλλὰ πρὸς τὰς ἀρχάς, πρὸς τὰς ἐξουσίας,

πρὸς τοὺς κοσμοκράτορας τοῦ σκότους τούτου,

πρὸς τὰ πνευματικὰ τῆς πονηρίας ἐν τοῖς ἐπουρανίοις.

13 διὰ τοῦτο

ἀναλάβετε τὴν πανοπλίαν τοῦ θεοῦ,

ἵνα δυνηθῆτε ἀντιστῆναι ἐν τῇ ἡμέρᾳ τῇ πονηρᾷ καὶ ἅπαντα κατεργασάμενοι

ἵνα δυνηθῆτε ἀντιστῆναι ἐν τῇ ἡμέρᾳ τῇ πονηρᾷ καὶ ἅπαντα κατεργασάμενοι

στῆναι.

14 στῆτε οὖν *περιζωσάμενοι* τὴν ὀσφὺν ὑμῶν ἐν ἀληθείᾳ καὶ

ἐνδυσάμενοι τὸν θώρακα τῆς δικαιοσύνης

15 καὶ *ὑποδησάμενοι* τοὺς πόδας

ἐν ἑτοιμασίᾳ τοῦ εὐαγγελίου τῆς εἰρήνης,

16 ἐν πᾶσιν *ἀναλαβόντες* τὸν θυρεὸν τῆς πίστεως,

ἐν ᾧ δυνήσεσθε πάντα τὰ βέλη τοῦ πονηροῦ τὰ πεπυρωμένα σβέσαι·

17 καὶ τὴν περικεφαλαίαν τοῦ σωτηρίου

δέξασθε καὶ τὴν μάχαιραν τοῦ πνεύματος, ὅ ἐστιν ῥῆμα θεοῦ.

18 διὰ πάσης προσευχῆς καὶ δεήσεως

προσευχόμενοι ἐν παντὶ καιρῷ ἐν πνεύματι,

καὶ εἰς αὐτὸ *ἀγρυπνοῦντες*

ἐν πάσῃ προσκαρτερήσει καὶ δεήσει

περὶ πάντων τῶν ἁγίων

19 καὶ ὑπὲρ ἐμοῦ,

ἵνα μοι δοθῇ λόγος ἐν ἀνοίξει τοῦ στόματός μου,

ἐν παρρησίᾳ γνωρίσαι τὸ μυστήριον τοῦ εὐαγγελίου,

20 ὑπὲρ οὗ πρεσβεύω ἐν ἁλύσει,

ἵνα ἐν αὐτῷ παρρησιάσωμαι ὡς δεῖ με λαλῆσαι.

한글사역

10 마지막으로

주 안에서 그의 강한 능력으로 **강해지라**.

11 하나님의 전신 갑옷을 **입으라**.

그 결과 너희가 악마의 간계에 맞설 수 있게 될 것이라.

12 왜냐하면 우리의 싸움은 혈과 육을 상대로 한 것이 아니라

정사와 권세와 이 어둠의 세상 지배자들과

하늘에 있는 악의 영들을 상대로 한 것이 때문이라.

13 이 때문에

하나님의 전신갑주를 **취하라**.

이는 너희가 악한 날에 대항할 수 있기 위함이요,

모든 일을 마친 후에

굳게 설수 있기 위함이라.

14 그러므로

굳게 서되

진리로 너희 허리를 ***둘러싸고***

의의 흉패를 ***패용함으로*** 그리고

15 발에는 평화의 복음에 대한 준비로 발에 ***신을 신고***,

16 이 모든 것에 더하여

믿음의 방패를 ***취함으로써*** (굳게 설지니)

이 방패로 너희는 악한 자의 모든 불화살을 소멸할 수 있도다.

17 그리고

구원의 투구와 성령의 검, 곧 하나님의 말씀을 **받되**

18 모든 기도와 간구로

언제나 성령 안에서 ***기도함으로써***,

또한 모든 성도들에 대한 모든 인내와 청원 가운데

이 일을 염두에 두어 ***깨어 경성함으로써*** (그리하라).

19 또 나를 위하여 (그렇게 하되)

이는 복음의 비밀을 담대해알릴 수 있기 위해

나의 열린 입에 말씀이 내게 *주어질 수 있기 위함이요*,

20 (나는 이 복음을 위해 쇠사슬에 매인 사신이니라),

내가 마땅히 말해야 하듯이,

이러한 매인 중에도 내가 담대하게 *말할 수 있기 위함이라.*

(2) 구조 설명

본문은 구문론적인(syntactically) 관점에서 볼 때 '강해지라'는 명령법 동사를 근간으로 하는 10절과 '입으라'는 명령법 동사를 중심으로 구성된 11-12절, 그리고 '취하라'는 명령법 동사를 중심으로 이루어진 13절, '굳게 서라'는 명령법 동사를 근간으로 이루어진 14-16절, '받으라'는 명령법 동사를 주축으로 구성된 17-20절로 구분될 수 있다.[76] 그러나 의미론적인(semantically) 관점에서 볼 때 본문은 주 안에서 강해져야 하는 것과 하나님의 전신갑주를 입어야 하는 것, 그리고 그 이유에 대해 말하고 있는 10-13절과 하나님의 전신갑주로 무장하는 일에 대한 구체적인 지침에 관해 말하고 있는 14-17절, 그리고 이러한 영적인 무장과 관련한 기도와 특별히 복음 전파와 관련한 기도와 간구에 대해 말하고 있는 18-20절로 구분할 수 있다.[77]

그러나 이러한 구조상 혹은 내용상의 구분들보다 더 중요한 사실은 본문은 주제의 전개 혹은 사고의 흐름상 하나의 통일성을 보여주고 있다는 점이다. 새로운 소 단락을 시작하고 있는 14절은 추론적 연결사 οὖν과 함께 '굳게 서라'는 명령법 동사를 사용하고 있는데 이 동사는 이미 앞선 소 단락에 속하는 13절에서 하나님의 전신갑주를 취해야 할 목적 중 하나인 "모든 일을 마친 후에 굳게 설(στῆναι) 수 있기 위함이라"는 진술 가운데 사용되고 있다. 그렇다면 13절과 14절은 주제상 연결되어 있음이 분명하다.

그러나 이러한 주제상의 연결만이 존재하는 것이 아니다. 14절은 '굳게 서라'는 명령법을 동반하는 4개의 분사구문을 상술함으로써 굳게 서는 행위가 이루어지는 보다 구체적인 수단 혹은 방편을 제시하고 있는데 이것은 일반적인 진술에서 구체적인 진술로 나아가는 문학적 장치의

---

76 이러한 구분은 헬라어 신약성경(GNT)인 UBS4판과 NA27판의 단락 구분과 구두점, 특히 마침표 사용과 일치한다. 단, 차이점은 GNT에 따르면 17절 끝에 마침표가 있어서 17절은 14-17절이란 소단위의 일부이고 18절은 새로운 소단위인 18-20절의 일부라고 암시하고 있다는 점이다.

77 Andrew Lincoln은 내용적 관점에서 볼 때 본문은 영적 싸움을 위한 신자들의 무장을 다루고 있는 10-17절과 기도라는 토픽을 다루고 있는 18-20절로 구분된다고 주장하며, 그럼에도 불구하고 구문론 상 18절 이하가 17절과 연결되어 있다는 점에서 영적 전쟁이란 주제와 기도라는 주제는 밀접하게 연결되어 있다라는 올바른 주장을 개진하고 있다 (cf. *Lincoln, Ephesians* , WBC 42, 430)

일환으로 볼 수 있다.

또한 저자는 17절에서 계속하여 수신자들에게 영적인 무기 두 가지(구원의 투구와 성령의 검, 곧 하나님의 말씀)를 더 취하라고 명령하면서 두 개의 분사구문을 사용하여 이 영적 무기를 취하는 수단과 방식을 성령 안에서 기도하는 일과 깨어 경성하는 일로 명시하고 있다. 이를 통해 볼 때 구조상 혹은 내용상 본문은 둘 혹은 세 개의 소 단락으로 이루어진 듯 보이지만 주제의 흐름상 처음부터 끝까지 하나의 요지를 말하고 있다고 볼 수 있다. 그 요지는 '영적인 세력들과 맞서 싸워 굳게 서기 위해 하나님의 전신갑주로 무장하되 이 일은 성령으로 기도하며 깨어 경성하는 일을 통해서 이루어진다'는 것이다.

보다 구체적으로 본문의 구조를 자세히 살펴보자. 먼저 10절은 주 안에서 주의 강한 능력으로 강해지라고 명령하고 있다. 그리고 11절에서는 하나님의 전신 갑옷을 입으라는 명령을 하고 있다. 비록 이 두 명령법은 구문론상 독립된 것들이지만 의미론적 관점에서 볼 때 일종의 동의적 평행법 혹은 구체화의 평행법(parallelism of specification)에 해당된다.[78] 즉 10절이 말하는 '주 안에서 주의 강한 능력으로 강해지는 일'을 보다 구체적으로 말하자면 11절이 말하는 하나님의 전신 갑옷을 입는 일이라는 뜻이다. 11b절은 전신 갑옷을 입는 일의 목적은 '악마의 간계에 맞설 수 있기 위함'이라는 목적의 부정사 구문으로 구성되어 있으며, 이어 12절은 하나님의 전신 갑옷을 입어야 할 이유, 혹은 당위성에 대해 말하는 이유절인 ὅτι로 이루어져 있다. 즉 우리의 싸움은 혈과 육의 싸

78 P. O'Brien은 10절의 명령법과 11절의 명령법 사이의 접속사가 없지만, 두 개의 동의적 동사인 '과…'이 병치되어 나타나고 있다는 점은 이 두절이 구문론적으로 연결되어 있으며, 두 번째 명령이 첫번째 명령을 상술하고 있다고 주장한다. 그리고 그는 주의 강력한 능력과 하나님의 전신갑주가 평행적 관계가 있다고 제안한다(cf. O'Brien, *The Letter*, 462 각주 88).

움이 아니라 보이지 않는 영적인 세력들과의 싸움이기 때문에 하나님의 전신 갑옷을 입어야 한다는 뜻이다.

이러한 영적 싸움의 실체에 준하는 영적 무장을 명령한 후에 13절은 또 다시 하나님의 전신 갑옷을 취할 것을 명령하고 있으며, 곧이어 이 명령에 대한 목적을 밝히는 'ἵνα절을 첨언하고 있다. 즉 '악한 날에 대항하고 능히 설수 있게 하기 위함'이라는 점이다. 그리고 이어지는 14절부터 17절은 영적 무장에 관한 명령과 당위성을 개진한 후에 구체적으로 어떠한 영적 무장을 해야 하는가에 대한 자세한 지침을 주고 있다. 즉 '진리의 띠', '의의 흉패', '복음의 신', '믿음의 방패', '구원의 투구' 그리고 '성령의 검'으로 무장할 것을 말하고 있다.

이런 무기들을 표현할 때에 일관되게 사용되고 있는 "~의 …"라는 연계형의 속격 명사들은 내용의 속격 혹은 대등의 속격에 해당되는 것들로써 예를 들면, '진리라는 띠'(대등의 속격) 혹은 '진리를 내용으로 하는 띠'(내용의 속격)를 의미한다. 더 단순화시키자면 진리, 의, 복음, 믿음, 구원, 그리고 성령으로 무장하라는 명령을 담고 있는 셈이다. 이러한 영적 무기 혹은 장비들은 비교적 자유롭게 서술되고 있지만 무사가 장비를 착용하는 데에 매우 실용적인 혹은 실제적인 순서로 개진되고 있음을 쉽게 알 수 있다.[79] 보다 주목할 사실은 이 무기들은 앞서 에베소서 전반에 걸쳐서 여러 형태로 언급되고 설명된 것들로 특정한 의미들과 내용들은 이런 앞선 설명들을 통해서 정의될 수 있다는 사실이다.[80]

18절은 17절의 구원의 투구와 성령의 검을 받으라는 명령을 "모든

---

79 cf. Oepke, "4. πανοπλία in the New Testament", in *TDNT* vol V, 301.

80 예를 들면,, 진리는 1:13, 4:15, 4:21, 4:24, 4:25, 5:9에서, 의는 4:24와 5:9에서, 평화는 1:2, 2:14-18, 4:3에서, 복음은 1:13, 3:6, 3:8에서, 믿음은 1:1, 1:13, 1:15, 1:19, 2:8, 3:12, 4:5, 4:13에서, 구원은 1:13, 2:5, 2:8, 5:23에 나타나고 있다.

기도와 간구로"라는 표현과 연결 짓고 있으며 한 걸음 더 나아가, 두 개의 분사구문을 통해서 구원의 투구와 성령의 검을 받는 일을 '성령으로 기도하는 것'과 '깨어 경성하는 것'과 연계하고 있다. 그 다음에 성령으로 기도하는 일과 깨어 경성하는 일을 다시 "모든 기도와 간구로"라는 표현과 연결시킬 뿐만 아니라 이 기도와 간구의 대상을 모든 성도들로 구체화하고 있다. 그리고 19절은 18절의 연장선상에서 기도와 간구의 대상을 저자 본인으로 명시하면서 두 개의 ἵνα절을 사용하여 기도의 내용들을 열거하고 있다. 즉 수신자들의 기도와 간구는 저자에게 말씀이 주어짐으로써 복음의 비밀을 담대히 전할 수 있게 하는 일과 옥중에 매인 중에도 복음을 담대하게 말할 수 있게 되는 데에 있다고 밝히고 있다.

그렇다면 결국 저자는 단순히 17절이 말하고 있는 구원의 투구와 성령의 검만이 아니라 앞서 14-16절에서 열거한 바 있는 영적 무기들 모두로 무장되는 일이 성령 안에서 기도하는 일을 통해서 이루어진다고 말하고 있는 것으로 볼 수 있다.

2-10) 빌립보서 1:3-11

(1) 구조 파악/문장흐름도

3 **내가** 너희를 생각할 때마다 나의 하나님께 **감사하며**

4 간구할 때마다 너희 무리를 위하여 기쁨으로 항상 간**구함은**

(3절과 4절은 동의적 평행법적인 표현임)

5 첫날부터 이제까지 복음에서 너희가 교제함을 인함이라

(감사와 간구의 이유)

6 너희 속에 착한 일을 시작하신 이가

그리스도 예수의 날까지 이루실 줄을 우리가 확신하노라

(5절의 복음 가운데 교제에 대한 부연 설명)

7 내가 너희 무리를 위하여 이와 같이 생각하는 것이 마땅하니

(3-6절의 감사와 간구, 확신에 대한 첨언)

이는 너희가 내 마음에 있음이며

나의 매임과 복음을 변명함과 확정함에

너희가 다 나와 함께 은혜에 참예한 자가 됨이라

(앞에서 말한 저자의 생각이 마땅한 이유)

8 내가 예수 그리스도의 심장으로 너희 무리를 어떻게 사모하는지를

하나님이 나의 증인이시라.

(저자의 독자들에 대한 생각에 대한 부연 설명)

9 **<u>내가 기도하노라</u>**

너희 사랑을 지식과 모든 총명으로 점점 더 풍성하게 하사

(기도의 요지)

10 너희로 지극히 선한 것을 분별하며

또 진실하여 허물없이 그리스도의 날까지 이르고

11 예수 그리스도로 말미암아 의의 열매가 가득하여

(지식과 총명으로 풍성한 결과 3가지)

하나님의 영광과 찬송이 되게 하시기를 구하노라.

(의의 열매가 가득한 결과 혹은 목적)

(2) 구조 설명

먼저 본문의 요지 혹은 핵심은 밑줄과 굵은 글자체로 표기된 다음과 같은 두 부분이다: "**<u>내가</u>** …… **<u>감사하며</u>** …… **<u>간구함은</u>**"(3-4절) ; "**<u>내가 기도하노라</u>**"(9a). 그리고 나머지 부분들은 모두 감사와 간구함의 내용(5-8절)과 기도의 내용(9b-11절)이다. 그렇다면 반드시 본문을 읽는 사람은 일

차적 관심을 저자가 감사하고 기도한다는 사실에 두어야 하며, 그 다음으로는 저자가 감사하고 기도하는 내용에 관심을 두어야 할 것이다.

두 번째로 괄호 안에 있는 설명들은 괄호 바로 앞 부분에 있는 문장들에 대한 설명으로, 특히 앞 문장들이 그 앞에 있는 문장(들)과 어떠한 논리적 관계에 있는가를 설명하고 있다. 이러한 설명을 따라 본문의 모든 문장들을 읽어가게 되면 결국 본문에서 저자가 말하려는 요지가 분명하게 드러나게 된다. 이 요지가, 바로 영감된 저자가 하나님의 말씀으로 하고 싶은 바라고 할 수 있다.

이상의 본문의 문장 흐름도를 중심으로 하여 본문이 말하는 바, 곧 본문의 요지를 다음과 같이 간략하게 기술할 수 있다.

'나(바울)는 여러분들이 복음 전하는 선한 일에 동참한 것에 대해 하나님께 감사하며, 하나님이 이 복음 전파의 일을 끝까지 이루실 것을 확신합니다. 그리고 나는 여러분들의 사랑이 더욱 풍성하게 되어 좋은 것에 대한 분별력이 있게 되고, 그 결과 마지막 때까지 거룩하고도 의로운 삶을 살아서 종국적으로 하나님께 영광을 돌려드릴 수 있기를 기도합니다.'

(3) 헬라어 본문과 한글 사역을 통한 구조 파악과 문장흐름도 이해

헬라어 본문

3 Εὐχαριστῶ τῷ θεῷ μου

ἐπὶ πάσῃ τῇ μνείᾳ ὑμῶν

4 πάντοτε

ἐν πάσῃ δεήσει μου

ὑπὲρ πάντων ὑμῶν,

μετὰ χαρᾶς

τὴν δέησιν ποιούμενος,

5 ἐπὶ τῇ κοινωνίᾳ ὑμῶν

εἰς τὸ εὐαγγέλιον

ἀπὸ τῆς πρώτης ἡμέρας ἄχρι τοῦ νῦν,

6 πεποιθὼς αὐτὸ τοῦτο,

ὅτι ὁ ἐναρξάμενος ἐν ὑμῖν ἔργον ἀγαθὸν

ἐπιτελέσει

ἄχρι ἡμέρας Χριστοῦ Ἰησοῦ·

7 καθώς ἐστιν δίκαιον ἐμοὶ τοῦτο φρονεῖν

ὑπὲρ πάντων ὑμῶν

διὰ τὸ ἔχειν με

ἐν τῇ καρδίᾳ ὑμᾶς,

ἔν τε τοῖς δεσμοῖς μου καὶ

ἐν τῇ ἀπολογίᾳ καὶ βεβαιώσει τοῦ εὐαγγελίου

συγκοινωνούς μου τῆς χάριτος πάντας ὑμᾶς ὄντας.

γάρ

8 μάρτυς ... μου ὁ θεός

ὡς ἐπιποθῶ πάντας ὑμᾶς

ἐν σπλάγχνοις Χριστοῦ Ἰησοῦ.

9 Καὶ τοῦτο προσεύχομαι,

ἵνα ἡ ἀγάπη ὑμῶν ἔτι μᾶλλον καὶ μᾶλλον περισσεύῃ

ἐν ἐπιγνώσει

καὶ

πάσῃ αἰσθήσει

10 εἰς τὸ δοκιμάζειν ὑμᾶς τὰ διαφέροντα,

ἵνα ἦτε εἰλικρινεῖς

καὶ

ἀπρόσκοποι

ἀπρόσκοποι

εἰς ἡμέραν Χριστοῦ,

11 πεπληρωμένοι καρπὸν δικαιοσύνης τὸν

διὰ Ἰησοῦ Χριστοῦ

εἰς δόξαν καὶ ἔπαινον θεοῦ.

한글사역

3 **나는** 나의 하나님께 **감사하나니,**

너희에 대한 모든 기억 속에(때)

4 항상(시간)

너희 모두를 위한

나의 청원으로(도구),

기쁨과 함께

간구함으로(수단),

5 첫날부터 지금까지의

복음을 위한

너희의 참여에 대해

(감사하노라 혹은 기쁨으로 간구함으로써),

6 내가 바로 이것을 확신하였기 때문이니,

곧 너희 속에서 선한 일을 시작하신 분이

그리스도 예수의 날까지

(선한 일을) 이루실 것이라는 점이라;

7 너희 모두를 위하여

이렇게 생각하는 것이 내게 옳으니

내가 너희를 나의 마음에 품고 있기 때문이요

내가 너희를 나의 마음에 품고 있기 때문이요

나의 투옥 중에 그리고

복음에 대한 변호와 확증에

너희 모두가 나와 함께 복음의 참여자이기 때문이라.

8 하나님이 나의 증인이시니 곧,

그리스도 예수의 깊은 애정으로

내가 얼마나 너희 모두를 갈망하는지에 대해서 (증인이시라).

9 **내가** 이것을 **기도하니** 곧

지식과 모든 분별력에 있어서

너희의 사랑이 여전히 더욱 더 풍성해지는 것이라.

10 그래서 너희가 초월적인 것들을 분별해낼 수 있게 되어

그리스도의 날에

너희가 순결하고 흠 없게 되기 위함이요,

11 하나님의 영광과 찬양을 위해

예수 그리스도로 말미암아

의의 열매를 온전히 맺게 하려 함이라.

(4) 구조 설명

먼저 주어, 동사 그리고 목적어(직접 혹은 간접) 혹은 서술어를 모두 담고 있는 독립절(independent clause)을 찾아내어 주선(main line) 위에 위치

시킨다. 이 주선 위에 한 단어로 이루어진 관사, 형용사 부사와 같은 수식어들도 표기한다. 하나의 절 전체가 주어 목적어 혹은 보어의 역할을 하는 경우 그 절을 이 주선 위에다 표기할 수 있다. 이 경우 이 절을 괄호로 표현하게 되면 이 안에 있는 여러 단어로 이루어진 표현들이 한 문장 내에서 하나의 단일한 부분들임을 보여주는 데 도움이 된다.

접속사나 호격의 표현들은 주선 위쪽에 조금 들여쓰기 하여 표기한다. 주선 아래쪽에 전치사구들을 들여쓰기 하되, 전치사구와 전치사구가 수식하는 주선 위에 단어가 서로 연결되어있음을 화살표를 통해나타내라. 전치사구 자체는 부사적 혹은 형용사적 역할을 한다.[81] 부사적 역할로는 형용사나 동사, 그리고 다른 부사를 수식하며, 형용사적 역할로는 명사나 대명사를 수식한다. 모든 종속절들 역시 종속절들이 수식하는 대상 밑에 명기하도록 하되, 화살표를 수식을 받는 단어들에까지 연결짓는다. 전치사구들과 마찬가지로 종속절들 역시 보통 부사적 혹은 형용사적 역할을 하며, 이런 점에서 방금 위에서 언급했던 것과 동일한 유형의 단어들을 수식한다. 어떤 종속절들은 단순히 분사구문(동사적 형용사)이나 부정사구(동사적 명사)로 이루어져 있을 수 있는데, 일반적으로 분사구문과 부정사구는 주선에 종속되어 있는 줄에 함께 표기할 수 있는 보다 긴 절들을 도입하는 역할을 한다.

둘 혹은 그 이상의 평행이 되는 표현 부분들이나 한 문장 내의 평행이 되는 부분들이 있을 경우, 이것들을 아래로 차곡차곡 쌓는 방식으로 배열할 수 있다. 이 때 연결해주는 모든 접속사들은 평행을 이루는 둘 사이 중간 즈음에 위치시키고, 오른쪽으로 조금 더 들여쓰기를 한다.

---

81 Richard A. Young, Intermediate New Testament Greek: A Linguistic and Exegetical Approach(Nashville: Boradman & Holman, 1994), 87-88. 관사에 의해서 도입될 때, 전치사 구는 보다 큰 명사구(즉 명사 상당어구)만들어내는 역할을 한다.

대등 관계를 나타낼 때는 동일한 대상을 가리키는 단어들이나 표현을 동일 선상에 함께 위치시킴으로써 그렇게 하되, 동일한 표식을 통해 이것들을 구별하는 것이 좋다. 수직선, 괄호 혹은 유사한 표식을 왼쪽 여백에 사용하여 두 개의 평행이 되는 독립절이 서로 한데 속해있다는 것을 보여줄 수 있다. 이러한 문법적 레이아웃의 목표가 본문의 구조를 시각적으로 유지하는데 있기 때문에 어떤 해석자는 종속되는 요소들이 수식하는 단어들 그 *앞에* 나올 경우 이 요소들을 수식을 받는 대상 *위에* 있는 줄에 위치시킨 다음 종속되는 요소 앞에서 화살표를 그어 아래 주선에 있는 수식을 받는 단어까지 연결하기도 한다.

이와 마찬가지로 수식하는 단어와 수식을 받는 단어 사이에 어떤 단어들이 삽입되어 있는 경우에 해석자는 "…"와 같은 표식을 집어넣음으로써 가운데 삽입된 단어들은 생략되어 있고 대신 다른 관련 부분으로 이어지고 있음을 나타낼 수 있다. 헬라어 본문 자체가 이런 생략된 부분을 -주어진 문장의 사고가 온전해지려면 반드시 첨가되어야 할 단어 혹은 단어들- 담고 있는 경우, 바람직한 방법은 [ ]와 같은 괄호 표식을 집어넣고 괄호 안에 필요한 단어나 단어들을 첨가하는 것이다.

내러티브 본문의 경우 문장과 문장의 어떤 부분들이 서로 병렬, 종속관계인가를 살피는 것보다 더 중요한 것은 단락간의 저자의 사고의 흐름을 따라가는 것이다.[82] 보다 전문적인 용어를 사용한다면, 서신서의 경우는 구문론적인 분석을 통해 문장과 문장 그리고 문장 내의 절과 구의 관계들을 살핌으로서 본문의 요지를 파악할 수 있지만, 내러티브 본문의 경우는 기본적으로 단락들이 어떠한 논리적 관계에서 연결되어 있는

82 내러티브에서 사용되는 유형의 문장, 절 그리고 구에 대한 명칭들이 의미론적 분석에서는 새로운 명칭을 띠고 있음이 이 점을 잘 보여준다. 의미론적 분석에 대한 자세한 설명을 위해 다음을 보라: Guthric and Duvall, Biblical Greek Exegesis(Zondervan, 1998), 43-44.

가를 살피고, 나아가 단락 내의 문장들이 어떠한 의미에서 서로 연결되어 있는가를 살핌으로서 결국 저자의 논리 전개를 파악하여 특정한 본문의 요지를 파악하게 된다.

본문은 바울의 빌립보 교인들에 대한 감사와 기도를 근간으로 하고 있으며, 크리스천의 감사와 기도의 전형을 보여준다. 첫째로 바울의 감사는 빌립보 교인들의 복음의 참여자됨에 대한 감사이며, 이 감사는 그들로 하여금 복음에 참여하게 하신 일, 곧 선한 일을 하나님이 끝까지 이루실 것이라는 확신으로부터 기인하는 감사이다. 또한 사도 바울은 빌립보 교인들과의 이러한 복음의 동역자됨(partnership)을 자신의 뜨거운 심장과 그리스도의 깊은 사랑의 맥락에서 설명하고 있다. 두 번째로 바울은 빌립보 교인들이 깨달음과 분별력 있는 사랑으로 풍성해지기를 기도하며 이를 통해 삶에 정말 중요한 것들을 분별하고 선택할 수 있는 능력을 얻게 되어, 이를 통해 의의 열매를 맺음으로 끝날까지 순결하고 흠 없는 자들로 하나님께 영광을 돌리며 찬양할 수 있게 되기를 기도하고 있다.

V 문학적 접근 방식들[83]

1. 본문의 구성 파악

1) 본문의 구성 파악의 정의와 방법

앞에서 성경의 성격을 설명하면서 이미 성경 본문은 성경 저자들이 그들 앞에 놓여 있던 구전 혹은 문서 자료들을 기초로 성령의 감동을 통해 주어진 역사적 사건들에 대한 하나님-중심적(신학적)의미를 문헌이라는 형태로 표현한 것이라는 점을 지적한 바 있다. 성경 저자들이 신학적 의미를 문헌의 형태로 표현할 때 그들은 당대의 언어적, 문학적 관행을 따라 표현했다. 이런 점에서 본문의 구성을 파악한다는 것은 바로 이러한 성경 집필 당시의 문학적 관행을 따라 표현된 본문의 구성 형태를 파악한다는 것을 의미한다.

본문의 구성 형태를 파악하는 일은 본문의 신학적 의미를 찾아내는

83 이에 관한 참고문헌은 다음과 같다: 윌리엄 클라인 외 2인, 『성경 해석학 총론』, 류호영 역(생명의말씀사, 1997); 더글라스 스튜어트, 『구약 주석 방법론』; 고든 피, 『신약성경 해석 방법론』.

일과 유기적으로 연결되어 있음을 주목할 필요가 있다. 성경을 문학으로 간주해서 문학비평을 하는 경우가 그렇듯이 성경 본문의 구성 형태를 파악하는 일은 단순히 심미적인 차원의 의미를 지니거나 구성 파악 그 자체로서의 의미를 지니지 않는다. 본문의 구성을 파악하는 것과 본문의 신학적 의미를 발견하는 일은 서로 유기적으로 연결되어 있다. 신학적 의미를 담고 있는 본문의 구성 형태를 파악함으로써 효과적으로 본문에 담겨진 신학적 의미가 드러나기 때문이다.

본문의 구성 파악은 본문을 관찰하듯 자세히 읽는 일을 통해서 이루어진다. 본문을 자세히 읽고 관찰하면서 본문이 어떠한 구성상의 특징이나 특이한 문학적 양상들을 보여주고 있는가를 살핀다.

잠시 본문의 구조를 이해하는 것과 본문의 구성을 파악하는 것을 비교하여 설명하고자 한다. 본문의 구조 분석은 본문에 있는 단어와 문장들의 연결/배열(grammatical and syntactical arrangement) 관계에 주목하는데 비해, 본문의 구성 파악은 본문에 있는 단어들과 문장들의 배치(compositional placement) 상태를 주목한다. 보다 쉽게 설명하자면 본문의 구조 이해는 건물의 기초와 골조에 관계된 것이라면 본문의 구성 파악은 건물의 전체적 구도(설계)에 관계된 것이다.

그러나 본문의 구조와 구성은 완전히 구별된 것이라 할 수 없으며 언어적 차원의 구조와 문학적 차원의 구성이 서로 유기적으로 연결되어 본문을 형성하고 있는 것이다. 그럼에도 불구하고 이 둘은 본문을 다른 각도에서 바라봄으로써 본문의 온전한 의미를 보다 효과적으로 드러낸다는 점에서 구분하여 본문을 살피는 것이 바람직하다.

본문의 구성을 효과적으로 파악하는 길은 본문의 전체적인 구성상의 특징과 특이한 문학적 장치들, 그리고 문학적 패턴들을 자세히 관찰하는 것이다. 본문을 전체적, 부분적으로 그리고 지속적으로 자세히 들여다봄으로써 구성상의 특이점들과 특이한 문학적 패턴들을 표시하고, 이것들이 본문이 말하려는 바와 어떠한 연결 관계가 있는가를 지속적으로 생각한다.

본문 구성상의 특징과 특이한 문학적인 패턴에는 다음과 같은 것들이 있다.

1) 수미상관법(inclusio) 2) 교차대구법(chiasmus) 3) 동심원 구조(compositional ring) 4) 샌드위치 기법 5) 평행법(parallelism) 6) 반복법(repetition) 7) 점층법(progression) 8) 비유적 표현들(상징, 은유, 직유, 환유, 제유 등)

1) 수미상관법(inner-outer framing 혹은 inclusio)은 하나의 해석단위인 단락이 유사하거나 동일한 표현으로 시작되고 끝맺는 기법을 말한다. 예를 들어, 시편 8편은 1절과 9절이 "여호와 우리 주여 주의 이름이 온 땅에 어찌 그리 아름다운지요"라는 동일한 표현으로 시작과 끝을 맺고 있다. 창세기 39장은 2절에서 "여호와께서 요셉과 함께 하시므로 그가 형통한 자가 되어"로 시작해서 23절에서 "여호와께서 요셉과 함께 하심이라 여호와께서 그의 범사에 형통케 하셨더라"로 끝을 맺고 있다. 이러한 수미상관 구조는 단지 단락에만 적용되지 않고 보다 큰 차원의 책 자체에도 적용된다.

예를 들어, 창세기에서 아브라함의 이야기(12장-25장)는 12:1-3에서 "땅의 모든 족속이 너를 인하여 복을 얻을 것이라"로 시작해서 22:18에서 "네 씨로 말미암아 천하만민이 복을 얻으리라"로 끝을 맺고 있다. 마가복음은 1:10절에서 "하늘이 찢어지고"로 시작해서 15:38에서 "성전 휘장이 찢어졌다"로 끝을 맺고 있다. 이러한 수미상관 구조는 해당 단락이나 문학적 단위가 이러한 안팎구조로 둘러싸여 있는 하나의 통일된 저작임을 보여줌과 동시에 해당 단락이나 문학적 단위가 시작과 끝에 묘사되고 있는 진술을 핵심 주제로 하고 있음을 보여주는 문학적 장치이다.

2) 교차대구법(chiasmus)는 문장이나 혹은 단락들이 a b/b'a'의 형태를 띠는 문학적 장치를 가리킨다. 예를 들어, 요한복음 1:1은 "**태초에 / 말씀이 계시니라**(a b) 이 말씀이 하나님과 함께 계셨으니 이 말씀은 하나님이었더라. **그 말씀이/ 하나님과 함께 /태초에 계셨더라**(b'a')"의 교차대구법적인 구조를 보인다.

3) 교차대구법의 보다 확장된 구조 속에 동심원적인 구조가 포함된다. 즉 단락이나 보다 큰 문학적 단위가 a b c d c'b'a'라는 형태를 띨 경우 a-a'b-b'c-c'는 서로 대응하는 부분이 있는 반면, d는 대응하는 부분이 없다. 이 경우는 단락 전체를 하나의 원으로 보고 대응 부분이 없는 d를 원의 중심으로 간주하여 단락 전체를 동심원적인 구조로 보는 경우이다. 대개 이런 경우 d가 단락에서 해석학적인 열쇄의 역할을 하는 경우가 많다. 예를 들면, 뒤에서 자세히 설명하겠지만 창11:1-9의 경우 언어적 주제적인 요소들을 중심으로 단락의 구성 형태를 살펴보면 a b c d e f g f'e'd'c'b'a'의 형태를 갖는다. 여기서 g는 "여호와께서 보기 위해서 내려오셨다"는 부분인데 대응하는 요소가 없으며 동시에 이 부분은 g를 중심으로 앞부분(사람들의 일)과 뒤부분(하나님의 반응)의 전환 부분일 뿐만 아니라 바벨탑이라는 인간 반역의 행위가 어떻게 좌초되는가를 보여주는 해석의 열쇠를 담고 있는 부분이다.

4) 동심원적인 구조의 보다 간결한 형태가 샌드위치 기법이라 할 수 있다. 어떤 단락이나 문학적인 단위가 a b a'의 형태를 띨 경우, 이 단락은 a와 a'사이에 b가 삽입되어 있는 형태라고 보아서 샌드위치 기법이라고 부른다. 앞으로 보다 자세히 살펴보겠지만 마가복음 11:12-25의 성

우 '12-14절'은 무화과나무 저주사건(a)-'15-18절'은 소위 성전정화 사건(b)-'19-25절'은 무화과나무의 마름의 사건(a')의 형태를 띤다. 무화과나무 사건을 양 끝에 두고 사이에 성전정화 사건을 삽입한 샌드위치의 형태라는 뜻이다. 이러한 기법의 경우도 초점은 가운데 삽입된 부분에 있다.

5) 평행법은 히브리시의 근간을 이루는 문학 기법이다. 시편의 거의 대부분이 그리고 시형으로 이루어진 선지서의 상당부분이 평행법적인 구성 형태를 띠고 있다. 시행을 운용할 때 저자는 시행들 사이에 동의적인 관계나 대조적인 관계 혹은 종합적인 관계를 부여하는데 이에 따라서 어떤 두 행의 관계가 동일한 의미의 다른 표현이면 동의적 평행법으로, 서로 대조적인 의미의 다른 표현이면 대조적인 평행법으로, 서로 간의 보완을 통해서 보다 종합적인 의미를 나타낸다면 종합적 평행법으로 분류한다. 최근에는 히브리시의 복잡성 때문에 이러한 삼중적인 분류로는 히브리시를 다 이해할 수 없다고 하여 새로운 서술적인 범주의 평행법을 제시하고 있다. 이에 따르면 히브리시의 시행들 사이에는 다음과 같은 의미론적인 관계들이 존재한다. 즉 문법적인 종속의 관계, 대조의 관계, 연속의 관계, 비교의 관계, 구체화의 관계, 강화의 관계.[84]

예를 들어, 이사야 40:9을 보자. "아름다운 소식을 시온에 전하는 자여 너는 높은 산에 오르라(a) 아름다운 소식을 예루살렘에 전하는 자여 너는 힘써 소리를 높이라(b) 두려워하지 말고 소리를 높이라 c) 유다의 성읍들에게 '너희 하나님을 보라' 말하라." 이 구절은 어찌 보면 동일한 의미가 연속적으로 나열되고 있는 듯하지만, 자세히 보면, 행들이 보다 구체화되거나 보다 강화되거나 점증적으로 상승되고 있음을 알 수 있다. 즉 '오르라' '소리 높이라' '두려워말고 소리 높이라' '그리고 하나님

84 cf. 윌리엄 클라인 외 2인, 『성경 해석학 총론』, 류호영 역 (서울:생명의말씀사, 2008), 450-462.

이 여기 계시다 말하라'는 한층 강화되는 행의 형태를 띠고 있다.

2) 구성 파악의 예증

2-1) 마가복음 3:20-35

(1) 문장흐름도와 구성 파악

20 그가 집에 들어가시니(Καὶ ἔρχεται)

무리가 다시 모여들었고 그 결과 그들이 식사를 할 수도 없게 되었더라.

21 예수의 친족들이 듣고,

그를 붙들러 나왔더니(ἐξῆλθον) *이는 그들이 그가 미쳤다고 말하기 때문이라.*

22 예루살렘에서 내려온 서기관들이 말하기를

그가 바알세불을 지녔고

또 귀신의 왕을 힘입어 귀신을 내어 쫓는다고 하니,

23 예수께서 저희를 자기에게로 불러

비유로 그들에게 말하시되(ἔλεγεν)

어떻게 사단이 사단을 내어 쫓을 수 있겠는가

24 만약 왕국이 자신에 대해 분쟁한다면 그 나라가 설 수 없을 것이요,

25 만약 집이 자신에 대해 분쟁하면 그 집이 설 수 없을 것이라.

26 만약 사탄이 자신을 대항하여 일어나 분쟁한다면

그는 설 수 없게 될 것이요

오히려 그는 끝을 맞게 되느니라.

27 그런데 먼저 강한 자를 결박하지 않는다면
그 어느 누구도 강한 자의 집에 들어가 그의 소유들을 약탈
할 수 없도다.
결박한 후에야 그의 집을 약탈할 수 있을 것이라.

28 내가 너희에게 진실로 말하노니(λέγω)
사람의 모든 죄와 그들이 행하는 모든 신성모독들은 용서
함을 얻게 될 것이되,
29 그러나 성령을 거슬려 말하는 자는 영원히 용서받지 못하며,
영원한 죄에 처하게 되느니라.
30 *이는 저희가, 그가 더러운 영을 지니고 있다고 말*
하기 때문이더라.

31 예수의 모친과 동생들이 와서(Καὶ ἔρχεται), 밖에 서서
사람을 들여보내시고, 그를 부르니,
32 그 주위에 무리가 앉았다가 그에게 이르기를
보소서, 당신의 모친과 동생들과 누이들이 밖에서 찾고 있나이다.
33 그들에게 대답하여 이르시되
누가 내 모친이며 동생들이냐 하더라.
34 그 주위에 둘러 앉아 있는 자들을 둘러보시며 그가 이르시되
나의 모친과 나의 동생들을 보라
35 이는 하나님의 뜻을 행하는 자는 누구든지
그가 나의 형제요 자매요, 모친이기 때문이라 하시더라.

(2) 본문의 구성 설명

본문은 구성상 다음과 같은 특이점을 보여준다. 첫째로 본문은 예수의 친족에 대한 기술로 시작해서(20-21절), 예수의 참된 가족에 대한 기술로 끝난다(30-35절). 이것은 문학 기법 상 수미상관 구조(A-A')의 형태이다. 중요한 것은 이러한 수미상관 구조 가운데 바알세불 논쟁(B) 기사(22-30절)가 들어있어서, 전체적인 구성상의 관점에서 볼 때 A-B-A'라는 형태를 보여주고 있다.

둘째로 이상에서 말한 A와 B를 연결 짓는 중요한 요소가 있다. A부분은 사람들이 예수가 미쳤다고 말하는 진술로 끝을 맺고 있는데 B부분 역시 예수가 더러운 영을 지니고 있다는 진술로 끝을 맺고 있다는 점이다. 이것은 이 두 부분이 모두 예수가 귀신에 들렸다는 악의적인 주장을 요점으로 하고 있음을 암시한다. 또한 A 부분 중 21절은 사람들이 예수가 미쳤다고 주장한다고 말하고 있는데 동일하게 B 부분 중 22절은 서기관들이 예수가 바알세불을 지녔다고 주장한다고 말하고 있다. 이것은 예수의 친속들과 사람들의 주장과 서기관들의 주장 사이의 연속성을 보여준다.

셋째로 B에 해당하는 바알세불 논쟁기사(22-30절) 자체도 특이한 구조를 보여준다. 즉 22-26절 (A)은 서기관들의 예수에 대한 문제제기와 그에 대한 예수의 비유적 대답을 다루고 있고, 27절 (B)은 예수 사역의 성격에 대한 암시적인 주석부분이고, 28-30절(A')은 다시 서기관들의 예수에 대한 문제제기에 대한 예수의 평가적 정죄를 다루고 있다. 이러한 구조는 23절의 "예수께서 비유들로 그들에게 말하기를/ ἐν παραβολαῖς ἔλεγεν αὐτοῖς"이란 표현과 28절의 "내가 너희에게 진실을 말하니/ Ἀμὴν λέγω ὑμῖν"라는 유사한 표현이 나타나는 것을 통해서 지지를 받는다. 그렇다면 이 부분 역시 A-B-A'이란 교차대구법적인 구조를 지니고 있으며, 이 구조의 핵심은 가운데 부분인 27절, 즉 강한 자의 결박에 내한 진술이다. 이상의 두 가지의 구조적 형태를 종합해보면, 결국 본문은 A(20-21절) - B(22-26절) - C(27절) - B'(28-30) - A'(31-35)의 구조를 보여주며, 이 경우 C에 해당되는 강한 자의 결박에 대한 진술이 본문의 핵심에 놓여 있다고 볼 수 있다.

이와 같이 분명 본문의 핵심적 사항은 강한 자인 사탄을 결박하시는 예수는 1:7절에서 언급된 바 있는 '보다 강한 분'을 보여주고자 함에 있으며, 사탄의 시험과 그 후 바로 이어지는 천국 복음 선포 가운데 특별히 옛 시대, 즉 사탄이 지배하던 옛 시대의 정한 기간이 지나감에 따라 끝이 났고 이제 하나님이 친히 다스리시는 새로운 시대가 도래했다는 하나님의 복음의 선포와 연결되어 있다.

그러나 단락 구성을 자세히 들여다보면 이 부분은 결코 돌출적인 부분이 아니라 단락의 매우 중요하고도 자연스러운 일부임을 알 수 있다. 이미 사탄의 그 종국은 26절 끝부분에서 강력히 시사되고 있다. 그런 뒤에 27절에 이르러 사탄의 결박을 비유로 말씀하고 있다고 볼 수 있다. 그렇다면 여기서 정작 이슈가 되는 것은, 사탄의 지배가 끝이 났는가 하는 점이 아니라 어떤 방식으로 끝이 났는가, 어떤 방식으로 사탄의 세력이 멸망했는가 하는 점이다. 이 점에 대해서 24-26절은 반복적인 수사의문문을 통해서 사탄의 지배는 스스로 무너진 것이 아니라는 점을 강력히 시사하고 있으며, 27절에 이르러 명시적으로 분명히 사탄은 사탄 제국의 내적인 공모와 반란을 통해서 쓰러져가는 것이 아니라 외부에서 침입한 보다 더 강한 자에 의해서 결박되었으며 한걸음 더 나아가 이제 그의 소유물들에 대한 약탈이 이행되고 있다는 것을 말하고 있다.[85]

이 점, 즉 사탄이 망하게 된 것은 자중지란이 아니라 외부의 침입자

---

85 J. Marcus, *Mark 1-8*, 282.

이신 예수를 통해서 역사하는 하나님의 능력인 성령의 역사의 결과라는 점을 부인하고 이를 훼방하는 것은 마땅히 영원한 형벌에 해당한다고 볼 수 있으며, 이런 점에서 28-30절은 이 바알세불 논쟁은 성령을 훼방하는 죄이므로 영원히 사함을 얻지 못할 죄라고 규정하고 있다.

2-2) 마가복음 11:1-11

(1) 문장흐름도와 구성 파악

1 그들이 예루살렘에 가까워져 감람산 쪽 벳바게[86]와 베다니에 이르렀을 때

예수께서 제자 중 둘을 보내시며

2 그들에게 말하기를,

"너희는 맞은편 마을로 가라

즉시 거기로 들어가면

너희는 아무도 타보지 않은 나귀 새끼가 매어있는 것을 발견할 것이라.

그것을 풀어서 가져오라.

3 만일 누가 너희에게 '너희가 왜 이렇게 하느냐?' 묻거든

주가 그것을 필요로 하신다 하라,

그리고 그가 즉시 그것을 이리로 다시 돌려보낼 것이라." 하시더라.

4 제자들이 가서

나귀 새끼가 길가에 문을 향해매여 있음을 발견하고

그것을 푸니,

---

86 이 지명은 '익지 않은 무화과의 집'을 뜻하는 아람어 bet pagge'로부터 유래한 것으로 추정되고 있다 (cf. J. Marcus, *Mark 8-16* , ABC 27A [Yale Univ. Press, 2009], 771). 이것이 사실이라면 이 본문은 이어지는 무화과 저주 사건(11:12-14)과 주제상의 좋은 연결을 보여주고 있다 할 수 있을 것이다.

5 거기 서 있던 자들 중 어떤 이들이 제자들에게 말하기를
"나귀 새끼를 풀어 너희가 무엇을 하려느냐?" 하더라.
6 이에 제자들이 예수께서 말씀하셨던 대로 말하니
그들이 제자들에게 허락하였더라.
7 제자들이 나귀 새끼를 예수께로 가져와서
그들의 옷을 나귀 새끼 위에 펼치니
예수께서 그 위에 앉으셨더라.
8 그리고 많은 사람들이 그들의 옷을 길 위에 펴며
다른 자들은 들에서 벤 나뭇가지들을 펼치더라.
9 앞에서 가고 뒤를 따르는 자들이 외쳐 말하기를
"호산나!
주의 이름으로 오시는 이가 복되도다!
10 우리 조상 다윗의 오는 나라가 복되도다!
지극히 높은 곳에서
호산나!" 하더라.

11 예수께서 예루살렘에 이르러 성전에 들어가셔서
모든 것을 둘러보시니
시간이 이미 늦었기에
열두 제자와 함께 베다니로 나가셨더라.

(2) 구성 설명

본문의 구성을 파악하는 일은 본문을 자세히 관찰하여 본문의 특이한 패턴이나 구성 형태를 발견하고 그것을 주목함으로써 이루어진다. 본눈은 다음과 같은 몇 가지 특이한 패턴과 구성 형태로 이루어져 있다.

첫째로 본문은 1절의 예루살렘-베다니와 11절의 예루살렘-성전-베다니라는 안팎 구조(inner and outer frames)의 형태를 띠는데 이것은 수미상관(inclusio)이란 문학적 장치이다. 이러한 구성 형태는 예수의 예루살렘 입성이 성전과 관계된 것임을 암시한다.

둘째로, 예수께서 예루살렘에 가까이 가시면서 제자 둘을 마을로 보내면서 나귀를 준비하라고 지시하고 제자들이 그에 따르는 지시-이행의 형태는 14:12-16에서 예수께서 제자 둘을 보내면서 유월절을 준비하라고 지시하고 제자들이 따르는 형태와 매우 유사하다. 이것은 물론, 예수의 죽음에 이르는 길이 결코 우발적이거나 어떤 인간적인 요소들에 의해 이루어지는 것이 아니라 하나님에 의해 이미 작정된 바이며, 예수에 의해서 미리 아신 바 된 대로 이루어지고 있음을 보여주고 있는 것이지만,[87] 마가의 보다 큰 신학적 주제인 '주의 길과 이 길에 대한 준비'(1:2-3)라는 차원을 암시하고 있다(참조. 14:12과 16절에서 두 번씩 '준비하다'가 사용되고 있음). 즉 예수께서 걸어가는 길은 이사야가 예언한 바 있는 여호와의 길인 동시에 주되신 그리스도께서 걸어가시는 길이며(cf. 막 1:2-3), 마가의 제자들은 이 길을 준비하고 함께 참여하여 걸어가라고 부름받은 자들이라는 것을 말하고 있는 것이다.

셋째로, 9-10절의 무리들의 외침은 동의적 평행법적 형태를 띠고 있다: "주의 이름으로 오시는 이가 복되도다."(9절) // "우리 조상 다윗의 오는 나라가 복되도다."(10절) 여기서 9절은 시편 118:26a의 인용이며, 10절은 마가의 해석적 관점의 서술이라 할 수 있다. 즉 주의 이름으로 오시는 분은 다름 아닌 다윗 계열의 도래한 하나님의 나라/다스림이며, 이러한 하나님의 도래한 통치가 복되며 이를 찬송한다는 뜻이다.

---

87 M. Boring, *Mark: A Commentary* , The New Testament Library (Westminster John Knox Press, 2006), 315.

넷째로, 예수께서 성전을 둘러본 후 베다니로 나가는 장면은 점강법(anticlimactic)의 형태를 띠고 있다. 바로 앞서 있었던 무리들의 요란한 외침에 걸맞는 일들이 일어나지 않고, 예수께서는 그냥 성전을 둘러보시고 조용히 제자들을 데리고 베다니로 나가시고 있기 때문이다. 아마 이것은 무리들의 외침에 대한 마가의 암시적 해석의 일면을 보여주는 듯하다. 무리들의 외침의 한계, 즉 그들의 외침이 의미하는 바와는 다른 방식으로 하나님의 나라를 도래하게 하시는 예수의 모습을 암시하고 있다 할 수 있다.

2-3) 시편 1:1-6

(1) 문장흐름도와 구성 파악

1 그는 복이 있도다!

악인의 꾀를 따르지 아니하며,

죄인의 길에 서지 아니하며,

오만한 자들의 자리에 앉지 아니하는 자여.

2 이는 그가 주의 율법/교훈을 즐거워하며

주의 율법/교훈을 밤낮으로 묵상하기 때문이라.[88]

3 그는 계절에 열매를 맺으며

나무의 잎이 시들지 않는

물가에 심겨진 나무 같으니,

그가/그것이 하는 모든 일이 형통하도다.

4 악인은 이와 같지 아니하니,

---

88 수 1:8 참조: "이 율법책을 네 입에서 떠나지 말게 하며, 주야로 그것을 묵상하여 그 가운데 기록한 대로 다 지켜 행하라. 그리하면 네 길이 평탄하게 될 것이라. 네가 형통하리라."

이는 바람에 날리는 겨와 같기 때문이라.

5 그러므로 악인은 심판을 견디지 못하며

죄인은 의인들의 회중에 들지 못하도다.

6 이는 주께서 의인의 길을 알고 계시지만

악인의 길은 망할 것이기 때문이라.

(2) 구성 설명

본문은 구조 혹은 구성상 1-3절(의인의 길)과 4-5절(악인의 길), 그리고 6절(이 두 길에 대한 결론적인 판단)로 /구분된다. 보다 중요하게 이 시편의 서두에 나오는 " אַשְׁרֵי־הָאִישׁ/아쉐레이 하이쉬"는 1절의 나머지 부분이 보여주는 평행구조 밖에 놓여 있다는 점과 시편 1편이 시편 전체의 서문 혹은 서론의 역할을 하고 있다는 점에 비추어 볼 때, 서두의 표현은 이 시편과 시편 전체에 대한 해석의 실마리가 된다. 이런 점에서 모든 시편은 "복 있는" 것이 무엇을 의미하는지에 대한 묘사를 담고 있다 할 수 있다.

먼저 1절의 복 있는 자에 대한 기술이 '따르다' '서다' '앉다'의 형태로 구성되어 있다. 이것은 악과의 관계에서 보다 구체적이고도 실행적인 단계로 점증되는 것을 보여 준다. 물론, 각각의 행위에 대한 부정을 통해서 복 있는 자는 악과의 관계에서 구체적인 실천적인 절연을 강조하고 있다.

1절의 나머지 부분에서 복 있는 사람을 부정적인 용어들로 묘사하고 있는 것은 6절에서 묘사되는 "의인의 길"과 "악인의 길"이라 불리는 것 사이의 대조를 극명하게 보여주는 효과를 나타내고 있다. 또한 1절의 '죄인의 길'이란 표현과 함께 6절에 보여주는 두 " דֶּרֶךְ/길"이란 표현은 이 시편과 시편 전체가 두 개의 근본적으로 다른 삶의 방식들 사이에서 선택을 제시하고 있다는 암시를 주고 있다. 이 둘 사이의 선택의 결과는 이 시편의 처음 단어인 " אַשְׁרֵי/복 있는"과 마지막 난어인 " תֹּאבֵד/망하다"로 표현되고 있다(또한 이 두 단어는 각각 히브리 알파벳의 첫 철자인 א과 끝 철자인 ת로 시작되고 있음이 이러한 근본적인 두 길 사이의 선택의 종국적인 중요성을 암시하고 있다).

이 본문은 의인을 생명의 근원이며 생명을 공급하시는 하나님의 교훈에 열려 있는 하나님과의 산 교제 가운데 사는 자라고 말하고 있는 데 반해, 악인은 하나님의 교훈에 대해 폐쇄된 자, 즉 자기-지시적인 삶을 사는 자라고 말하고 있다. 그렇다면 의인의 길은 하나님의 지속적인 생명 공급이라는 토대와 안정을 향유하는 삶의 길이며, 악인의 길은 이러한 생명 공급이 끊겨 있는 삶의 길이라 할 수 있다. 이런 점에서 이 시편은 이 두 길 사이에서 하나님의 교훈에 열려 있는 삶의 방식을 선택하는 자가 복 있는 자라 말하고 있다.

(3) 본문의 현대적 의의와 중요성

현대적 의미의 의인과 악인은 어떤 것일까? 이것은 성경적 의미의 의인, 악인과 어떻게 다를까? 현대적 의미의 의인과 악인은 사회 규범과 통념을 따라 규정된다면, 성경적 의미의 의인과 악인은 하나님의 교훈에 따라 규정된다. 전자의 규정은 인간- 중심적이고 후자의 규정은 하나님-중심적이라 할 수 있다. 또 전자는 자기-의의 관점에서의 규정이고, 후자는 하나님의 의의 관점에서의 규정이다. 그렇다면 어떻게 하나님 중심 적인 의의 삶을 살 수 있겠는가?

행복은 자아-실현 혹은 자기-성취를 통해 얻어지는 것이 아니라 하나님의 가르침을 기뻐함으로 얻어진다. 형통은 자기가 원하는 바를 얻음으로가 아니라 생명의 원천이신 하나님께 연결되는 일을 통해 온다. 의는 기본적으로 올바른 선택을 하거나 바른 정책들을 구현하는 것이 아니라 삶이 하나님께 속해 있음을 알며 미래의 안정이 하나님에 의해서 주어진다는 것을 아는 것이다. 모든 고통과 위협 속에서 삶을 지탱하고 유지시키는 것은 다름 아닌 하나님과 맺어진 관계이며 하나님께 열려 있는 통로이다.

이에 반해서 시편과 성경이 말하는 악은 자율이며, 자기-충족성이다. 현대적 관점에서 볼 때 부족하거나 도움이 필요하다는 것은 연약함과 불안정의 표식이다. 이 때문에 자기-충족성이 추구되며 결국 고립된 자아들로 가득찬 사회가 만들어진다.

2-4) 창세기 9:8-17

(1) 본문의 구성 파악

개역개정

8 하나님이 노아와 그와 함께 한 아들들에게 말씀하여 이르시되 9 내가 내
언약을 너희와 너희 후손과 10 너희와 함께 한 모든 생물 곧 너희와 함께 한
새와 가축과 땅의 모든 생물에게 세우리니 방주에서 나온 모든 것 곧 땅의
모든 짐승에게니라 11 내가 너희와 언약을 세우리니 다시는 모든 생물을 홍
수로 멸하지 아니할 것이라 땅을 멸할 홍수가 다시 있지 아니하리라 12 하
나님이 이르시되 내가 나와 너희와 및 너희와 함께 하는 모든 생물 사이에
대대로 영원히 세우는 언약의 증거는 이것이니라 13 내가 내 무지개를 구름
속에 두었나니 이것이 나와 세상 사이의 언약의 증거니라 14 내가 구름으로
땅을 덮을 때에 무지개가 구름 속에 나타나면 15 내가 나와 너희와 및 육체
를 가진 모든 생물 사이의 내 언약을 기억하리니 다시는 물이 모든 육체를
멸하는 홍수가 되지 아니할지라 16 무지개가 구름 사이에 있으리니 내가 보
고 나 하나님과 모든 육체를 가진 땅의 모든 생물 사이의 영원한 언약을 기
억하리라 17 하나님이 노아에게 또 이르시되 내가 나와 땅에 있는 모든 생
물 사이에 세운 언약의 증거가 이것이라 하셨더라.

NASB

8 Then God spoke to Noah and to his sons with him, saying, 9 "Now behold, I Myself do establish My covenant with you, and with your descendants after you; 10 and with every living creature that is with you, the birds, the cattle, and every beast of the earth with you; of all that comes out of the ark, even every beast of the earth. 11 "I establish My covenant with you; and all flesh shall never again be cut off by the water of the flood, neither shall there again be a flood to destroy the earth." 12 God said, "This is the sign of the covenant which I am making between Me and you and every living creature that is with you, for all successive generations; 13 I set My bow in the cloud, and it shall be for a sign of a covenant between Me and the earth. 14 "It shall come about, when I bring a cloud over the earth, that the bow will be seen in the cloud, 15 and I will remember My covenant, which is between Me and you and every living creature of all flesh; and never again shall the water become a flood to destroy all flesh. 16 "When the bow is in the cloud, then I will look upon it, to remember the everlasting covenant between God and every living creature of all flesh that is on the earth." 17 And God said to Noah, "This is the sign of the covenant which I have established between Me and all flesh that is on the earth."

(2) 구성 설명

본문을 자세히 관찰하게 되면 다음과 같은 것들이 두드러짐을 알 수 있다.

① 직접화법의 서술문을 이끌듯이 주어+동사 형태의 “하나님이 말씀하셨다/ וַיֹּאמֶר אֱלֹהִים”라는 표현이 8절, 12절, 17절 서두에 나타난다.

② 8절과 17절에서는 “하나님이 노아에게 말씀하셨다/ אֱלֹהִים אֶל־נֹחַ
וַיֹּאמֶר”라는 동일한 표현을 사용하고 있다.

③ 8절 끝에는 “이르기를/ לֵאמֹר”이란 단어가 사용되어 주동사 אָמַר를 를 반복하고 있다.

④ 9절과 11절에 “나의 언약을 세운다/ קִים אֶת־בְּרִיתִי”라는 표현이 반복된다. 그러나 9절은 언약의 수혜자가 누구인가에 대한 기술이 길고 11절은 언약의 내용이 기술된다.

⑤ 12절은 “ וַיֹּאמֶר אֱלֹהִים/하나님이 말씀하셨다”로 시작하여 언약의 표를 언급하며, 13절이 이 언약의 표가 구체적으로 무엇인지(언약의 표의 내용)를 밝힌다.

⑥ 14-16절은 언약의 내용과 언약의 표가 함께 사용하여 언약을 구체적으로 설명한다. 특히 주목할 것은 여기서 “… 언약을 기억하다/ זָכַרְתִּי אֶת־בְּרִיתִי”라는 표현이 반복 사용되고 있다.

⑦ 본문에 언약의 표인 “무지개/ קֶשֶׁת”가 언약의 표의 내용을 기술하는 14-16절에서 집중적으로 총 3번 나타난다.

⑧ 본문의 끝부분인 17절에는 처음인 8절에 사용된 “하나님이 노아에게 말씀하셨다/ וַיֹּאמֶר אֱלֹהִים אֶל־נֹחַ”는 표현이 동일하게 나타나며, 언약의 표에 대한 언급이 나타난다.

⑨ 본문에 총 7번에 걸쳐서 “언약/ בְּרִית”이란 표현이 나타난다.

⑩ 12절과 17절에서 두 번 “언약의 표/ אוֹת־הַבְּרִית”란 표현이 나타난다.

이상의 관찰을 정리하면 다음과 같은 특이점을 발견하게 된다.

① 수미상관 구조

"하나님이 말씀하셨다/ וַיֹּאמֶר אֱלֹהִים"란 표현이 8절, 12절, 17절 서두에 나타나는데, 본문의 처음과 끝인 8절과 17절에 "하나님이 노아에게 말씀하셨다/ וַיֹּאמֶר אֱלֹהִים אֶל־נֹחַ"라는 똑같은 표현이 나타난다.

② 본문에 7번 나타나는 "언약"이란 표현이 본문 전체에 골고루 퍼져 나타난다.

③ "언약의 표/ אוֹת־הַבְּרִית"란 끝 부분인 17절에 나타난다.

이상의 특이점들을 중심으로 본문이 강조하는 바를 다음과 같이 요약할 수 있다. '본문은 하나님의 언약이 주요 관심사이다. 언약 이행에 대한 하나님의 약속이 강하게 암시되고 있다. 또한 언약의 보편성이 강조되고 있고, 언약의 내용과 언약의 표(표식)이 중점적으로 기술되고 있다. 끝으로 언약과 관련한 하나님 편에서의 기억이 강조되고 있다.

2-5) 창세기 11:1-9i

(1) 구성 파악

1 온 땅(כָל־הָאָרֶץ)의 언어(שָׂפָה)가 하나(אֶחָת)요 말(דְבָר)이 하나(אֲחָדִים)였더라.

2 그들이 동방으로부터 떠나서(בְנָסְעָם)

시날 땅에서 평지를 발견하고(יִמְצְאוּ),

거기에 정착했더라(יֵשְׁבוּ).

3 그들이 동료들에게(רֵעֵהוּ) 말하되(אמר)

자, 우리가 벽돌을 만들고(נִלְבְּנָה) 벽돌을 단단히 굽자(נִשְׂרְפָה) 하니

이에 그들에게 돌 대신에 벽돌이 진흙 대신에 역청이 있더라.

4 또 그들이 말하기를(אמר)

자, 우리가 우리를 위하여 도성(עִיר)과 꼭대기가 하늘(שָּׁמַיִם)에 닿는

탑(מִגְדָּל)을 세우고(נִבְנֶה)

우리가 우리를 위하여 이름(שֵׁם)을 만들고(נַעֲשֶׂה)

우리가 온 땅의 지면 위에(עַל־פְּנֵי כָל־הָאָרֶץ) 흩어지지 않게 하자(פֶּן־נָפוּץ) 하더라.

5 여호와께서 사람의 아들들(בְּנֵי הָאָדָם)이 세우는(בָּנוּ) 도성과 탑을 보기 위해서(לִרְאֹת)

내려 오셨더라(יֵּרֶד)

6 여호와께서 말씀하기를(יֹּאמֶר)

민족(עָם)이 하나요, 모두에게 언어(שָׂפָה)가 하나(אַחַת)라,

그래서 그들이 이런 일을 하기(לַעֲשׂוֹת) 시작했으니(הַחִלָּם)

그러므로 이제 어떤 것도 그들이 하고자(לַעֲשׂוֹת) 생각하는 모든 것들을

그들로부터 막을 수 없을 것이라 (לֹא־יִבָּצֵר)

7 자, 우리가 내려가서(נֵרְדָה)

거기서(שָׁם) 그들의 언어(שְׂפָתָם)를 혼동케 하자(נָבְלָה)

그리하여 사람들이 동료의(רֵעֵהוּ) 언어(שְׂפַת)를 듣지 못하게(לֹא יִשְׁמְעוּ)

하자 하시더라.

8 여호와께서 그들을 거기로부터(מִשָּׁם) 온 땅의 지면 위에(עַל־פְּנֵי כָל־הָאָרֶץ) 흩으셨

으며(יָּפֶץ)

그들은 그 도성을 세우기를(לִבְנֹת) 중단했더라(יַּחְדְּלוּ).

9 이런 연유에서 그 이름(שְׁמָהּ)이 바벨(בָּבֶל)이라 불렸으니(קָרָא),

이는 여호와께서 거기서(שָׁם) 온 땅의(כָּל־הָאָרֶץ) 언어(שְׂפַת)를 혼동케

하셨기(בָּלַל) 때문이요

여호와께서 거기서 그들을 온 땅의 지면 위에(עַל־פְּנֵי כָל־הָאָרֶץ)

흩으셨기(הֱפִיצָם) 때문이라.

(2) 구성 설명

이 본문을 자세히 살펴보면 수미상관(inclusio), 반복법(repetition), 대칭적 평행관계(symmetrical parallel), 동심원적 형태(concentric structure) 등의 특징적인 형태를 발견할 수 있다. 이중 가장 두드러진 수미상관과 대칭적 평행관계 그리고 동심원적인 구조 형태를 주목하고자 한다.[89]

① 수미상관

1절: 온 땅(כָּל־הָאָרֶץ)의 언어(שָׂפָה)가 하나(אֶחָת)요 말(דְבָר)이 하나(אֲחָדִים)였더라.

9절: 여호와께서 거기서(שָׁם) 온 땅의(כָּל־הָאָרֶץ) 언어(שְׂפַת)를 혼동케하셨다(בָּלַל).

② 대칭적 평행관계

A. 언어(שָׂפָה)가 하나(אֶחָת)요 말(דְבָר)이 하나(אֲחָדִים)였더라(1절)

B. 자, 우리가 … 하자 (חָבָה...)(3-4절)

C. 우리가 … 세우자(נִבְנֶה)(4절)

D. 우리가 이름(שֵׁם)을 만들고(נַעֲשֶׂה)(4절)

E' 온 땅의 지면 위에(עַל־פְּנֵי כָל־הָאָרֶץ)

흩어지지 않게 하자(פֶּן־נָפוּץ)(4절)

A' 민족(עָם)이 하나요, 모두에게 언어(שָׂפָה)가 하나(שָׂפָה)라(6절)

B' 자, 우리가 … 하자 (חָבָה...)(7절)

C' 그들은 그 도성을 세우기를(לִבְנֹת) 중단했더라(יַחְדְּלוּ)(8절)

D' 그 이름(שֵׁם)이 바벨(בָּבֶל)이라 불렀으니(קָרָא)(9절)

E' 온 땅의 지면 위에(עַל־פְּנֵי כָל־הָאָרֶץ)

---

89 이와 같은 구성 형태는 많은 주석가들에 의해서 인지되고 있다. 다음의 예들을 참조하라: Gordon J. Wenham, *Genesis 1-15*, WBC 1 (Word Books, 1987) 234-236; David W. Cotter, *Genesis*, Berit Olam (The Liturgical Press, 2003), 67-71.

흩으셨기(הֵפִיץ) 때문이라(9절)

이상의 대칭적 평행관계는 인간-중심적인 생존의 방식에 대한 하나님 주도적인 대응을 극명하게 보여준다.

③ 동심원적인 구조

A. 온 땅(כָּל־הָאָרֶץ)의 언어(שָׂפָה)가 하나(שָׂפָה)요 말(דְּבָר)이 하나(אֲחָדִים)였더라.(1절)

B. 그들이 거기에(שָׁם) 정착했더라(יֵשְׁבוּ).(2절)

C. 그들이 동료들에게(רֵעֵהוּ) 말하되(אָמַר)(3a)

D. 우리가 벽돌을 만들고(נִלְבְּנָה) 벽돌을 단단히 굽자
(נִשְׂרְפָה)(3b)

E. 우리가 우리를 위하여 … 세우고(נִבְנֶה)(4a)

F. 도성(עִיר)과 꼭대기가 하늘(שָּׁמַיִם)에
닿는 탑(מִגְדָּל)을(4a)

X. 여호와께서…
보기 위해서(לִרְאֹת)
내려 오셨더라(יֵרֶד)(5절)

F' 도성(עִיר)과 탑(מִגְדָּל)을(5절)

E' 사람의 아들들(בְּנֵי הָאָדָם)이 세우는(בָּנוּ)(5절)

D' 우리가 내려가서(נֵרְדָה) … 혼동케하자(נָבְלָה)(7절)

C' 그리하여 사람들이 동료의(רֵעֵהוּ) 언어(שְׂפַת)를 듣지 못하게
(לֹא יִשְׁמְעוּ) 하자(7절)

B' 여호와께서 그들을 거기로부터(מִשָּׁם) … 흩으셨으며(יָפֶץ)(8절)

A' 온 땅의(כָּל־הָאָרֶץ) 언어(שְׂפַת)를 혼동케하셨기(בָּלַל) 때문이요(9절)

본문은 5절을 중심으로 서로 대조적 평행관계를 이루는 요소들이 서로 상관관계를 이루는 방식으로 구성되어 있다. 이러한 동심원적인 구조의 핵심은 5절이다: "여호와께서 … 보기 위해서 내려오셨다." 땅에 유리하는 자며(cf. 4:12, a restless wanderer) 동시에 "생육하고 번성하여 땅을 가득 채우는"(창 9:1, 7) 자라는 이중적 정체성을 가진 인간들이 한 곳에 정착하여 자신들의 이름을 내고 온 땅에 흩어짐을 면하고자 하는 일을 하나님이 친히 보기 위해 내려 오셨고, 이를 통해 이러한 인간의 반역적이고도 자기-중심적인 안정 추구의 근간이 훼파되었는데, 바로 이 일의 중심에 '하나님의 보심'이 있었다는 것이다. 이러한 하나님의 보심은 심판을 위한 것인 동시에 보다 근원적으로는 땅에 편만하라는 창조의 명령을 이루는 하나님의 방식이기도 하다.

이것은 성경의 창조-구속 사건의 중요 지점에서 상기되는 하나님-중심적 사상이다. 창세기 8:1은 인간의 패역함에 대한 심판으로 이루어진 노아 홍수의 정점에서 하나님이 노아를 기억하셨다는 사실을 기술하고 있다. 마찬가지로, 인류의 재-창조의 시발점 역시 하나님의 자비롭고 은혜로운 기억이었음을 보여준다. 출애굽기 3:7에서 하나님은 모세에게 소명을 주시면서 "내가 애굽에 있는 내 백성의 고통을 정녕히 ***보았고***(יְהוָה רָאֹה רָאִיתִי), … 부르짖음을 들었으며 그들의 슬픔을 알았도다"고 말씀하시며, 이어서 내가 그들을 애굽 사람들의 손에서 구출해내고자 내려왔다(וָאֵרֵד לְהַצִּילוֹ מִיַּד מִצְרַיִם)고 말씀하신다. 바로 이러한 하나님의 주권적이며 은혜로운 섭리가 하나님의 창조-구속 행위들의 원동력이다.

2-6) 마가복음 2:23-28

(1) 구성 파악

23 안식일에 예수께서 밀밭 사이로 지나 가실새 그의 제자들이 길을 열며
이삭을 자르니 24 바리새인들이 예수께 말하되 보시오 저들이 어찌하여 안
식일에 하지 못 할 일을 하나이까 25 예수께서 이르시되 다윗이 자기와 및
함께 한 자들이 먹을 것이 없어 시장할 때에 한 일을 읽지 못하였느냐 26 그
가 아비아달 대제사장 때에 하나님의 전에 들어가서 제사장 외에는 먹어서
는 안 되는 진설병을 먹고 함께 한 자들에게도 주지 아니하였느냐 27 또 이
르시되 안식일이 사람을 위하여 있는 것이요 사람이 안식일을 위하여 있는
것이 아니니 28 이러므로 인자는 안식일에도 주인이니라(개역개정)

(2) 구성 설명

먼저 본문은 표면적으로 볼 때 구성상의 문제점을 드러낸다. 바리새인들은 분명 안식일에 관한 질문을 제기하고 있는 데 반해, 예수께서는 성전에 관한 이야기를 하고 있다는 점이다. 그런데 예수께서는 성전에 관한 말씀을 하고 난 후에 다시 안식일에 관한 이야기로 말씀을 마침으로써 분명 본문은 안식일에 관한 것이라는 점을 강하게 시사하고 있다.

그러나 다시 한번 본문을 자세히 읽어보면 24절에서 바리새인들이 제기하는 질문에 대한 적절한 대답은 25-26절에서 주어지는 예수의 대답이라기보다는 오히려 27-28절에서 주어지는 예수의 대답이라는 생각이 든다.[90] 다시 말해, 바리새인들이 '왜 당신의 제자들이 안식일에 해

90 이 본문에 대한 양식 비평적 관점에서의 전승과 편집에 관한 논쟁들에 대해서는 다음을 참조하라: Guelich, *Mark 1-8:26*, 119-120. 특별히 27-28절이 24절에서 제기된 바리새인들의 질문에 대한 더 적합한 대답이라는 주장에 대해선, Marcus, *Mark 1-8*, 243을 참조하라. R. Stein은 본문의 기원에 대한 양식-편집적인 관점의 논쟁들을 다음과 같

서는 안 될 일을 합니까?'라고 물었는데 예수께서는 '안식일보다 사람이 더 중요하지 않는가?'라고 대답하고 있다는 뜻이다. 즉 제자들이 안식일에 금지된 일을 한 것에 대해 예수께서 27-28절에서 안식일 자체보다 안식일이 사람(man)에게 의미하는 바가 더 중요하다는 사실과, 나아가 인자(the Son of Man), 곧 예수 자신이 안식일의 주인이라는 사실에 비추어볼 때 23절의 예수의 제자들의 일은 정당하다고 말씀하고 있는 것으로 해석할 수 있다.

이런 점에서 23-24절은, 25-26절보다는 27-28절과 더 자연스럽게 연결 지을 수 있을 것 같다는 뜻이다. 더욱이 안식일을 뜻하는 "σάββατον"이 23-24절의 바리새인들의 문제 제기와 27-28절의 예수의 두 번째 대답에서는 모두 나타나지만, 25-26절의 예수의 첫 번째 대답에서는 전혀 나타나지 않는다는 사실도 이러한 구성상의 표면적인 문제점을 지지하는 듯하다. 이렇게 본문을 이해하자면 본문은 바리새인들은 안식일에 노동/일을 통해서 먹는 것이 문제가 된다고 본 것이고, 이에 대해 예수께서는 먼저 사람이 살고 봐야지 않는가라고 말씀하고 있다는 의미로 받아들여질 수 있을 것이다.

물론, 이것이 본문의 의미일 수는 없지만 분명한 것은 '먹는다'는 요소, 곧 식음의 모티프는 본문의 중요한 요소라는 점이다. 이 점은 바리새인들의 질문에 이어 곧바로 주어지는 25-26절에서 다윗이 배고팠을 때 성전에 있던 음식을 먹었던 사건을 예수께서 상기시키고 있다는 점에서도 지지를 받는다.

이처럼 본문이 식음의 모티프를 중시하고 있다는 점은 또한 본문을

이 요약할 수 있다고 주장한다: 1) 23-26절이 오리지널이고 후에, 27-28절이 첨가되었다; 2) 23-24절과 27절이 오리지널이고 후에 25-26절과 28절이 첨가되었다 (cf. *Mark: Baker Exegetical Commentary on the New Testament*, [Grand Rapids: Eerdmans, 2008], 143.

앞선 두 에피소드가 죄인들과 식사하는 일에 대한 예수와 바리새인들과의 논쟁(2:13-17)과 금식에 관한 논쟁(2:18-22)이었다는 사실에서도 잘 알 수 있다. 분명 본문은 먹는 것에 관한 모티프를 계속 사용하고 있다는 인상을 준다. 그러나 제자들이 안식일에 밀밭에서 밀 이삭을 잘라 먹었든, 아니면 안식일에 이삭을 잘라 길을 내었든, 바리새인들에게 문제가 되는 보다 중요한 이슈는 제자들이 안식일에 행한 일은 제4 계명이 나타나는 출애굽기 20:10("그날에 [여호와의 안식일인 제 칠일 에] 너는 아무 일도 하지 말라.")의 안식일 준수 명령에 대한 위반이라는 점은 분명하다.[91]

이와 같은 구성상의 표면적인 문제점은 실상은 문제점이 아니라 영감된 권위 있는 성경 저자의 문학적 구성의 일환으로서, 해석자는 본문 해석 과정 중에 이러한 표면상의 문제점을 직면할 때마다 문학적 불규칙성(literary irregularity)이 성경 저자가 의도했던 신학적 해석(theological interpretation)으로 나아가는 단초 내지는 열쇠를 제공한다는 점을 상기할 필요가 있다.[92] 이런 점에서 25-26절은 해석의 걸림돌이 아니라 본문을 이해하고 해석하는 데에 중요한 해석학적인 열쇠의 역할을 하고 있다고 볼 수 있다. 더욱이 현재 형태로 주어진 본문의 구성적 관점에서 볼 때 25-26절에 나오는 다윗에 관한 예가 없이는 27-28절에 나오는 진술들은 24절에서 바리새인들이 제기한 질문에 대한 답으로 이해하기가 쉽지 않아 보인다. 이 점에서 본문의 문학적 통일성 역시 문제가 없는 것으로 판단된다.

---

91 J. Dewey, *Markan Public Debate: Literary Technique, Concentric Structure, and Theology in Mark 2:1-3:6*. SBLDS 48 (Scholar Press, 1980), 96-97.

92 이 경구는 기본적으로 월터 브루그만으로부터 비롯된다. 브루그만은 그의 책 *구약신학*의 1장과 2장에서 해석 역사를 회고적으로 개관하면서, 본문에 대한 바른 해석은 본문의 신학적 메시지에 착념하되, 문학적 구성을 자세히 살핌으로서 이루어지는 신학적 해석이라고 주장한다 (cf. 월터 브루그만, 『구약신학』, 류호영 & 류호준 역 [기독교문서선교회, 1996]), 특히 119-131를 보라.

앞에서 언급했듯이 본문은 24절에서 안식일에 옳지 못한 일, 즉 금지된 일을 한다는 바리새인들의 문제제기에 대해 25-26절에서 예수께서는 안식일과 관계없는 일, 즉 다윗이 성전에서 금지된 것을 행했다는 것에 대해 말씀하고 있고, 27-28절에 와서 예수께서는 안식일에 대해 언급하시면서 안식일이 사람(man)을 위해 존재하는 것이며, 동일한 맥락에서 인자(The Son of Man)[93]가 안식일의 주인이라고 말씀한다.

이로 보건대 예수의 첫 번째 대답인 25-26절은 비록 안식일에 관한 것은 아니지만 (성전에서) 다윗이 금지된 것을 행했다는 점에서 24절에서 바리새인들이 제기한 문제, 즉 (안식일에) 금지된 일을 했다는 점과 연결된 듯 하고, 두 번째 대답인 27-28절은 비록 금지된 것을 행한 것에 관한 것은 아니지만 명시적으로 안식일에 대한 언급이 있고, 또한 안식일과 사람의 관계에 대해 말하고 있다는 점에서 24절에서 바리새인들이 제기한 문제인(제자들, 곧 사람들이) 안식일에 금지된 일을 했다는 점과 연결되어 있는 듯하다.

그렇다면 결국 25-26절에 나오는 다윗과 그의 수행원들이 금지된 음식을 먹었다는 것에 대한 이해가 본문 이해의 중요한 단서가 될 수 있다고 본다. 이렇게 보는 이유는 방금 언급했듯이 25-26절이 24절의 질문과 27-28절의 두 진술들을 모두 자연스럽게 연결 짓고 있다는 점에서뿐만 아니라 25-26절은 식음의 모티프(the eating motif)를 담고 있으며 또한 다윗의 왕적인 권위의 문제, 즉 왕적 모티프(the royal motif)가 중요 주제로 제시되고 있다는 점에서 그렇다. 먼저 식음의 모티프는 본문을 앞

93 여기서 인자라고 표현되는 단어에 대한 해석은 다음과 같이 다양하다: 1) 일반적인 의미의 사람; 2) 예수에 대한 고유한 지칭인, 인자; 3) 인류를 대표하는 표현으로서의 사람의 아들. 그러나 27절과 28절은 문학적 관점에서 동의적 평행관계를 보여주며, 이를 풀어 쓰면, '안식일이 사람을 위하여 존재하듯이, 동일한 맥락에서 인자가 안식일의 주인이라 할 수 있다'는 뜻이다.

선 두 본문인 2:13-17과 2:18-22의 식음 모티프와의 연속성을 부여할 뿐만 아니라 이 연속성은 나아가 식음의 모티프와 관련한 예수의 권위의 문제를 일관된 관심사로 이끌어 가고 있다.

둘째로 식음의 모티프는 27절이 보여주는 안식일의 인간애적인 성격과 일치하며 이러한 성격은 구약이 보여주는 안식일 이해의 한 단면이기도 하다(참조 출 23:12; 신 5:14). 셋째로 25-26절의 일차적 관심은 금지된 음식을 먹을 수 있었던 다윗의 왕적 권위에 있는데, 이러한 왕적인 권위란 모티프가 28절의 "인자는 안식일의 주인이라"는 진술과 자연스럽게 이어지고 있음을 볼 수 있다. 이상의 단락 구성과 구조 분석을 통해서 다음과 같은 보다 진일보한 도식을 추출해낼 수 있다.[94]

A. 23b 예수를 위해 길을 냄- 왕적 권위의 모티프

B. 23c 이삭을 자름- 식음의 모티프

C. 25-26 다윗이 금지된 음식을 먹은 일

- 식음과 왕적 권위의 모티프

B'. 27b 사람을 위한 안식일- 식음의 모티프[95]

A'. 28 인자가 안식일의 주인- 왕적 권위의 모티프

이 도식은 A-B-C-B'-A'이라는 교차대구법(chiasmus)의 문학 양식을 보여주는데 이 양식은 관계된 본문이 하나의 통일된 문학적 단위임

---

94 이상의 도식화에 대한 통찰력과 이에 따른 본문의 해석은 다음에서 보여주는 다른 형태의 도식화와 이에 대한 해석 가운데서 얻어졌다 할 수 있다: J. Marcus, *Mark 1-8*, 244 이하.

95 물론, 여기서 27절을 식음 모티프란 관점에서 제시한다고 해서, 27절이 반드시 인간애적인 성격의 기술이라는 것을 뜻하지 않는다. 이 구절은 보다 큰 차원, 즉 하나님의 형상대로 지음을 받은 인간과 인간에게 주어진 하나님의 선물로서의 안식에 대한 비교 차원에서 인간이 안식일을 앞선다고 말하고 있음이 분명하다 (cf. R. Stein, *Mark*, 148).

을 보여줄 뿐만 아니라 본문의 주제를 효과적으로 잘 드러내 주는 문학적 장치이기도 하다. 이 도식에 따르면 C에 해당되는 부분이 주제적 관심 부분으로 해석될 수 있다. 다시 말해, 23절에서 바리새인들에 의해서 제기된 제자들의 행위는 다윗을 수행했던 자들이 성전에서 했던 행위가 왕인 다윗과 함께 한 가운데 이루어진 일이라는 점에서 문제가 되지 않았듯이 제자들의 행위가 예수와 함께 하는 중에 이루어진 행위라는 점에서 또한 문제가 되지 않는다는 점을 암시하고 있다는 뜻이다.

이러한 해석은 마가가 제시하는 예수의 정체성, 즉 다윗이 왕적인 인물이었듯이 예수는 다윗 계열의 왕적 메시아라는 점과 그 궤를 같이 하고 있다. 더욱이 마가는 12:35-37에서 예수가 자신을 '다윗의 주'라고 말씀하고 있다고 기록하고 있는데 이것은 예수가 단순히 다윗 계열의 왕적 메시아가 아니라 종말론적인 왕적 메시아임을 암시하고 있는 것이다.

이처럼 제자들이 예수와 함께 있기에[96] 그들의 행동이 문제가 되지 않는다는 사실은 본문의 앞 단락인 2:18-22이 말하는 바에 의해서도 지지를 받는다. 18절에서 예수는 자신의 제자들이 금식하지 않는다는 것 때문에 비난을 받고 있는데, 19절 이하에서 주어지는 대답의 요지는 메시아이신 자신과 함께 도래한 메시아 잔치 시대에서는 자신의 제자들이 금식하는 것은 이치에 맞지 않다는 것이었다. 물론, 여기서 초점은 예수와 함께 메시아 시대가 도래했다는 점이지만 제자들이 금식하지 않는 일이 허용되는 이유는 그들이 예수와 함께 하는 자들이기 때문이라는

96 예수께서는 막3:14에서 열두 사도를 세우시면서, 그 목적을 다음과 같이 기술하고 있다: 1) 그들이 그와 함께 있도록 하기 위함이요/ ἵνα ὦσιν μετ' αὐτοῦ; 2) 그들을 보내서 복음을 선포하고 귀신을 내어쫓는 권세를 주려 함이라/ ἵνα ἀποστέλλῃ αὐτοὺς κηρύσσειν καὶ ἔχειν ἐξουσίαν ἐκβάλλειν τὰ δαιμόνια·. 여기서 첫 번째 목적인 "그와 함께 하려 함이라/ ἵνα ὦσιν μετ' αὐτοῦ"는 표현은 막 2:23-28 본문에서 예수와 함께 함으로써, 그들의 행동에 대한 변호를 받고 있는 제자들의 모습을 잘 설명해 주고 있다.

점도 중요한 교훈으로 제시되고 있다.

동일한 맥락에서 마가는 본문 28절의 진술을 통해서, 자신의 인자-기독론이라는 주요한 신학적 주제를 제시하고 있으며, 이러한 인자-기독론에 대한 설득력은 최소한 25-26절이 보여주는 다윗의 왕적 권위 하에서 이루어진 식음의 적합성 여부에 기초하고 있다는 평가를 내릴 수 있다.

결론적으로 마가복음 9:33-50에 속한 세 개의 소 단락들을 수미상관과 핵심단어의 반복법이라는 문학적 장치들에 대한 관찰과 인식을 통해 이 본문이 전체적으로 말하려는 바를 바르게 파악할 수 있음을 보여주었다. 또한 마가복음 2:23-28의 문학적 구성 형태를 파악함으로 이 본문의 저자가 말하고자 의도했던 바들을 바르게 읽어나가는 방식을 예증했다.

이러한 예증을 통해 분명해진 사실은 본문을 바르게 해석하기 위한 최선의 방법은 본문을 자세히 읽는 것이라는 점이다. 본문의 특이한 구성 형태와 문학적 장치들과 패턴들을 자세히 관찰함으로써 저자가 본문을 통해서 말하려고 했던 바, 곧 본문의 원래적 의미를 파악할 수 있다는 뜻이다.

2-7) 고린도전서 1:18-25

(1) 구성 파악

18 십자가의 말씀이 멸망당하는 자들에게는 미련한 것이요

구원을 받는 우리에게는 하나님의 능력이니,

19 그 이유는 기록되었듯이,

"내가 지혜 있는 자들의 지혜를 멸하고 총명한 자들의 총명을 폐하리라"

하였기 때문이라.

20 지혜 자가 어디 있느냐? 서기관이 어디 있느냐? 이 세대의 변론가가 어디 있느냐?

하나님께서 이 세상의 지혜를 미련하게 하시지 않았느냐?

21 왜냐하면

하나님의 지혜 가운데 이 세상은 자신의 지혜로 하나님을 알지 못하기에,

하나님은 선포의 어리석음으로 믿는 자들을 구하시기를 기뻐하셨기 때문이라.

22 또한 유대인은 표적을 구하고 헬라인은 지혜를 찾기에,

23 우리는 십자가에 못 박힌 그리스도를 전파하노니,

24 유대인들에게는 거치는 것이요, 이방인들에게는 어리석은 것이로되,

부르심을 받은 자들에게는 유대인이나 헬라인이나

그리스도는 하나님의 능력이요 하나님의 지혜니라.

25 왜냐하면 하나님의 어리석음이 사람보다 더 지혜롭고

하나님의 약하심이 사람보다 더 강하기 때문이라.

(2) 구성 설명

이 본문은 서로 대조가 되거나 서로 비교되는 문장들이 병치되어 나타나는 특징을 지닌다. 이것들은 대조적 평행법과 동의적 평행법이라는 문학적 장치들의 일환이다. 구체적으로 말해서 18절은 대조적 평행법의 형태를 보여주며, 19절과 25절은 동의적 평행법의 형태를 보여준다. 20-21절에서는 세상의 지혜와 하나님의 지혜가 대비되고 있고, 21절은 '세상의 지혜로'와 '선포라는 어리석음으로'가 대비되고 있다. 22절은 일종의 '메리스무스(merismus)라는 문학적 기법의 일환으로서 어떤 카테고리의 양극단들을 언급함으로 양극단과 그 사이에 있는 모든 것을 총칭하는 표현 형태이다. 특히 이 문학적 장치의 초점은 양극단 사이에 배타적인 성격이 아니라 포괄적 성격에 맞추어져 있다. 그렇다면 표적을 구하는 유대인과 지혜를 구하는 헬라인은 서로 배타적인 종류의 두 집단

을 가리키는 것이 아니라, 인류의 양극단에 위치한 두 종류의 사람들을 대표함으로써 그 가운데 있는 모든 인류를 가리킨다 할 수 있다.

그렇다면 본문은 십자가에 달려 죽으신 그리스도가 하나님의 지혜이자 능력으로서 인간 전통의 지혜와 능력과 극명한 대조를 이루며, 이런 점에서 유대인으로 대변되는 능력을 추구하는 자들과 헬라인을 대변하는 지혜를 추구하는 자들 모두에게 인간 전통의 지혜와 능력을 모두 버리고 하나님의 지혜와 능력이신 십자가에 달려 죽은 그리스도를 받아들이라는 근본적인 도전의 말씀이라 할 수 있다. 물론, 이 메시지는 이 본문 앞에서 언급된 고린도 교회의 분쟁과 나뉨에 대한 근본적인 처방이기도 하다.

2-8) 에베소서 2:11-22

(1) 구성 파악

한글사역

11 이런 이유 때문에

기억하라

너희가 ***전에는***

육체로는 이방인이요

손으로 육체에 행해진 "할례"자들이라고 불리는 자들에 의해

"무할례"자들이라고 불린 자들이었음을...

12 그 때에는

너희가 그리스도가 없었던 자들이요

이스라엘 연합체로부터 제외된 자들이요

약속의 언약들에 대하여는 외인이요

세상에서 소망이 없었고

하나님이 없었던 자들이었음을

(기억하라).

13 그러나 ***이제는***

전에 멀리 있던

너희가 그리스도 예수 안에서 그리스도의 피를 통해가까워졌느니라.

14 그 이유는 그가 우리의 평화로서

그의 육체로, 중간에 막힌 담, 즉 원수 됨을 허무시고

15 규례들과 명령조항들을 담고 있는 율법을 폐하심으로써

둘을 하나 되게 하신 분이기 때문이니

이로써 그가 자신 안에서 둘을 하나의 새사람으로 만드시려 함이요

평화를 이룸으로써

16 십자가를 통해이 원수 됨을 죽임으로써

한 몸으로 둘을 하나님께 화목 시키게 하려 하심이라.

17 그리고 오셔서

멀리 있던 너희들에게 평화를 그리고

가까이 있던 자들에게 평화를

그가 선포하셨으니,

18 그 이유는 그를 통해우리 양자 모두가 한 성령 안에서

아버지께 나아갈 수 있는 권리를 갖고 있기 때문이라.

19 그러므로 결과적으로

너희는 더 이상 나그네와 외인이 아니요

너희는 하나님의 백성의 동료-시민이요 하나님의 권속으로써

20 그리스도 예수께서 모퉁이 돌 되시고

사도들과 선지자들의 기초 위에 지어져 가나니

21 그 안에서 건물 전체가 서로 연결되어짐으로써

주 안에서 하나의 거룩한 전으로 성장해 가며

22 그 안에서 너희 역시 성령 안에서

하나님의 집으로 함께 지어져 가느니라.

헬라어 본문

11 Διὸ

μνημονεύετε ὅτι ποτὲ

ὑμεῖς τὰ ἔθνη ἐν σαρκί,

οἱ λεγόμενοι ἀκροβυστία

ὑπὸ τῆς λεγομένης περιτομῆς ἐν σαρκὶ χειροποιήτου,

12 ὅτι ἦτε

τῷ καιρῷ ἐκείνῳ

χωρὶς Χριστοῦ,

ἀπηλλοτριωμένοι τῆς πολιτείας τοῦ Ἰσραὴλ καὶ

ξένοι τῶν διαθηκῶν τῆς ἐπαγγελίας,

ἐλπίδα μὴ ἔχοντες καὶ

ἄθεοι ἐν τῷ κόσμῳ

13 νυνὶ δὲ ἐν Χριστῷ Ἰησοῦ

ὑμεῖς οἵ ποτε ὄντες μακρὰν

ἐγενήθητε ἐγγὺς ἐν τῷ αἵματι τοῦ Χριστου

14 Αὐτὸς γάρ ἐστιν ἡ εἰρήνη ἡμῶν,

ὁ ποιήσας τὰ ἀμφότερα ἓν καὶ

τὸ μεσότοιχον τοῦ φραγμοῦ *λύσας*,

τὴν ἔχθραν ἐν τῇ σαρκὶ αὐτοῦ,

15 τὸν νόμον τῶν ἐντολῶν ἐν δόγμασιν *καταργήσας*,

ἵνα τοὺς δύο κτίσῃ ἐν αὐτῷ εἰς ἕνα καινὸν ἄνθρωπον

ποιῶν εἰρήνην

16 καὶ *ἀποκαταλλάξῃ* τοὺς ἀμφοτέρους ἐν ἑνὶ σώματ

τῷ θεῷ διὰ τοῦ σταυροῦ,

ἀποκτείνας τὴν ἔχθραν ἐν αὐτῶ

17 καὶ *ἐλθὼν*

εὐηγγελίσατο εἰρήνην ὑμῖν τοῖς μακρὰν και

`εἰρήνην τοῖς ἐγγυς·

18 ὅτι δι' αὐτοῦ ἔχομεν τὴν προσαγωγὴν

οἱ ἀμφότεροι ἐν ἑνὶ πνεύματι πρὸς τὸν πατέρα

19 ἄρα οὖν

οὐκέτι ἐστὲ ξένοι καὶ πάροικοι ἀλλὰ

ἐστὲ συμπολῖται τῶν ἁγίων καὶ οἰκεῖοι τοῦ θεοῦ,

20 *ἐποικοδομηθέντες* ἐπὶ τῷ θεμελίῳ τῶν ἀποστόλων καὶ προφητῶν,

οὖτος ἀκρογωνιαίου αὐτοῦ Χριστοῦ Ἰησοῦ,

21 ἐν ᾧ πᾶσα οἰκοδομὴ *συναρμολογουμένη*

αὔξει εἰς ναὸν ἅγιον ἐν κυρίῳ,

22 ἐν ᾧ καὶ ὑμεῖς συνοικοδομεῖσθε

εἰς κατοικητήριον τοῦ θεοῦ ἐν πνεύματι

(2) 구성 설명

본문을 관찰하면 본문은 다양한 구성상의 특징들을 보여준다. 먼저 11-13절은 "전에는"이란 시간의 부사로 시작되어 "이제는"이라는 시간의 부사로 끝을 맺고 있다. 이러한 '한때-지금'(once-now)이라는 문학적 구성 형태는 이 부분이 시간적 대칭의 구조로 구성되어 있는 하나의 통일된 소 단락임을 말한다. 둘째로 12절과 19절 사이의 대칭적인 평행관계를 주목할 필요가 있다. 즉 12절은 수신자들을 그리스도가 없던 자들(A)- 이스라엘 연합체로부터 제외된 자들(B)-약속의 언약들에 대한 외인(C)로 표현하고 있는 데 반해서, 19절은 수신자들을 더 이상 외인이 아닌 자들(C')-하나님의 백성의 동료 시민들(B')-그리스도 예수가 모퉁이돌 된 건물의 구성원들(A')로 표현하고 있다: A-B-C//C'-B'-A'

그러나 11-13절과 19-22절 사이의 용어적인 평행관계보다 더 중요한 사실은 과거와 현재라는 시간상의 대조와 이에 따른 신분상의 차이점이다. 즉 11-13절은 수신자들의 신분과 상태를 설명하면서 과거형 시제의 동사인 'ἦτε/were'를 사용하고 있는 반면,에 19-22절은 수신자들의 새로운 신분과 상태를 설명하면서 동일한 동사의 현재 시제형인 'ἐστὲ/are'을 사용하고 있다는 점이다. 이러한 점은 본문이 구조적으로 '한때-지금'이라는 대칭 구조로 구성되어있음을 분명히 보여주는 것이다.

이러한 '한때-지금'의 구조와 맞물려 있는 또 하나의 구성상의 특징을 주목할 필요가 있다. 즉 11-13절과 19-22절은 본문의 수신자들의 호칭을 '너희'라고 표현하고 있는데 반해서 14-18절은 시작과 끝을 '우리'라는 호칭으로 열고 닫고 있다는 점이다. 이러한 호칭 상의 변화가 의도하는 바는 수신자들인 이방 크리스천들을 지칭하는 '너희'와 유대 크리스천들을 지칭하는 '우리' 사이의 대조에 있는 것이 아니다. 이 점은 14-18절에서 사용되는 호칭인 '우리'는 분명 이방 크리스천과 유대 크리스천 양자를 모두 포함하고 있다는 사실을 통해 분명히 알 수 있다. 이러한 호칭 상의 변화는 과거의 이전-크리스천 신분과 상태로부터 크리스천의 현재 신분과 상태로의 극적인 변화를 이루게 한 근거인 그리스도의 '평화'와 '화목'의 사역을 반영하고 있기 때문이라고 볼 수 있다.

13절에서 저자는 '너희'가 그리스도 예수 안에서 가까워졌다고 말하고 있다. 여기서 '가까워졌다'라는 은유적 표현이 말하려는 바는 예수의 사역의 핵심인 '평화'와 '화목'과 의도하는 바와 동일하다. 이런 점에서 예수의 평화와 화목의 사역을 통해 가까워진 '너희'들은 이제 비로소 '우리'가 되었다고 볼 수 있는 것이다. 여전히 본문은 과거와 현재라는 시간 상의 대칭을 중심축으로 구성되어 있음을 보여준다.

본문이 어떻게 구성되었는가 하는 문제는 본문 초두에 나오는 '기억하라'(v.11)는 명령법동사가 이끄는 간접서술문인 ὅτι절이 어디까지 이어지는가 하는 질문의 대답을 통해서 어느 정도 해결될 수 있다. 다시 말해, 기억하라는 명령의 내용이 11절부터 13절까지인지, 11절부터 18절까지인지, 11절부터 22절까지 모두인지를 규명하는 일이 본문의 구성을 이해하는데 도움을 줄 수 있다는 뜻이다.

우리는 22절 끝까지가 '기억하라'는 동사의 간접서술문에 해당하는 명령의 내용이라고 생각한다. 이에 대한 근거는 다음과 같다. 첫째로 11-13절은 과거 멀리 있던 자들이 이제는 가까워졌다는 사실을 말하고 있으며 14-18절은 이 사실에 대한 이유 혹은 근거를 제시하고 있다. 구체적으로 이 근거인 14-18절은 다시 두 부분으로 나누어지는데 14-16절까지는 그리스도는 둘을 하나 되게 하신 분 곧 우리의 평화이시기 때문이라는 점을 서술하고 있고, 17-18절은 평화이신 그리스도께서 오셔서 가까이 있는 자들과 멀리 있는 자들 모두에게 평화를 선포하셨기 때문이라는 점을 서술하고 있다.

그렇다면 11-18절까지 전체를 생각해보면 그리스도가 평화이기 때문에 그리고 평화이신 분이 오셔서 모두에게 평화를 선포하셨기 때문에 전에는 멀리 있던 자들인 '너희'가 이제는 가까워졌다는 사실을 기억하라는 뜻이다. 이어서 19-22절은 비록 간접서술문을 이끄는 접속사 ὅτι로 시작되고 있지 않지만 논리 전개상 '이제는 더 이상 외인이 아닌, 하나님의 백성으로서 그리스도 안에서 한 성전으로 지음을 받아가는 존재'라는 새로운 사실을 또한 기억하라는 의미로 해석하는 것이 좋다.

그렇다면 본문은 11-13절은 수신자들의 '한때-지금'의 상태를 대비시키면서 이러한 새로운 상태를 기억하라는 명령으로, 14-18절은 이러한 대비와 새로운 변화에 대한 이유와 근거를 제시하는 서술로, 19-22절은 수신자들의 '지금'의 새로운 신분을 재삼 확인시킬 뿐만 아니라 이들의 현재적 특권과 소명, 즉 성령 안에서 하나의 거룩한 성전으로 지음받아가는 존재라는 사실을 말하고 있다고 볼 수 있다.

2-9) 누가복음 10:25-37

(1) 구성 파악

25 어떤 율법교사가 일어나 예수를 시험하여 이르되

선생님 내가 무엇을 ***행함으로써*** 장차 영생을 유업으로 얻게 될까요? 하더라.

26 예수께서 그에게 이르시되

율법에 무엇이라 기록되었으며, 너는 어떻게 (그것을) 읽느냐? 하시더라.

27 그가 대답하여 이르되

"너는 네 마음을 다하며 목숨을 다하며 힘을 다하며 뜻을 다하여

주 너의 하나님을 사랑하고 또한

네 이웃을 네 자신 같이 사랑하라" 하였나이다 하더라.

28 예수께서 그에게 이르시되

네가 옳게 대답하였도다. 너는 이를 ***행하라*** 그러면 네가 살리라 하시더라.

29 자신을 옳게 보이기 위해그가 예수께 말하기를

그러면 ***누가 나의 이웃입니까?*** 묻더라.

30 예수께서 대답하여 이르시되

어떤 사람이 예루살렘에서 여리고로 내려가다가

강도들에게 걸려들었다.

그들은 그의 옷을 벗기고 그를 때리고 거의 죽은 채로 내버려두고 가버렸더라.

31 우연히 한 제사장이 그 길로 내려가다가 그를 보고 피하여 지나갔더라.

32 마찬가지로 레위인이 그 곳을 따라 오다가 그를 보고 피하여 지나갔더라.

33 그런데 어떤 사마리아인이 여행하다가 거기 이르러 그를 보고 불쌍히 여겨

34 다가가서 기름과 포도주를 붓고 상처를 싸매고

그를 자기 짐승에 태워

여관으로 그를 데리고 가서 그를 돌보았더라.

35 그리고 다음 날 그가 여관 주인에게 두 데나리온을 내어 주며

말하기를, 이 사람을 돌보아 주라. 당신이 추가로 지불하는 것은 얼마든지

내가 돌아올 때에 당신에게 갚으리라 하더라.

36 네게는 이 세 사람 중에 ***누가 강도들에게 걸려든 자의 이웃이*** 되었다고 보이느냐?

37 그가 말하기를

그에게 자비를 ***행한 자***입니다, 하더라.

예수께서 그에게 말씀하시기를

가서 너도 이와 같이 ***행하라***, 하시더라.

헬라어 본문

25 Καὶ ἰδοὺ νομικός τις ἀνέστη ἐκπειράζων αὐτὸν λέγων·

διδάσκαλε, τί <u>*ποιήσας*</u> ζωὴν αἰώνιον κληρονομήσω;

26 ὁ δὲ εἶπεν πρὸς αὐτόν·

ἐν τῷ νόμῳ τί γέγραπται; πῶς ἀναγινώσκεις;

27 ὁ δὲ ἀποκριθεὶς εἶπεν·

ἀγαπήσεις κύριον τὸν θεόν σου

ἐξ ὅλης [τῆς] καρδίας σου καὶ ἐν ὅλῃ τῇ ψυχῇ σου καὶ

ἐν ὅλῃ τῇ ἰσχύϊ σου καὶ ἐν ὅλῃ τῇ διανοίᾳ σου, καὶ

τὸν πλησίον σου ὡς σεαυτόν.

28 εἶπεν δὲ αὐτῷ·

ὀρθῶς ἀπεκρίθης· τοῦτο ποίει καὶ ζήσῃ.

29 ὁ δὲ θέλων δικαιῶσαι ἑαυτὸν εἶπεν πρὸς τὸν Ἰησοῦν·

καὶ <u>*τίς ἐστίν μου πλησίον;*</u>

30 Ὑπολαβὼν ὁ Ἰησοῦς εἶπεν·

ἄνθρωπός τις κατέβαινεν ἀπὸ Ἰερουσαλὴμ εἰς Ἰεριχὼ

καὶ λῃσταῖς περιέπεσεν,

οἳ καὶ ἐκδύσαντες αὐτὸν καὶ πληγὰς ἐπιθέντες

ἀπῆλθον ἀφέντες ἡμιθανῆ.

31 κατὰ συγκυρίαν δὲ ἱερεύς τις κατέβαινεν ἐν τῇ ὁδῷ ἐκείνῃ καὶ

ἰδὼν αὐτὸν ἀντιπαρῆλθεν·

32 ὁμοίως δὲ καὶ Λευίτης [γενόμενος] κατὰ τὸν τόπον ἐλθὼν καὶ

ἰδὼν ἀντιπαρῆλθεν.

33 Σαμαρίτης δέ τις ὁδεύων ἦλθεν κατ' αὐτὸν καὶ

ἰδὼν ἐσπλαγχνίσθη,

34 καὶ προσελθὼν κατέδησεν τὰ τραύματα αὐτοῦ ἐπιχέων ἔλαιον καὶ οἶνον,

ἐπιβιβάσας δὲ αὐτὸν ἐπὶ τὸ ἴδιον κτῆνος

ἤγαγεν αὐτὸν εἰς πανδοχεῖον καὶ ἐπεμελήθη αὐτοῦ.

35 καὶ ἐπὶ τὴν αὔριον ἐκβαλὼν ἔδωκεν δύο δηνάρια τῷ πανδοχεῖ

καὶ εἶπεν·

ἐπιμελήθητι αὐτοῦ, καὶ ὅ τι ἂν προσδαπανήσῃς

ἐγὼ ἐν τῷ ἐπανέρχεσθαί με ἀποδώσω σοι.

36 *τίς τούτων τῶν τριῶν πλησίον δοκεῖ σοι γεγονέναι*

τοῦ ἐμπεσόντος εἰς τοὺς λῃστάς;

37 ὁ δὲ εἶπεν·

ὁ *ποιήσας* τὸ ἔλεος μετ' αὐτοῦ.

εἶπεν δὲ αὐτῷ ὁ Ἰησοῦς·

πορεύου καὶ σὺ *ποίει* ὁμοίως.

(2) 구성 설명

본문은 예수와 함께 이 땅에 펼쳐지기 시작한 하나님 나라를 축사 및 치유라는 행위와 가르침의 말씀으로 드러내시는 예수님의 지상 사역 중 가르침의 말씀인 비유를 통해 도래한 하나님의 나라의 성격과 이에 따른 새로운 질서를 말씀하고 있는 본문이다.

정리하면, 1) 예수와 함께 도래한 하나님의 나라의 성격은 하나님의 새로운 종말론적인 공동체를 세우시는 일과 관련되어 있으며 이 일의 근본적인 동인은 예수 안에서 나타난 하나님의 사랑의 현현이라 할 수 있다. 2) 동시에 하나님의 나라가 가져온 새로운 질서는 이웃에 대한 근본적인 새로운 정의를 규정하며 이 새로운 정의에 따른 새로운 삶을 요청한다. 3) 사마리아인의 비유는 바로 이러한 하나님의 사랑과 이 새로운 질서의 현현이라고 할 수 있다.

본문의 의미를 이해하는데 본문의 구조와 구성을 살피는 일은 매우 중요하다. 구조는 본문의 문법적-구문론적인 연구를 통해 이루어지는 해석 작업으로서 단어와 단어, 또는 단어와 구 혹은 구와 구 사이의 문법적인 연결 관계를 살펴보는 일과, 절과 절 혹은 절과 문장 또는 문장과 문장 사이의 구문론적인 연결 관계를 살펴보는 일을 가리킨다.

구체적으로 말해서 위의 본문의 구문 서열화는 큰 차원에서는 문장들을 연결하고 있는 접속사를 중심으로 이루어지며, 절과 절 사이의 구문론적인 결정을 통해서 이루어지고 있다. 예를 들면, 문장들 사이의 접속사 δέ가 나타날 때마다 모든 문장을 분절하면서 동시에 분절된 절이나 문장들을 의미론적인 관점에서 서열화하는 방식으로 구문-서열화한다. 또한 25절의 "τι ποιήσας ζωὴν αἰώνιον κληρονομήσω;"의 경우는 부사절인 분사구문 τι ποιήσας과 주절인 ζωὴν αἰώνιον κληρονομήσω;를 서열화해서 두 절을 도식화하는 방식을 취한다. 이런 방식으로 본문 전체의 구조가 파악된다.

이에 비해 구성은 본문의 단어와 구 혹은 절과 문장의 특별한 배치 상태를 관찰하는 일이라 할 수 있다. 예를 들면, 본문은 "행하다"라는 단어와 "누가 이웃인가?"라는 질문이 서두와 말미에 매우 정교한 형태의 반복으로 배치되고 있고, 그 사이에 선한 사마리아인의 비유 자체가 놓여 있는 형태를 취하고 있다. 그렇다면 본문은 A-B-A' 라는 샌드위치 혹은 동심원적인 형태의 문학적 구성을 띠고 있으며 이러한 구성 형태는 일반적으로 가운데 놓여 있는 B가 본문의 의미를 밝히는데 중요한 역할을 한다고 여겨진다.

특별히 본문의 샌드위치 형태의 구성을 통해서 본문 해석의 구체적인 실마리를 파악할 수 있다. 분명 율법사는 "누가 자신의 이웃인가를 묻는다!" 즉 율법사는 자신이 사랑해야할 대상을 묻고 있다. 그런데 예수께서는 대답 대신에 사마리아인의 비유를 말씀하시고 이어서 "누가 강도 만난 자의 이웃인가를 묻는다!" 즉 예수께서는 율법사의 사랑의 대상에 관한 질문을 바꿔서 사랑의 주체에 관한 질문을 하고 있는 것이다. 이렇게 예수께서 물어야 할 질문의 방향을 바꾸심으로써, 우리는 사마리아인의 비유는 율법사의 질문에 대한 교정의 의미를 지니며 동시에 예수의 비유는 예수 자신의 질문에 대한 구체적인 대답이라는 합리적인 추론을 할 수 있다.

간단히 말해, 하나님 나라 도래 이전의 옛 질서 속에서 이루어지는 율법사의 질문인 "누가 나의 이웃인가?"는 질문은 자신이 주체가 되어서 사랑해야 할 이웃의 한계와 범주를 상정하는 잘못된 질문이라는 것이다. 이에 반해서 예수와 함께 도래한 하나님의 나라가 가져온 새 질서 속에서 이루어지는 질문은 "누가 강도 만난 자의 이웃인가?"라는 점이다.

보다 중요하게 누가복음은 사마리아인의 비유를 통해 예수 안에서 예기치 못한 방식으로 이 땅의 인류를 찾아오신 하나님이 바로 우리의 이웃이라고 말하고 있다. 이것은 하나님을 사랑하는 것과 이웃을 사랑하는 것을 결코 분리될 수 없는 하나라는 점을 강력히 암시한다. 이것이 또한 구약의 율법과 선지자들의 메시지의 핵심이다. 하나님을 사랑한다고 하면서 어찌 이웃에 대한 사랑이 없는가? 이러한 하나님 사랑과 이웃 사랑의 분리가 바로 이스라엘의 죄가 본질적으로 우상숭배적임을 뜻하는 것이다. 하나님을 섬긴다는 것과 사랑한다는 것은 하나님과의 인격적인 관계를 뜻한다. 이것은 하나님의 뜻을 행하는 것을 의미하며 그러기에 동시에 하나님의 사랑을 행하는 것을 의미한다.

2. 문학적 문맥 연구(Literary Context)

1) 정의

본문은 보다 큰 차원에서는 본문이 속한 책의 전체적인 문학적 구성의 일부이며 작은 차원에서는 바로 앞의 단락에서 흘러나와 뒤 단락으로 흘러 들어가는 흐름의 일부이다. 이런 점에서 본문을 전체적인 문맥과 인접 문맥 내에서 살피는 일은 매우 자연스럽고도 의미있는 일이다. 문맥의 흐름을 살핌으로서 본문이 전체적인 구성에서 차지하는 역할과 기능을 가늠해 볼 수 있으며, 동시에 본문을 통해 저자가 말하려는 바를 올바로 파악할 수 있게 되는 이점이 있다. 먼저 문학적 문맥의 종류를 간단히 살펴보자.

1) 인접 문맥
2) 보다 큰 문맥
3) 본문이 속해있는 책 문맥
4) 책이 속해있는 신약이나 구약이란 문맥
5) 성경 전체 문맥[97]

이러한 다양한 범주의 문학적 문맥들은 본문을 하나의 원점으로 보았을 때 원점 주위를 둘러싸고 있는 여러 개의 동심원들로 이해할 수 있다. 본문을 중심으로 바깥쪽으로 첫 번째 문맥이 인접 문맥, 두 번째 문맥이 보다 큰 문맥, 세 번째 문맥이 책 문맥, 네 번째 문맥이 신약이나 구약 문맥, 마지막으로 다섯 번째 문맥이 성경 문맥이다.

---

97 성경해석과 관련한 문학적 문맥에 대한 보다 자세한 설명을 위해 다음을 참조하라: W. 클라인 외 2인, 『성경해석학 총론』, 류호영 역 (생명의 말씀사, 1997), 315-341.

원점을 중심으로 힘이 작동하는 방향을 이야기할 때, 원점으로부터 멀어지는 정도에 따라 원점에 대한 구심력은 작아지고 반대로 원심력이 커진다. 본문을 중심으로 바깥쪽을 둘러싸고 있는 문맥들의 경우도 마찬가지이다. 원심에 해당되는 본문으로부터 바깥쪽으로 멀어지는 정도에 따라서 문맥들은 본문에 대해 미치는 영향이나 지배력이 약해지며 안쪽으로 가까이 있는 정도에 따라 본문에 미치는 영향과 지배력이 크다고 할 수 있다.

이런 점에서 본문의 문학적 문맥 연구에서 가장 중요한 문맥은 인접 문맥과 보다 큰 문맥이라 할 수 있다. 인접 문맥이란 특정한 단락인 본문을 앞서고 뒤서는 단락들을 가리키며 보다 큰 문맥이란 이러한 인접 문맥들이 여러 개 모여 형성된 큰 단위를 가리킨다.

특별히 인접 문맥 연구가 중요한데 그 이유는 본문의 주제나 논리 혹은 이야기 전개가 어떻게 흘러가고 있는지를 가늠할 수 있기 때문이다. 이런 점에서 앞 단락-본문-뒤 단락으로 이루어진 문맥은 하나의 사고의 흐름(stream or chain of thoughts)으로 이해할 수 있다. 다시 말해, 본문은 앞 단락에서 말한 바들이 자연스럽게 흘러 들어와 이루어진 것이며, 동시에 계속해서 본문이 흘러나가서 뒤의 단락으로 이어져 나간다고 말할 수 있을 것이다. 이런 점에서 볼 때 본문의 어떤 진술도 결코 그 자체로 독립적으로 이해되어서는 안 되며 반드시 문맥의 흐름 속에서 가장 자연스러운 의미에 따라 이해되어야 한다. 또한 동일한 맥락에서 문맥을 떠난 본문 해석은 본문을 빙자하는 행위라 할 수 있다.[98]

---

98 Ibid., 321-2. 문맥을 고려하지 않은 본문의 자의적 해석 혹은 사용의 예로 사 58:6 ("내가 기뻐하는 금식은 흉악의 결박을 풀어 주며 멍에의 줄을 끌러 주며 압제 당하는 자를 자유하게 하며, 모든 멍에를 꺾는 것이 아니겠느냐?") 이 구절의 문맥을 보면, 분명 이 구절은 관행적인 금식의 효력들을 열거하고 있는 것이 아니라, 참된 금식의 예들을 열거하고 있음을 알 수 있다 (cf. 3절. 또한 이 구절의 동사형들 역시 문법상 동사적 명사에 해당

이처럼 본문을 인접 문맥에 따라 연구해야 한다는 것은 본문을 문맥의 흐름(contextual flow) 가운데서 읽지 않고 하나의 분리된 단위로 읽는 것이 위험하다는 것을 의미할 뿐만 아니라, 본문을 그 자체로 한 구절씩 읽어가는 것 역시 위험하다는 것을 강하게 암시한다. 한마디로 말해서 성경 본문은 언제나 큰 문맥의 흐름에서 봐야 하는 문맥적 읽기(contextual reading)의 대상이며 동시에 본문 자체 역시 본문에 속한 문장들의 흐름(sentence flow)에 따라 읽어야 한다는 점을 반드시 염두에 두어야 한다.

2) 예증들

본문의 문학적 문맥 연구에는 인접 문맥(immediate context) 연구와 보다 큰 문맥(larger context)연구가 있는데, 인접 문맥 연구는 본문 바로 앞뒤에 있는 단락들을 살펴보면서 본문이 어떠한 주제상의 흐름 가운데 놓여 있는가를 알 수 있게 한다. 보다 큰 문맥 연구 역시 본문이 책의 보다 큰 구성적 관점에서 어떠한 위치에 놓여 있는지를 알도록 하는데 도움을 준다.

2-1) 마가복음 3:20-35 (본문은 성경을 참조)

이 본문은 중풍병자 치유 사건과 바알세불 논쟁을 담고 있다. 이 본문의 앞 단락인 3:13-19은 예수께서 열두 사도를 선택하시는 사건을 담고 있으며, 다음과 같은 요지를 말하고 있다.

이전에 모세가 산에 올라 단을 쌓고 이스라엘의 열두 지파를 대변하는 열두 기둥을 세웠던 것처럼(cf. 출24:1-4), 예수께서는 열두 사도를 새 이스라엘의 열두 지파를 대변하는 자들로 부르신다. 중요한 사실은 이

하는 부정사형을 취함으로써 [내가 기뻐하는 금식은] 다름 아닌 바로 "흉악의 결박을 풀어주는 것 …"이란 의미를 분명히 하고 있다.

들을 부르신 목적이 1) 그와 함께 하려 하심; 2) 그들을 보내어 선포하고 귀신을 내어 쫓는 권세를 주시려는 점이라는 사실이다.

이 본문의 뒷 단락인 4:1-9 혹은 4:1-20은 씨 뿌리는 자의 비유 혹은 비유의 해석을 담고 있으며, 다음과 같은 요지를 말하고 있다.

'하나님의 나라/다스림이 모든 악의 세력을 멸하지 않은 상태 가운데 도래했다는 점, 특히 악의 세력이 잔존하는 가운데 함께 병존하고 있다는 사실이 하나님 나라의 비밀이며, 이 비밀은 오직 내부인들에게만 주어진 특권이라 할 수 있다. 또한 이러한 기이한 하나님의 나라의 도래 방식은 내부인과 외부인을 나누는 결과를 갖게 된다.'

앞 단락과 뒤 단락의 요지를 살펴본 후, 이 두 단락과 본문 사이에 다음과 같은 주제상의 연결고리를 찾을 수 있다.

'앞 단락에서는 오직 열두 제자에게만 주어진 특권은 예수와 함께 있어 귀신을 내어 쫓는 권세를 주신 것이라 하고 있다. 그런데 3:20-35의 본문은 예수의 사탄의 결박에 관해 말하고 있고, 또한 예수의 공동체의 구성원에 대한 새로운 정의를 내리고 있다. 즉 하나님을 뜻을 행하는 자, 곧 예수의 말씀을 듣는 자가 예수의 공동체의 새로운 구성원이란 뜻을 담고 있다. 또한 본문의 앞 단락 14절에서 "그와 함께 있게 하려함이라"는 표현은 본문의 뒤 단락 10절에서 "그의 둘레에 있는 자들"을 가리키고 있으며 또한 이 표현은 본문의 34절의 "그의 둘레에 있는 자들"을 가리킨다.'

그렇다면 본문의 앞 단락과 뒤 단락, 그리고 본문 모두는 하나님의 나라의 도래와 관련하여 생겨나는 하나님의 새로운 공동체, 곧 예수와의 친밀과 교제와 관계를 통해 형성되어지는 새 공동체와 이 공동체를 이루시는 예수의 사역에 대한 이해와 관련되어 있음을 알 수 있다.

2-2) 마가복음 11:1-11 (본문은 성경을 참조)

이 본문은 예수의 예루살렘 입성을 담고 있다. 본문은 앞 단락인 10:46-52과 다음과 같은 점들에서 연결되어 있음을 주목할 필요가 있다: 1) 길(10:46, 52/11:8); 2) 옷을 벗음(10:50; 11:7-8); 3) 구원이란 주제(10:52; 11:9-10); 4) 예수를 따름(10:52/11:9); 5) 다윗 왕국을 도래하게 하시는 다윗의 아들 예수(10:47-48/1 1:10).

또한 본문은 뒤 단락인 11:12-25과도 명시적으로 중요한 연결어인 '베다니'(1절, 11절, 12절)와 '보다'(11절과 13절)[99]란 두 단어를 통해 연결되어 있음을 알 수 있다. 이것은 본문이 말하는 예수의 예루살렘 입성이 뒤이은 무화과나무의 저주 사건과 성전 청결 사건과도 주제상 연결되어 있음을 강력히 암시한다.

보다 큰 문맥에서 보면 본문은 예수의 갈릴리 사역과 예루살렘 사역 사이의 중간에 놓여 있다. 예수께서는 갈릴리 사역을 마치시면서 벳새다에서 두 번에 걸쳐서 시각장애인을 고치신다(8:22-26). 그리고 예루살렘에 이르기까지의 중간 여정의 "노중에서/ἐν τῇ ὁδῷ"[100] 자신과 함께 도래한 하나님의 나라와 이에 따른 새로운 질서에 관해 제자들에게 가르치신다. 무엇보다도 예수는 자신의 수난과 죽음이 바로 하나님의 나라의 도래와 이에 따른 새로운 질서를 가져오는 종말론적 사건임에 대한 제자들의 영적 눈멂에 대해 질책하시며 이들이 영적으로 눈을 뜰 것을 말씀하신다(8:27-10:45). 그리고 중간 여정을 마치시면서 예수는 예루살

99 물론, 이 두 단어는 헬라어로 각각 "περιβλεψάμενος"와 "ἰδὼν"으로 서로 다르지만 의미론상 동일하다.

100 이 표현은 정확히 마가복음에서 예수의 중간 여정을 열고 닫는 지점인 8:27과 10:52에서 동일하게 나타난다. 이것은 분명 이 중간 여정이 '길 위에서'라는 마가의 모티브에 의해서 구성되어 있음을 암시하며, 나아가 이 모티프는 마 1:2-3에서 말하고 있는 '주의 길'이란 마가의 중심주제와 연결되어 있음이 뷰명하다. 이 점들은 마가복음을 해석해 나가면서 다시 자세히 설명하게 될 것이다.

렘 입성 직전에 바디매오를 단번에 고치시는 사건과 그가 길 위에서 예수를 따르는 사건을 통해, 비록 상징적이지만 분명하게 자신의 죽음을 통한 새 시대의 도래에 대한 깨달음에 대한 촉구를 암시한다(10:46-52)

특별히, 보다 큰 문맥 차원에서 볼 때 본문 10절의 "오는 우리 조상 다윗의 나라여"라는 표현은 앞 단락(10:46-52)의 "다윗의 자손"(47, 48절)과 연결되고, 12:35-37의 "다윗의 자손"과 연결되고 있음을 알 수 있다. 이러한 연결은 해석자로 하여금 예수가 누구인가를 말하고 있는 정체성의 문제인 다윗의 자손이란 표현 과 예수의 메시아 사역과 관련된 다윗의 나라라는 표현 사이의 관계에 관심을 집중하도록 만든다.

2-3) 디도서 2:11-14

(1) 본문

헬라어 본문

11 Ἐπεφάνη γὰρ ἡ χάρις τοῦ θεοῦ σωτήριος πᾶσιν ἀνθρώποις

12 *παιδεύουσα* ἡμᾶς,

ἵνα *ἀρνησάμενοι* τὴν ἀσέβειαν καὶ τὰς κοσμικὰς ἐπιθυμίας

σωφρόνως καὶ δικαίως καὶ εὐσεβῶς

ζήσωμεν ἐν τῷ νῦν αἰῶνι,

13 *προσδεχόμενοι* τὴν μακαρίαν ἐλπίδα καὶ ἐπιφάνειαν τῆς δόξης

τοῦ μεγάλου θεοῦ και σωτῆρος ἡμῶν Ἰησοῦ Χριστοῦ,

14 ὃς ἔδωκεν ἑαυτὸν ὑπὲρ ἡμῶν,

ἵνα *λυτρώσηται* ἡμᾶς ἀπὸ πάσης ἀνομίας καὶ

καθαρίσῃ ἑαυτῷ λαὸν περιούσιον, ζηλωτὴν καλῶν ἔργων.

한글사역

11 (왜냐하면)모든 사람들에 대한 하나님의 구원의 은혜가 나타났으니,

12 (이 은혜가) 우리를 양육하고 훈련하여(목적 혹은 결과)

불경건과 세속적인 욕망을 거절함으로써

13 복된 소망과 하나님과 구주 예수 그리스도의 위대한 영광의 나타남을 기다리는 중에

우리가 이 세상에서 절제되고, 바르게 그리고 경건하게 살게 하려함이라.

14 이분은(ὅς) 우리를 위해자신을 내어주셨으니,

이는 그가 우리를 모든 불법에서 구속하시고 정결하게 하여

자기에게 특별한 백성 곧 선한 일의 열심인 자가 되게 하려 하심이라.

(2) 문맥 설명

본문은 분명 앞 단락인 1-10절에 대한 이유에 해당된다. 이 점은 이 본문의 서두에 나오는 접속사 γὰρ(왜냐하면)를 통해서 알 수 있다. 이것은 1-10절에서 말하고 있는 늙은 남자, 늙은 여자, 젊은 여자, 젊은 남자, 종들에 대한 권면은 그 근거를 11-14절에 두고 있다는 것을 뜻한다. 즉 모든 사람에 대한 하나님의 구원의 은혜가 나타났다는 점이 다섯 그룹의 사람들에 대한 권면이 이루어질 수 있는 전제 혹은 근거라는 뜻이다. 하나님의 구원의 은혜가 하나의 장(ground)을 마련해주고 있고 이 위에서 이제 특정한 윤리적 교훈들이 실현되어질 수 있다는 뜻이다. 직설법에 근거하지 않는 명령법은 성경적이지 않다는 것을 보여준다.

2-4) 창세기 11:1-9 (본문은 성경을 참조)

이 본문은 바벨탑 사건을 다루고 있다. 이 본문의 보다 큰 문맥은 9-10장으로서 노아 홍수 이후의 하나님이 노아와 맺은 언약적인 축복(생육하고 번성하여 땅을 가득 채우라)을 다루고 있다. 하나님은 새로운 창조의 시점에서 아담에게 약속하셨던 원래의 언약적인 축복(covenantal blessings)을 확인하시며, 특별히 타락한 인류에 대해 하나님의 구속적인 특별은총(special redemptive grace)으로 자신의 피조세계에 대한 구속의 역사(redemptive history)를 이끌어 가실 것을 천명하신다.

그 다음 본문의 인접 문맥은 10장의 민족 열람표이다. 민족 열람표는 온 민족들의 사이의 관계를 비교적 긍정적으로 혹은 최소한 중립적으로 묘사하고 있다. 즉 모든 민족이 노아의 아들들과 족보상 연결되어 있으며 그러기에 모든 사람들은 궁극적으로 서로 형제들이라는 점을 보여주고자 한다. 그러나 이것이 이야기의 끝이라면, 노아의 후손들은 땅에 편만하고 땅을 정복하라는 하나님의 명령을 성취하는 자들로 서로 간에 우애 가운데 살았다는 잘못된 결론을 내릴 수 있을 것이다. 주목할 사실은 민족 열람표의 시작과 끝이 "홍수 후/אַחַר הַמַּבּוּל(아하르 함마블)"란 표현으로 시작하고 끝을 맺는다는 점이다. 이것은 인류가 여전히 하나님의 심판의 맥락에 놓여 있음을 암시한다. 또한 여기서 홍수라는 단어인 הַמַּבּוּל는 이어지는 바벨탑 사건에서 바벨(בָּבֶל)이란 단어와 소리상 연결되어 있는데, 이것 역시 바벨탑 사건이 동일한 하나님의 심판의 맥락에 놓여 있음을 암시한다.

바로 이런 맥락에서 바벨탑의 사건은 하나님의 고유한 특권을 넘보며(탑을 쌓아 하나님의 거처인 하늘의 영역에 도달하려는 시도가 암시함) 하나님의 명령을 거부하는 인간 반역의 모습을 축약적으로 보여준다.[101] 즉 바벨탑 사건은 아담의 최초 반역과, 가인의 이어지는 반역, 그리고 노아 홍수 이전의 인류의 반역의 연장선상에 놓여 있다. 이 사건은 하나님의 심판과 저주의 결과인 흩어짐을 하나님의 구속적인 특별 은총을 통하지 않고 스스로 해결하려는 또 다른 형태의 인간 반역을 보여준다.[102]

본문을 뒤잇는 단락(11:10-32)은 셈의 족보에 관한 이야기로 이 족보는 바벨론의 남쪽 지역에 있던 우르로부터 떠나는 데라와 아브라함의 이야기로 끝을 맺고 있다. 이것 역시 족장들과 함께 시작되는 하나님의 구속 역사는 바벨탑으로 대변되는 무신론적이며 자기-자만의 우상숭배적인 인간 반역의 도시 바벨론(cf. 사14:13-15)으로부터 떠나는 일로 이루어진다는 것을 강력하게 암시하고 있다.

2-5) 마태복음 5:13-16

(1) 본문

13 너희들은 세상의 소금이라.

그런데 만약 소금이 맛을 잃는다면, 무엇으로 그것이 다시 짜게 되겠는가?

밖에 던져짐으로써 사람들에 의해서 밟혀지는 것 이외에는

그 소금은 아무런 소용이 없도다.

14 너희들은 세상의 빛이라.

산 위에 놓여 있는 도시가 숨겨진다는 것은 불가능하니라.

15 사람들이 등불을 켜서 들통 아래가 아니라 등경 위에 두나니,

그래서 등불이 집에 있는 모든 것들을 환히 비추느니라.

---

101 고든 J. 웬함, *Genesis 1-15*, 242.

102 M. 클라인, 『하나님 나라의 서막』 (P&R, 2007), 341.

16 이와 같이 너희들의 빛이 사람들 앞에서 환히 비추어지도록 하라
이는 그들이 너희의 좋은 행위들을 보고
하늘에 계신 너희 아버지께 영광을 돌리게 하려 함이라.

(2) 문맥 설명

이 본문은 지복강화(5:1-12)로부터 산상수훈의 교훈적인 본론에 해당되는 5:17-7:12로 넘어가는 전환 부분에 해당된다. 그리고 본문을 뒤따르는 5:17-20은 산상수훈 본론의 최초 단락으로서 그 후 전개될 예수의 산상수훈의 교훈들이 통상적인 의미의 율법 이해(문서 율법에 대한 구전의 해석들)를 근본적으로 넘어서는 것임을 말하고 있다. 이에 대한 기초 작업으로서 5:13-16은 먼저 율법과의 연속성을 천명함과 동시에 율법의 참된 의미를 구현하시는 예수의 인성과 사역이 뒤따르는 산상수훈들로 구체화되고 있다는 점을 비록 암시적이지만 분명하게 선언하고 있는 것이다.

특별히 13-16절의 소금과 빛에 대한 예수의 어록(sayings of Jesus)은 지복강화를 통해서 선포된 하나님의 종말론적인 백성의 복된 상태들은 그 자체가 목적이 아니라 하나님이 창조로부터 염두에 두셨던 보다 더 큰 목적, 곧 만국을 의의 길로 이끄는 것임을 보여주고 있다. 종말론적인 백성의 특징들을 지니고 있는 자들은 세상을 향한 소금과 빛의 역할을 하도록 부름받은 자들이라는 뜻이다. 이들이 바로 그리스도를 통해 도래한 하나님의 의의 통치의 예증임과 동시에 이를 구체적으로 실현하는 자들이라는 의미이다.

그리고 17-20절은 하나님은 예수를 통해 율법 가운데 나타났던 하나님의 참된 뜻을 구현하셨고 이를 통해 하나님의 의를 이루셨음을 선언석으로 말하고 있으며, 그 후에 주어지는 예수의 산상수훈은 명시적

으로는 바로 이러한 율법 가운데 구현되었던 하나님의 참된 뜻에 대한 강해이며 암시적으로는 예수의 인성과 사역을 통해 이 뜻이 목적한 바를 성취하셨음을 보여주고자 하는 의도를 지닌 교훈들이다.

보다 큰 문맥에 해당하는 마태복음 1-4장은 은혜의 구조를 보여주고 있다. 이러한 은혜의 구조라는 맥락에서 볼 때 본문은 다음과 같은 질문을 염두에 두고 있다 할 수 있다. “흑암에 앉은 백성이 큰 빛을 보았고, 사망의 땅과 그늘에 앉은 자들에게 빛이 비취었다”(cf. 사9:1-2)는 선포대로 새 시대가 이미 밝아왔다면, 종말론적인 여명이 어둠 가운데 빛나고 있다면, 하나님의 참된 백성인 예수의 제자들의 정체성은 무엇이며 이들의 삶은 어떠해야 하는가, 특별히 율법의 관계 속에서 이들의 삶은 어떠해야 하는가?

마태는 지복 강화(마5:1-12)를 통해 하나님의 나라의 축복됨과 이 나라의 도래를 받아들인 자들의 복된 상태를 선포한 바 있으며, 이제 이어지는 두 본문인 13-16절과 17-20절을 통해서 이러한 하나님 나라의 복음에 준하는 삶의 방식, 곧 이 복음을 반영하고 구현하는 삶의 필요성에 대한 두 가지 명제를 진술하고 있다. 먼저 13-16절은 하나님의 나라의 백성된 자들은 세상의 소금과 빛으로서 빛의 삶을 살아감으로써 이들의 착한 행실이 드러나고 이를 통해 하나님의 영광이 드러나게 해야 한다는 점을 말하고 있으며(cf. 16), 두 번째로 17-20절은 하나님의 백성된 자들의 의는 하나님의 나라에 들어가는 자들을 통해서 구현되는 방식의 의가 되어야 한다고 말하고 있다(cf. 20).

결론적으로 5:13-16절을 인접 문맥에서 읽고 해석하는 일을 정리하자면 다음과 같다. 본문의 앞 단락인 5:1-12에서 마태는 지복강화를 통해서 예수를 통해 이 땅에 도래한 하나님의 의의 다스림을 받아들인 자들의 상태를 8가지의 복된 상태로 기술한 바 있다. 이러한 각각의 상태는 분명 직설법으로 표현됨으로써 이 땅에 나타난 하나님의 의의 다스림 혹은 이 다스림을 받아들인 자 가운데 만들어 낸 실체에 대한 객관적인 기술이라 할 수 있다. 즉 예수를 통해 이 땅에 성취되기 시작한 하나님의 다스림의 핵심인 '의'의 현현 혹은 구현으로서의 복된 상태들에 대한 객관적 묘사라는 뜻이다.

이런 맥락에서 본문인 5:13-16은 한 걸음 더 나아가 의의 다스림을 받아들인 자들을 향해 5:1-12이 말한 바 있는 의의 구현으로서의 8가지 복된 상태를 삶으로 구현하라는 초청이라 할 수 있다. 이러한 초청은 명시적으로는 명령법으로 표현되고 있다. 그럼에도 불구하고 기억해야 할 점은 이 명령법은 앞선 본문인 5:1-12의 직설법에 정초하고 있으며, 보다 중요하게 이 두 요소 즉 직설법과 명령법은 유기적으로 연계되어 있음을 강력하게 암시하고 있다는 점이다.

이어서 마태는 본문의 뒤 단락인 5:17-20에서 앞서 두 단락에서 말한 바 즉 하나님의 다스림의 의의 구현들로서의 8가지 복된 상태들과 이러한 복된 상태를 삶으로 살아내는 것은 구약의 율법과 결코 상충되지 않음을 천명하고 있다. 간단히 말하자면 마태는 5:17-20절에서 하나님의 의로운 다스림을 따라서 의를 삶에 드러내는 일, 곧 빛과 소금의 역할을 하는 것은 율법이 원래 담고 있는 언약적인 의(율법주의적인 의-율법을 율법조항들로 이해해서 모든 법조항들을 문자적으로 지킴으로써 의롭게 된다고 여겨지는 의), 즉 하나님과의 관계에 있어서 신실함을 드러내는 구체적인 방식으로서의 율법을 행하는 것과 일치한다는 것을 드러내 보여주고 있다.

2-6) 마가복음 2:13-17 (본문은 성경을 참조)

이 본문은 예수께서 세리인 레위를 제자로 부르시며 세리들과 식사하는 사건을 다루고 있다. 이 본문의 인접 문맥은 이 본문 앞에 나오는

2:1-12과 이 본문 뒤에 나오는 2:18-22이다. 그렇다면 본문 2:13-17은 앞 단락인 2:1-12에서 흘러나온 것이며 (flow out of), 이 본문은 계속해서 2:18-22로 흘러 들어가는(flow into) 일련의 이야기 전개 혹은 사고의 흐름 가운데 놓여 있다 할 수 있다. 먼저 앞 단락인 2:1-12은 중풍병자의 치유와 죄 용서에 관한 논쟁의 본문으로 '천국 복음을 선포하시는 인자되신 예수는 천상의 죄 용서의 권세를 이 땅에 실현하여 죄를 친히 용서하고 병자를 치유한다'(cf. 10절)라는 요지를 말하고 있다. 그리고 본문의 뒷 단락인 2:18-22은 금식에 대한 논쟁의 본문으로 '예수를 통해 시작된 새 시대에서는 하나님의 은혜가 더 이상 인간적인 방식의 금식과 같은 일을 통해서가 아니라 오직 하나님의 다스림을 이 땅에 구현하시는 예수를 통해서 베풀어진다'라는 요지를 담고 있다.

이런 문맥의 흐름에 비추어 볼 때, 2:13-17은 '예수가 선포하는 천국 복음은 세리인 레위와 같은 죄인을 은혜롭게 불러내어 (죄 용서) 하나님의 백성의 일원으로 삼으시고 예수를 따라 하나님의 통치의 영역으로 들어가도록 초청한다'는 주제를 말하고 있다 할 수 있다. 보다 구체적으로 말해서 세 단락들 사이의 단어상, 주제상의 연결이 이 점을 보다 분명히 하고 있다. 먼저 본문과 앞 단락인 2:1-12의 사이의 연결은 죄의 용서라는 점에서 앞 단락은 선언된 죄의 용서를 말하고 있다면 본문은 구체적으로 실현된 죄의 용서를 말하고 있다. 두 번째로 본문과 뒤 단락인 2:18-22은 분명 '먹는 일/금식'이라는 주제들로 밀접하게 연계되어 있다. 본문에서 예수께서는 죄의 용서를 친히 죄인들과 식탁 교제를 통해 구체적으로 보여주셨다면, 뒷 단락에서는 자신과 함께 도래한 메시아 시대에서는 이제 금식[103], 곧 구약과 당시 유대교에서 하나님에 대한

103 구약은 대속죄일에 한 번의 금식을 규정하고 있지만(레16장), 이스라엘의 역사와 유대교를 통해 볼 때, 때때로 행해지는 자발적인 금식들이 요청되어졌고, 또한 부가적인 금

죄의 회개와 겸손의 표현이었던 옛 시대의 관행은 하나님의 의의 구현인 율법이 요구하는 의와 거룩함을 이룰 수 없음이 드러난 것이며, 이런 점에서 의와 거룩함을 이루는 옛 시대 방식의 관행으로서의 금식의 종료를 천명하고 있는 것이다. 즉 이 메시아 시대에서는 메시아 예수를 통한 근본적인 죄의 용서를 통해서 하나님의 의와 거룩함이 실현되어지며, 이런 점에서 죄인들과 식탁 교제가 가능하게 되었고 더 이상 옛 시대와 질서에 속하는 금식은 그 의미를 완전히 잃게 되었다는 뜻이다.

이제 2:13-17을 보다 큰 문맥인 2:1-3:6에 비추어 보도록 하자. 이 본문의 보다 큰 문맥은 2:1-3:6이다. 이 큰 문맥을 주의 깊게 읽으면 일관되게 흐르는 두드러진 요소를 발견할 수 있다. 즉 이 문맥에 속한 개별적인 단락마다 모두 바리새인 혹은 바리새인의 서기관들이 예수께서 행하시는 일들에 대해 문제를 제기하며 악의적으로 저항하고 갈등을 고조시키고 있다는 점이다(cf. 7, 16, 18, 24, 3:2, 6). 그렇다면 보다 큰 문맥의 관점에서 볼 때 본문 2:13-17은 예수의 천국복음 선포의 사역이 필연적으로 인간의 악의적 저항에 직면하게 되며 결국 예수의 죽음으로 이어지게 된다는 것을 암시하고 있다 할 수 있다. 이것은 하나님의 다스림의 도래는 물론, 예언된 바의 성취이지만 그 도래 방식은 기존의 이해를 뛰어넘는 신비로운 방식임을 보여줌과 동시에 강압적으로 강요된 성취가 아니라 하나님의 다스림을 받아들인 자들의 지속적인 따름(제자의 삶)을 통해 이루어질 자원적인 헌신과 따름의 삶 가운데 구현될 것을 강력하게 암시하고 있다.

식들이 특정 집단들에서 관행적으로 이루어졌다. 슥 8:19은 기원전 6세기경에 일년에 4번의 금식이 준수되고 있었음을 보여준다. 1세기 유대교의 경우 많은 경건한 유대인들은 자원하는 많은 금식들을 행했으며, 바리새인들은 매주 두 번씩 금식을 했던 것으로 기록되어 있다(눅18:12). 세례요한의 제자들 역시 세례요한의 회개 요청에 따라서 정기적으로 금식을 했던 것으로 여겨진다(cf. M. Eugene Boring, *Mark: A Commentary*, NTL,[Westmister John Knox Press, 2006], 84).

2-7) 마가복음 9:33-50 (본문은 성경을 참조)

이 구절은 단락 구분의 형식상의 표지인 '○'로 볼 때 33-37과 38-50절로 구분된다. 33-37절의 전승 과정상의 통일성(unity)은 공관 복음 대조(cf. 마 18:1-5; 눅 9:46-48)를 통해서 볼 때 별 다른 문제가 없어 보인다. 그러나 38-50절의 경우는 공관 복음의 대조를 통해 볼 때 전승 과정상에서 매우 다양한 형태를 취하고 있음을 알 수 있다.[104] 이런 점에서 이 본문의 38-50절은 다시 38-41절과 42-50절의 두 단락으로 새롭게 구분될 수 있을 것이다.

그럼에도 불구하고 여기서 주목해야 할 사실은 50절의 끝 부분에 나오는 "서로 화목하라"는 표현이 이 단락의 초두에 나오는 "누가 더 크냐?"라는 제자들 사이의 쟁론에 대한 적합한 대답으로 주어지고 있다는 점이다. 이것은 33-37절, 38-41절, 42-50절이 비록 전승 과정에서는 별도의 독립된 페리코피의 형태를 유지했지만 마가복음의 저자에 의해서 하나의 보다 큰 주제를 형성하는 단락들로 받아들여져 현재의 위치로 통합되어졌음을 암시한다. 이러한 통합 과정 속에서 34절의 "누가 크냐"라는 표현과 50절의 "서로 화목하라"는 표현은 일종의 수미상관적인 문학적 역할을 하고 있음을 분명 해보인다.

그렇다면 아마도 마가는 이러한 단락의 구성 방식을 통해서 예수께서는 자신을 통해 이루어지는 하나님의 새로운 공동체에 분열을 불러일으키는 자기-중심적인 이기심과 자만을 치유하는 길은 불과 소금으로 상징되는 바, 곧 옛 시대와 옛 사람의 이러한 이기심과 자만을 벗어버리

104 막 9:38-40의 경우는 눅 9:49-50에서 평행구절이 나타나며(마태의 평행구절은 없음), 막 9:41의 경우는 마 10:42에서 평행구절이 나타난다(누가의 평행구절은 없음). 막 9:42-48의 경우는 마 18:6-9에서 평행구절이 나타나며 눅 17:1-2에서 파편적으로 평행구질을 찾아 볼 수 있다. 막 9:49-50의 경우는 평행구질을 찾아 볼 수 없으며, 소금의 무용성에 대한 언급이 마 5:13과 눅 14:34-35에서 나타나고 있을 뿐이다.

고 불과 소금으로 정결케 되어 작은 자를 받아들이고 서로 간에 화평을 유지하는 것임을 암시하고 있다고 볼 수 있다.[105]

또한 33-37절, 38-41절, 42-50절 사이에는 중요한 단어들이 동시에 나오고 있다는 특이점을 발견할 수 있다. 아마도 단어들은 세 단락들을 하나로 연결 짓는데 결정적인 역할을 할 중요한 핵심 단어들(catch-words)이라 할 수 있을 것이다. 핵심 단어들의 구체적인 예를 들면, 37절에 나오는 "내 이름"과 38절에 나오는 "주의 이름," 그리고 38-42절과 43-50절에 모두 나타나는 "실족하게 하다/죄를 짓게 하다"란 표현들, 그리고 37절의 "이 어린 아이들 중 하나"란 표현과 42절의 "이 소자들 중 하나"란 표현이 여기에 해당된다.

그렇다면 이와 같은 수미상관적인 문학적 구성과 핵심 단어들의 병발이라는 문학적 특징을 중심으로 마가복음 9:33-50이 말하려는 바를 다음과 같이 서술할 수 있 을 것이다.

첫 단락인 33-37절은 율법을 지킬 수 없는 자들이란 점에서 언약 백성이 아닌 자들로 취급되던 어린 아이를 영접하는 것은 곧 자신을 낮추고 모든 사람의 끝이 되고 그들의 종이 되는 것을 의미하며, 이런 점에서 이들은 그리스도의 공동체의 참된 구성원들이라 할 수 있다.

두 번째 단락인 38-42절은 이 공동체의 구성원이 된다는 것은 38절의 '우리를 따르다'란 표현이 암시하듯이 당시 종교 집단들이 표방하는 배타적인 자세를 주조로 하는 정적인 편가름의 문제가 아니라 39절의 '내 이름'이란 표현이 암시하듯이, 그리스도와의 관계 속에서 그 분을 주로 고백하며 그의 이름으로 일을 행하는가라는 보다 그리스도-중심

105 cf. J. Marcus, *Mark 8-16*, The Anchor Yale Bible 27A (Yale Univ. Press, 2009), 698-99.

적이며 사역-중심의 역동적인 문제임을 말하고 있다.[106]

세 번째 단락인 43-50절은 42절에 대한 보다 구체적인 예증으로[107] 우리의 어떤 지체가 믿는 작은 이 하나를 죄 짓게 한다면 그 지체를 잘라버리고 불구로 영생/하나님의 나라에 들어가는 것이 정상적인 몸으로 지옥에 들어가는 것보다 더 낫다는 것이다.

2-8) 고린도전서 1:18-25 (본문은 성경을 참조)

이 본문의 앞 단락은 1:10-17이다. 이 구절은 고린도 교회 안의 나뉨(divisions)은 인습적이고 전통적인 인간적인 방식의 일의 수행에 기인하는 것이며, 이러한 인간적인 방식에 대한 위대한 하나님의 안티테제, 즉 하나님의 운용 방식인 십자가에 초점을 맞추는 것이 인간적 나뉨의 근본적인 처방임을 말하고 있다. 특별히 17절을 주목할 필요가 있다: "οὐ γὰρ ἀπέστειλέν με Χριστὸς βαπτίζειν ἀλλὰ εὐαγγελίζεσθαί οὐκ ἐν σοφίᾳ λόγού ἵνα μὴ κενωθῇ ὁ σταυρὸς τοῦ Χριστοῦ.." 여기서 말의 지혜로 번역되는 단어의 정확한 뜻은 말로 표현된 지혜, 즉 수사적 표현 가운데 들어 있는 지혜를 가리키며, 이것은 아마도 앞서 아볼로로 대변되는 헬라 전통

---

106 이런 점에서 38-42절은 그리스도에 속한 자에게 행해진 작은 일의 보상(cf. 41절)과 그리스도를 믿는 소자 하나를 죄 짓게 만드는 것에 대한 심각성에 대한 언급으로 끝을 맺고 있다 (cf. Robert H. Stein, *Mark* , Baker Exegetical Commentary on The New Testament [Baker Academic, 2008], 444).

107 많은 주석가들은 42절이 말하는 죄를 짓게 하는 것은 타인에 대한 것이요, 43절 이하가 말하는 죄를 짓게 하는 것은 자신에 관한 것이라고 보며, 또한 양자 모두에 있어서 마가는 죄의 정확한 성격에 대해서도 침묵하고 있기에 아마도 마가는 일반적인 의미에서 죄를 말하고 있다고 주장한다. 그러나 이렇게 본문을 읽는 것은 마가에게 전해 내려온 페리코피(pericope)들이 마가의 아무런 신학적 해석 없이, 있는 그대로 나열되었을 것이라는 순진한 이해에서 나온 것이라고 본다. 분명 전승 단위로서 독립적으로 회자되던 페리코피들은 마가의 신학적 해석을 통해 문학적으로 구성되어 현재 문맥 속에서 들어왔으며, 이런 점에서 복음서 본문들의 해석의 초점은 각기 복음서의 주된 신학적 전망 아래서 개개 단락들이 어떤 주제상의 연결 관계를 보이고 있는가를 파악하려는 데 있어야 한다.

의 철학과 지혜를 염두에 둔 것으로 볼 수 있다. 그렇다면 십자가라는 복음 선포가 인간의 지혜 전통과 극명한 대비를 이루고 있다고 볼 수 있다.

이 본문의 뒷 단락은 십자가가 하나님의 능력이요 지혜라는 본문의 요지에 따라, 고린도 교회 교인들이 복음을 받아들이게 된 것 자체가 하나님이 인간의 능력과 지혜를 따라 역사하지 않는다는 반증이며, 그런 점에서 십자가가 하나님의 능력과 지혜라는 점을 예증하고 있다고 말하고 있다.

2-9) 고린도전서 3:5-17 (본문은 성경을 참조)

이 본문의 앞 단락은 3:1-4로서 영적인 것과 나뉨에 관하여 말하고 있다. 본문 3:5-17은 앞 단락이 말하는 '영적인' 것에 대한 것과 나뉨에 대한 것을 이어서 말하고 있으며, 다음 단락 역시 나뉨에 대해 이야기함으로써 본문은 앞 단락과 다음 단락을 연결 짓는 전환적 역할을 하고 있다. 동시에 나뉨에 대한 것은 1:10-17에서 다루었던 이슈를 다시 이어 나가고 있다. 그렇다면 이 중간에 놓여있는 지혜와 십자가에 대한 긴 강론은 결국 교회 내의 나뉨도 문제이지만 더 근본적인 문제는 복음에 대한 오해와 훼손이라는 점을 강력히 시사하고 있다.

본문의 앞 단락에서 바울은 이 세대의 사람들처럼 생각하는 것(소위 고린도 교인들이 말하는 영적인 것)은 결코 '영적'이지 않고 '세상적'임을 보여주며 이를 중단하기를 원하고, 한 걸음 더 나아가 이 세대의 사람들처럼 행동하는 것(실제적인 교회 내 나뉨의 행태들)을 중단하라고 권면하고 있다.

그리고 본문에서 바울은 앞 단락에서 말하고 있는 나뉨은 정작 문제의 핵심이 아니며, 근본적인 문제는 교회와 그 리더십의 성격에 대한 고린도 교인들의 철저히 잘못된 이해에 있다고 보고 있다. 이 부분은 다시 세 부분으로 구분되는데 5-9절은 교회의 지도자들은 단순히 사역자들이라는 점, 10-15절은 교회는 매우 조심스럽게 세워져야 한다는 것, 마지막으로 16-17절은 하나님의 성전인 교회를 파괴하는 자들에 대한 경고를 담고 있다.

그리고 본문의 뒷 단락인 3:18-23(그리스도와 하나님께 속한 모든 것)은 1:10에서 시작된 주장이 잠정적인 결론에 도달하게 되는 부분이다. 지금까지 주장의 두 가지 핵심적 요소, 지혜/어리석음과 자랑함을 다시 이어받아 마지막으로 하나님이 그리스도 안에서 이루신 구속의 파노라마로 종결짓고 있다.

2-10) 고린도전서 5:1-13(보다 큰 문맥 연구의 예 / 본문은 성경을 참조)

본문 5:1-13은 보다 큰 문맥인 5:1-6:20에 속해있다. 이 큰 문맥에서 고린도 교회 내에서 용인되거나 묵인되고 있는 근친상간 문제(5:1-13)와 교인들 간의 문제가 세상 법정에 의존되고 있는 문제(6:1-11), 그리고 매춘 문제(6:12-20)가 다루어지고 있다. 한편으로 이 큰 문맥의 첫 단락인 5:1-13은 그 앞 단락인 4:14-21과 연관성이 없어 보이기는 하지만 이 두 단락은 '자랑/교만'이란 주제와 '능력'이란 주제로 서로 연결되어 있음을 알 수 있다. 또한 이 큰 문맥의 두 번째 단락인 6:1-11은 첫 단락인 5:1-13과 '판단/재판'이란 주제로 연결되어 있음도 알 수 있다. 그리고 마지막 단락인 6:12-20은 매춘이 하나님의 성령이 거하는 거룩한 성전인 몸을 더럽히고 파괴시키며, 그들의 몸이 그리스도의 지체라는 점에서 첫 단락인 5:1-13과 마찬가지로 결코 고린도 교회 공동체 속에서 용인되거나 묵인될 수 없음을 분명히 하고 있다.

이와 같은 여러 측면에서 볼 때, 이 큰 문맥에 속한 세 단락은 모두 바울의 일관되게 변호하고 있는 복음과 사도적 권위의 위기는 특별히 '능력'과 '영적인' 것에 대한 근본적 오해라는 맥락에서 유기적으로 연결되어 있음을 보여준다. 다시 말해, 성적 부도덕과 매춘에 대한 용인이나 혹은 묵인은, 영적인 자들에게 이제 더 이상 육적인 것은 문제가 되지 않는다는 자신들의 영적인 존재에 대한 자랑과 교만이란 잘못된 인식에서 기인하는 것이다. 그리고 세상 법정에 대한 호소도 판단과 심판은 오직 그리스도의 십자가에서 이미 이루어진 것이라는 사실(세상의 권력과 지혜의 허구성과 거짓됨이 드러났다는 점에서)에 대한 인식 부족에서 연유되고 있다고 바울은 강력히 암시하고 있다.

2-11) 에베소서 2:11-22 (본문은 성경을 참조)

본문은 '이런 이유 때문에'란 뜻의 추론 접속사인 διό로 시작된다. 이것은 논리적으로 본문은 앞선 단락과 연결되어 있다는 사실을 암시한다. 앞선 본문인 2:1-10은 '죄로 죽었던 너희가 하나님의 은혜로 그리스도와 살아났고 구원을 받았다'라는 사실을 말하고 있다. 이런 사실을 기초로 저자는 본문에서 '너희가 이제 하나님께 가까워졌으며 이스라엘/유대 크리스천들과의 관계에서 너희(이방 크리스천들)는 하나님의 약속의 공동 상속자가 되었다'는 사실을 기억하라고 권면하고 있다. 1:9-10에서 저자는 때의 성취가 이루어졌을 때 하나님이 자신의 비밀을 알게 하심으로 만물을 그리스도 아래 하나 되게 하셨다고 선언하고 있다. 이러한 하나 됨과 연결된 중요한 두 주제는 하늘에 있는 것들을 대변하는 정사와 권세들을 그리스도의 다스림 아래로 하나로 통일시키는 일과, 땅에 있는 것들을 대변하는 교회를 통해서 그리고 교회 가운데서 유대인들과 이방인들이 하나로 통일되는 일이다.[108]

이 둘을 달리 표현하자면 전자는 '우주적인 하나 됨/통일(cosmic uni-

---

108 Peter O'Brien, *The Letter to the Ephesians*, The Pillar NT Commentary (Eerdmans, 1999), 183.

ty)'이라 할 수 있고 후자는 '인류의 하나 됨/통일(human unity)'이라 할 수 있는데 에베소서 저자에 따르면 그리스도는 우주적인 통일을 가져오신 분으로서(cf. 1:10, 20-21) 이러한 그리스도의 사역은 이 땅 위에서 먼저 교회를 통한 온 인류의 하나 됨으로 구현되며 다시 이러한 교회 내의, 그리고 교회를 통한 인류의 하나 됨은 궁극적으로 이 땅에 도래할 우주적인 하나 됨과 통일을 예기하는 것이다. 이런 맥락에서 볼 때 본문은 앞선 문맥들 가운데서 전술한 바 있는 그리스도 안에서 만물의 하나 됨/통일 됨을 이방인들이 하나의 몸인 교회 공동체 가운데 들어오는 것으로 보다 구체화 시키고 있다고 볼 수 있으며 이 점은 본문을 바로 뒤잇는 3:1-13에서 그리스도 예수 안에서 이방인들이 유대인들과 같은 약속의 상속자되었다는 그리스도의 비밀로 이어지고 있다.[109]

3. 책-내(冊內) 본문 연구(Intra-textual Studies)

1) 정의

앞서 문학적 문맥 연구에서 본문의 문학적 문맥의 종류를 설명하면서 본문은 인접 문맥과 보다 큰 문맥 이외에 본문이 속해있는 책 문맥과 신약이나 구약이라는 성경 문맥을 지닌다는 점을 지적한 바 있다. 그리고 본문 해석에 직접적인 영향을 미치거나 본문에 대한 중요한 통제력을 지니는 문맥은 인접 문맥이라는 점도 함께 지적했다.

그러나 본문을 바르게 읽고 해석하는데는 여전히 책 문맥과 성경 문맥이 중요한데, 이들의 중요성은 인접 문맥이 지닌 중요성과 조금 다르

109 cf,. Andrew Lincoln, *Ephesians* , WBC 42(Word Books, 1990), 129이하, 특히 129와 132를 보라.

다. 본문의 인접 문맥을 살핌으로써 해석자는 본문을 통해 저자가 말하려는 특정한 의도를 바르게 이해할 수 있는 최소한의 안전장치를 갖게 된다는 이점이 있다. 그러나 책 문맥에서 본문을 보게 되면 해석자는 책의 전체적인 문학적 구성과 신학적 관점이란 맥락에서 본문을 볼 수 있게 된다. 또한 성경 문맥에서 본문을 보게 되면 해석자는 본문을 성경-신학적 관점에서 본문을 조명하게 될 수 있다. 이런 점에서 본문을 책 문맥과 성경 문맥에서 읽는 것은 매우 중요하다 할 수 있다.

본문을 본문이 속한 책 안에서 읽고 이해하려는 일을 책-내(冊內) 연구라 하며, 본문을 본문이 속한 책이 아닌 다른 책들이나 성경 전체란 문맥에서 연구하는 것을 책-간(冊間) 연구라 한다. 본문에 대한 책-내 연구와 책-간 연구는 본문 자체에 대한 연구(textual studies)와 분문에 대한 문맥적 연구(contextual studies)와 함께 성경 본문을 바르게 해석하는 일의 필수적인 네 가지 요소라 할 수 있다. 이런 점에서 본문의 해석자는 먼저 본문 자체를 여러 점에서 연구하고, 그 다음 연구의 폭을 넓혀서 문맥적으로 본문을 해석하며, 한걸음 더 나아가 책-내 연구를 통해 본문을 해석한 뒤, 끝으로 성경 문맥에서 본문을 성경-신학적으로 조명하는 일을 하게 된다.

먼저 책-내 연구를 설명하고자 한다. 책-내 연구는 본문을 본문이 속한 책 안에서의 구성상 그리고 주제상의 연관관계들을 중심으로 다른 본문들과 비교하는 해석 작업이다. 책-내의 다른 본문들과 본문을 연결지어 비교할 수 있는 근거나 원리는 본문들이 서로 간에 동일한 단어들을 전략적으로 사용하고 있거나 혹은 비슷한 주제를 말하고 있는 경우이다. 특별히 이 연구는 기본적으로는 본문이 속한 책 전체를 여러 번 통독함으로써 본문과 비교할 수 있는 다른 본문들을 찾아내고 그 다음은 찾아낸 본문과 해석하려는 본문을 서로 비교해가면서 본문의 의미를 보다 분명하게 하는 과정을 거친다. 그러나 차선이지만 여전히 효과적으로 책-내 본문 연구를 수행할 수 있는 방식은 성구 사전(concordance)을 사용하는 것이다. 성구사전을 통해서 책-내 본문 연구를 할 경우 유의할 점은 성구사전은 단순히 동일한 단어가 나타나는 모든 본문들을 열거하고 있기에 해석자는 일단 성구사전을 통해서 본문과 비교할 수 있는 본문을 찾아낸 경우에는 반드시 본문들을 주제로 연결 지을 수 있는지를 확인해야 한다.

책-내 본문 연구를 통해서 해석자는 본문을 책의 전체적인 문학적 구성의 관점에서 살펴보며 본문을 저자의 보다 큰 신학적 관점에서 조명할 수 있도록 해야 한다. 이런 점에서 본문의 책-내 연구는 기본적으로 단어상의 연결과 주제상의 연결을 중심으로 이루어질 뿐만 아니라 책 전체의 문학적 구성적 관점에서 이루어질 수 있다.

2) 예증들

먼저 책-내 본문 연구에서는 본문이 속한 책 전체를 통독하거나 혹은 성구 사전을 사용하여 본문과 단어상으로 또한 주제상으로 연결 지을 수 있는 다른 본문들이 있는지를 찾아본다.

2-1) 마가복음 3:20-35 (본문은 성경을 참조)

본문 27절의 강한 자란 표현은 마가복음 1:9의 예수에 대한 세례 요한의 증거 가운데 나오는 "나보다 더 강한 자가 오신다/Ερχεται ὁ ἰσχυρότερός μου"는 표현을 상기시킨다. 한 걸음 더 나아가 세례요한의 이 말은 이사야 40:10의 "주 여호와께서 장차 강한 자로 임하실 것이라/ κύριος μετὰ ἰσχύος ἔρχεται" 예언을 상기시킨다.

이러한 사실들을 보다 커다란 마가의 구성적 관점에서 볼 때 1:7에서 마가는 예수를 더 강한 자로 오실 분으로 묘사한 뒤에 12-13절에서 사단에 의한 예수의 시험 장면을 사단에 대한 승리를 암시적으로 표현하는 방식으로 기술하고, 곧이어 15절에서 이러한 승리에 대한 암시를 보다 명시적으로 하나님의 나라/다스림의 도래 선포라는 복음으로 기술하고 있다. 즉 사탄이 지배하던 옛 시대가 끝났고 하나님이 지배하는 새 시대가 도래했다는 뜻이다. 이런 맥락에서 마가는 본문에 와서 보다 더 적극적으로 예수의 사역의 근본적 성격은 사탄을 결박하고 그의 소유들을 빼앗는 일들, 곧 하나님의 통치의 구현임을 말하고 있다.

2-2) 마가복음 11:1-11 (본문은 성경을 참조)

마가복음 11:1-11에 대한 책-내 본문 연구의 예증은 다음과 같다. 첫째로 예수께서는 예루살렘에 가까이 오자 제자 둘을 성내로 보내어 나귀를 준비케 하신다. 이것은 14:12-16에서 유월절을 준비하라고 제자 둘을 보내시는 장면을 연상시키며, 한 걸음 더 나아가 1:2-3의 주의 길을 준비하는 제자들의 모습을 연상시킨다. 그리고 이 본문들 특히 14:12-16과 1:2-3사이에서 중요한 단어상의 일치를 발견할 수 있다: 1:2-3은 "내가 내 사자를 네 앞에 *보내리니*(ἀποστέλλω), …… 너희는 주의 길을 *예비하라*(ἑτοιμάσατε)"(1:2-3); "예수께서 둘을 *보내시니*(ἀποστέλλει) …… 제자들이 성내로 들어가서, 예수께서 말씀하신대로 찾아서 유월절을 예비하더라(ἡτοίμασαν)"(14:12-16). 이 점은 1:2-3의 이사야의 예언대로, 마가복음에서 제자 들은 예수의 예루살렘에 이르는 길, 곧 죽음을 통해서 하나님의 종말론적인 왕적 다스림의 도래의 길을 예비하는 자들임을 암시하고 있다.

둘째로 본문 10절에서 '오는 나라'를 뜻하는 "ἡ ἐρχομένη βασιλεία"란 표현은 1:7에서 세례요한이 예수를 소개하면서 말한 "나보다 더 강한 이가 내 뒤에 오신다/ ἔρχεται ὁ ἰσχυρότερός μου ὀπίσω μου"는 표현을 상기시키며, 다시 이 표현은 3:27이 말하는 강한 자를 결박하고(… τὸν ἰσχυρὸν δήσῃ) 그 집을 약탈하는 더 강한 자를 상기시킨다. 이 두 본문은 1:3에서 이미 인용된 이사야 40:3에 뒤이어 10절에 나오는 "보라 주 여호와께서 강한 자로 임하실 것이라/ ἰδοὺ κύριος μετὰ ἰσχύος ἔρχεται"는 표현을 강력하게 암시한다. 이상의 모든 구절들은 '도래/오심' 혹은 '다스림/나라' 등의 이미지를 공유하고 있으며, 그런 점에서 예수의 예루살렘 입성은 구약이 예언한 바 있는 하나님의 왕적인 오심과 왕적 다스림의 도래의 성취와 관련된 것임을 강력히 암시하고 있다.

2-3) 마가복음 1:9-11

10 그리고 물에서 올라오시면서 즉시

하늘이 ***갈라지는 것***과 ***성령***이 비둘기 같이 자기 위에 내려오는 것을

그가 ***보았더라***.

11 그리고 하늘로부터 소리가 있어,

"***너는 내 사랑하는 아들이라*** 내가 너를 기뻐하노라" 하더라.

10 καὶ εὐθὺς ἀναβαίνων ἐκ τοῦ ὕδατος

εἶδεν *σχιζομένους* τοὺς οὐρανοὺς καὶ

τὸ *πνεῦμα* ὡς περιστερὰν καταβαῖνον εἰς αὐτόν·

11 καὶ φωνὴ ἐγένετο ἐκ τῶν οὐρανῶν,

Σὺ εἶ ὁ υἱός μου ὁ ἀγαπητός , ἐν σοὶ εὐδόκησα

해석자가 마가복음 1:9-11의 예수의 세례 사건을 본문으로 삼을 경우 마가복음에 대한 통독 혹은 성구 사전을 통해서 이 본문은 매우 중

요한 점에서 마가복음 15:37-39과 연결된다는 것을 알게 된다.

37 ὁ δὲ Ἰησοῦς ἀφεὶς (by releasing) φωνὴν μεγάλην

ἐξέπνευσεν (breathed out his final breath),

38 καὶ (so that) τὸ καταπέτασμα τοῦ ναοῦ *ἐσχίσθη*

εἰς δύο ἀπ' ἄνωθεν ἕως κάτω

39 *Ἰδὼν* (when having seen) δὲ

ὁ κεντυρίων ὁ παρεστηκὼς ἐξ ἐναντίας αὐτοῦ

ὅτι οὕτως ἐξέπνευσεν (that he breathed out his final breath like this)

εἶπεν, *Ἀληθῶς οὗτος ὁ ἄνθρωπος υἱὸς θεοῦ ἦν*

37 그런데 예수께서 큰 소리를 내어지름으로써(수단)

마지막 ***숨/영을 내쉬었고***

38 그 결과 성전의 휘장이 위에서 아래로 둘로 ***찢어졌더라***.

39 그런데 예수께서 이와 같이 마지막 숨/영을 내쉰 것을 ***보았기에***

성전 맞은편에 서있었던 백부장이 이르기를,

진실로 ***이 사람은 하나님의 아들이었도다*** 하더라.

이 두 본문 사이의 중요한 연결점은 '갈라진다(σχιζω)'는 표현이다. 구체적으로 말해서 앞의 본문은 예수께서 세례를 받는 장면에서 하늘이 갈라진다고 표현하고 있는데, 뒤 본문에서 역시 예수의 죽음 시에 성전 휘장이 위에서 아래로 갈라진다고 표현하고 있다. 보다 흥미로운 사실은 이 표현이 마가복음에서 이 두 본문에서만 나타나고 있다는 점이다.[110]

110 cf. 막2:21. 여기서 이 단어의 명사형이 사용되는데, 특별히 새 것과 옛 것이 병존할 수 없음을 말하려는 문맥에서 사용되고 있다. 이 점은 이상의 두 본문이 말하려는 바, 즉

이것은 이 두 본문이 단순히 단어상으로만 연결되어 있는 것이 아니라, 주제상으로도 긴밀하게 연결되어 있음을 강하게 암시한다. 물론, 두 본문 즉 하늘이 갈라지는 사건과 성전 휘장이 갈라지는 사건이 서로 연결되어 있음을 보여주는 명시적 요소는 '갈라진다(σχιζω)'라는 단어이다.[111]

이러한 연결을 통해서 해석자는 이 두 본문을 마가복음의 전체적인 구성이라는 보다 큰 차원으로 볼 수 있게 된다. 구체적으로 말해서 마가는 예수의 지상사역의 두 가지 기념비적 사건, 곧 공생애가 시작되는 시점에서 일어난 세례 사건과 공생애가 끝나는 시점에서 일어난 십자가의 죽음 사건을 마가복음의 시작과 끝에 놓음으로써 마가복음의 구성을 수미상관 형태를 띠게 하고 있다. 이것은 마가복음의 묵시론적-종말론적인 수미상관 구조의 일환으로서 예수의 인성과 사역이 사탄이 지배하는 시대, 곧 모든 전통의 속박으로 대표되는 옛 시대를 끝내고 속박으로부터의 참된 구속을 가져온 하나님의 다스림의 도래라는 새 시대가 시작하였음을 강하게 암시하고 있다.

2-4) 마가복음 2:1-12

본문은 중풍병자의 치료 사건과 죄 사함의 권세에 관한 논쟁을 담고 있다.

예수의 사건은 옛 시대가 끝나고 새 시대가 도래 했다는 점을 보여주고 있다는 사실과 부합한다.

111 이 단어 이외에 이 두 본문을 용어상 그리고 주제상 서로 연결짓는 요소들에는 다음과 같은 것들이 있다: 동일한 어근을 지닌 동사들의 사용(σχιζομένους/ ἐσχίσθη); 영에 대한 언급(πνεῦμα/ ἐξέπνευσεν); 예수의 하나님의 아들 됨을 가리키는 공식어구의 사용(συ`εἶ ὁ υἱός μου/ οὗτος … υἱὸςθεοῦ ἦν); "봄"이란 동사의 사용(εἶδεν/ Ιδὼν); 엘리야 상징 혹은 이미지의 사용; 세례런 모티브의 사용(십자가의 죽음을 세례로 이해하는 마가의 신학적 통찰을 주목하라: cf. 10:38-39).

1 수 일 후에 예수께서 다시 가버나움에 들어가시니
그가 집에 계시다는 말이 들린지라.
2 이에 많은 사람들이 한데 모여들었고,
그 결과 문 앞까지도 들어설 자리가 없게 되었더라.
이 때에 **예수께서 그들에게 말씀을 전하셨더라.**
3 그런데 사람들이 네 사람에 의해들려진 중풍병자를 예수에게 데리고 나아온지라.
4 무리들 때문에 예수께 데려갈 수 없기에,
그들은 예수가 계신 곳의 지붕을 뜯어내고
구멍을 낸 후에
중풍병자가 누워있는 간이침대를 내리우더라.
5 그들의 믿음을 보시고
예수께서 중풍병자에게 말하시되,
"소자야, *네 죄가 사함을 받았도다*" 하시니라.
6 어떤 서기관들이 거기 있었으니,
이들이 앉아서 그들의 마음에서 궁리하기를,
7 어찌 이 사람이 *이와 같은 식*으로 말하는가? 그가 신성을
모독하도다.
오직 하나님 한 분 이외에 누가 능히 죄를 사할 수 있겠는가!
8 그들이 속으로 이렇게 궁리하는 것을
자기 마음으로 아시고
예수께서 그들에게 말하시되,
"어찌하여 너희가 이것을 너희 마음 중에서 궁리하느냐?
9 어느 것이 더 쉽겠느냐, 중풍병자에게
*네 죄 사함을 받았다*라고 말하는 것이냐,
일어나 네 침대를 들고 걸어가라 말하는 것이냐.

10 그러나 (그렇게 말한 목적은)

너희로 하여금 인자가 땅에서 죄를 사하는 권세가 있는 줄을 알게 하려함

이라."[112]

예수께서 중풍병자에게 말하시되

11 "내가 네게 이르노니,

일어나 네 침대를 들고 네 집으로 가라" 하니라.

12 이에 그가 일어났고,

즉시 침대를 들고

모든 사람 앞에서 밖으로 나갔으니,

그 결과 모든 자들이 놀라고 하나님께 영광을 돌리며

이르기를,

우리가 *이와 같은 식*의 일을 결코 보지

못하였다 하더라.

이 본문은 외형상 중풍병자 치유 사건을 서술하고 있지만 실질적으로는 예수의 '죄 사함의 권세'란 주제에 집중하고 있다. 여기서 '권세'를 가리키는 단어인 'ἐξουσία' 는 곧바로 1:22과 27절을 상기시킨다: "이는 그가 권세를 지닌 자처럼 그들을 가르치시기 때문이라/ἦν γὰρ διδάσκ ων αὐτοὺς ὡς ἐξουσίαν ἔχων,"과 "권세 있는 새 교훈/διδαχὴ καινὴ κατ' ἐξουσίαν."[113] 이 두 본문 모두에서 2:1-12의 경우와 마찬가지로 무리들의

112 이 구절은 특별히 '인자'와 '권세'란 두 표현을 통해서 단 7:13-14을 반향하고 있다: "… μετὰ τῶννεφελῶν τοῦ οὐρανοῦ ὡς *υἱὸς ἀνθρώπου* ἐρχόμενος ἦν καὶ ἕως τοῦ παλαιοῦ τῶν ἡμερῶν ἔφθασεν καὶ ἐνώπιον αὐτοῦ προσηνέχθη καὶ ἐδόθη αὐτῷ *ἐξουσια*…(LXX).

113 Timothy Dwyer, *The Motif of Wonder*, JSNT Supp 128 (Sheffield: Sheffield Academic Press, 1996), 128, 99.

놀라는 반응(wonder)이 나타나 있음도 주목할 만하다.

또한 2:5에서는 "예수께서 그들의 믿음을 보시고/ἰδὼν ὁ Ἰησοῦς τὴν πίστιν αὐτῶν"란 표현이 나오는데 여기서 믿음이란 단어는 1:15에 나오는 하나님 나라의 도래를 위한 회개와 믿음에 대한 촉구를 연상시키고 있다.[114] 다음으로 2:12의 "우리는 이와 같은 것을 본 적이 없도다/οὕτως οὐδέποτε εἴδομεν"란 표현은 1:14의 "때가 찼다/πεπλήρωται ὁ καιρὸς"과 1:27의 "권세 있는 새로운 가르침/διδαχὴ καινὴ κατ' ἐξουσίαν"을 상기시킨다. 2:5의 예수에 의한 죄 사함은 1:4-5에 나오는 세례요한이 선포한 죄 사함을 상기시키며 2:6의 "서기관 중 어떤 이/τινες τῶν γραμματέων"는 1:22의 "서기관과 같지 않다/οὐχ ὡς οἱ γραμματεῖς"란 표현을 연상시키고 2:7의 "왜 이렇게 말하는가/Τί οὗτος οὕτως λαλεῖ"는 1:27의 "이 자가 누구인가/Τί ἐστιν τοῦτο"를 연상시킨다.

이러한 본문들의 비교를 통해서 예수의 중풍병자 치유는 이미 1:15에서 말한 바 있는 하나님의 다스림의 도래라는 복음의 일환이며 특별히 2:5이 말하는 '그들의 믿음'이란 이들의 사적인 믿음이 아니라 마가가 천거하는 예수 그리스도 안에서 도래한 하나님의 종말론적인 다스림에 대한 공적인 믿음임을 알 수 있다. 다시 말해, 사탄이 지배하던 옛 시대를 끝내고 하나님이 친히 예수를 통해 다스리시는 새 시대가 도래했으며, 이제 모든 형태의 사탄의 지배와 속박으로부터 구속(죄의 용서를 통한 구속과 질병의 치유를 통한 구속)이 예수를 통해 종말론적으로 베풀어지고 있다는 사실에 대한 믿음을 가리키고 있다는 것을 알 수 있다.

114 마가복음에서 명사형의 믿음이란 단어가 나타나는 곳은 다음과 같다: 2:5; 4:40; 5:34; 10:52; 11:22. 그리고 동사형의 '믿다' 라는 단어가 쓰이는 곳은 다음과 같다: 1:15; 5:36; 9:23, 24; 9:42; 11:23, 24; 13:21; 15:32; 16:16, 17.

2-5) 마가복음 2:23-28

본문은 안식일에 이삭을 자른 사건과 관련하여 예수와 바리새인들의 사이의 논쟁을 담고 있다.

23 안식일에 예수께서 밀밭 사이로 지나가실 때
이삭을 자름으로써
그의 제자들이 길을 내기 시작하더라.
24 바리새인들이 예수께 말하되
보시오 저희가 어찌하여 안식일에 옳지 못한 일을 행합니까?
25 예수께서 그들에게 말씀하시되
너희가 읽어보지 못했느냐
자기와 및 함께한 자들이 핍절되어 시장할 때에
무엇을 다윗이 행했는지를 읽어보지 못하였느냐?
26 어떻게 그가 아비아달 대제사장 때에 하나님의 전에 들어가서
제사장 외에는 먹지 못하는 진설병을 먹고 함께한
자들에게도 주었는지 읽어보지 못하였느냐? 하시니라.

27 예수께서 그들에게 말씀하시되
안식일은 사람을 위하여 있는 것이요;
사람이 안식일을 위하여 있는 것이 아니라.
28 이러므로 인자는 안식일에도 주인이라, 하시니라

이 본문을 책-내 연구 측면에서 살펴보면 먼저 23절의 "제자들이 이삭을 자름으로써 길을 내기 시작했다/καὶ οἱ μαθηταὶ αὐτοῦ ἤρξαντο ὁδὸν ποιεῖν τίλλοντες τοὺς στάχυαϛ"라는 표현은 일차적으로 마가복음 1:3을

떠올리게 한다.[115] 마가는 1:3에서 "주의 길을 준비하라, 그의 길을 곧게 만들라/ἑτοιμάσατε τὴν ὁδὸν κυρίου, εὐθείας ποιεῖτε τὰς τρίβους αὐτοῦ,"는 동의적 평행법적 구조의 진술을 통해 마가의 제자들과 독자들에게 구약에서 예언된 바 있는 주의 길을 예수께서 친히 이루신다는 것을 밝히고 있다. 그러면서 이들에게 복음을 선포하며 이 길을 준비하고, 동시에 죽음에 이르는 예수의 길을 따르라는 암시적인 초청을 하고 있다.

이 두 본문 사이에서 특히 주목할 점은 1:3과 2:23에서 똑같은 두 단어인 '만들다'와 '길'이 동일하게 나타나고 있다는 점이다. 이것은 분명 마가의 문학적 구성과 신학적 의미에서 이 두 본문이 서로 연결되어 있음을 강력하게 암시하고 있으며, 이런 점에서 본문에서 제자들은 주의 길을 준비하고 있다고 보는 것이 적절한 해석이라 할 수 있다. 마가는 1:3에서 예수의 오심은 광야에 하나님의 나라에 이르는 길이 열릴 것이라는 이사야의 예언의 성취임을 말하며, 이 길은 죽음을 통해 사탄과 죄에 대한 승리에 이르는 길이기에 이 길을 준비하라고 선언한 바 있다. 이러한 맥락에서 이후 펼쳐지는 예수의 모든 행보는 이 길을 향해 걸어가는 것이며 제자들은 예수를 따름으로써 이 길을 준비하는 자들로 묘사되고 있다. 이런 점에서 제자들이 밀밭 사이에 길을 내는 일 역시 죽음을 통한 승리의 길을 걸어가시는 예수의 길/주의 길을 준비하는 일임을 마가는 비록 암시적이지만 분명하게 말하고 있는 것이다.

이상과 같이 책-내 본문 연구는 해석자로 하여금 해당 본문과 비교되는 구절이나 본문들을 통해서 해석하고자 하는 본문을 책의 전체적인 문학적 구성의 관점에서 살핌으로써, 본문을 통해 저자가 말하려는

115 막 1:3 이외에도 막 11:8("많은 사람들이 그들의 옷을 길에 펼쳐 놓았더라/πολλοὶ τὰ ἱμάτια αὐτῶν ἔστρωσαν *εἰς τὴν ὁδόν*")과 막 14:15("예수께서 그들에게 말 한대로 발견하여, 유월절을 준비하였더라…/…καὶ εὗρον καθὼς εἶπεν αὐτοῖς καὶ *ἡτοίμασαν* τὸ πάσχα.") 두 구절을 막 2:23에 대한 책-내 본문읽기의 대상으로 삼을 수 있다.

신학적 의미를 보다 정확하고도 풍부하게 드러내도록 하는 역할을 하고 있다.

2-6) 요한복음 20:19-29

이 본문은 예수께서 부활하신 후 제자들에게 나타나 하신 말씀을 담고 있다.

19 그날 곧 안식 후 첫날 저녁이었을 때 문이 잠겨 있는 상태에서
그 안에 제자들이 유대인들에 대한 두려움 때문에 있었더라.
예수께서 오셔서, 그들 중에 서서 말씀하시기를 너희에게 평화가 있을지어다."
하시더라.
20 이 말씀을 하신 후에, 예수께서 손과 옆구리를 그들에게 보여주셨더라.
이에 제자들이 주를 보고 기뻐하였더라.
21 예수께서 다시 그들에게 이르시기를
"너희에게 평화가 있을지어다. 아버지께서 나를 보내신 것 같이
나도 너희를 보내노라"하시더라
22 이 말씀을 하신 후에, 숨을 내쉬며 이르시기를,
"성령을 받으라.
23 너희가 누구의 죄든지 사하면 사하여질 것이요,
누구의 죄든지 붙잡아 두면 붙잡혀 있는 대로 있을 것이라" 하시더라.

24 예수께서 오셨을 때,
디두모라 불리는 열두 제자 중 하나인 도마는 그들과 함께 있지 않았더라.
25 다른 제자들이 그에게 이르기를, 우리가 주를 보았노라 하더라.
그가 그들에게 말하기를,

만약 내가 그의 손과 못 자국을 보지 않는다면,

그리고 나의 손가락을 못 자국에 넣어보지 않는다면,

또한 나의 손을 그의 옆구리에 넣어보지 않는다면,

내가 결코 믿지 않을 것이라 하더라.

26 팔일 후에 다시 그의 제자들과 도마가 그들과 함께 안에 있었더라.

문이 잠겨 있을 때 예수께서 오셔서 그들 중에 서서 말씀하시기를,

너희에게 평화가 있을지어다 하시더라.

27 그리고 도마에게 말씀하시기를,

너의 손가락을 이리 내밀어 내 손을 보라. 네 손을 내밀어 나의 옆구리에 넣으라.

그리고 불신하는 자가 되지 말고 믿는 자가 되라.

28 도마가 대답하여 이르기를, "나의 주요 나의 하나님"하더라.

29 예수께서 그에게 이르시기를,

너는 나를 보았기에 믿고 있느냐?

보지 않았지만 믿는 자들이 복이 있도다 하시더라. (한글사역)

다음의 중요 구절과 표현들을 중심으로 본문에 대한 책-내 읽기를 하면 다음과 같다.[116]

(1) 19절

① "유대인에 대한 두려움 때문에"

이 표현은 이미 앞에서 예수에 대한 공적 고백하기를 꺼려하는 것과 연관되어 나타난 바 있다(7:13, 9:22, 19:38). 그렇다면 여기서 이 표현은 제

116 이하는 다음에 기인한다. Andrew Lincoln, *The Gospel According to Saint John*, Black's NT Commentaries (Hendrickson, 2005), 496-501.

자들 역시 아직 부활하신 주님을 공공연히 선포할 준비가 되어 있지 않음을 암시하고 있다(물론, 요한 공동체의 상황에서 보면, 예수를 하나님의 아들이라 고백하는 자는 회당에서 출교를 당하게 되던 상황을 반영할 수도 있다. cf. 9:22).

② "평화가 있으리라"

이 표현은 물론, 전통적인 인사의 일환일 수 있으나, 보다 중요하게는 14:27과 16:33의 고별강화에 나오는 평화에 대한 약속의 상기와 성취의 기능을 한다. 특별히 16:33에서 제자들이 예수 안에서 경험할 수 있는 평화는 그들이 세상에서 직면하게 될 핍박과 대조되고 있음을 주목할 필요가 있다. 이런 점에서 이 평화를 받는다는 것은 어떤 닫힌 문도 보장할 수 없는 궁극적 안정을 제공한다는 것을 암시한다.

(2) 20절: "손과 옆구리를 보였다"

안식 후 첫날 저녁에 예수께서 부활의 몸으로 제자들에게 나타나심은 보다 긴 형태로 누가복음 24:36-43에 잘 나타나 있는데, 누가의 본문에 따르면 요한의 본문 19절과 동일한 표현과 함께 예수께서 제자들에게 "내 손과 발을 보고 나인 줄 알라. 또 나를 만져 보라 영은 살과 뼈가 없으되 너희 보는 바와 같이 나는 있느니라"고(39절, cf. 37) 되어있다. 먼저 요한의 문맥상 이 표현은 예수가 유령이 아니라거나 가현설을 부정하기 위한 목적보다는 기본적으로 부활하신 주님이 십자가에서 죽으신 예수라는 점을 강조하려는 의도를 지닌다. 두 번째로 이 표현은 뒤이은 제자들의 기쁨의 반응과 함께 16:16, 22절("지금은 너희가 슬퍼하나 내가 다시 너희를 보리니 너희 마음이 기쁠 것이요, 너희 기쁨을 빼앗을 자가 없으리라")을 상기시킨다. 그렇다면 부활의 몸으로 나타나신 예수는 제자들의 슬픔과 두려움이 예수를 보면서 기쁨으로 변화된 것을 보여주는 성취의 일환이다. 끝으로 손과 옆구리란 표현은 누가복음의 경우와 달리 예수의 십자가 상에 죽음 시에 있었던 옆구리를 찌를 창에 대한 묘사(19:34, "창으로 옆구리를 찌르니 피와 물이 나오더라")에 대한 특별한 관심을 보여주며, 이것은 요한이 이 표현을 한걸음 더 나아가 7:38의 '생수가 흘러나오는 배'와 연계시키고 있음을 강하게 암시한다.

(3) 21절

요한복음에서 예수의 부활은 그의 지상 사역이 신원되었음을 보여주고 있는데, 부활하신 주님은 자신의 사역이 결코 끝나지 않았으며 제자들이 이 사역을 계속 수행해나가야 한다는 것을 말씀하고 있다. 이런 맥락에서 이들에게 다시 "평화가 있으리라. 아버지가 나를 보냈던 것처럼 나도 너희를 보낸다"라고 말씀하신다. 이 말씀은 17:18의 예수의 기도를 반향한다. 특별히 평화를 기원하는 것은 이어지는 위임명령의 중요성을 강조하고 있다. 즉 부활하심으로서 신원된 예수의 권위를 알아 얻어지는 평화는 제자들을 다가올 온갖 형태의 두려움과 염려로부터 자유롭게 하여 주어진 사명을 완수할 수 있게 한다는 것을 암시한다.

(4) 22절

제자들의 사명은 18:37("내가 이를 위하여 세상에 왔나니 곧 진리에 대하여 증거하기 위함이라")의 말씀대로 진리를 증거하는 일이다. 이 일은 부활하신 주님께서 그들에게 자신의 영, 곧 성령을 나누어 주시는 일을 통해가능케 된다. "성령을 받으라"는 표현이 이 점을 나타낸다. 예수의 임재와 능력이 성령을 통해 제자들에게 함께 있을 것이라는 뜻이다. 또한 이 표현은 요한복음의 앞선 여러 구절들의 성취의 의미를 담고 있다(1:33, 7:38-39). 특히 7:38-39을 주목할 필요가 있는데, 이 구절에 비추어 볼 때 여기서 제자들이 성령을 받았다는 것은 예수께서 정말로 영광을 받았다는 것을 암시한다. 또한, 이 구절을 19:34과 연결하며 주목할 필요가 있다. 19:34에서 예수는 죽으실 때 옆구리에서 물이 쏟아져 나오는데, 이것은 7:38에서 말하는 그 배에서 생수가 흘러나온다는 것, 즉 이제 성령이 가용한 상태에 있다는 것을 보여준다 할 수 있다. 그리고 여기 예수의 부활 사건에서 예수께서는 구체적으로 이 성령을 제자들에게 수여하고 있는 것이다. 이제 예수를 통해 제자들에게 성령이 수여됨에 따라서 예수의 사역을 대신하실 보혜사의 일이 시작될 수 있게 된 것이다. 이런 점에서 본문의 성령의 수여는 누가가 말하는 성령에 대한 약속(행1:8)과 오순절 성령 강림(행2:1-42)에 비견되는 것으로 요한복음의 오순절 사건이라 할 수 있다.

예수께서 성령을 수여하시는 방식, 즉 제자들에게 숨을 내쉬는 것은 창 2:7의 창조 사건을 상기시킨다. 이 구절에서 역시 "ἐνεφύσησεν"라는 표현이 사용되어서, 하나님이 사람에게 생기/숨을 코에 불어 넣으심으로 사람이 생명체(a living being)가 되었다고 말하고 있다. 또한 숨을 내쉬는 것은 에스겔의 이상을 상기시킨다. 즉 이스라엘의 마지막 때의 갱신에 대한 이상 가운데, 에스겔은 새 생명이 마른 뼈에게 불어넣어지는 부활의 사건을 보게 된다(37:5. 내가 생기를 너희[뼈들]에게 들어가게 하리니 너희가 살리라). 이런 점에서 비추어 볼 때, 부활하신 주님의 나타나심은 종말론적인 새로운 창조를 동반하고 있음을 암시한다 할 수 있다. 처음 창조 시에 인간에게 생명을 부여하셨던 하나님이 이제 인간에게 그리스도의 선물인 성령을 통해서 새 생명을 부여하고 있다는 뜻이다. 그럼으로 또한 성령을 통해 이 새 생명을 받는 것은 성령을 통한 위로부터의 태어남(cf. 3:3-8)을 의미한다.

(5) 23절

이 구절에서 제자들의 사명과 임무가 상세히 진술되고 있다. 요한복음에서 죄는 기본적으로 예수 안에서 계시된 하나님을 알지 못하는 것이다(cf. 8:24; 9:39-41; 15:22, 24). 이런 점에서 요한복음에서 예수의 말씀과 그가 행하시는 일 들은 사람들이 보이는 불신 혹은 믿음의 반응에 따라 스스로에게 가져오는 심판을 낳게 하는 것으로 묘사되고 있다. 이후 이루어질 성령의 사역 역시 동일하다. "성령이 오시면 그가 죄에 대하여 세상을 정죄할 것이라"(16:8-9). 이런 점에서 성령과 함께 하는 제자들은 예수를 통해 이루어진 생명과 죽음에 대한 하나님의 심판 선언을 증언하는 자들이다. 곧 이들은 그들의 증언을 받아들이는 자들에 대한 용서를 선언하며 그리고 거절하는 자들에 대해 그들의 죄를 그대로 유지하는 역할을 한다. 성령을 통한 제자들의 예수에 대한 증언을 받아들임의 유무가 죄의 용서와 유지에 연계되어 있다는 뜻이다.

보다 중요한 점은 여기서 제자들의 죄의 용서와 유지가 이미 과거에 결정된 용서와 유지의 결과의 효력을 발생시킨다는 점이다. 여기서 사용되는 두 개의 완료형 수동태 동사가 이 점을 강하게 암시하고 있다(ἀφέωνται ; κεκράτηνται). 즉 하나님의 죄의 용서와 죄의 유지가 제자들의 죄의 용서와 유지의 행위를 선행하고 있다는 뜻이다. 이것은 바로 예수의 사역이 구원 혹은 정죄에 대한 실현된 심판을 이루고 있듯이, 예수의 사역에 대한 제자들의 증거 역시 죄의 용서 혹은 죄의 유지의 실현된 심판을 이룬다는 점을 보여준다.(cf. 실현된 종말론)

VI 역사적 접근 방식

1. 역사적 문맥 연구(Historical-Context)의 정의[117]

본문이 속한 책에 대한 역사적 정황 연구는 그 책의 본문들을 해석할 때마다 따로 할 필요가 없다. 책에 대한 역사적 정황 연구는 시간을 별도로 할애하여 왜 그 책이 쓰였으며, 저자의 기록 목적과 의도, 그리고 그 책의 원래 독자들은 어떠한 상황에 놓여 있었고 이에 대해 저자는 어떠한 신학적 메시지를 전달하고자 했는지를 한번 정확하게 정리해두면 된다.

그 다음 그 책의 특정한 본문을 해석하게 될 때 해석자는 이미 정리해두었던 그 책의 역사적 정황과 그 배경에서 저자가 주고자 했던 신학적 메시지를 염두에 두면서 자신의 본문을 해석하려 애써야 한다. 이를 통해 해석자는 특정한 본문에 대한 연구를 항상 책의 전체적인 저작 의도, 곧 신학적 메시지란 관점에서 수행할 수 있게 된다.

117 이에 관한 참고문헌은 다음과 같다: 윌리엄 클라인 외 2인, 『성경해석학 총론』, 341-361; 더글라스 스튜어트, 『구약 주석 방법론』, 33-37; 고든 피, 『신약성경해석방법론』, 45, 140-157.

책에 대한 역사적 정황 연구는 기본적으로는 책에 대한 좋은 비평주석의 서론 부분이나 성경사전을 통해서 이루어진다. 이러한 참고문헌들을 통해서 특히 책의 전반적인 역사적 상황이나 문맥을 살펴보고 특정한 역사적 정황에 대해 저자는 어떠한 신학적 메시지를 주고 있는가를 함께 개관해본다. 책의 역사적 정황 연구와 관련해 가장 이상적인 것은 참고문헌들을 통해서 성경 각권의 역사적 정황과 함께 신학적 메시지들을 완전히 숙지하는 것이다. 이 상태에서 특정한 본문을 연구하며 본문이 책의 특정한 역사적 정황과 어떠한 연관 관계를 지니고 있는가를 살피는 것이 책과 본문의 역사적 정황 연구의 바람직한 자세다.

2. 역사적 문맥 연구의 예증

1) 마가복음 3:20-25 (본문은 성경을 참조)

이 본문은 예수의 친족들의 이야기와 바리새인들과의 바알세불 논쟁을 담고 있다. 첫째로 이 본문과 관련한 역사적 정황 연구는 예수께서 자신의 친족에 대해 어떠한 견해를 갖고 계셨는가라는 질문을 통해 이루어질 수 있을 것이다. 그러나 보다 더 적절한 질문은 마가복음이 기록될 당시의 예수의 형제와 모친에 대한 이해가 무엇인가 하는 점이다. 먼저 마가는 예수의 생물학적 의미의 가족을 지칭하면서, 모친과 형제들만을 언급하고 있다. 먼저 모친만이 언급되고 있는 것은 예수의 아버지는 오직 하늘에 계신 하나님이심을 말해주는 동시에 예수는 하나님의 아들(The Son of God) 임을 강력하게 시사하고 있는 것이다.

또한 역사적 관점에서 볼 때, 부친인 요셉이 예수의 사역 당시에는 이미 죽었을 가능성을 암시할 수 있겠지만, 보다 중요한 마가의 공동체의 상황에서 보면, 초대 교회에서 차지하고 있던 예수 그리스도의 어머니로서의 마리아의 지도적 위치를 고려한 공동체를 향한 경고와 위로의 메시지로 볼 수 있다. 동일한 맥락에서 형제들에 대한 언급도 당시 예루살렘 교회의 지도자였던 야고보를 염두에 두면서 만약 예수께서 자신의 친속인 이들을 자신이 새롭게 만드시는 하나님의 종말론적인 공동체의 외부인(outsider)으로 취급한다면 감히 누가 자신을 이 공동체의 내부인으로 생각할 수 있겠는가라는 강력한 메시지를 주고 있다고 볼 수 있다. 즉, 당시 기독교 공동체의 일원으로서 크리스천 가족에서 태어나고 자라 세례를 받고, 교회 예배에 참석하고, 구제와 봉사에 참여하는 모든 자들이 아마도 본문에서 예수께서 반면 교사로 삼고 있는 모친과 형제들이라 할 수 있을 것이다. 마가의 예수에 따르면 이 공동체의 구성원이 된다는 것은 마가복음 3:14-15이 말하고 있듯이 예수에 대한 믿음(faith in Jesus)과 그에 대한 헌신적인 따름(dedicated following)에 달려있다고 볼 수 있다.

둘째로, 본문의 역사적 정황 연구는 왜 서기관들은 예수가 바알세불이 들렸다고 주장하게 했는가 라는 질문을 통해서 이루어질 수 있다. 왜 서기관들은 예수의 축사를 귀신들림의 일환으로 판단했는가? 구약과 당시의 유대적 관점에서 볼 때, 어떤 카리스마적인 운동의 적법성 여부는 그 운동이 얼마나 율법과 일관된 성격을 보여주는가, 얼마나 율법을 확증하는가에 달려 있다고 할 수 있다(cf. 신 18:19-20). 우리는 이미 2:1-3:6이 예수와 유대 지도자들 사이에서 벌어지는 다섯 개의 논쟁 강화로 이루어진 큰 단락임을 살펴본 바 있다. 이러한 논쟁의 저변에 일관되게 흐르는 것은 예수가 유대 전통, 특별히 율법과 선지자로 대변되는 구약 전승에 대해서 외견상 반하는 일들 다시 말해, 구약 율법을 위반하는 일들을 행하고 있다는 바리새인들과 서기관들의 인식이 놓여있다. 중풍병자와 죄 사함의 논쟁 강화(2:1-12)에서 예수는 구약적 이해를 새롭게 소명하여 죄 사함을 이제 인자를 통해 이루어지는 현재적 시혜라고 주장함으로써, 구약의 죄 용서 방식과의 마찰을 야기시키고 있다. 예수께서 레위를 부르시고 세리들과 식탁 교제를 하는 기사는(2:13-17) 구약의 성결법과의 충돌을 야기시키며 금식에 관한 논쟁 강화(2:18-22), 당시의 유대 예식법과의 마찰을 불러 일으키고 있고, 안식일에 이삭 자르는 기사는(2:23-28) 안식일 준수에 대한 구약 율법에 대한 이해의 마찰로 이어진다. 마지막으로 안식일에 손 마른 자를 치료하는 기사(3:1-6)는 동일하게 안식일 준수 명령에 대한 논쟁으로 이어질 뿐만 아니라 안식일의 의미에 대한 보다 적극적인 설명으로 나아가고 있다.

이상의 다섯 가지 문제 즉 죄 용서의 문제, 구약 성결법, 금식에 대한 규례, 안식일 준수 명령 등은 모두 구약 율법과 관련한 핵심적인 사항들로 역사적 관점에서 볼 때, 이러한 시비는 필히 유대의 종교 지도자들로 하여금 예수는 구약 율법에 대한 분명한 존중의 의사가 없을 뿐만 아니라 오히려 율법을 경홀히 여기거나 위반하는 자라는 비난을 면키 어려웠을 것으로 판단된다. 아마 이러한 맥락에서 유대 종교 지도자들은 예수의 축사를 하나님의 역사라고 보지 않고 귀신의 역사라고 판단했던 것으로 여겨진다. 그러나 분명 예수는 구약 율법을 경멸한 것이 아니라 구약 율법을 자신과 함께 임한 하나님의 종말론적이고도 현재적인 통치라는 관점에서 새롭게 조명한 것이다. 뿐만 아니라, 구약 율법과 율법적 조항들을 근본적으로 새롭게 해석하고 있는 것이다.

그러나 이러한 역사적 관점에 못지 않게 당시 유대지도자들에 대해 보다 중요한 마태의 신학적 관점이 있다. 그들은 자신들의 기득권에 따른 자만에 집착해있던 자들로 오직 자신들만의 의로움에 사로잡혀 있어서 예수의 사역이 하나님의 새로운 역사임을 알아볼 수 있는 마음의 눈이 가려졌고 마음이 강퍅해진 자들로 여겨진다. 그들은 자신들의 방식,

전통의 이해대로만 하나님의 역사를 판단하는 자들이며 이를 통해, 예수에 대해 악의적으로 저항하는 자들을 대변하고 있다. 이런 점에서 이들은 예수의 사역에 대한 사적인 저항(unofficial and private opposition)을 대변하고 있는 21절의 예수의 친지들과 함께 예수의 사역에 대한 공적인(official opposition) 저항을 대변하는 자들로 마가에 의해 묘사되고 있는 것이다.

세 번째로 본문을 보다 잘 이해하기 위한 또 하나의 역사적 정황 연구의 필요성이 존재한다. 그것은 24-25절에 나오는 예수의 비유 가운데 언급되고 있는 '왕국이 자신에 대해 분쟁하는 것'과 '집이 자신에 대해분쟁하는 것'에 관한 것이다. 이 둘은 동의적 평행법의 형태를 띠고 있으며, 특히 여기서 집이란 평범한 집이 아니라 왕가(royal family)를 가리킨다. 이렇다면 이것은 아마도 주전 63년경에 로마 장군 폼페이를 자신들의 권력투쟁에 불러들여 결국 로마에 의해 유대를 멸망하게 만들었던, 왕자들인 형 힐카누스(Hyrcanus) II세와 동생 아리스토불러스(Aristobulus) II세 사이의 왕가 분규를 배경으로 하거나, 아니면 헤롯대왕의 죽음 이후 그의 자녀들 사이에서 일어났던 권력 투쟁을 반영하는 것일 수 있다. 그러나 마가의 당시 독자들을 고려할 경우, 아마 이 표현들은 주후 70년의 예루살렘의 멸망을 가져왔던 경쟁적인 유대의 여러 집단들 사이의 죽고 죽이는 극한적 대립과 살육을 반영하고 있다고 볼 수 있다.

어떤 배경이 본문의 배경이든 이 비유적 표현을 통해서 예수께서 말하는 요점은 예수께서 멸망시키고 있는 사탄의 왕국은 내분을 통해서 스스로 무너지는 것이 아니라 예수의 사탄의 결박과 그에 따른 사탄의 소유물에 대한 빼앗음을 통해 무너지고 있다는 점이다.

2) 마가복음 11:1-11 (본문은 성경을 참조)

마가복음 11:1-11이 담고 있는 예수의 예루살렘 입성에 대한 역사적 문맥 연구는 기본적으로 예수께서는 어느 시점에서 예루살렘을 입성하셨는가에 관한 것이다. 학자들에 따르면 예수의 예루살렘 입성 시기는 대체적으로 세 가지로 제시된다. 첫째로 예수께서는 당시 가을 초막절에 예루살렘으로 순례하던 관행에 따라 예루살렘에 입성하셨다는 것이다. 둘째로 예수께서는 주전 164년경의 마카비 형제들에 의한 성전 정화를 기념하던 예식인 12월의 하누카(Hanukkah) 명절 시기에 예루살렘에 입성하셨다는 주장이다. 셋째로 공관복음서, 특히 요한복음(cf. 12:1)이 보여주고 있듯이 예수의 예루살렘 입성은 유월절 축제(the Passover Festival)와 연관되어 있는 것으로 이해된다.[118] 흥미로운 점은 이 세 주장 모두의 공통점은 예수의 예루살렘 입성이 성전과 관련이 있다는 점이다.

이 점은 본문 11절이 명시적으로 말하고 있는 바와 일치한다: "예수께서 예루살렘에 이르러 성전에 들어가셨더라"(11절). 예루살렘 입성과 성전 사이의 이러한 연관 관계는 두 가지 점에서 지지를 받는다. 첫째로 본문 9절에서 인용되는 시편 118:26은 초막절, 하누카, 유월절과 같은 유대 명절에서 낭송되던 일군의 시편들인 Hallel(시 113-118)의 결론 부분에 해당하는 시편의 일부로서 이 구절은 원래 문맥상 이미 성전 지역에 와있던 자들이 뒤이어 예루살렘 성전에 도착하는 순례자들을 하나님의

---

118 R. H. Stein, *Mark*, BECNT (Baker Academic, 2008), 501. R. T. France는 마가의 이야기 전개상 (cf. 14:1, 12에서 유월절에 대한 언급) 그리고 요한복음의 평행구절(요 12:12-19)에 나오는 종려나무 가지에 대한 언급이 초막절과 관계되어 있다는 점, 그리고 마가의 본문에서 인용되는 시118편이 Hallel 시편들(113-118편)의 일부로 연례적인 예루살렘 순례행렬의 가장 큰 명절인 유월절에 낭송된다는 점 등을 고려할 때, 예루살렘 입성의 역사적 문맥은 유월절 명절이라 주장한다 (R. T. France, *The Gospel of Mark*, NIGTC [Eerdmans, 2002], 428-9).

이름으로 환영하는 예전적인 의미의 축복의 시이다.[119] 물론, 복음서 저자들에 의해서 이러한 예전적인 문맥의 환영의 노래가 예수 자신에 대한 지칭으로 사용되고 있지만, 원래적 문맥인 성전을 향한 순례의 끝에 이루어지는 환영과 축복의 사실은 동일하게 예수에게도 적용되고 있음이 분명하다.

두 번째 문맥상으로도 예수의 예루살렘 입성과 성전은 연결되어 있다. 예루살렘 입성 이후에 바로 예수께서는 성전을 정화하셨다(11:15-18)는 점과 이어지는 예수와 예루살렘의 종교 지도자들과의 마찰 역시 무슨 권세로 예수께서 성전을 정화했는지에 대한 일과 연관되어 있다는 점(cf. 11:28), 그리고 직접적으로 예수를 죽음에 이르게 한 대제사장의 신성모독의 정죄 역시 성전과 관련한 증언들에서 촉발되었다(cf. 14:57-64)는 점이 이러한 연결 관계를 강력히 지지하고 있다.

3) 고린도전서 1:18-25 (본문은 성경을 참조)

이 본문의 앞 단락인 1:10-17은 고린도 교회의 나뉨과 분열에 대해 말하고 있고, 이 본문은 이 분열과 나뉨에 대한 처방으로서 오직 인간의 능력과 지혜를 무력화시킨 하나님의 지혜와 능력인 십자가에 달려 죽으신 그리스도에 대해 말하고 있다. 고린도전서 자체를 통해서 혹은 비평적 주석과 성경사전을 통해서 고린도 교회가 처한 역사적 정황들 즉 바울로 하여금 고린도서를 기록하게 만들었던 다음과 같은 다양한 문제점들을 생각해볼 수 있다.

119 J. Marcus, *Mark 8-16*, 774.

1) 교회 공동체 내의 분파적인 나뉨들(factions and divisions)

2) 지식 혹은 앎의 문제들

3) 바울의 사역의 문제

4) 윤리적 해이의 문제

5) 율법 추구를 통한 이점들의 문제들

6) 결혼과 독신의 문제

7) 이교 신전과 숭배와 관련한 우상 제물의 문제

8) 공중 예배시의 복장의 문제

9) 성만찬시의 나뉨의 문제

10) 은사와 그리스도의 주되심과 관련한 '영적인' 것의 의미의 문제

11) 부활과 관련한 종말론적인 '영광'에 대한 미숙한 예기의 문제

그러나 이 모든 문제들은 공동체 구성원들의 다양한 전망과 시간에 관계된 것들로 볼 수 있다. 즉 새 시대의 도래의 표징 혹은 특징에 대한 전망에 차이에서 온다고 볼 수 있으며 이 점은 당시의 헬라 전통의 이원론적인 관점인 '영과 육의 이분법적 사고'로 요약될 수 있다. 바울은 이러한 다양한 관점들 모두를 십자가의 빛 아래서, 하나님의 은혜의 빛 아래서, 그리스도의 주되심의 빛 아래서, 그리고 타인에 대한 관심, 즉 상호적 관심과 사랑 가운데 공동체를 세워나간다는 빛 아래서 비평적으로 조명하고 있다.

고린도전서가 암시적으로 보여주는 두 가지 중요한 역사적 정황은 고린도 교인들 중의 어떤 이들이 영적인 것에 대한 잘못된 이해 가운데서 바울에 대해 도전할 뿐만 아니라, 그가 전하는 복음을 헬라 전통의 지혜와 지식에 따라서 변경하고 수정하려는 움직임이 있었다는 점이다. 이러한 고린도 교회의 상황은 고린도전서의 세 개의 중요 용어인, 지혜

(wisom), 지식 혹은 앎(knowledge), 영적(spiritual)이란 표현을 통해 집약해서 설명되고 있다.

지혜란 용어는 1-4장에서, 지식은 8-10장에서, 영적이란 표현은 12-14장에서 집중적으로 다루어진다. 이와 관련해 주목할 점은 이 세 부분에 속하는 3:18, 8:1; 14:37에서 "만약 어떤 이가 … 라고 생각한다면"이란 동일한 표현이 일관되게 사용되고 있다는 점이다.

1) 만약 어떤 이가 이 시대의 관점에 비추어 너희 중에 지혜롭다고 생각한다면 그는 어리석게 되어야 할 것이라 이는 그가 지혜롭게 되기 위함이라

εἴ τις δοκεῖ σοφὸς εἶναι ἐν ὑμῖν ἐν τῷ αἰῶνι τούτῳ, μωρὸς γενέσθω, ἵνα γένηται σοφός.

2) 만약 어떤 이가 뭔가를 알고 있다고 생각한다면, 그는 자신이 마땅히 알아야 하는 대로 아직 알고 있지 못하느니라

εἴ τις δοκεῖ ἐγνωκέναι τι, οὔπω ἔγνω καθὼς δεῖ γνῶναι·

3) 만약 어떤 이가 자신이 선지자라고 혹은 영적이라고 생각한다면 그는 내가 너희에게 쓴 것이 주의 명령이라는 점을 인식해야 할 것이라

Εἴ τις δοκεῖ προφήτης εἶναι ἢ πνευματικός, ἐπιγινωσκέτω ἃ γράφω ὑμῖν ὅτι κυρίου ἐστὶν ἐντολή·.

구체적으로 본문 고린도전서 1:18-25과 관련하여 말하자면 바울은 헬라 전통의 세속적인 지혜 전통이 고린도 교회를 어지럽히고 있다는

점을 암시하고 있으며 이러한 암시는 아볼로를 따르는 무리라는 표현 가운데서 나타나고 있다(1:12).

사도행전 18장을 보면 바울은 그의 첫 번째 고린도 방문을 통해서 고린도 교회를 세우게 된다. 이 때 바울의 설교를 18:5은 다음과 같이 표현하고 있다: συνείχετο τῷ λόγῳ ὁ Παῦλος, διαμαρτυρόμενος τοῖς Ἰου δαίοις εἶναι τὸν Χριστόν, Ἰησοῦν/ "바울이 말씀 선포에 몰두하여 유대인들에게 예수가 그리스도이심을 단호히 선언하였더라."

이후 아볼로가 고린도 교회 공동체 가운데 등장하게 되는데 아볼로는 헬라 전통의 철학과 수사학에 능통한 자였다. 그가 주의 말씀을 배워 열심히 예수에 관해 가르치는 일에 몰두하였다. 이러한 아볼로의 모습을 사도행전 18:28은 다음과 같이 표현하고 있다: ὃς παραγενόμενος συνεβάλετο πολὺ τοῖς πεπιστευκόσιν διὰ τῆς χάριτος· εὐτόνως γὰρ τοῖς Ἰουδαίοις διακατηλέγχετο δημοσίᾳ ἐπιδεικνὺς διὰ τῶν γραφῶν εἶναι τὸν Χριστὸν Ἰησοῦν. "(아볼로)가 와서 은혜를 통해 이미 믿음을 갖게 되었던 자들에게 많은 유익을 주었으니 이는 그가 성경을 통해서 예수가 그리스도임을 보임으로써 공석 상에서 논쟁을 통해 유대인들을 단호히 물리쳤기 때문이라."

물론, 사도행전이 보여주는 이러한 대조는 누가의 표현이기에 이를 고린도서의 이해에 적용하는 데는 조심해야 할 필요성은 있다. 그러나 그럼에도 불구하고 분명한 점은 바울은 그의 헬라 전통의 철학과 수사학에 의존하여 예수를 그리스도라고 전한 것이 아니라 예수 그리스도를 선포의 대상으로 삼아 십자가에 죽으셨던 예수가 바로 하나님의 그리스도였다는 메시지를 전파했으나 이에 반해, 아볼로는 헬라 철학과 화려한 수사와 논리적 논쟁을 통해 예수가 그리스도임을 증명해 보임으로써 이미 믿는 자들에게 큰 격려를 수있던 것만은 분명하다.

이러한 대조는 이미 사도행전 18장에서 부가적 설명을 통해, 그리고 또 하나의 대조를 통해 강화된다. 사도행전 18:27은 예수에 관한 아볼로의 가르침은 여전히 브리스길라와 아굴라에 의한 보다 자세한 가르침이 필요했다고 기록하고 있을 뿐만 아니라 이어지는 구절들은 아볼로의 가르침은 오직 세례요한의 세례를 동반하고 있는 반면, 바울의 선포는 그리스도의 세례와 성령의 역사를 동반하고 있다고 기록하고 있다(18:25; 19:3-4).

이러한 점을 통해서 고린도 교회 분열의 성격을 어느 정도 짐작할 수 있다. 십자가에 달리신 그리스도에 대한 케리마그적 선포만을 행했던 바울의 우직함과 헬라 철학과 수사로 무장하여 예수 그리스도를 전했던 아볼로의 지혜 사이에서 고린도 교회 교인들은 차별성을 보게 된다. 이러한 차별성은 그들로 하여금 다시 세속적 관점에서의 예수 그리스도의 이해를 낳게 했고, 이어서 많은 분파를 형성하게 만들었다. 이런 맥락에서 바울은 주로 아볼로의 추종자들을 염두에 두며 영적 엘리트 사상에 물들어 있던 그들의 그리스도 이해를 십자가에 달린 그리스도라는 복음을 통해 전복시키고 있다.

흥미로운 사실은 고린도전서 1:12에서 언급되는 아볼로의 헬라어 표기인 Απολλω/와 고린도전서 1:18-19에서 두 번 언급되는 '멸하다'(Απολῶ)/ ἀπολλυμι의 미래형)는 동사의 헬라어 표기가 동일하다는 점이다. 즉 바울은 이러한 언어 유희를 통해서까지 아볼로의 추종자들이 쫓는 세속적인 지혜가 결국은 하나님의 지혜인 십자가에 달린 그리스도를 배척하게 되고 결국 파당과 무질서를 가져오게 되는 것이라고 말하고 있다.

십자가에 달린 그리스도/메시아를 통해 인간의 보편적인 지혜를 전복시키고 지혜자들을 부끄럽게 하시는 종말론적인 대반전의 역사(the

Great Reversal)는 어느 누구도 하나님 앞에서 자랑하지 못하게 하는 의도를 갖고 있으며(cf. 1:29) 하나님의 의를 궁극적으로 드러내고 선포하시는 하나님 지혜의 일환이기도 하다. 또한 이것은 하나님의 구원은 인간에게 있지 않고 전적으로 하나님의 값 없이 부여하시는 의의 전가를 통해서 주어진다는 점을 확연히 보여주는 사건이기도 하다. 놀라운 사실은 이러한 특정한 방식의 대반전이 기적적인 표적을 요구하는 유대인들과 지혜를 추구하는 헬라인 모두에게 거치는 돌일 뿐이라는 점이다(1:23).

암시적인 실마리의 예로는 고린도전서 4:8을 들 수 있는데 이 구절은 고린도 교회 교인들이 이미 왕처럼 행동하고 있다는 것에 대한 풍자적 진술로서 이들이 이미와 아직 사이의 긴장 관계를 잊어버리고 이미에 대한 극단적 집착 가운데 잘못 행동하고 있음을 간접적으로 시사하고 있다. 또 하나의 예를 들자면 바울은 고린도전서 2:1에서 그의 고린도 방문은 십자가에 죽으신 그리스도를 전하는 것이었지 인간의 지혜로 변론하는 것이 아니었음을 암시하고 있다. 최소한 이 말은 그가 인간적 지혜 관점에서는 강하지도 못했으며 인상적이지도 못했음을 암시하고 있는 것이다.

결국 십자가의 죽으신 그리스도에 대한 신학적 성찰을 통해서 인간 전통의 지혜를 전복시키는 하나님의 지혜가 아닌, 능력과 지혜를 중심으로 한 복음과 새 시대의 이해는 언제나 파당적 싸움에 이를 수밖에 없음을 말하고 있다.

4) 신명기 24:1-4 (본문은 성경을 참조)

이 본문은 남자가 아내와 이혼할 경우 취해야 할 태도에 대해 말하고 있다. 이 본문을 바르세 읽고 해석하려면 신명기의 역사적 정황을 이해해야 하며 이러한 역사적 정황은 보다 큰 차원에서 구약의 정결법전(purity code)에 대한 성경-신학적 이해와 밀접하게 연결되어 있다. 이런 점에서 구약의 정결법전을 이해하는 것이 본문의 역사적 정황을 이해하는 첩경이라 할 수 있다.[120]

(1) 이스라엘의 정결

이스라엘의 정결은 하나님의 거룩한 백성이라는 이스라엘의 존재로부터 생겨나는 의무사항이다(신 7:6; 14:2, 21). 이런 점에서 이스라엘의 정결은 예식상의 행위들의 문제가 아니라 하나님의 백성으로서 하나님의 방식대로 살도록 특별히 구별되어졌다는 사실에 기인하는 특정한 삶의 질의 문제이다. 다시 말해, 이스라엘은 하나님의 백성으로 선택되어 특별한 섬김과 순종의 관계를 위해 구별되었기에 거룩함의 구현으로서의 정결은 제사장 직분이나 성소와 같이 특정한 영역이나 사람 혹은 제도들에 국한되지 않으며 모든 백성의 의무사항이다. 그런 점에서 정결은 모든 사람들의 일상의 삶과 예배 그리고 매일의 삶의 실천과 관행들 속에서 구현되어야 하는 것이다.

따라서, 모든 율법의 규례와 규정들은 하나님의 거룩한 백성들의 도덕적 정결의 유지를 목적으로 하는 구체적인 방식들이다. 하나님의 백성으로 선택되어 따로 구별되어졌다는 것을 구체적으로 보여주는 방식이 바로 삶과 행동의 정결과 깨끗함을 구현하는 삶의 형태와 행위들을 담고 있는 규정들을 지키는 것이다. 예를 들면, 음식에 관한 규정들은 일상적인 정결 실천의 일부로써 그 자체가 바로 하나님의 백성의 도덕적인 삶의 일부이며 하나님의 거룩하심을 반영하는 하나의 방식이다. 부

---

120 이하는 다음에서 기인한다: Patrick D. Miller, *Deuteronomy* , Interpretation (John Knox Press, 1990), 160-163.

정한 성적인 행위들에 대한 규정들도 하나님을 예배하고 하나님의 거룩하심을 반영하는 삶의 방식 가운데서는 결코 허용되거나 용납될 수 없음을 말하고 있다.

이스라엘의 정결 유지는 하나님이 이스라엘 백성 가운데 계신다는 사실로부터 기인할 뿐만 아니라(23:14), (가나안)땅이 하나님의 선물이기에 더럽혀져서는 안 된다는 인식으로부터 기인한다(21:23). 하나님의 백성의 정결을 유지하는 방식 중 하나는 대상들을 부적절하게 섞어 놓지 않고 대상들 사이에 질서를 유지하는 것이다(22:5, 9, 10, 11). 다시 말해, 다른 범주에 속해 있는 것들을 섞어 놓지 않는 것이다. 이런 점에서 이에 대한 규정들은 사물의 질서와 구조에 대한 관심, 다름과 같음에 대한 인식, 그리고 하나님이 창조하신 것들을 원래의 질서대로 유지하려는 바람들 모두를 하나님의 거룩하심과 백성의 정결의 문맥 속으로 이끌어 들이고 있다. 하나님의 거룩하심을 수반하는 백성들의 정결은 단순히 정한 것과 부정한 것들에 문제에 국한되지 않으며, 도덕적 삶과 하나님이 주신 세상의 구조와 질서 모두에 관계된 것이다.

(2) 결혼과 가족

이러한 정결의 문맥에서 앞선 단락인 22:13-30은 결혼 관계를 다루고 있으며 특별히 제7 계명에서 제시되고 있는 기본적인 가이드라인들이 지닌 함의들을 보여주는 구체적인 사례들을 다루고 있다. 간음을 금하는 제7 계명은 기본적으로 결혼 관계를 지키고자 하는 의도를 지닌다. 이런 점에서 구체적인 사례들은 결혼 관계를 지키는 일이 어떻게 이루어지는가를 보여주고 있다 할 수 있다. 그런데 결혼 관계, 즉 한 남자와 한 여자의 영속적인 서로 간의 헌신과 공약 그리고 이를 통한 가족의 형성과 유지의 핵심에 놓여 있는 것이 바로 성적인 관계가 지닌 밀접성이다(intimacy of sexual relationship). 이러한 밀접성은 결코 가볍게 취급되어서는 안 되며 배타적으로 보호되어야 하고 지켜져야 할 사항이다.

Ⅶ 신학적 접근 방식(책-간 본문 연구)

1. 신학적 접근 방식(책-간 본문 연구)의 정의

본문에 대한 신학적 접근 방식으로서의 책-간 연구는 본문을 성경 문맥에서 읽고 해석하려는 의도를 지닌다. 기본적으로 본문의 책-간 연구는 본문이 속한 책 밖의 다른 본문들과 본문을 비교하는 일을 통해서 시작된다. 이 일을 통해 해석자는 본문을 성경-신학적으로 조명하게 될 수 있으며 결국 본문의 성경-신학적 의미를 보다 잘 파악 할 수 있게 된다. 책-내 연구와 마찬가지로 책-간 연구에서 책 밖의 다른 본문들과 본문을 연결 지을 수 있는 근거 혹은 원리는, 본문들이 동일한 단어들을 전략적으로 사용하고 있다거나 혹은 비슷한 주제를 말하고 있는 경우이다. 책-내 본문 연구와 달리 이 연구는 성경 전체의 통독을 통하여 이루어진다기보다는 기본적으로 성구사전을 통해서 이루어진다.

책-간 본문 읽기는 동시대에 살았던 저자들이 동일한 역사적 정황과 문학적 관행들 그리고 신학적 전망 하에서 함께 살았다는 점을 인식할 경우 그 중요성이 분명해진다. 특히 한 사람의 저자에 의해서 여러 권의 책이 쓰였을 경우 책-간 본문 읽기의 중요성과 그 유용성은 매우 크다고 볼 수 있다. 더욱이 구약과 신약을 하나의 언약적인 관점, 곧 약속-성취라는 전망에서 바라보는 해석자의 경우는 신약 본문을 해석할 경우 필히 책-간 본문 읽기를 통해서 관련된 구약 본문들과 해당 신약 본문을 비교 관찰함으로써 해당 신약 본문이 말하고 있는 구약 예언의 성취의 성격과 의미 그리고 중요성을 보다 정확하게 파악할 필요가 있다.

책-간 본문 읽기는 크게 세 가지로 대변된다. 첫째로는 동일한 저자에 의해 쓰인 다른 책들을 서로 비교하면서 해석하려는 본문과 비교될 만한 본문들을 찾아 비교하고 대조하여 본문의 보다 분명한 의미를 드러내는 것이다. 이 경우는 주로 바울 서신들과 단일한 저작으로 간주되는 모세오경의 다섯 권의 책들, 그리고 통상적으로 요한문헌이라 불리는 요한복음과 요한계시록 그리고 요한 서신서들이 여기에 해당된다.

두 번째로 비록 다른 저자들에 의해 쓰였지만 유사한 사건들이나 동일한 자료들을 다루고 있는 책들을 비교하면서 본문을 연구하는 경우이다. 이 경우는 신약의 공관 복음서나 구약의 사무엘 상하와 열왕기 상하 그리고 역대기 상하와 같은 경우인데, 이들은 대개의 경우 역사적 사실들을 다루고 있는 책들이다. 대부분 하나님의 창조와 구속의 역사적 사건들은 특정한 역사적 정황 속에 있던 신앙 공동체를 통해서 계시와 증언의 형태로 받아들여졌으며, 각각의 신앙 공동체는 그들이 받아들였던 계시와 증언이라는 신앙적 유산들을 자신들의 특정한 역사적 정황 속에서 새롭게 조명하여 자신들에 대한 신학적 메시지로 정착시켰다. 뿐만 아니라, 이 신앙 공동체는 자신들이 받아들였던 이러한 믿음의 유산들을 세대에서 세대로 신실하게 전수해나갔다. 이런 점에서 구약과 신약 성경은 하나님의 계시인 동시에 하나님의 백성들인 신앙 공동체의 믿음의 증언이기도 하다.

세 번째로 신약 성경 속에서 구약 본문이 인용되고 있는 경우에 원래의 구약 본문과 신약에서 인용되고 있는 구약 본문을 비교하는 경우이다. 특별히 이 경우 해석자는 인용되고 있는 구약 본문이 원래의 문맥에서는 어떤 의미로 쓰이고 있고, 인용되고 있는 신약 본문 속에서는 어떤 의미로 사용되고 있는지를 반드시 살펴보아야 한다.

특별히 신약 본문의 저자가 구약 본문을 인용하는 경우, 특정한 단어상의 연결을 하나의 접점으로 삼아 연결 짓는 경우가 많다. 즉 단어상의 연결이 구약과 신약 본문 사이를 연결 짓는 최초의 접점이라는 뜻이다.

2. 책-간 본문 연구의 예증

1) 마가복음 3:20-35

이 본문은 예수의 친족과 바알세불 논쟁 그리고 예수의 모친과 형제들에 관한 본문이다. 이 본문의 책-간 본문 연구의 예증은 두 가지로 이루어진다. 첫째로 공관복음서의 대조를 통해서 이루어지며, 두 번째로는 구약과의 비교를 통해 이루어진다. 공관복음 대조를 통해서 다른 복음서의 평행 구절들을 찾아 서로 비교하여 유사점과 차이점들을 기술한다. 또한 성구사전을 통해서 여타 다른 책들의 병행 구절 혹은 유사한 본문들을 찾아서 비교함으로써 본문의 이해를 확장시켜 나간다. 먼저 공관복음 대조 연구를 하도록 하자.

(1) 공관복음 대조 연구

마가복음 3:20-35

20 집에 들어가시니 무리가 다시 모이므로 식사할 겨를도 없는지라 21 예

수의 친속들이 듣고 붙들 러 나오니 이는 그가 미쳤다 함일러라 22 예루살렘에서 내려온 서기관들은 저가 바알세불을 지폈다 하며 또 귀신의 왕을 힘입어 귀신을 쫓아낸다 하니 23 예수께서 저희를 불러다가 비유로 말씀하시되 사단이 어찌 사단을 쫓아낼 수 있느냐 24 또 만일 나라가 스스로 분쟁하면 그 나라가 설 수 없 고 25 만일 집이 스스로 분쟁하면 그 집이 설 수 없고 26 만일 사단이 자기를 거스려 일어나 분쟁 하면 설 수 없고 이에 망하느니라 27 사람이 먼저 강한 자를 결박지 않고는 그 강한 자의 집에 들 어가 세간을 늑탈치 못하리니 결박한 후에야 그 집을 늑탈하리라 28 내가 진실로 너희에게 이르노 니 사람의 모든 죄와 무릇 훼방하는 훼방은 사하심을 얻되 29 누구든지 성령을 훼방하는 자는 사하심을 영원히 얻지 못하고 영원한 죄에 처하느니라 하시니 30 이는 저희가 말하기를 더러운 귀신이 들렸다 함이러라 31 때에 예수의 모친과 동생들이 와서 밖에 서서 사람을 보내어 예수를 부르니 32 무리가 예수를 둘러 앉았다가 여짜오되 보소서 당신의 모친과 동생들과 누이들이 밖에서 찾나이다 33 대답하시되 누가 내 모친이며 동생들이냐 하시고 34 둘러 앉은 자들을 둘러 보시며 가라사대 내 모친과 내 동생들을 보라 35 누구든지 하나님의 뜻대로 하는 자는 내 형제요 자매요 모친이니라.

마태복음 12:22-32과 46-50절

22 그 때에 귀신들려 눈멀고 벙어리 된 자를 데리고 왔거늘 예수께서 고쳐주시매 그 벙어리가 말하며 보게 된지라 23 무리가 다 놀라 가로되 이는 다윗의 자손이 아니냐 하니 24 바리새인들은 듣고 가로되 이가 귀신의 왕 바알세불을 힘입지 않고는 귀신을 쫓아내지 못하느니라 하거늘 25 예수께서 저희 생각을 아시고 가라사대 스스로 분쟁하는 나라마다 황폐하여질 것이요 스스로 분 쟁하는 동네나 집마다 서지 못하리라 26 사단이 만일 사단

을 쫓아내면 스스로 분쟁하는 것이니 그리하고야 저의 나라가 어떻게 서겠
느냐 27 또 내가 바알세불을 힘입어 귀신을 쫓아내면 너희 아들들은 누구
를 힘입어 쫓아내느냐 그러므로 저희가 너희 재판관이 되리라 28 그러나 내
가 하나님의 성령을 힘입어 귀신을 쫓아내는 것이면 하나님의 나라가 이미
너희에게 임하였느니라 29 사 람이 먼저 강한 자를 결박하지 않고야 어떻게
그 강한 자의 집에 들어가 그 세간을 늑탈하겠느냐 결박한 후에야 그 집을
늑탈하리라 30 나와 함께 아니하는 자는 나를 반대하는 자요 나와 함께 모
으지 아니하는 자는 헤치는 자니라 31 그러므로 내가 너희에게 이르노니 사
람의 모든 죄와 훼 방은 사하심을 얻되 성령을 훼방하는 것은 사하심을 얻
지 못하겠고 32 또 누구든지 말로 인자를 거역하면 사하심을 얻되 누구든
지 말로 성령을 거역하면 이 세상과 오는 세상에도 사하심을 얻지 못하리라

46 예수께서 무리에게 말씀하실 때에 그 모친과 동생들이 예수께 말하려고
밖에 섰더니 47 한 사 람이 예수께 여짜오되 보소서 당신의 모친과 동생들
이 당신께 말하려고 밖에 섰나이다 하니 48 말하던 사람에게 대답하여 가
라사대 누가 내 모친이며 내 동생들이냐 하시고 49 손을 내밀어 제 자들을
가리켜 가라사대 나의 모친과 나의 동생들을 보라 50 누구든지 하늘에 계
신 내 아버지의 뜻대로 하는 자가 내 형제요 자매요 모친이니라 하시더라

누가복음 11:14-23과 누가복음 8:19-21

14 예수께서 한 벙어리 귀신을 쫓아 내시니 귀신이 나가매 벙어리가 말하
는지라 무리들이 기이히 여겼으나 15 그 중에 더러는 말하기를 저가 귀신의
왕 바알세불을 힘입어 귀신을 쫓아낸다 하고 16 또 더러는 예수를 시험하
여 하늘로서 오는 표적을 구하니 17 예수께서 저희 생각을 아시고 이 르시
되 스스로 분쟁하는 나라마다 황폐하여지며 스스로 분쟁하는 집은 무너지

느니라 18 너희 말 이 내가 바알세불을 힘입어 귀신을 쫓아낸다 하니 만일
사단이 스스로 분쟁하면 저의 나라가 어 떻게 서겠느냐 19 내가 바알세불
을 힘입어 귀신을 쫓아내면 너희 아들들은 누구를 힘입어 쫓아내 느냐 그러
므로 저희가 너희 재판관이 되리라 20 그러나 내가 만일 하나님의 손을 힘
입어 귀신을 쫓아내는 것이면 하나님의 나라가 이미 너희에게 임하였느니라
21 강한 자가 무장을 하고 자기 집을 지킬 때에는 그 소유가 안전하되 22 더
강한 자가 와서 저를 이길 때에는 저의 믿던 무장을 빼앗고 저의 재물을 나
누느니라 23 나와 함께 아니하는 자는 나를 반대하는 자요 나와 함께 모으
지 아니하는 자는 헤치는 자니라

19 예수의 모친과 그 동생들이 왔으나 무리를 인하여 가까이 하지 못하니
20 혹이 고하되 당신의 모친과 동생들이 당신을 보려고 밖에 섰나이다 21
예수께서 대답하여 가라사대 내 모친과 내 동 생들은 곧 하나님의 말씀을
듣고 행하는 이 사람들이라 하시니라

① 비교 고찰

마가복음 3:20-30만 떼어놓고 보면 바알세불 논쟁 부분에 해당되는 마가복음 3:22-26은 마태복음 12:24-26과 누가복음 11:15, 17-18과 평행관계를 보여준다. 그리고 이어지는 마가복음 3:27-30에서 나타나지 않는 부분이 마태복음 12:27-28과 누가복음 11:19-20에서 매우 유사한 형태로 나타나 있다. 주목할 점은 바알세불 논쟁에 대한 마태와 누가의 공통의 이해는 예수가 하나님의 성령/손을 힘입어 귀신을 쫓아낸다는 것이며, 이런 점에서 예수를 비난하는 자들의 문제는 하나님 자신에 대한 중상모략이라는 점이다. 그러나 마가는 '하나님의 성령/손을 힘입어 귀신을 쫓아낸다'는 부분을 생략함으로써 하나님에 대한 중상의

관점보다는 예수의 사역의 궁극적 성격인 사탄의 결박에 초점을 맞추고 있음을 암시하고 있다.

② 마가복음의 본문의 특징

첫째로 마가복음은 다른 복음서와 달리 바알세불 논쟁을 여는 도입 부분(20-21)을 친족에 대한 기술로 시작하고 있다. 특히 친족들이 예수가 미쳤다는 소문을 듣고 예수를 잡으러 왔다는 서술을 통해서 이어지는 바알세불 논쟁에서 서기관들의 주장과 주제상의 연결을 짓고 있다. 둘째로 다른 복음서들은 바알세불 논쟁과 누가 예수의 참된 가족인가에 대한 기술을 서로 다른 문맥에 놓고 있는데 반해, 마가는 이 두 부분을 직접 연결하여 한 문맥에 놓고 있다는 점이다. 셋째로 마가는 내적 분규에 대한 기술 부분을 사탄의 내적 분규로 인한 '사탄의 끝'이란 표현으로 맺고 있다는 점이다. 넷째로 마태와 비슷하게 마가는 강한 자에 대한 결박과 그에 따른 약탈에 대한 언급이 내적 분규에 대한 진술을 바로 잇고 있으며, 뒤 이어 용서받지 못한 죄에 대한 부분을 넣고 있는데 반해 마태는 27-28절을 강한 자에 대한 결박과 용서받지 못할 죄에 대한 언급 사이에 넣고 강한 자에 대한 결박과 용서받지 못한 죄에 대한 부분 사이에 30절을 넣고 있다. 이런 점에서 마가는 강한 자에 대한 결박 부분을 한결 분명하게 기술하여 강조하고 있다는 인상을 갖게 된다. 다섯째로 마태와 누가와 달리 마가는 예수가 바알세불에 들렸다고 서술함으로써 예수와 예수의 사역에 대한 당시 예루살렘의 지도자들의 비난과 저항이 강력함을 암시하고 있다.

(2) 다른 책들과의 비교 연구

성구 사전이나 관주성경을 사용하여 본문이 어떤 구약 본문들과 연관되는지 살펴보고 그 구약 본문들의 원래적 의미를 파악하도록 한다. 본문에서 강한 자를 결박하고 그의 소유물들을 약탈해가는 이미지군(群)은 이사야 49:24-26과 시편 68:18(cf. 엡4:8)를 연상시키는데 이 구약 본문은 모두 전쟁에서 승리한 후에 패장으로부터 전리품을 빼앗은 후 승리의 귀환을 하는 장군에 대한 묘사들이다. 이런 점에서 본문은 예수와 그의 사역을 사탄과의 우주적 일전에서 승리하시고 이제 사탄의 졸개들인 악마와 귀신들을 소탕하는 일들 임을 시사하고 있다.

2) 마가복음 11:1-11 (본문은 성경을 참조)

첫째로 2절에서 아무도 탄 적이 없는 나귀를 준비시키는 장면과 7절에서 준비된 나귀 새끼를 타고 예루살렘으로 들어가는 예수의 장면은 비록 명시적이지는 않지만(cf. 마21:4-5; 요12:15), 분명 스가랴 9:9을 암시하고 있다. 이것은 예수의 예루살렘 입성이 지닌 다윗 계열의 왕적 메시아적 모티프를 나타내고 있음이 분명하다.[121] 그러나 동시에 중요한 점은 마가가 다른 공관복음서의 평행 구절(마 21:4-5)과 달리 이 모티프를 명시적으로 다루고 있지 않다는 것이다. 아마 이러한 간접적인 방식의 구약 본문의 암시는 전통적인 다윗 계열의 왕적 메시아에 대한 전폭적인 지지를 유보하고 있는 것으로 판단된다.

둘째로 4절에서 "밖에 길 위에 문 쪽으로 매어 있는 나귀"(cf. 2절)라는 표현은 창세기 49:10-11("그의 나귀를 포도나무에 매며 그 암나귀 새끼를 아름다 운 포도나무에 맬 것이며")을 연상시키는데, 이 구절은 앞으로 올 한 통치

121 J. Marcus는 왕상 1:33과 38절을 예롤 들면서 왕이 타고 예루살렘에 들어가는 나귀를 언급하고 있는 슥9:9은 나귀를 왕이 타던 동물로 이해하던 고대 근동 지방의 이해를 전제하고 있다고 주장한다(cf. Marcus, *Mark 8-16* [Yale Univ. Press, 2009], 772)

자가 자신의 나귀 새끼를 포도나무에 매고 있는 모습을 기술하고 있는 본문으로 특히 10절은 유다의 왕적 다스림을 상징하는 홀(scepter)과 다스리는 자의 지휘봉(ruler's staff)을 언급하고 있다. 이 구절은 중간기 문헌들 속에서 메시아에 관한 신탁으로 해석되었다.[122] 그렇다면 이 표현과 2절의 스가랴 9:9의 암시는 예수가 분명 종말론적인 왕적 메시아임을 강력하게 시사하고 있음이 분명하다.

셋째로 9절의 "찬송하리로다, 주의 이름으로 오시는 이여"라는 표현은 시편 118:26을 인용하고 있다. 시편 118편은 초막절, 하누카, 유월절과 같은 유대 명절에 낭송되던 일군의 시편들인 Hallel(시113-118)의 마지막 시편으로 원래는 전쟁 승리에 대한 왕의 감사의 노래로 구성되었으며, 후대에 왕이 주도하는 예전 행렬에 사용되기 위해 예식서에 통합되었다.[123] 주목할 점은 앞서 단어 연구에서 주목했듯이 마가의 본문에서 무리들의 외침 속의 "호산나"라는 표현은 동일한 시편인 118:25의 "여호와여 이제 구원하소서"를 반영하고 있다는 점이다. 그렇다면 마가는 예수께서 왕적인 메시아로서 자신의 도성인 예루살렘에 입성하는 것으로 묘사할 뿐만 아니라, 이 입성이 자신의 백성들에 대한 구원과 관계된 것임을 강력히 암시하고 있다고 할 수 있다.

넷째로 10절의 "조상 다윗의 나라여"라는 표현은 사무엘하 7:13-14을 연상시킨다. 이 구절은 다윗의 아들이 하나님의 집을 지음으로써 자신의 아버지의 나라의 보좌를 세울 자라고 말하고 있으며, 특별히 이 다윗의 아들이 하나님의 아들로 명명되며, 또한 이 아들이 하나님의 집을 지을 것이라고 말하고 있다. 주목할 점은 이 두 가지 사실이 마가복음에

122 Ibid., 773.

123 Rikk E. Watts, "Mark," in *Commentary on the New Testament Use of the Old Testament* , editors, G. K. Beale and D. A. Carson (Baker Academic, 2007), 207.

서 모두 예수에게 적용되어 강조되고 있다는 점이다. 다섯째로 '오시는 이'와 '오는 나라'라는 표현은 마가복음 1:17에서 세례요한이 말하는 '더 강한 자가 오신다'는 표현을 연상시키며, 이 표현은 이사야 40:10이 말하는 장차 여호와께서 강한 자로 임하실 것이라는 표현을 상기시킨다. 특히 마가는 3:27("사람이 먼저 강한 자를 결박하지 않고는 그 강한 자의 집에 들 어가 세간을 늑탈치 못하리니")을 통해서 예수가 강한 자를 결박하는 더 강한 자임을 강력히 암시한 바 있다. 이 모든 것을 고려할 때 분명 마가는 예수의 오심을 하나님의 나라/다스림의 도래로 보고 있으며, 예수를 통해 하나님의 종말론적인 왕적 다스림이 구현되고 있음을 보여주고 있는 것이다.

3) 마가복음 1:3 (본문은 성경을 참조)

이 본문은 마가복음의 서막에 해당하는데 주목할 점은 이사야서 본문인 40:3을 인용하고 있다는 점이다.

1 하나님의 아들 예수 그리스도의 복음,

2 곧 선지자 이사야에 의해

"'보라 내가 내 사자를 네 앞에 보내노니, 그가 너의 길을 준비할 것이요,'

3 광야에 외치는 자의 소리가 있어 이르되,

'너희는 주의 길을 준비하라, 그의 길을 곧게 하라'"고

기록되었던 그 복음의 시작이라. (한글사역)

여기에서 마가는 기본적으로는 세례요한의 광야에서 '외치는 소리'에 착안하여 동일한 표현인 "외치는 자의 소리"를 담고 있는 이사야 40:3을 인용하고 있다. 여기서 반드시 기억해야 할 점은 신약 저자들은

구약 본문을 인용할 경우 단순히 단어상의 일치를 근거로 원래의 문맥과 상관없이 특정한 구절만을 임의적으로 인용하고 있지 않다는 점이다. 동일한 맥락에서 마가는 이사야 40:3을 인용하면서 이 구절의 전체 문맥을 정확히 이해하며 인용하고 있는 것이다.

이 점을 이상의 마가의 이사야 40:3의 인용에 대한 설명으로 간단히 예증하고자 한다. 마가는 일차적으로 광야에 외치는 목소리였던 세례요한과의 접점 때문에 40:3을 인용하고 있다. 그렇지만 보다 중요하게는 이사야 40장 전체의 문맥이 여러 점에서 마가복음의 서두의 구성에 지대한 영향을 미쳤음을 쉽게 알 수 있다.

예를 들어, 이사야 40:2은 "외쳐 고하라, 복역의 때가 끝났고 죄가 사함을 얻었느니라"고 말하고 있는데 이 구절은 마가복음 1:4의 세례요한의 죄 사함의 세례 선포를 연상시킬 뿐만 아니라 마가복음 1:1이 말하는 "예수 그리스도의 복음"의 핵심을 암시하고 있다. 더욱이 이사야 40:9은 실제적으로 '복음'이란 말을 두 번씩이나 사용하고 있다는 점에 주목할 필요가 있다. "시온에 **아름다운 소식**을 전하는 자(ὁ εὐαγγελιζόμενος)여 너는 높은 산에 오르라 예루살렘에 **아름다운 소식**을 전하는 자(ὁ εὐαγγελιζόμενος)여 너는 힘써 소리를 높이라 두려워하지 말고 소리를 높여 유다의 성읍들에게 이르기를 너희의 하나님을 보라 하라" 또한 이사야 40:10은 "주 여호와께서 장차 강한 자로 임하실 것이요"라고 말하고 있는데 이 구절은 마가복음 1:7의 "더 강한 자가 오시나니"란 표현을 강하게 연상시킨다.

이 모든 구절들의 연결은 우리로 하여금 마가는 예수와 함께 이사야가 예언했던 아름다운 소식인 복음, 곧 하나님의 능력 있는 오심의 시대가 도래 했다는 것을 보여 주고 있음을 알게 해준다. 분명한 사실은 마가는 단순히 한 구절인 이사야 40:3을 인용하고 있는 것이 아니라 40:3

이 속한 40장이란 전체 문맥이 말하고 있는 바를 정확히 파악하고 있고, 그 문맥에 비추어 40:3을 인용하면서 예수의 오심의 의미를 이사야가 예언했던 바, 곧 종말에 광야에 하나님의 대로가 펼쳐질 것이라는 예언의 성취라는 관점에서 서술하고 있다는 점이다.

4) 마가복음 11:15-19

15 그들이 예루살렘에 갔더라.
성전으로 들어가셔서
예수께서 성전 안에서 팔고 사는 자들을 내어 쫓기 시작하셨으니, 곧
돈 바꾸는 자들의 책상과 비둘기를 파는 자들의 의자를 둘러엎으셨고,
16 누구도 물건[124]을 가지고 성전을 통과하는 것을 허락하지 않으셨더라.

17 그리고 가르쳐
그들에게 말씀하시기를
"기록되지 아니하였는가?
'내 집은 만민을 위한 기도의 집이라 불릴 것이라'
고 말이다.
그러나 너희는 성전을 강도의 소굴(σπήλαιον λῃστῶν)을 만들었다" 하시더라.

124 이 단어는 헬라어로 σκεῦος인데 σκεῦος는 일반적인 의미의 물건을 뜻할 수 있고 또한 용기나 그릇을 지칭할 수 있다. 만약 후자라면 성전제의와 관련된 제기, 혹은 희생제물의 피와 같은 것을 담는 용기로 해석할 수 있다.

18 대제사장들과 서기관들이 듣고

예수를 어떻게 죽일 것인가를 꾀하더니,

이는 그들이 예수를 두려워하였기 때문이며,

그 이유는 모든 무리가 예수의 가르침에 놀랐기

때문이라.

19 날이 저물었을 때,

그들이 도시 밖으로 나갔더라. (한글사역)

본문은 크게 세 부분으로 이루어져 있는데 첫 번째 부분은 예수의 성전 청결 행위 그 자체를 담고 있는 부분(15-16절)이고, 두 번째 부분은 예수께서는 성전 청결 행위 후에 이사야 56:7과 예레미야 7:11을 인용하여 가르침을 주고 있는 부분(17절)이며, 끝으로 세 번째 부분은 예수의 성전 청결 행위와 그에 따른 가르침이 당시 예루살렘 종교 지도자들로 하여금 예수를 죽이려는 모의를 하게 했다는 점을 말하고 있는 부분 (18-19절)이다.

여기서 관심은 17절에서 인용되고 있는 구약의 두 구절인 이사야 56:7과 예레미야 7:11이 원래의 문맥에서는 어떠한 의미를 지니고 있으며 마가에 의해서 이 구절들은 어떻게 이해되어 본문 가운데서 사용되고 있는가를 밝히는데 있다.

먼저 이사야 구절을 살펴보자. 이사야 56:7은 이스라엘 백성들에게 하나님의 구원이 가까이 옴에 따라서(56:1) 정의와 의로움을 유지할 것을 권면하고 있는 56:1-8의 일부이다. 이러한 위로의 문맥에서 특별히 이방인들과 내시들을 포함하여 주도적인 사회 집단으로부터 소외되어 있던 자들은, 이들이 여호와께서 요구하시는 정의와 의로움에 따라 사는 한(56:3-6) 정의롭게 다루어져야 할 대상으로 지목되고 있다. 한 걸음 더 나아가 여호와에 대한 경배와 예배의 영역에서 이들을 정의롭게 다루어야 한다는 점이 하나님의 기도의 집에서 이들에게 주어진 동일한 기회라는 의미로 표현되고 있다.

바로 이러한 예배와 관련한 동등성 혹은 공평성이 마가복음 11:17의 예수의 가르침의 준거의 틀이 되고 있다. 다시 말하면, 이사야 56:7은 하나님의 기도의 집은 종족이나 사회적인 배경과 관계없이 하나님의 모든 백성들에 의해서 함께 향유되어야 할 보편적 유산이라는 점을 말하고 있고 이런 맥락에서 예수께서는 성전 청결에 뒤이어 성전에 대해 가르침을 주고 있는 것이다.

두 번째로 성전에 대한 예수의 가르침을 보다 잘 이해하기 위해서 17절에서 두 번째로 인용되고 있는 예레미야 7:11의 문맥을 살펴볼 필요가 있다. 이 구절은 예레미야의 성전 설교(The Temple Sermon)의 일부로서 이 성전 설교의 문맥에서 볼 때 '강도'라는 말은 성전을 자신들의 안정을 보장해주는 근거로 삼고 자신의 삶에는 하나님이 요구하시는 공의와 거룩함 그리고 자비가 없는 당시 예루살렘 성전 지도자들에 대한 정죄를 의미하고 있다.

또한 주목할 점은 인용되고 있는 예레미야 7:11에 이어서 예레미야 8:11-13은 이러한 헛된 안정을 도모하는 자들에게 하나님의 준엄한 심판으로써 그 가운데 "포도나무에 포도가 없을 것이며 무화과나무에 무화과가 없을 것이며 그 잎사귀가 마를 것이라" 말씀하고 있는데, 마가 역시 예수의 성전 청결 사건의 앞과 뒤에 각각 무화과나무 저주 사건과 이에 따라 무화과나무가 뿌리부터 말라 죽은 사건을 위치시키고 있다. 이 점은 예수의 성전 청결사건에 대한 마가의 의미와 예레미야의 성전 설교는 주제상 일치한다는 강한 암시를 주고 있다.[125] 즉 두 본문 모두는 성전

125 cf. N.T. Wright, 『예수와 하나님의 승리』, 643-644.

을 자신들의 안정에 대한 보장으로 삼을 뿐 성전이 의미하는 바, 즉 하나님의 거룩과 자비 그리고 공의에 대해 무심할 뿐만 아니라 도리어 강포와 불의를 행하는 자들에 대한 경고와 심판을 선언하고 있다는 뜻이다.

이 점은 또한 마가가 예레미야의 "강도의 굴혈"이라는 표현 중에서 강도를 지칭하면서 흔히 예상하는 '도적' 혹은 '강도'를 지칭하는 κλέπτης가 아니라 '폭도'를 뜻하는 λῃστῆς가 사용되고 있다는 점에서도 지지를 받는다. 이 단어는 당시 마가복음의 역사적 문맥인 주후 1세기경, 거룩한 전쟁 사상에 집착하여 무력과 폭력을 통해서 예루살렘 성전을 회복하기 위해 로마에 대항하여 맞서 싸웠던 혁명적 성향의 유대 열심당원들을 지칭하는 데에 사용되었다.[126] 이들에게 성전은 민족 해방의 소망의 구심점이었으며 특별히 이교도들과 맞선 전쟁에서 성전은 이들의 안전을 보장하는 장소로 간주되었다.[127] 그렇다면 이들에게 성전은 예레미야 당시와 마찬가지로 민족주의적인 폭력을 정당화시켜주는 부적과 같은 존재이며, 여호와께서 이스라엘을 위하여 싸우시며 이교도들이란 원수들로부터 이스라엘을 보호하실 것이라는 보장이었던 것이다.

이러한 문맥에서 예수께서는 성전이 '강도의 굴혈'이 되었다고 말씀하고 있는 것이다. 성전 제의를 통해 약자들을 경제적으로 착취하는 성전 지도자들에 대한 경고라기보다는, 성전의 본래적 의미 곧 "*만민을 위한* 하나님의 기도의 집"이라는 본질을 구현하지 못하고 성전을 자신들의 안정에 대한 보장으로 확신했던 성전 관리자들을 향하여 돌로 지은 성전의 필연적 멸망과 새로운 성전의 출현에 대해 암시적으로 말씀하고 있는 것이다. 그리고 이야기가 전개됨에 따라서 예수께서는 13:1-3에서 명시적으로 예루살렘 성전의 멸망을 말씀하신다.

---

126 Josephus, *Jewish Antiquities* 14:415f; 15:345-8; Jewish War 1:304-11.

127 cf. N.T. Wright, 『예수와 하나님의 승리』, 644.

특별히 여기서 예수께서 인용하시는 두 구절인 이사야 56:7과 예레미야 7:11을 일종의 대조적 평행법의 일환으로 본다면 이 두 구절의 인용이 의미하는 바는 더욱 자명하다. 즉 '나의 집은 만민을 위한 기도의 집이어야 하는데, 너희 유대 지도자들은 이방인들을 이 집으로부터 내어 쫓고 그들이 성전에 나아와서 기도할 수 있는 권리를 빼앗음으로써 이 기도의 집을 너희 자신의 본거지로 만들었다'는 뜻이다. 이 점은 마가복음 11:16이 암시하고 있는 스가랴 14:21의 문맥인 14:16이하에 의해 지지를 받는다. 스가랴 14:16이하는 종말에 경건한 이방인들이 시온에 있는 종말론적인 새 성전으로 순례하여 몰려올 것을 분명하게 그려주고 있기 때문이다(cf. 사 2:2-4; 19:23-25). 그렇다면 이 두 구약 구절의 인용과 스가랴 14장을 배경으로 11:16의 예수의 금지 명령은 돌로 지은 옛 성전은 필연적으로 종국을 맞이하게 되었고 자신의 죽음과 부활을 통해 구현될 보편적인 참 성전인 '예수 성전'을 예고하고 있다고 할 수 있다.

5) 에베소서 2:11-22

11 이런 이유 때문에

기억하라

너희가 ***전에는***

육체로는 이방인이요

손으로 육체에 행해진 "할례"자들이라고 불리는 자들에 의해

"무할례"자들이라고 불린 자들이었음을…

12 그 때에는

너희가 그리스도가 없었던 자들이요

이스라엘 연합체로부터 제외된 자들이요

약속의 언약들에 대하여는 외인이요

세상에서 소망이 없었고

하나님이 없었던 자들이었음을

(기억하라).

13 그러나 ***이제는***

전에 멀리 있던

너희가 그리스도 예수 안에서 그리스도의 피를 통해가까워졌느니라.

14 그 이유는 그가 우리의 평화로서

그의 육체로, 중간에 막힌 담, 즉 원수 됨을 허무시고

15 규례들과 명령조항들을 담고 있는 율법을 폐하심으로써

둘을 하나 되게 하신 분이기 때문이니

이로써 그가 자신 안에서 둘을 하나의 새사람으로 만드시려 함이요

평화를 이룸으로써

16 십자가를 통해이 원수 됨을 죽임으로써

한 몸으로 둘을 하나님께 화목 시키게 하려 하심이라.

17 그리고 오셔서

멀리 있던 너희들에게 평화를 그리고

가까이 있던 자들에게 평화를

그가 선포하셨으니

18 그 이유는 그를 통해우리 양자 모두가 한 성령 안에서

아버지께 나아갈 수 있는 권리를 갖고 있기 때문이라.

19 그러므로 결과적으로

너희는 더 이상 나그네와 외인이 아니요

너희는 하나님의 백성의 동료-시민이요, 하나님의 권속으로써

20 그리스도 예수께서 모퉁이 돌 되시고
사도들과 선지자들의 기초 위에 지어져 가나니
21 그 안에서 건물 전체가 서로 연결되어짐으로써
주 안에서 하나의 거룩한 전으로 성장해가며
22 그 안에서 너희 역시 성령 안에서
하나님의 집으로 함께 지어져 가느니라.(한글사역)

본문 11-13절과 19-22절로 둘러 쌓여있는 가운데 부분인 14-18절을 중심으로 책-간 연구를 간단히 예증하고자 한다. 이 구절들은 수신자들의 과거의 크리스천-이전 상태로부터 현재의 크리스천 상태로의 변화의 근거를 그리스도의 평화의 화목의 사역으로 제시하고 있다. 여기서 그리스도의 사역을 평화와 화목으로 이해하고 있는 저자의 이해는 분명 계시적 차원의 일이겠지만 성경 해석 차원에서 볼 때에 분명 그 이면에는 관련된 구약 본문에 대한 저자의 해석과 당시 초대교회의 신앙고백 전승이 놓여있다고 볼 수 있다.

보다 구체적으로 말해 이 구절들 특히 그리스도의 평화와 화목의 사역은 구약적인 배경으로 이사야 57:19과 이사야 52:7을, 초대교회의 신앙고백적인 배경으로는 골로새서 1:21-23이 암시적으로 반영해주고 있는 그리스도 찬송시를 지닌다.

먼저 본문 13절은 '멀리-가까이'란 이미지상 이사야 57:19을 반영하고 있으며 본문 17절은 '멀리 있는 자'와 '가까이 있는 자,' 그리고 '평화'를 이란 용어상 이사야 57:19을, '평화를 선포하다'라는 용어상 이사야 52:7을 반영하고 있다. 분명 본문의 저자는 당시의 이사야 본문들의 종말론적인 해석 전통과 유대교적인 미드라쉬적 해석 전통에 따라서 이 이사야 본문들을 크리스천적으로 해석하고 있음이 분명하다.

이 크리스천적인 해석에 따르면 그리스도는 공중 권세 잡은 하늘의 영역 가운데 있는 권세들과 통치자들을 정복하시고 우주적 차원의 질서와 평화를 이 땅에 정착시키신 분이며, 그런 점에서 하나님과 인류를 화목하게 하신 평화의 화신이자 화목의 실행자이시다. 이러한 우주적인 사역은 하나님의 종말론적인 공동체의 예기적인 성취인 교회 공동체를 통한 유대인들과 이방인들의 하나 됨으로 구현되고 있다라고 본문은 말하고 있다.

특별히 그리스도를 이러한 우주적인 평화의 화신이자 화목의 실행자라고 선포했던 초대교회의 케리그마는 찬송시의 형태로 구성되어 당시 초대교회의 구성원들 가운데서 예배 시 혹은 개인 신앙고백 차원에서 널리 회자되었던 것으로 여겨지며 이러한 흔적은 골로새서 1:20-22에 나타나 있다고 보인다.[128]

> 20 그의 십자가의 피로 화평을 이루어, 만물 곧 땅에 있는 것들이나 하늘에 있는 것들을 그로 말미암아 자기와 화목케 되기를 기뻐하심이라. 21 전에 악한 행 실로 멀리 떠나 마음으로 원수가 되었던 너희를 22 이제는 그의 육체의 죽음으로 말미암아 화목케 하사 너희를 거룩하고 흠 없고 책망할 것이 없는 자로 그 앞에 세우고자 하셨으니…

6) 고린도전서 1:18-25

> 18 십자가의 말씀이 멸망당하는 자들에게는 미련한 것이요
>
> 구원을 받는 우리에게는 하나님의 능력이니,

128 cf. Andrew Lincoln, *Ephesians* , 130.

19 그 이유는 기록되었듯이,

"내가 지혜 있는 자들의 지혜를 멸하고 총명한 자들의 총명을 폐하리라"

하였기 때문이라.

20 지혜 자가 어디 있느냐? 서기관이 어디 있느냐? 이 세대의 변론가가 어디 있
느냐?

하나님께서 이 세상의 지혜를 미련하게 하시지 않았느냐?

21 왜냐하면

하나님의 지혜 가운데 이 세상은 자신의 지혜로 하나님을 알지 못하기에,

하나님은 선포의 어리석음으로 믿는 자들을 구하시기를 기뻐하셨기 때문이라.

22 또한 유대인은 표적을 구하고 헬라인은 지혜를 찾기에,

23 우리는 십자가에 못 박힌 그리스도를 전파하노니,

24 유대인들에게는 거치는 것이요, 이방인들에게는 어리석은 것이로되,

부르심을 받은 자들에게는 유대인이나 헬라인이나

그리스도는 하나님의 능력이요 하나님의 지혜니라.

25 왜냐하면 하나님의 어리석음이 사람보다 더 지혜롭고

하나님의 약하심이 사람보다 더 강하기 때문이라.

18 *Ὁ λόγος* γὰρ ὁ τοῦ σταυροῦ τοῖς μὲν *ἀπολλυμένοις* μωρία ἐστίν,

τοῖς δὲ *σῳζομένοις* ἡμῖν δύναμις θεοῦ ἐστιν

19 γέγραπται γάρ,

Ἀπολῶ τὴν σοφίαν τῶν σοφῶν καὶ τὴν σύνεσιν τῶν συνετῶν

ἀθετήσω

20 ποῦ σοφός ποῦ γραμματεύς ποῦ συζητητὴς τοῦ αἰῶνος τούτου

οὐχὶ ἐμώρανεν ὁ θεὸς τὴν σοφίαν τοῦ κόσμου

21 ἐπειδὴ γὰρ ἐν τῇ σοφίᾳ τοῦ θεοῦ οὐκ ἔγνω ὁ κόσμος διὰ τῆς σοφίας

τὸν θεόν,

εὐδόκησεν ὁ θεὸς διὰ τῆς μωρίας τοῦ κηρύγματος σῶσαι τοὺς *πιστεύοντας·*

22 ἐπειδὴ καὶ Ἰουδαῖοι σημεῖα αἰτοῦσιν καὶ Ἕλληνες σοφίαν ζητοῦσιν,

23 ἡμεῖς δὲ κηρύσσομεν Χριστὸν *ἐσταυρωμένον*,

Ἰουδαίοις μὲν σκάνδαλον, ἔθνεσιν δὲ μωρίαν,

24 αὐτοῖς δὲ τοῖς κλητοῖς, Ἰουδαίοις τε καὶ Ἕλλησιν,

Χριστὸν θεοῦ δύναμιν καὶ θεοῦ σοφίαν·

25 ὅτι τὸ μωρὸν τοῦ θεοῦ σοφώτερον τῶν ἀνθρώπων ἐστίν καὶ

τὸ ἀσθενὲς τοῦ θεοῦ ἰσχυρότερον τῶν ἀνθρώπων

이 본문을 먼저 로마서 내의 다른 본문들과 연관지어 살펴보고 다음으로는 이사야서와의 연관을 살펴보도록 한다.

(1) 로마서 1:16

Οὐ γὰρ ἐπαισχύνομαι τὸ εὐαγγέλιον, δύναμις γὰρ θεοῦ ἐστιν εἰς σωτηρίαν παντὶ τῷ πιστεύοντι, Ἰουδαίῳ τε πρῶτον καὶ Ἕλληνι."

내가 복음을 부끄러워하지 아니하니 이는 복음은 유대인으로부터 헬라인에 이르기까지 모든 믿는 자들에게 구원에 이르는 하나님의 능력이기 때문이라

로마서 1:1은 하나님의 복음의 내용을 구약에서 약속된(죄의 압제로부터) 해방과 자유를 종말론적으로 이루시는 메시아로 예수 그리스도로 제시하고 있으며, 16절에서 바울은 이 복음이 유대인과 헬라인 모두를 포함한 모든 인류를 구원하는 하나님의 능력이라고 말하고 있다.

(2) 로마서 9:30-33(cf. 아래 사 28:16)

… ὅτι ἔθνη τὰ μὴ διώκοντα δικαιοσύνην κατέλαβεν δικαιοσύνην, δικαιοσύνην δὲ τὴν ἐκ πίστεως, 31 Ἰσραὴλ δὲ διώκων νόμον δικαιοσύνης εἰς νόμον οὐκ ἔφθασεν. 32 διὰ τί; ὅτι οὐκ ἐκ πίστεως ἀλλ' ὡς ἐξ ἔργων· προσέκοψαν τῷ λίθῳ τοῦ προσκόμματος, 33 καθὼς γέγραπται· ἰδοὺ τίθημι ἐν Σιὼ ν λίθον προσκόμματος καὶ πέτραν *σκανδάλου*, καὶ ὁ πιστεύων ἐπ' αὐτῷ οὐ καταισχυνθήσεται …

즉 의를 추구하지 않던 이방인들은 의, 곧 믿음으로부터 기인하는 의를 얻었지만 그러나 의의 율법을 추구하던 이스라엘은 율법에 이르지 못하였다는 것이라. 무엇 때문에? 왜냐하면 믿음으로부터 아니라 마치 행위로부터 [추구했기 때문이라]. 그들은 넘어지게 하는 돌에 부딪혔으니 이는 기 록된 바와 같으니 곧 보라 내가 시온에 넘어지게 하는 돌, 즉 넘어지게 하는 반석을 두었으니 이 돌 을 신뢰하는 자는 부끄럼을 당치 않을 것이라 함이라 기록된 바라. [사역]

이 구절은 율법의 행위를 통해 의를 추구한 자는 의를 얻지 못하고 오히려 이 의를 추구하지 않은 자들이 의를 얻었으니 전자의 사람들에게는 율법의 행위를 통한 의의 추구가 일종의 걸림돌이 되었다는 맥락의 말씀으로, 이에 대한 예증으로 이사야 8:14과 이사야 28:16이 결합된 형태의 구약 본문을 인용하고 있다. 여기서 대안으로 제시되는 의는 믿음을 통해 주어지는 의이다.

(3) 이사야 29:14

그러므로 내가 이 백성 중에 기이한 일 곧 기이하고 가장 기이한 일을 다시 행하리니 그들 중의 지혜자의 지혜가 없어지고 명철자의 총명이 가리워지리라

이 구절은 마음이 담겨 있지 않는 경배와 신앙, 곧 거짓된 경건과 예배에 대한 하나님의 심판의 선언으로서 이러한 거짓된 경건으로부터 보고 이해할 수 있는 참된 능력을 빼앗아 가실 것이라는 예언이다.

(4) 이사야 28:16

ἰδοὺ ἐγὼ ἐμβαλῶ εἰς τὰ θεμέλια Σιων λίθον πολυτελῆ ἐκλεκτὸν ἀκρογωνιαῖον ἔντιμον εἰς τὰ θεμέλια αὐτῆς καὶ ὁ πιστεύων ἐπ' αὐτῷ οὐ μὴ καταισχυνθῇ, 칠십인역

보라 내가 시온의 토대 위에 택정한 값비싼 돌을, 시온의 토대 위에 고귀한 주초 돌을 놓았으니, 이 돌을 신뢰하는 자는 부끄럼을 당지 않을 것이라

יִסַּד בְּצִיּוֹן אָבֶן אֶבֶן בֹּחַן פִּנַּת יִקְרַת מוּסָד מוּסָּד הַמַּאֲמִין לֹא יָחִישׁ׃

내가 시온에 돌, 곧 검증된 돌이요 확실한 토대를 위한 고귀한 돌을 넣을 것이라. 믿는 자들은 결코 당황치 않을 것이라

이 구절은 이스라엘을 다스리는 통치자들의 자만에 대한 경고의 말씀의 일환이다. 앗수르에 대항하여 애굽과 조약을 맺음으로 거짓된 안전과 안정을 도모하는 자들인 어리석은 예루살렘의 통치자들에 대해, 하나님은 하나님의 지혜요 능력인 시온의 한 돌을 두어 이 돌을 신뢰하는 자들이 구원을 얻게 할 것이라는 예언의 말씀이다.

(5) 이사야 8:14

וְהָיָה לְמִקְדָּשׁ וּלְאֶבֶן נֶגֶף וּלְצוּר מִכְשׁוֹל

그가 거룩한 피난처가 될 것이요, 그러나 이스라엘의 두 집에게 그는 치는 돌과 걸려 넘어 뜨리는 바위가 될 것이라

7) 요한복음 4:1-26

(1) 본문 구조 파악

1 Ὡς οὖν ἔγνω ὁ Ἰησοῦς

ὅτι ἤκουσαν οἱ Φαρισαῖοι ὅτι Ἰησοῦς πλείονας μαθητὰς ποιεῖ καὶ

βαπτίζει ἢ Ἰωάννης

-καίτοιγε Ἰησοῦς αὐτὸς οὐκ ἐβάπτιζεν ἀλλ' οἱ μαθηταὶ αὐτοῦ-

3 ἀφῆκεν τὴν Ἰουδαίαν καὶ ἀπῆλθεν πάλιν εἰς τὴν Γαλιλαίαν.

4 (Ἔδει δὲ αὐτὸν διέρχεσθαι διὰ τῆς Σαμαρείας.)

5 ἔρχεται οὖν εἰς πόλιν τῆς Σαμαρείας

λεγομένην Συχὰρ πλησίον τοῦ χωρίου ὃ ἔδωκεν Ἰακὼβ [τῷ]

Ἰωσὴφ τῷ υἱῷ αὐτοῦ·

6 ἦν δὲ ἐκεῖ πηγὴ τοῦ Ἰακώβ.

ὁ οὖν Ἰησοῦς κεκοπιακὼς ἐκ τῆς ὁδοιπορίας ἐκαθέζετο οὕτως ἐπὶ τῇ πηγῇ· ὥρα

ἦν ὡς ἕκτη.

7 ἔρχεται γυνὴ ἐκ τῆς Σαμαρείας ἀντλῆσαι ὕδωρ.

λέγει αὐτῇ ὁ Ἰησοῦς· δός μοι πεῖν·

8 (οἱ γὰρ μαθηταὶ αὐτοῦ ἀπεληλύθεισαν εἰς τὴν πόλιν ἵνα τροφὰς

ἀγοράσωσιν.)

9 λέγει οὖν αὐτῷ ἡ γυνὴ ἡ Σαμαρῖτις·

πῶς σὺ Ἰουδαῖος ὢν παρ' ἐμοῦ πεῖν αἰτεῖς γυναικὸς Σαμαρίτιδος οὔσης;

οὐ γὰρ συγχρῶνται Ἰουδαῖοι Σαμαρίταις.

10 ἀπεκρίθη Ἰησοῦς καὶ εἶπεν αὐτῇ·

εἰ ᾔδεις τὴν δωρεὰν τοῦ θεοῦ καὶ τίς ἐστιν ὁ λέγων σοι·

δός μοι πεῖν,

σὺ ἂν ᾔτησας αὐτὸν καὶ ἔδωκεν ἄν σοι ὕδωρ ζῶν.

11 λέγει αὐτῷ [ἡ γυνή]·

11 λέγει αὐτῷ [ἡ γυνή]·

κύριε, οὔτε ἄντλημα ἔχεις καὶ τὸ φρέαρ ἐστὶν βαθύ· πόθεν οὖν ἔχεις τὸ

ὕδωρ τὸ ζῶν;

12 μὴ σὺ μείζων εἶ τοῦ πατρὸς ἡμῶν Ἰακώβ,

ὃς ἔδωκεν ἡμῖν τὸ φρέαρ καὶ αὐτὸς

ἐξ αὐτοῦ ἔπιεν

13 ἀπεκρίθη Ἰησοῦς καὶ εἶπεν αὐτῇ·

πᾶς ὁ πίνων ἐκ τοῦ ὕδατος τούτου διψήσει πάλιν·

14 ὃς δ᾽ ἂν πίῃ ἐκ τοῦ ὕδατος οὗ ἐγὼ δώσω αὐτω, οὐ μὴ διψήσει εἰς τὸν αἰῶνα,

ἀλλὰ τὸ ὕδωρ ὃ δώσω αὐτῷ γενήσεται ἐν αὐτῷ πηγὴ ὕδατος ἁλλομένου

εἰς ζωὴν αἰώνιον.

15 λέγει πρὸς αὐτὸν ἡ γυνή·

κύριέ δός μοι τοῦτο τὸ ὕδωρ ἵνα μὴ διψῶ μηδὲ διέρχωμαι ἐνθάδε ἀντλεῖν.

16 λέγει αὐτῇ· ὕπαγε φώνησον τὸν ἄνδρα σου καὶ ἐλθὲ ἐνθάδε.

17 ἀπεκρίθη ἡ γυνὴ καὶ εἶπεν αὐτῷ·

οὐκ ἔχω ἄνδρα.

λέγει αὐτῇ ὁ Ἰησοῦς·

18 καλῶς εἶπας ὅτι ἄνδρα οὐκ ἔχω·

πέντε γὰρ ἄνδρας ἔσχες καὶ νῦν ὃν ἔχεις οὐκ ἔστιν σου ἀνήρ·

τοῦτο ἀληθὲς εἴρηκας.

19 λέγει αὐτῷ ἡ γυνή·

κύριε, θεωρῶ ὅτι προφήτης εἶ σύ.

20 οἱ πατέρες ἡμῶν ἐν τῷ ὄρει τούτῳ προσεκύνησαν·

καὶ ὑμεῖς λέγετε ὅτι ἐν Ἱεροσολύμοις ἐστὶν ὁ τόπος ὅπου προσκυνεῖν δεῖ.

21 λέγει αὐτῇ ὁ Ἰησοῦς·

πίστευέ μοι, γύναι,

ὅτι ἔρχεται ὥρα ὅτε οὔτε ἐντῷ ὄρει τούτῳ οὔτε ἐν Ἱεροσολύμοις

προσκυνήσετε τῷ πατρί.

22 ὑμεῖς προσκυνεῖτε ὃ οὐκ οἴδατε·

ἡμεῖς προσκυνοῦμεν ὃ οἴδαμεν, ὅτι ἡ σωτηρία ἐκ τῶν Ἰουδαίων ἐστίν.

23 ἀλλὰ ἔρχεται ὥρα καὶ νῦν ἐσ τιν,

ὅτε οἱ ἀληθινοὶ προσκυνηταὶ προσκυνήσουσιν τῷ πατρὶ ἐν

πνεύματι καὶ ἀληθείᾳ·

καὶ γὰρ ὁ πατὴρ τοιούτους ζητεῖ τοὺς προσκυνοῦ

ντας αὐτόν.

24 πνεῦμα ὁ θεός, καὶ τοὺς προσκυνοῦντας αὐτὸν ἐν πνεύματι καὶ ἀληθείᾳ

δεῖ προσκυνεῖν.

25 λέγει αὐτῷ ἡ γυνή·

οἶδα ὅτι Μεσσίας ἔρχεται ὁ λεγόμενος χριστός· ὅταν ἔλθῃ ἐκεῖνος,

ἀναγγελεῖ ἡμῖν ἅπαντα.

26 λέγει αὐτῇ ὁ Ἰησοῦς· ἐγώ εἰμι, ὁ λαλῶν σοι.

한글사역

1 예수께서 제자를 삼아 세례를 베푸시는 것이 요한보다 많다는 것을 바

리새인들이 들은 것을 아시고,

2 (그런데 예수께서 친히 세례를 베푸신 것이 아니라 그의 제자들이 베푼 것이라)

3 유대를 떠나 다시 갈릴리로 가셨더라.

4 (그가 반드시 사마리아를 통과해야 하셨더라.)

5 그러기에 그가 사마리아의 수가라 불리는 동네에 가시니,

이 동네는 야곱이 그의 아들 요셉에게 준 땅에 가깝더라.

6 그런데 거기에 야곱의 우물이 있더라.

예수께서 여행 중 피곤하셨기에 우물곁에 그대로 앉으셨더라. 때가 여섯 시쯤

되었더라.

7 사마리아 여자 하나가 물을 길러 왔더라.
예수께서 그 여자에게 마실 물을 달라 하시더라.
8 (이는 제자들이 음식을 사기 위해서 그 동네로 이미 가버렸기 때문이더라.)
9 사마리아 여자가 예수께 말하더라.
당신은 유대인인데 어떻게 사마리아 여자인 나에게 마실 물을 달라 요
청합니까?
왜냐하면 유대인들은 사마리아인과 상종하지 않기 때문이더라.
10 예수께서 그녀에게 대답하여 이르시되
네가 만일 하나님의 선물과 네게 마실 물을 달라 말하는 자가 누구인
줄 알았더라면
너는 그에게 요청하였을 것이요 그러면 그가 네게 생수를 주었을 것이
라 하더라.
11 여자가 예수께 말하되
주여! 당신은 바가지도 없고 우물도 깊은데 어디서 당신이 그 생수를
얻습니까?
12 당신이 이 우물을 우리에게 주셨고 그도 이 우물에서 물을 마셨으며
그의 아들들과 목축들이 이 물을 마시게 했던 우리 조상 야곱보다 크
십니까?
13 예수께서 그녀에게 대답하여 말씀하시더라.
이 물을 마시는 모든 자들은 다시 목마를 것이라.
14 그러나 내가 줄 물을 마시는 자는 결코 영원히 목마르지 아니할 것이며
내가 그에게 줄 물은 그 안에서 솟아나는 샘물이 되어 영생에 이르게 하니라.
15 여자가 예수께 이르되
주여 내게 이런 물을 주셔서, 나가 목마르지 않고 또 여기로 물 길러 오
지 않게 하소서.

16 예수께서 그녀에게 이르시되, 가서 너의 남편을 불러 이리로 오라.

17 여자가 대답하여 이르되

나는 남편이 없습니다.

예수께서 그녀에게 이르시되,

네가 남편이 없다 잘 말하였도다.

18 왜냐하면 너는 남편 다섯이 있었고 지금 있는 자도 너의 남편이
아니기 때문이라.

네가 이것을 진실하게 말했도다.

19 여자가 이르되,

주여 나는 당신이 선지자임을 봅니다.

20 우리 조상들은 이 산에서 예배하였습니다.

그런데 당신들은 반드시 예배드려야할 장소가 예루살렘에 있다고 말합니다.

21 예수께서 이르시되

여자여 나를 믿으라!

때가 오리니 그 때에는 너희가 이 산이나 예루살렘에서나 아버지께 예
배하지 않을 때라.

22 너희는 알지 못하는 것을 예배하고 우리는 아는 것을 예배하도다.

이는 구원이 유대인들로부터 오기 때문이라.

23 참된 예배자들이 아버지께 영과 진리로 예배하게 될 때가 오고 있으니
지금이 그 때라.

왜냐하면 아버지께서는 자신을 이렇게 예배하는 자들을
찾으시기 때문이라.

24 하나님은 영이시니, 그를 예배하는 자들을 반드시 영과 진리로 예배해
야할지라.

25 여자가 예수께 이르되

메시아 곧 그리스도라 불리는 분이 오시는 줄 나는 압니다.

이 분이 오실 때 그가 우리에게 모든 것을 알게 하실 겁니다.

26 예수께서 그녀에게 이르시되, 너에게 말하는 내가 그니라 하시더라.

(2) 인접 문맥 연구

3장은 '밤'에 표적을 찾아 예수께 나아온 니고데모의 이야기이다(cf. 2:23 [표적], 25[사람]//3:1[사람], 2[표적]). 이 이야기는 예수로 대표되는 요한과 그의 공동체와 니고데모로 대표되는 예수님에 대한 우호적인 회당의 유대인들 사이에서의 근본적인 차이 즉 '예수가 하나님께로부터 왔다'(cf. 3:2)는 것을 믿는다는 것의 의미 차이를 핵심 주제로 삼고 있다.

후자의 이해에 따르면, 예수는 하늘에서 내려왔고 올림 받으신 인자로서 하늘로 오르신 분이며, 독생하신 아들로서 하나님과 특별한 관계를 지니셨으며, 이러한 독특한 관계는 영원한 생명 혹은 영원한 사망이라는 심판을 가져오는 목적을 지닌다. 3절의 '위로부터 나는 것'에 관한 말씀은 1:12-13을 반향하며, 5절의 '물과 성령'은 겔 36:25-7을 반향하며 요한복음 내에서는 7:38-9을 반향한다. 6절의 '성령의 역사의 필연성'은 육신과 영 사이의 대조에 의해서 강조된다. '육으로 난 것'은 1:13을 반향한다.

여기서 육과 영은 한 사람 내의 두 부분을 가리키는 것이 아니라, 전인으로서의 한 사람의 출생 혹은 기원을 가리킨다. 즉 태어난 육으로 머물러 있을 것인가 아니면 하나님의 생명을 중재하는 성령으로 변화될 것인가를 말하고 있다. 원래 상태로 머물러 있는 육신은 하나님의 나라를 보거나 들어갈 수 없는 연약한 상태를 가리킨다.

(3) 본문의 구성 파악

1-4절은 유대를 떠나 갈릴리로 향하시는 예수님이 사마리아를 통과해야한다는 신적 필연에 대해 말하고 있다. 물론, 사마리아를 통과한 것은 사마리아 여인을 만나기 위한 목적이었다. 5-6절은 예수께서 긴 여정에 피곤하여 우물가에 앉으시는 장면을 묘사하는데, 그 시간을 뜨거운 한 낮의 열기 때문에 물을 길러 나오는 사람이 없는 정오라고 밝히고 있다. 7-15절은 우물가에서 땡볕에 물을 길러 나오는 사마리아 여인과 유대인 예수님과의 대화를 담고 있는데, 물을 달라는 요청으로 시작되어 물과 생수라는 언어 유희를 통해 육체적인 생존의 물이 아니라 목마른 인류에게 영원한 생명의 물을 주시는 예수님을 암시하고 있다.

16-18절은 이야기 전개상 다소 의외인 여자의 성적인 부정함 또는 정절 없는 여인의 모습이 갑자기 부각된다. 19-24절은 '선지자'라는 표현을 통해 이야기를 구약의 선지자들의 핵심 주제인 성전의 문제로 이끌며 성전 주제와 관련한 선지자들의 준엄한 정죄였던 이스라엘 백성들의 우상숭배의 문제를 암시적으로 거론한다. 그리고 이것에 대한 대안으로 참된 예배의 문제가 다루어진다. 25-26절은 메시아를 언급함으로써, 성전과 예배의 종말론적인 성취의 문제를 제기한다. 선지자들이 예언했던 종말론적인 메시아가 바로 예수 자신이며 예수를 통해서 진정한 이스라엘과 하나님의 언약적인 신실함 곧 관계성의 정절과 참된 친밀한 교제가 성취된다는 점을 말하고 있다.

(4) 책-간 본문 연구(구약과의 관계에서)

본문 해석의 중요 배경으로서 구약의 약혼-유형의 이야기들을 생각해볼 수 있다. 이러한 배경에 대한 근거를 본문의 인접 문맥에서 찾아 볼 수 있다. 첫째로 예수님은 가나 혼인 잔치에서 포도주를 제공해야할 신랑의 책임 혹은 역할을 담당하고 계신다는 점이다. 둘째로 본문 바로 앞에서 세례요한은 예수님을 신부를 취하는 신랑으로 묘사하고 있다는 점이다(cf. 3:29).

구약의 약혼-유형의 이야기들에는 아브라함의 종 엘리에셀이 이삭의 신부 리브가를 얻는 장면(cf. 창24:1-67)과 야곱이 신부될 사람 라헬을 만나는 장면(cf. 창29:1-14), 그리고 모세가 십보라를 아내로 맞아들이는 장면(cf. 출2:15-22) 등이 속한다. 이 장면들의 공통 요소들은 신랑될 사람이나 이 사람의 대리인이 먼 나라로 여행을 하여 우물에서 한 여인을 만나며, 거기서 물을 달라는 요청과 그에 대한 답으로 물이 주어지게 되며, 여인은 나그네가 온 사실을 알리려고 급히 집으로 돌아가고, 그 다음 신랑될 사람이나 대리인이 미래의 장인에게 초대되고, 거기서 약혼이 이루어지는 식사가 제공된다는 점들이다. 특히 위의 두 창세기 본문들에서는 방문자가 자신의 정체성을 밝힌다.

수가성 여인을 만나는 예수님의 이야기는 놀랍게도 이러한 약혼-유형의 이야기와 유사하다. 예수님은 사마리아로 여행하시고 우물가에서 여인을 만나며, 이 여인에게 마실 물을 요청한다. 예수님은 자신이 메시아이심을 밝히시고 이 여인은 마을로 들어가 예수님에 대한 소식을 알리고(28절), 끝으로 예수님은 마을 사람들에 초대를 받아 그들과 이틀을 함께 지내신다(40절). 끝으로 여자의 증언을 통한 믿음이 결국 예수님 자신의 말씀을 통한 믿음으로 이어진다(39절, 41-42절).

중요한 점은 이러한 신랑과 신부의 만남의 이미지군(群)은 구약 성경이 하나님과 이스라엘의 언약 관계를 약혼과 결혼의 관계로 묘사하는 것들에 근거하고 있다는 점이다(cf. 사54: 1, 5-6; 62:4-5; 렘2:2-3; 겔16:23; 호2:2-23). 하나님의 공인된 독특한 대리자인 예수는 분명 신랑으로 묘사된다. 그렇다면 누가 여기서 신부로 묘사되고 있는가? 새롭게 형성된 하나님의 백성인가? 놀라운 사실은 우리가 이 본문에서 만나는 신부는 의로운 이스라엘 사람으로 대변되는 대상이 아니라 사마리아 여인이라는 점이다.

수가성의 여인 이야기가 앞서 지적한 대로 구약의 약혼-유형의 이야기와 하나님과 하나님의 언약 백성 사이의 관계를 반향한다면, 이 이야기는 문자적인 의미보다는 상징적인 의미를 지니며 이 것은 앞서 지적한 대로 문맥적으로도 타당성을 지닌다.

이와 같이 약혼 유형과 언약의 배경에서 볼 때, 수가성 여인의 결혼 이야기가 예배에 관한 이야기로 전개되어 가는 것은 자연스럽고도 의미심장하다. 왜냐하면 구약에서 하나님의 백성의 우상숭배와 여호와를 신실하게 경배하지 못한 것이 종종 깨어진 결혼 관계와 성적인 문란으로 묘사되고 있기 때문이다.

(5) 본문 해석 노트

1-2절에서 예수님은 자신을 따르는 무리들이 점차 늘어나는 것이 바리새인들에게 위협이 된다는 것을 아시고 유대를 떠나 갈릴리로 가신다. 이것은 마치 모세가 바로의 적의를 피해 미디안으로 나간 것에 비견된다(cf. 출 2장).

8절에서 제자들이 부재한 상황도 본문이 구약의 약혼-유형의 이야기와 하나님과 이스라엘의 언약관계에 대한 암시로 해석될 수 있다. 10-12절의 물과 생수 사이의 언어 유희도 주목할 필요가 있다. 앞서 다시 태어남과 위로 태어남 사이의 언어 유희와 비슷하다. 물은 우물에 있는 물을, 생수는 사람을 생존하게 하는 물을 가리킬 수 있다. 그러나 보다 깊은 차원에서 이것은 생명의 생식 혹은 출산을 뜻할 수 있다. 만약 언약 관계를 결혼 관계로 이해할 수 있다면 말이다(cf. 잠 5:15-18; 잠 9:17-18; 아 4:12).

13-15절은 3:5과 7:38-39을 반향한다. 16-18절은 갑작스러운 대화의 변화처럼 보이지만 약혼-유형의 이야기나 언약 관계에 비추어 볼 때 자연스러운 이야기 전개이다. 23-24절에서 특히 23절의 영은 24절의 하나님은 영이라는 말에 비추어 볼 때 분명 성령을 가리키며, 특히 3:8에 비추어 볼 때 어떤 장소에도 제한받지 않는 것을 뜻한다. 예배가 장소에 관한 문제가 아님을 가리킨다. 그리고 진리는 기본적으로 예수 안에 나타난 하나님을 가리킨다. 즉 예수 안에 계시된 하나님 곧 은혜와 진리가 충만하신 분을 가리킨다(14:6; 17:7). 그러기에 영과 진리로 예배하는 것은 예수를 중심으로 한 예배, 예수로 중재되는 예배를 뜻한다.

8) 요한계시록 5:1-14

(1) 본문 구조 이해

1 *Καὶ εἶδον* ἐπὶ τὴν δεξιὰν τοῦ *καθημένου* ἐπὶ τοῦ θρόνου

βιβλίον *γεγραμμένον* ἔσωθεν καὶ ὄπισθεν

κατεσφραγισμένον σφραγῖσιν ἑπτά

2 καὶ εἶδον ἄγγελον ἰσχυρὸν

κηρύσσοντα ἐν φωνῇ μεγάλῃ,

Τίς ἄξιος ἀνοῖξαι τὸ βιβλίον καὶ

λῦσαι τὰς σφραγῖδας αὐτου

3 καὶ οὐδεὶς ἐδύνατο ἐν τῷ οὐρανῷ οὐδὲ ἐπὶ τῆς γῆς οὐδὲ ὑποκάτω τῆς γῆς

ἀνοῖξαι τὸ βιβλίον οὔτε

βλέπειν αὐτο

4 καὶ ἔκλαιον πολὺ,

ὅτι οὐδεὶς ἄξιος εὑρέθη ἀνοῖξαι τὸ βιβλίον οὔτε

βλέπειν αὐτό

5 καὶ εἷς ἐκ τῶν πρεσβυτέρων λέγει μοι,

Μὴ κλαῖε, ἰδοὺ ἐνίκησεν ὁ λέων ὁ ἐκ τῆς φυλῆς Ἰούδα, ἡ ῥίζα

Δαυίδ,

ἀνοῖξαι τὸ βιβλίον καὶ τὰς ἑπτὰ σφραγῖδας

αὐτοῦ

6 *Καὶ εἶδον*

ἐν μέσῳ τοῦ θρόνου καὶ τῶν τεσσάρων ζῴων καὶ ἐν μέσῳ τῶν πρεσβυτέρων

ἀρνίον *ἑστηκὸς*

ὡς *ἐσφαγμένον*

ἔχων κέρατα ἑπτὰ καὶ ὀφθαλμοὺς ἑπτά

οἵ εἰσιν τὰ [ἑπτα] πνεύματα τοῦ θεοῦ

ἀπεσταλμένοι εἰς πᾶσαν τὴν γῆν

7 καὶ ἦλθεν καὶ εἴληφεν ἐκ τῆς δεξιᾶς τοῦ *καθημένου* ἐπὶ τοῦ θρόνου

8 καὶ ὅτε ἔλαβεν τὸ βιβλίον, τὰ τέσσαρα ζῷα καὶ οἱ εἴκοσι τέσσαρες

πρεσβύτεροι

ἔπεσαν ἐνώπιον τοῦ ἀρνίου

ἔχοντες ἕκαστος κιθάραν καὶ φιάλας χρυσᾶς

γεμούσας θυμιαμάτων, αἵ εἰσιν αἱ προσευχαὶ τῶν ἁγίων,

9 καὶ ᾄδουσιν ᾠδὴν καινὴν *λέγοντες*,

Ἄξιος εἶ

λαβεῖν τὸ βιβλίον καὶ

ἀνοῖξαι τὰς σφραγῖδας αὐτοῦ,

ὅτι *ἐσφάγης* καὶ

ἠγόρασας τῷ θεῷ ἐν τῷ αἵματί σου ἐκ πάσης φυλῆς καὶ γλώσσης

καὶ λαοῦ καὶ ἔθνους

10 καὶ *ἐποίησας* αὐτοὺς τῷ θεῷ ἡμῶν βασιλείαν καὶ ἱερεῖς,

καὶ βασιλεύσουσιν ἐπὶ τῆς γῆς

11 *Καὶ εἶδον*, καὶ ἤκουσα

φωνὴν ἀγγέλων πολλῶν κύκλῳ τοῦ θρόνου καὶ τῶν ζῴων καὶ τῶν πρεσβυτέρων,

καὶ ἦν ὁ ἀριθμὸς αὐτῶν μυριάδες μυριάδων καὶ χιλιάδες χιλιάδων

12 *λέγοντες* φωνῇ μεγάλῃ,

Ἄξιόν ἐστιν τὸ ἀρνίον τὸ *ἐσφαγμένον*

λαβεῖν

τὴν δύναμιν καὶ πλοῦτον καὶ σοφίαν καὶ ἰσχὺν

καὶ τιμὴν καὶ δόξαν καὶ εὐλογίαν

13 καὶ πᾶν κτίσμα

ὃ ἐν τῷ οὐρανῷ καὶ ἐπὶ τῆς γῆς καὶ ὑποκάτω τῆς γῆς καὶ ἐπὶ τῆς θαλάσσης

καὶ τὰ ἐν αὐτοῖς πάντα

ἤκουσα

λέγοντας,

Τῷ καθημένῳ ἐπὶ τῷ θρόνῳ καὶ τῷ ἀρνίῳ

ἡ εὐλογία καὶ ἡ τιμὴ καὶ ἡ δόξα καὶ τὸ κράτος εἰς τοὺς αἰῶνας τῶν αἰώνων

14 καὶ τὰ τέσσαρα ζῷα ἔλεγον,

Ἀμήν

καὶ οἱ πρεσβύτεροι ἔπεσαν καὶ προσεκύνησαν

한글사역

1 내가 또 보니

보좌에 앉으신 이의 오른손에 책이 있는데

그 책이 안과 밖으로 씌여있고

일곱 인으로 인봉되어있더라.

2 또 내가 보니, 힘 있는 천사가 큰 음성으로 선포하니,

누가 책을 펴며 그 인을 떼기에 합당하냐? 하더라.

3 그런데 하늘 위에나 땅 위에나 땅 아래에 아무도 책을 펴거나 볼 수 있는 이가
없더라.

4 그래서 내가 크게 울었는데

이는 책을 열거나 책을 볼 수 있는 자가 아무도 발견되지 않았기 때문이라.

5 장로 중에 하나가 내게 말하되

'울지 말라, 보라! 다윗의 뿌리 곧 유대 지파로부터의 사자가 이기었고,

이 책과 그 일곱 인을 떼기에 합당하니라,' 하더라.

6 내가 또 보니

보좌와 네 생물과 장로들 사이에

어린 양이

섰고

전에 죽임 당한 것 같으며,

일곱 뿔과 일곱 눈을 갖고 있는데

이것들은 온 땅에 보내졌던 하나님의 일곱 영이더라

7 그 어린 양이 와서 보좌에 앉으신 이의 오른손으로부터 (책을) 취하더라.

8 그가 책을 취할 때에

네 생물과 이십 사 장로들이 어린 양 앞에 엎드렸고

각각은 거문고와 금 대접을 갖고 있었는데,

대접에는 성도의 기도들인 향이 가득하더라.

9 그들이 새 노래를 노래하여 말하기를

'당신은 책을 취하시기에 그리고 인봉을 떼기에 합당하시니,

이는 일찍이 죽임을 당하셨고

각 족속과 방언과 백성과 나라 가운데서 사람들
을 피로 사셨고

10 이들을 우리 하나님에게 나라와 제사장으로 만드셨기
때문이니

그들이 땅에서 다스릴 (왕 노릇 할) 것이라.'

11 내가 또 보고

보좌와 생물들과 장로들을 둘러 선 많은 천사의 음성을

들으니, 그 수효가 만만이요 천천이라.

12 큰 음성으로 말하기를

'죽임을 당하신 어린 양은

이 능력과 부와 지혜와 힘과 존귀와 영광과
찬송을

받으시기에 합당하도다' 하더라

13 또 들으니

하늘 위에와 땅 위에와 땅 아래와 바다 위에와 또 그 가운데 모
든 만물이

말하기를

'보좌에 앉으신 이와 어린 양에게

찬송과 존귀와 영광과 능력을 세세토록 있을지어다' 하니

14 네 생물이

말하기를 '아멘' 하고

장로들은 엎드려 경배하더라.

(2) 본문의 구조 이해와 책-간 연구(구약과의 관계에서)

본문은 크게 세 부분으로 구분된다: 1-5절; 6-10절; 11-14절. 이 구분은 "내가 또 보니/Καὶ εἶδον"란 표현이 세 부분 모두의 서두에서 나타나고 있음에 착안한 것이다. 또 내용적으로도, 책을 열고 인을 떼기에 합당한 자에 대한 일관된 관심이 1-5절에서는 질문과 대답의 형태로 표현되고 있으며, 6-10절에서는 실질적으로 합당하신 분이 등장한다. 11-14절에서는 한 걸음 나아가 이 분이 보좌에 앉으신 분과 함께 찬양과 경배를 받으시기에 합당하다는 사실과 함께, 실질적으로 경배의 대상으로 표현되고 있다.

본문은 계 4장과 함께 단 7장과 겔 1-2장의 이미지군(群)을 상당부분 담고 있다. 특별히 단 7장 9-14절과 18절(cf. 21-22, 27/계 5:10/출 19:6), 그리고 겔 2:9-10절과의 언어적 유비가 두드러진다. 특히 이 구약 본문들의 주제가 심판이란 점에 비추어 볼 때, 본문은 종말론적으로 펼쳐질 일에 관한 구원 드라마를 주관하실 분이 보좌에 앉으신 분과 '죽음 당하셨으나 이기신' 어린양이심을 선포하고 있음과 동시에, 하나님의 나라/왕권에 대적하는 세력들에 대한 최종적 심판을 암시하며, 이것은 땅위에 있는 성도들의 궁극적 승리에 대한 보장으로서 이들에 대한 근본적인 위로의 말씀이다(왕의 즉위).

9) 요한복음 1:14

(1) 본문

14 Καὶ ὁ λόγος σὰρξ ἐγένετο

καὶ ἐσκήνωσεν ἐν ἡμῖν,

καὶ ἐθεασάμεθα τὴν δόξαν αὐτοῦ,

δόξαν ὡς μονογενοῦς παρὰ πατρός,

πλήρης χάριτος καὶ ἀληθείας

14 말씀이 육신이 되어

우리 가운데 거하시매

우리가 그 영광을 보았으니,

곧 은혜와 진리로 충만한

아버지로부터 온 독생자의 영광을 (보았도다).

(2) 책-간 읽기(구약과의 관계에서)

① 출애굽기 34:6에서 "은혜와 진리" 의미

a. 먼저 "자비"는 원어 상 엄마의 자궁과 연계되어 있다. 그런 점에서 하나님의 자비는 자궁 같은 엄마의 사랑을 뜻한다. 즉 함께 아파하고 함께 공감하는 하나님의 독특성을 의미한다. b. "은혜"는 어떠한 원인이나 공로 없이 주어지는 완전히 무조건적인 호의, 무조건적인 자기-내어주심의 특성을 가리킨다 c. "노하기를 더디 한다는 것"은 하나님이 자신의 진노를 스스로 식히시는 독특한 특성을 지닌다는 것을 뜻한다. d. "인애(헤세드)"가 많다는 것은 하나님은 이스라엘과 맺은 언약적인 결속을 끝까지 유지하시는 독특한 특성을 지닌 분이라는 것을 의미한다. 이 특성 때

문에 하나님은 이스라엘과의 관계에서 끝까지 견디고 참으신다. e. "진리(에메츠)"는 인애(헤세드)과 종종 짝으로 함께 사용되며 일종의 동의적인 의미를 지닌다. 여기서 진리는 하나님이 완전히 신뢰할만한 분이라는 것을 가리킨다. f. "인자/인애(헤세드)"를 천대까지 베푼다는 것은 하나님의 인자는 지속적으로 시혜된다는 것을 뜻한다. g. 마지막으로 악과 과실과 죄를 용서하신다는 것은 언약을 파기한 자가 짊어져야 할 짐을 제거해주신다는 의미한다.[129]

이 독특한 7가지 정체성은 그냥 막연하고도 추상적이며 일반적인 신의 본질적 성격이 아니다. 이것들은 철저하게 이스라엘과의 관계에서 지니는 여호와 하나님의 정체성이다. 보다 정확히 말해서 이스라엘의 하나님 여호와의 7 정체성은 성격상 "언약적"이라는 점이다. 이스라엘과 주권적이며 은혜로운 언약 관계 속에 들어가신 여호와는 이스라엘과의 언약적인 관계에서 이상의 7가지의 독특한 정체성을 지니고 계신다는 뜻이다.

② 출애굽기 34:6의 문학적 문맥

또 하나 출애굽기 문맥에서 6절에 관해 주목할 점이 있다. 하나님이 7가지의 독특성을 지닌 여호와라고 자신의 정체성을 드러내시는 시점이 이스라엘이 모세가 시내산에 올라간 사이 황금 송아지를 만들어 경배한 우상숭배의 죄를 범한 시점이라는 점이다.

---

129 이상은 다음에서 기인한다. Walter Brueggemann, "The Book of Exodus: Introduction, Commentary, and Reflection," *The New Interpreter's Bible* Vol I (Nashville: Abingdon Press, 1994), 945-46.

③ 성경신학적인 의미에서의 우상숭배로서의 황금 송아지 사건

우상숭배의 죄가 얼마나 근본적인 죄인지를 잠시 살펴볼 필요가 있다. 인류의 타락인 선악을 알게 하는 나무의 열매를 따 먹은 것은 단순히 명령에 대한 불순종을 뜻하지 않는다. 하나님은 하늘과 땅을 창조하시고 우리로 하여금 하나님의 거룩한 임재와 의의 다스림이 온 땅에 충만하고 편만하게 하라는 위임 명령 혹은 선교 명령을 주셨다. 중요한 점은 이 일을 하는데 우리의 도덕적인 자율성과 지혜가 아닌, 오직 하나님 중심적(혹은 의존적)으로 하라고 말씀 하신 것이 바로 선악을 알게 하는 나무를 먹지 못하게 하신 의미이다. 이것은 우리는 인간 주도적으로 살도록 지음 받은 것이 아니라 하나님-의존적으로 살도록 지음 받았고, 그럴 때 비로소 하나님과 영원히 함께 사는 일이 가능하다라고 창세기는 말하고 있는 것이다.

중요한 것은 인간 타락은 명령에 대한 단순한 불순종이 아니라, 하나님- 의존적인 삶을 버리고 인간-주도적인 삶을 살겠다는 인간의 독립과 자율의 선포라는 점에서 우상숭배적인 죄이다. 이런 점에서 타락은 근본적으로 우상숭배적인 성격을 지닌다.

④ 요한의 문맥에서의 "은혜와 진리"의 의미

요한복음 1:14는 "말씀이 육신이 되어 우리 가운데 거하시매 우리가 그의 영광을 보니 아버지의 독생자의 영광이요 은혜와 진리가 충만하더라"고 예수의 성육신을 표현한다. 출애굽기 34:6에서 "인자와 진실이 많다"고 표현된 것은 본문 14절에서 "은혜와 진리가 충만하다"는 표현과 정확히 같은 표현이다.

이것은 예수님이 우리의 구원을 위해서 하늘에서 갑자기 이 땅에 내려오신 분이 아니라, 구약의 하나님 여호와가 육신을 입고 우리 중에 친

히 거하시고자 오신 분이라는 뜻이다. 구약의 하나님이신 여호와의 정체성이 성육신하신 예수님을 통해서 완벽한 형태로 드러난 것이다.

그런데 우리는 예수님을 '주 그리스도'라고 고백한다. 다시 말해, 이 땅에 인간의 몸을 입고 오셔서 하나님만 행하실 수 있는 치유와 축사의 일을 행하시고, 고난을 받으시고, 십자가에 죽으시고, 부활하시고, 하늘 보좌 우편에 오르신 후에 성령을 보내셔서 우리 중에 매우 친밀한 방식으로 거하시며, 우리와 교제하시는 예수님이 바로 "주 그리스도이시다"라는 뜻이다.

그런데 "예수님이 주 그리스도이시다"라는 고백은 "예수님이 구약의 여호와 하나님이십니다"라고 고백하는 것과 같다. '주'는 구약이 말하는 '여호와'를 가리키며 '그리스도'는 '하나님'과 같은 이름이다. 예수님 당시 많은 사람들이 자신들을 '그리스도'라고 자칭했다(cf. 막 13:21). 이런 점에서 크리스천의 고백은 오직 '주 그리스도'이신 예수님만이 구약의 하나님이신 여호와가 육신의 몸을 입고 이 세상에 오셔서 이 세상을 하나님이 다스리는 세상으로 바꾸실 분이라는 뜻을 담고 있다.

이처럼 성육신 사건은 하나님은 우리를 언제나 은혜롭게 대하시며, 불쌍히 여기시며, 항상 우리와 함께 거하시고, 우리와 친밀한 교제를 원하시는 하나님이심을 완벽한 형태로 드러낸 사건이다. 하나님은 멀리 저 하늘에 계시면서 우리가 자신을 얼마나 잘 섬기는 가를 봐 가면서 복과 화를 주시는 분이 결코 아니다.

여기서 유일하시며 독특한 신의 정체성을 가진 '여호와 하나님'과 주권적이며 은혜로운 언약의 관계 속에 들어가 있는 하나님의 백성의 근본 표지를 성경은 '거룩함'이라고 한다. 성경에서 거룩함은 기본적으로 구별을 뜻한다. 그러기에 구약에 하나님이 거룩하다고 하는 것은 이스라엘의 하나님 여호와만이 독특하고도 유일한 참 신이라는 점이다. 즉 여호와는 유일신이시고 다른 거짓 신들과 절대적으로 다른 신이라는 점에서 거룩하다는 뜻이다.

그래서 구약은 하나님의 백성 역시 거룩해야 한다고 말씀한다. 이것은 이스라엘이 하나님과만 배타적인 관계를 맺고 있는 독특한 백성이기에 다른 나라 백성과 다른 방식으로도 구별되게 살아야 한다는 뜻이며 바로 이런 점에서 거룩하다고 하는 것이다. 보다 구체적으로 말해서 유일신이며 독특한 참 신이신 여호와 하나님은 자신의 백성 역시 자신의 독특성, 즉 주권과 은혜만을 의지해 살기를 원한다는 뜻이며 그런 점에서 다른 백성들과 구별되는 거룩한 백성이라고 말하고 있다.

이것이 성경이 말하는 '거룩함'이다. 여호와 하나님 그리고 이 하나님의 성육신이신 주 그리스도만을 의지해서 그 분과 교제하고 대화하고 그 분과의 관계에서 신실하게 사는 것이 바로 거룩함이다. 이에 반해 세상 사람들은 자기를 믿고 자기 노력을 믿고 사람들을 의지하고 권력과 명예와 돈에 기대어 살아간다. 이것을 거룩함의 반대로서 '세속적'이라고 말한다.

이러한 '세속적인' 삶은 인간-주도적이기에 성격상 경쟁적이며 이러한 삶의 끝은 모두가 공멸하는 것이다. 그러나 유일하시며 독특한 여호와 하나님과 그의 성육신이신 주 그리스도만을 의지해사는 삶은 주어진 천부적인 소명과 역할에 따라 사는 삶이며, 그러기에 여호와 하나님과 그의 성육하신 주 그리스도의 뜻을 이루어간다. 그리고 이러한 삶의 끝은 하나님의 영원한 나라에서 영원히 사는 일이다. 바로 이것이 하나님이 창조하셨던 세상이며, 예수님의 성육신을 통해서 만들어 놓으신 공동체 곧 거룩한 공동체이며, 새 하늘과 새 땅에서 완성될 하나님의 나라이다. 거룩함은 거룩한 모습을 가리키지 않으며 인간-주도적이지 않고 하나님 의존적인 삶을 뜻한다. 바로 이것이 '내가 거룩하니 너희도 거룩하라'는 하나님의 말씀의 의미이다.

⑤ 결론

"은혜와 진리가 충만하다"는 표현은 이스라엘과 은혜롭게 관계를 맺으시고 이스라엘을 통해 온 인류를 구원하시겠다는 언약적인 여호와 하나님의 정체성이다. 언약적인 개념으로서 은혜와 진리가 온전한 형태로 구현된 것이 바로 예수의 성육신이다. 그리고 이 언약의 성취가 바로 십자가에서 죽으심으로 하나님과 예수가 영광을 받게 된 사건이다.

Ⅷ 본문의 문학적-신학적 주제문 쓰기

1. 서론

지금까지 성경 본문 해석의 단계들을 살펴보았다. 본문 선정과 본문 확정 단계로부터 본문의 구조와 구성 파악 그리고 문학적 문맥 연구의 과정에 이르기까지 해석자는 하나의 글로 표현된 문헌으로서의 본문이 말하고 있는 문학적 주제(literary theme)를 파악할 수 있을 것이라 생각한다. 다시 말해, 특정한 신학적 관점이 없는 해석자라도 글로 쓰인 문헌들을 해독할 수 있는 능력을 갖춘 사람이라면 언어적-문학적 차원에서 저자가 본문을 통해 말하려는 요지를 충분히 이해할 수 있다는 뜻이다. 이러한 본문의 요지는 본문의 구조상 혹은 석의상의 개요를 통해서도 잘 드러난다는 점을 지적한 바 있다.

그러나 본문은 기본적으로 신학적 저작의 일부로서 하나님-중심적 의미인 신학적 의미를 서술하고 있는 것이다. 이런 점에서 해석자는 본문이 특정한 역사적 정황에 대한 하나님-중심적 관점에서 기술하고 있는 신학적 의미(theological meaning)를 파악하기 위해서 본문의 중요한 단어들을 사전적 차원 그리고 역사적 차원에서 연구해야 하며, 또한 본문의 역사적-신학적 정황에 대한 연구를 해야 한다는 점을 설명하고 예증했다. 한 걸음 더 나아가 본문을 보다 넓은 문학적 구성과 성경-신학적 관점이란 차원에서 이해하기 위해서 해석자는 책-내 본문 연구, 책-간 본문 연구를 해야 한다는 점을 설명하고 예증했다. 이러한 모든 연구들은 해석자로 하여금 보다 큰 차원의 문학적 구성과 성경-신학적 관점에서 본문을 살펴볼 수 있게 하기에 본문 연구에 매우 중요한 단계들이라 할 수 있다.

이러한 모든 석의 단계를 거친 본문의 해석자는 주제문을 작성함으로써 모든 석의 작업을 마무리 짓게 된다. 본문의 주제문은 가능한 한 완결된 형태로 반 페이지 정도로 작성하는 것이 좋다. 주제문이 간결하면서도 분명하게 되면 본문의 주제를 현대적 의의로 전환하는 작업이 수월해진다. 본문의 현대적 의의는 본문의 주제와 설교 주제를 연결하는 전환점의 역할을 하기에 매우 중요하다.

2. 주제문 쓰기의 예증

1) 마가복음 1:1-15 (본문은 성경을 참조)

마가복음 1:1-15을 중심으로 본문의 주제문 쓰기를 예증해보고자 한다. 이 본문의 주제는 다음과 같이 서술할 수 있다.

예수 그리스도는 이사야가 예언한 바 있는 복음의 시작이며, 이 복음은 거기에 준하는 회개를 통한 새 시대의 도래를 맞으라는 회개의 선포를 동반한다. 이어지는 예수의 수세 장면은 새 시대의 도래를 극명하게 보여주는 하늘이 갈라지는 사건과 성령이 내려오는 사건의 중심부에 예수를 위치시킴으로써 그가 새로운 시대의 주역이시며, 하나님의 의로운 통치를 실현하는 분, 즉 그의 지상사역과 수난, 죽음을 통해서 하나님의 의로운 다스림을 구현하는 분으로 묘사하고 있다. 계속 이어지는 예수의 시험 장면도, 하나님의 능력 있는 오심은 사단과의 피할 수 없는 결전을 의미하며 이 결전에서의 궁극적인 승리가 암시되고 있으며 이를 14-15절은 이제 옛 시대가 종막을 고하고 새 시대가 시작되었다고 선포하고 있다.

마가는 이러한 본문의 의미를 가지고 예수를 통해 하나님의 종말론적인 다스림이 이 땅에 도래했으며, 이와 같은 하나님의 다스림의 도래는 거기에 준하는 종말론적인 회개를 통한 준비가 필요하다고 말하고 있는 것이다. 이런 점에서 15절의 "때가 찼고 하나님의 나라가 가까이 왔으니, 회개하고 복음을 믿으라"는 말은 옛 시대를 대변하는 사탄의 지배의 때가 끝이 났으니 사탄의 지배로부터 돌아서라는 회개의 촉구와 새 시대를 대변하는 하나님의 다스림의 도래라는 복음을 받아들이라는 믿음에 대한 초청으로 본문을 끝맺고 있는 것이다.

2) 고린도전서 1:18-25 (본문은 성경을 참조)

본문에서 바울은 구약의 도움(cf. 사 29:14/ 대반전)을 받아 다음과 같은 요지를 말하고 있다.

하나님께서 항상 의도하셨던 바이자, 선지자들을 통해 미리 말씀하셨던 바를 하나님이 이제 십자가 사건을 통해 성취하셨다는 점이다. 즉 하나님은 인간의 지혜와 책략들을 통해 분명히 드러난, 인간의 자기-충족성(self-sufficiency)을 종식시키셨다는 뜻이다. 하나님이 십자가 위에서 행하신 일로 축약되는 복음은 하나님의 행위에 대한 인간들의 판단과 평가들로 표현되는 인간 지혜에 대한 신적 안티테제(divine antithesis)이다. 십자가에 죽으신 메시야를 통한 하나님의 구속의 계획은 어떠한 인간도 결코 꿈꿀 수 없는 사건일 뿐만 아니라, 하나님에게는 너무도 터무니없고 굴욕적인 사건이었다.

이러한 십자가 사건은 두 개의 기본적인 그룹을 낳게 한다. 멸망을 당해가고 있는 자들과 구원을 받고 있는 자들. 이러한 두 그룹의 나뉨은 십자가의 메시지에 대한 반응에 입각한다기보다는 십자가와 부활의 사건 그 자체에 입각하고 있다. 다시 말해, 예수 그리스도의 십자가상의 죽으심과 부활은 '시대의 전환점'을 형성한다. 이를 통해 하나님은 현 시대를 결정적으로 판단하시고 심판을 언도하시며, 현 시대의 종결로 나가시고 있다는 뜻이다. 바로 이 현 시대, 즉 옛 시대의 관점에서 볼 때 십자가의 메시지는 어리석음인 것이다.

특별히 21절 "세상은 자신의 지혜를 통해선 하나님을 알지 못했다"에 따르면 하나님에 대한 참된 지혜는 하나님의 존재나 성격에 대한 적절한 이해라기보다는 하나님이 세상 속에서 행하신 바에 대한 정확한 이해를 말하며, 특히 이러한 이해는 오직 성령을 통해 계시로만 올 수 있다는 뜻이다. 동일한 맥락에서 "전도의 미련한 것"이라는 구절도, 선포의 행위를 가리키는 것이 아니라 선포의 내용 즉 십자가에 죽임 당하신 메시아(Christ the crucified)에 대한 메시지가 인간의 지혜로 볼 때는 미련해보이는 것이란 뜻이다.

본문은 "십자가에 죽임 당하신 메시아"가 표적을 구하는 유대인들에게는 거치는 것이요, 지혜를 찾는 헬라인들에게는 어리석은 것이라고 규정하고 있다. 여기서 말하는 이러한 '유대인들'과 '헬라인들'은 인류의 가장 기본적인 두 종류의 우상숭배(idolatry)를 의미한다. '유대인들'은 '능력을 요구하는 것'을 상징하며 '헬라인들'은 '지혜를 요구하는 것'을 상징한다. 이것들이 우상숭배적 성격을 가진 것은 하나님을 자신들의 이해란 관점에서 언제나 전능하고 언제나 전지하기를 바란다는 점에서 그렇다. 다시 말해, 이 양자에게 궁극적 의미의 우상숭배는 우리에게 '상식이 통하는 하나님의 행동 방식'에 관해서 하나님도 우리 자신의 우선적인 견해에 들어 맞아야한다고 주장하는 것이다.

먼저 유대인들은 이전에 행하셨던 하나님의 구속 사건들을 기초로, 이제 하나님에 대해서 전부 알게 되었다는 과도한 확신 속에서 그 분은 자신들의 방식대로 행동하실 것이라고 생각하며 하나님이 자기들 방식대로 행동하길 바라고 있는데 이것은 분명 성경이 금하는 우상숭배의 전형적 형태의 하나이다. 둘째로, 헬라인들은 인간 이성에 기초한 지혜를 추구하는 가운데 하나님을 궁극적 이성(ultimate Reason)으로 간주하여 하나님을 인간의 이성적 판단의 범주에 두며, 하나님의 행동 양식을 이미 자신들의 이성적 판단과 지혜 전통 가운데서 예측이 가능한 대상으로 보고 이것을 동일한 맥락에서 이해하고자 한다. 이것 역시 성경이 엄격히 금하는 우상숭배의 전형적 형태 중 하나이다. 과도한 확신과 이성적 판단이야말로 하나님의 주권적이며 은혜로운 섭리와 역사하심을 통제하려는 일종의 가축화이자, 길들이기(domestication)로서 전형적인 형태의 구약적 의미의 우상숭배이다.

3) 창세기 11:1-9 (본문은 성경을 참조)

최초의 인류는 안정을 위하여 자신들의 거점도시를 만들고, 하늘에 이르는 탑을 세우고 이름을 만들어 세상에 흩어짐을 면하고자 한다. 이러한 시도를 가능케 한 것은 한 인류가 하나의 언어를 사용하고 있기 때문이다. 하나님의 관심은 자신의 온 피소세계에 있지만, 이 인류는 자신에 주어진 '하나'라는 보편적 성격을 자기-보존적이고 자기-중심적인 일을 도모하는데 사용할 뿐만 아니라, 자신들의 미래의 안정을 스스로 개척하려는 우상-숭배적인 반역을 행한다. 하나님은 인류가 타락한 이후 자신의 창조의 명령, 곧 하나님으로 가득 찬 피조세계에 대한 꿈을 자신의 구속적인 특별한 은총을 통해서 이루고자 하셨다. 그러나 본문이 보여주듯 이 타락한 인류는 자기-중심적인 방식을 통해서 이 꿈을 거역할 뿐만 아니라 하나님의 자리를 찬탈하려는 시도를 한다. 이러한 시도는 하나님의 준엄한 심판에 직면하게 된다. 그러나 하나님의 심판은 인류로 하여금 자기-안정 추구를 위한 정착과 하나 됨에서 온 피조세계에 대한 청지기적 다스림과 섬김의 일로 나가게 하는 전기가 된다.

4) 신명기 24:1-4 (본문은 성경을 참조)

결혼 관계, 특히 결혼 제도 내의 성적인 정결은 하나님의 거룩하심을 구현 하는 배타적인 방식이며 수단이다. 어떠한 형태의 간음이라도 이러한 결혼 관계의 성적인 정결을 훼손하는 것은 하나님의 거룩하심을 근본적으로 훼손하는 일로서 하나님께 가증스러운 일이다. 결혼 관계 내의 성적인 정결을 유지하는 것은 하나님의 창조 질서를 유지하고 거룩한 하나님의 백성의 구별됨을 구체적으로 실현하는 배타적인 방식이다.

5) 시편 1:1-6 (본문은 성경을 참조)

본문은 의인을 생명의 근원이며 생명을 공급하시는 하나님의 교훈에 열려 있는 자, 그러기에 하나님과의 산 교제 가운데 사는 자라고 말하고 있는 데 반해, 악인은 하나님의 교훈에 대해 폐쇄된 자, 즉 자기-지시적인 삶을 사는 자라고 말하고 있다. 그렇다면 의인의 길은 하나님의 지속적인 생명 공급이라는 토대와 안정을 향유하는 삶의 길이며, 악인의 길은 이러한 생명 공급이 끊겨 있는 삶의 길이라 할 수 있다. 이런 점에서 이 시편은 이 두 길 사이에서 하나님의 교훈에 열려 있는 삶의 방식을 선택하는 자가 복 있는 자라 말하고 있다.

6) 마가복음 3:20-35 (본문은 성경을 참조)

예수의 사역은 사탄을 결박하고 그로부터 하나님의 백성들을 자유하게 하고 해방시킬 뿐만 아니라, 예수를 통해 이루어지는 하나님의 통치 영역 아래로 들어오게 하는 사역이다. 이제 하나님의 자녀들은 새로운 관계 가운데 들어가며 이러한 새로운 관계는 기존의 자연적인 혈통상의 가정에 대한 새로운 해석과 조명을 필요로 한다.

예수는 1:15에서 천국 복음을 선포하시면서 그의 공생애 사역을 시작하고 계신데, 그가 행하신 최초의 일은 제자를 부르신 일과 곧바로 귀신을 내어 쫓는 일이었다. 이 장면에서 이미 귀신은 그의 질문 가운데, 예수의 사역은 귀신들을 멸하시는 일이라는 것을 스스로 인정하고 있다(1:24). 이러한 축사의 사역은 이미 광야의 시험 장면과 곧바로 이어지는 천국 복음의 선포 가운데 이미 강력하게 시사된 바인, 사탄의 결박을 뒤따르는 일로 여겨진다. 이후에도 마가는 예수의 사역을 요약적으로 설명하면서 예수의 사역의 주된 양상이 병을 고치시고 귀신을 내어 쫓는 일이라고 말하고 있다(참조 1:34; 3:15). 마태의 말대로 하나님의 성령을 힘입어 귀신을 내어 쫓는 일은 하나님의 나라가 임했다는 확실한 보증이다.[130]

130 "하나님의 손을 힘입어 귀신을 쫓아내는 것이면 하나님의 나라가 이미 너희에게 임하였느니라."(눅 11:20); "내가 하나님의 성령을 힘입어 귀신을 쫓아내는 것이면 하나님의 나

이와 같이 예수의 축사(逐邪) 사역은 이것이 종말론적으로 도래한 성령의 사역임을 알지 못하고, 강팍한 마음의 소유자들인 유대 종교 지도자들에 의해서 바알세불 논쟁을 낳게 한다. 이러한 맥락에서 예수는 본문에 이르러 자신의 사역은 귀신을 힘입어 귀신을 내어 쫓는 것도 아니고, 한 걸음 더 나아가 사탄의 멸망은 자중지란이 아니라 역사 밖에서 역사 안으로 개입하신 하나님의 통치의 도래, 즉 하나님의 능력인 성령을 통해 이루어진 사탄의 결박과 그 결과 사탄의 소유물들을 전리품으로 취하는 일이라고 말씀하고 있다.

귀신을 내어 쫓고 그의 소유물들을 약탈하는 장면은 몇몇 구약의 성경구절들을 연상시킨다. 특별히 이사야 49:24-25과 시편 68:19을 들 수 있는데 시편 68:18은 다음과 말하고 있다: "주께서 높은 곳으로 오르시며 포로로 사로잡은 자를 끌고 선물을 인간에게서 또는 패역자 중에서 받으시니 이는 여호와 하나님이 저희와 함께 거하려 하심이로다."[131] 만약 이 시편의 구절을 마가복음 3:27에 적용할 수 있다면 예수는 사탄에게 포로되었던 자들을 그의 속박에서 풀어 해방시킬 뿐만 아니라 이들을 자신의 전리품으로 취해서 하나님의 새로운 통치 아래로 들어가게 하시고 있다고 볼 수 있다.

이러한 해석이 옳다면 기존의 관계적 측면들을 모두 새롭게 정의하고 적용할 필요가 있다. 사탄의 지배하에 있던 삶은 그와의 관계 속에서 놓여있는 삶이었다면, 이제 하나님의 통치 가운데 들어온 삶은 하나님과의 관계 속에서 새롭게 규정되고 정리된 삶이어야 한다. 이런 관점에

라가 이미 너희에게 임하였느니라."(마 12:28)

131 이 시편 구절은 바울에 의해서 엡 4:8에서 인용되고 있는데, 주목할 점은 바울은 '사람들에게서 선물을 받았다'에서 '사람들에게 선물을 주셨다'라고 수정하고 있다는 점이다. 이것은 바울이 시편 구절에 대한 성취적 관점에서 보고 있다는 점을 생각해 볼 때 매우 자유로운 수정으로 생각된다.

서 볼 때, 또 하나의 기초적 관계인 가족이란 관계도 새로운 정의가 필요하다. 이제는 이전의 자연적인 혈통이란 측면에서의 가정이 아니라 예수께서 새롭게 구성하시고 만드시는 가족 공동체, 즉 예수의 가르치심을 가까이서 경청하고 그를 노중에서 따르는 자, 하나님의 뜻을 따르는 자들이라 할 수 있다.

이들은 지속적으로 예수의 개인적인 가르침을 받을 자들이며 예수를 지속적으로 따라감으로써 예루살렘에서의 예수의 수난과 죽음 그리고 부활을 친히 목격하고 이 사건의 증인과 선포자가 될 자들이다.

II

제 2 부 성경 해석의 실제

Interpretive Perspective

I 마태복음 6:5-15

1. 본문의 구문서열화/ 문장흐름도

헬라어 본문

5 Καὶ ὅταν προσεύχησθε,[132]

οὐκ ἔσεσθε ὡς οἱ ὑποκριται,

ὅτι φιλοῦσιν ἐν ταῖς συναγωγαῖς καὶ ἐν ταῖς γωνίαις τῶν πλατειῶν

ἑστῶτες προσεύχεσθαι,

---

132 학자들은 여기서 기도에 대한 예수의 가르침은 기본적으로 당시 유대인들의 사적인 기도를 배경으로 주어지고 있는 것이 아니라, 하루 중 정해진 시간에 공개적으로 낭독하던 기도를 배경으로 하여, 이런 기도가 남에게 보일 의도로 행해지는 위험성에 대한 준엄한 경고라고 주장한다(cf. 스캇 맥나이트, 『산상수훈. 하나님의 이야기 성경주석』 [서울: 에클레시아북스, 2016], 189-190). 그러나 구문론상 이 구절은 가정법 동사를 담고 있는 조건의 관계부사절로 이루어져 있고("만약에 기도한다면 언제든지") 보다 중요하게, 구약의 율법과 절기 및 안식일과 성전 등에 관한 예수의 성취의 관점에서 볼 때 예수께서는 보다 근본적인 문제인 경건의 세 가지 중요 형태인 구제, 기도, 금식에 관해 근본적인 재정의를 내리고 있다고 보는 것이 타당하다. 단순히 공적인 기도의 문제에 대한 말씀이라기보다는 기도가 담고 있는 참된 경건에 관해 말씀하고 있다고 본다. 이 점은 위선자들의 기도 형태에 대한 대안으로 6절에서 아무도 볼 수 없는 내밀한 곳에 들어가 기도하라는 말씀을 통해서도 강화된다.

ὅπως φανῶσιν τοῖς ἀνθρώποις·

ἀμὴν λέγω ὑμῖν, ἀπέχουσιν τὸν μισθὸν αὐτῶν.

6 σὺ δὲ ὅταν προσεύχῃ,

εἴσελθε εἰς τὸ ταμεῖόν σου

καὶ κλείσας τὴν θύραν σου

πρόσευξαι τῷ πατρί σου τῷ ἐν τῷ κρυπτῷ·

καὶ ὁ πατήρ σου ὁ βλέπων ἐν τῷ κρυπτῷ ἀποδώσει σοι.

7 Προσευχόμενοι

δὲ μὴ βατταλογήσητε ὥσπερ οἱ ἐθνικοί,

δοκοῦσιν γὰρ ὅτι ἐν τῇ πολυλογίᾳ αὐτῶν εἰσακουσθήσονται.

8 μὴ οὖν ὁμοιωθῆτε αὐτοῖς·

οἶδεν γὰρ ὁ πατὴρ ὑμῶν ὧν χρείαν ἔχετε

πρὸ τοῦ ὑμᾶς αἰτῆσαι αὐτόν.

9 οὕτως οὖν προσεύχεσθε ὑμεῖς·

Πάτερ ἡμῶν ὁ ἐν τοῖς οὐρανοῖς·

ἁγιασθήτω τὸ ὄνομά σου·

10 ἐλθέτω ἡ βασιλεία σου·

γενηθήτω τὸ θέλημά σου, ὡς ἐν οὐρανῷ καὶ ἐπὶ γῆς·

11 τὸν ἄρτον ἡμων τὸν ἐπιούσιον δὸς ἡμῖν σήμερον·

12 καὶ ἄφες ἡμῖν τὰ ὀφειλήματα ἡμῶν, ὡς καὶ ἡμεῖς ἀφήκαμεν τοῖς ὀφειλέταις ἡμῶν·

13 καὶ μὴ εἰσενέγκῃς ἡμᾶς εἰς πειρασμόν,

ἀλλὰ ῥῦσαι ἡμᾶς ἀπὸ τοῦ πονηροῦ.

14 Ἐὰν γὰρ ἀφῆτε τοῖς ἀνθρώποις τὰ παραπτώματα αὐτῶν,

ἀφήσει καὶ ὑμῖν ὁ πατὴρ ὑμῶν ὁ οὐράνιος·

15 ἐὰν δὲ μὴ ἀφῆτε τοῖς ἀνθρώποις,

οὐδὲ ὁ πατὴρ ὑμῶν ἀφήσει τὰ παραπτώματα ὑμῶν.

한글사역

5 그리고 너희가 기도할 때는 언제나

위선자들처럼 되지 말라.

왜냐하면 그들은 회당과 넓은 거리 어귀에 서서 기도하기를 좋아하기 때문이니,

이는 그들이 사람들에게 나타나 보이려는 목적에서 그렇도다.

내가 진실로 너희들에게 말하노라.

그들은 그들의 보상을 이미 받았느니라.

6 그러나 네가 기도할 때는 언제나

너는 너의 내밀한 방으로 들어가라

문을 걸어 잠그고

내면에/숨어계신 네 아버지께 기도하라

그리하면 숨어 계신 중에 보시는 네 아버지께서 네게 내어 주실 것이라.

7 기도할 때에

너희는 이방인들처럼 중언부언하지 말라

왜냐하면 그들은 그들의 많은 말들로 인해응답되어질 것이라고 생각하기 때문이라.

8 그러므로 그들과 같이 되지 말라.

왜냐하면 너희의 아버지는 너희가 아버지께 구하기 전에

너희가 갖고 있는 필요를 이미 알고 계시기 때문이라.

9 그러므로 너희는 이렇게 기도하라

하늘에 계신 우리 아버지여

당신의 이름이 거룩히 여겨지게 하옵소서.

10 당신의 나라가 임하게 하옵소서.

당신의 뜻이 하늘에서와 같이 땅에서 일어나게/드러나게 하옵소서.

11 오늘 우리에게 다가올 날을 위한/일용할 양식을 주옵소서.

12 또한 우리가 우리에게 빚진 자들을 용서한 것 같이

우리의 갚아야 할 것들/죄들을 사하여 주옵소서.

13 그리고 당신이 우리를 시험으로 이끌어 들이지 마시

우리를 악에서 구하옵소서.

14 왜냐하면 만약 너희가 사람들의 잘못에 대해그들을 용서한다면

하늘에 계신 너희 아버지께서도 너희를 용서하실 것이요

15 만약 너희가 사람들의 잘못을 용서하지 아니하면

너희 아버지께서도 너희 잘못을 용서하지 아니할 것이기 때문이라.

2. 본문 구조 이해

본문은 구조상 세 부분으로 이루어져 있다. 5-6절은 다른 사람들에게 보여주기 위한 의도로 드려지는 위선자의 기도를 금하라는 명령을 담고 있고, 7-8절은 많은 말을 통해서 지성을 다해 하나님을 설득하여 기도

의 응답을 받고자 하는 이방인들의 기도를 금하라는 명령을 담고 있으며, 9-15절은 이상의 두 가지 잘못된 기도에 비추어서 바른 기도의 방식에 대한 예증으로서 주의 기도를 담고 있다.

이러한 본문의 구조는 주의 기도는 잘못된 방식의 두 형태의 기도를 그 배경으로 삼아서 대안적인 기도 방식을 제공하고 있음을 보여준다. 그렇다면 주의 기도는 기본적으로 오직 하나님만을 지향하고 염두에 두는 하나님-중심적인 기도이며, 또한 주된 목적은 하나님의 자녀로서 하나님의 뜻이 이루어지는 것과 아버지의 보호하심을 청원하는 것임을 알 수 있다.

3. 본문의 인접 문맥

본문은 1절을 인접 문맥으로 삼고 있다. 1절은 사람 앞에서 행해지는 의에 대한 경고로서, 이러한 의는 이미 사람들로부터 칭찬을 통해서 보상을 받았기에 하늘 아버지께로부터는 아무런 보상을 받지 못한다고 말씀하고 있다.

여기서 잠깐 의에 대한 이해를 생각해 볼 필요가 있다. 마태복음은 의를 많이 강조하고 있는데 특히 예수님의 공생애 사역 시작 이야기와 산상수훈에 집중적으로 나타난다(cf. 1:18; 3:15; 5:6, 10, 20; 6:1,33). 마태의 의의 문제의 논란의 핵심은 '의'가 하나님의 의(주격 소유격)인지 아니면 하나님의 백성들에게 주어진 의(기원의 속격)인가 하는 점이다. 하나님의 의로 이해할 경우 예수의 사역의 중심은 인간의 불의에 대한 해결책으로서의 하나님의 의의 행위의 실행으로 보며, 하나님의 종말론적인 백성들에게 주어진 의로 이해할 경우에는 백성들의 삶에서 구체적으로 드러나는 의로운 행위들로 이해하게 된다.

그런데 이미 지적한 대로 마태는 의를 집중적으로 예수의 사역 시작 이야기들과 산상 수훈에 나타낸다는 점을 주목할 필요가 있다. 이것은 예수의 인성과 사역을 통해 이 땅에 실현되고 있는 하나님 나라의 의, 즉 하나님의 종말론적인 의의 통치를 통해 인간의 죄와 불의를 친히 해결하시는 하나님의 의로운 행위이며 이를 통해 만물과 인류를 바르게 한다(창조 질서의 회복 즉 바른 관계의 회복). 마태복음에서 이후 펼쳐지는 예수의 모든 가르침과 사역들에 앞서 이러한 하나님의 다스림의 의가 비록 암시적이지만 강하게 전제되고 있음을 주목할 필요가 있다. 타락한 인류와 죄의 문제를 스스로 해결하시는 하나님의 종말론적인 행위 자체가 만물을 바르게 하시는 하나님의 의라고 보며(cf. 계21:5, 보좌에 앉으신 이가 말씀하니, "내가 만물을 새롭게 하노라/ἰδοὺ καινὰ ποιῶ πάντα"-하나님의 종말론적인 바르게 하시는/의의 행위가 완성은 온 피조세계를 새롭게 하심이다) 이러한 하나님의 의의 다스림 아래 있는 새로운 종말론적인 공동체(제자들과 이후 사도들의 신앙 공동체들과 우리 크리스천들)는 이러한 하나님의 의를 삶으로 살아내고 구현하도록 부름받은 공동체이다(cf. 5:13-16. 종말론적인 도시로서 세상에 대한 빛의 공동체로 부름받았다, 4:16 참조).

예수의 인성과 사역을 통해 도래한 하나님의 종말론적인 다스림의 의는 복음서 전반에 걸쳐 지속적으로 당시 유대-종교 지도자들의 '자기-의(self-righteousness)'와 충돌한다. 하나님의 의는 자기 의를 주창하는 자들에게 거부되거나 효과적이지 못하지만, 자기 의를 주창할 수 없는 자들이나 자기 의를 포기하는 자들에게는 받아들여지며 효과를 크게 나타낸다. 이것은 최초에 이 땅에 하나님의 나라를 세우시고 자기 백성으로 하여금 이 나라/다스림에 자발적이며 자원하는 마음으로 참여하고 받아들여 살기를 원하셨던 '강제하지 않으시는 하나님'이 예수의 인격과 사역을 통해 하나님의 나라/다스림을 성취하시면서 동일하게 인류 모두에게 요청하시는 복음 초청의 방식이다(cf. 마5:20).

두 번째로 하나님의 의의 다스림이 유대 종교 지도자들에 의해 거부당하고 서로 충돌한 이유는 예수를 통한 하나님의 나라의 도래 방식 곧 그의 의의 다스림이 예수의 죽음과 부활을 통해 이루어지기 때문이었다. 즉 유대 종교 지도자들이 생각하는 방식은 힘과 무력을 근간으로 하는 메시아를 통해 악의 세력들의 죄를 심판하여 인간의 불의를 종결시키는 강력한 하나님의 의의 왕국의 최종적인 도래를 기대했다. 그러나 예수께서는 죄와 인간의 불의에 대한 심판이 아니라 죄를 용서하시고 인간의 불의를 친히 자신의 죽음과 부활을 통해 담당하심으로써 해결하시는 하나님의 의의 다스림이라는 복음을 선포하였다. 이 하나님의 나라는 (완성된 것이 아니라) 구약부터 하나님이 계획하시고 이끌어 오셨던 메시아-종말론적인 왕국이 마침내 그 모습을 드러냈다는 점에서 그 나라의 성취의 시작이며 그러나 아직도 세상 마지막 날에 완성되어질 나라로 최종적인 모습을 드러낼 것이다. 이런 점에서 우리는 마침내(이미/already) 드러난 하나님의 나라/천국에 사는 자들이자 그러나(아직/not yet) 완전히 드러날 하나님의 나라를 기대하며 살고 있는 자들이라 할 수 있다.

이러한 하나님의 나라의 속성은 한 마디로 그 모습을 다 드러내지 않고 '숨어 있는 하나님의 나라'라 표현할 수 있다. 이는 '숨어 계신 하나님'과 동일한 표현이다. 이 땅에 마침내 분명 근간을 드러냈지만, 아직도 완전한 모습이 드러나지 않았다는 뜻이다. 이것은 분명 뜻하는 바가 크다. 하나님의 나라는 결국 '찾아야 할 대상이다'라는 것이다(cf. 마 6:33 "너희는 먼저 그의 나라와 그의 의를 찾으라 /얻고자 진력하라/ζητεῖτε δὲ πρῶτον τὴν βασιλείαν [τοῦ θεοῦ] καὶ τὴν δικαιοσύνην αὐτοῦ,"; 비교 마 6:32 "왜냐하면 이 모든 것들을 이방인들이 추구하고 있기 때문이라 /πάντα γὰρ ταῦτα τὰ ἔθνη *ἐπιζητοῦσιν·*" 마 7:7 "요청하라/구하라 그리하면 너희에게 주어질 것이요, 찾으라 그리하며 너희들이 발견할 것이라/*Αἰτεῖτε καὶ δοθήσεται ὑμῖν, ζητεῖτε καὶ εὑρήσετε,*").

숨어계신 하나님/하나님의 나라는 우리가 눈을 열어 찾아야할 대상이라는 점을 강력히 암시할 뿐만 아니라 우리의 하는 일들의 준거틀은 보이는 것들로부터의 반응이나 평가가 아니라, 보이지 않지만 예수 그리스도를 통해 이 땅에 강력하게 역사하고 있는 하나님과 그의 나라라는 점을 말하고 있다. 바울은 이 점을 '부활하여 하늘 보좌에 계시며 대신 성령을 우리에게 주신 주님'과 '물리적으로 떨어져 육체 가운데 있는 자신'에 대해서 이렇게 천명하고 있는 것과 동일한 맥락이다. "우리가 육체 가운데 있을 때에는 주님과 떨어져 있음을 알지만 우리가 항상 담대하니, 이는 우리가 보이는 것들을 통해 사는 것이 아니라 믿음을 통해 살기 때문이라/διὰ πίστεως γὰρ περιπατοῦμεν, οὐ διὰ εἴδους·"

마지막으로 마태복음이 일차적으로 말하는 이상과 같은 하나님의 종말론적인 다스림의 의(하나님의 의의 다스림)는 이 다스림을 받는 자들의 삶에서 나타나는 의와 유기적으로 연결되어 있으며, 보다 중요하게 하나님의 새로운 백성들의 삶에서 나타나는 의는 마태복음의 문맥에서 볼 때 율법의 참된 의미와 예수를 통한 율법의 성취라는 맥락에서 이해할 필요가 있다. 이 점에 있어서 하나님의 선물로서의 의는 이미와 아직 사이의 종말론적인 유보 혹은 긴장 가운데 사는 우리에게는 필연적으로 요구되는 의로 나타난다. 우리의 삶에서 드러나는 의는 하나님의 다스림을 통해서 주어진 의인 동시에, 하나님의 다스림의 의는 우리의 삶에서 드러나는 의를 통해서 구현되어진다는 점에서 유기적이며 역동적인 관계라 할 수 있다.

율법은 하나님의 의의 구체적인 현현으로서, 하나님의 백성들에게 주어진 율법은 백성들로 하여금 하나님의 의를 구체적으로 실현하는 방식이었다. 이러한 율법의 요구인 의를 인류를 대표하여 이 땅에 오신 하나님의 아들로서의 종말론적인 인자/메시아 예수께서 대속의 죽음과 부활을 통해서 이루셨다. 이제 이 의는 생명을 보장하는 약속의 형태로 시내산에서 주어진 율법의 의 곧 율법주의적인 의가 아니라 생명을 확증하는 성취의 형태로 주어진 시온산에서 흘러나오는 율법(하나님의 종말론적인 통치가 이루어지는 곳, cf. 사 2:3; 미 4:2) 곧 마음에 새겨진 율법(cf. 렘 31:33, 약 1:21-25)으로 언약적인 혹은 관계적인 의의 구체적인 현현이라 할 수 있다.

율법을 문자적으로 지키는 것은 필연적으로 자기-의를 드러내어 사람들로부터 영광을 얻었다는 점(cf. 마 6:2)에서 이미 보상이 주어진 의로 평가되는 반면, 율법이 지닌 하나님과의 언약적인 신실함 곧 관계적인 정절을 구현하는 방식으로서의 율법 준수는 하나님의 의를 드러내는 것으로 하나님께 영광을 돌리게 된다는 점에서 하나님께로부터 보상이 주어진다는 것이다.

4. 본문 강해

1) 5-6절

먼저 5절은 위선자들처럼 기도하지 말라고 말씀한다. 왜냐하면 위선자들의 기도의 문제는 그들은 자신들의 기도행위(문자적 준수)를 통해서 '하나뉨의 의'를 얻는 것(관계성의 회복)이 아니라 '자기-의'를 사람들로부터 '사는 행위'에 준하는 것이라는 점이다. 이런 점에서 그들은 '자신들의 보상을 이미 받은 것'과 마찬가지다. 앞서 2절에서 남을 의식하는 위선자들의 구제는 엄밀한 의미에서 '주는 것'이 아니라 '구제행위'를 팔고 사람들의 칭찬을 산 것과 마찬가지다. 그러기에 위선자의 구제는 이미 자신의 보상을 받았다고 하는 것이다.[133]

6절은 예수의 제자들의 기도는 내밀한 곳에서 거기 계시는 하늘 아버지께 드려지는 기도라고 말씀한다. 여기서 내밀한 곳이란 반드시 장소의 문제를 말하는 것이 아니라, 기도의 지향점이 보여주기 위한 목적에서 타인들을 향하는 것이 아니라 하나님께 배타적으로 향하고 있다는 것을 보여주는 은유적 표현이다. 이러한 기도는 기도의 의무(?)를 문자적으로 준수하는 기도가 아니라 하나님과의 생명의 관계와 친밀한 교제를 근간으로 하는 언약적인 신실함과 관계적인 정절의 참된 실천이라고 생각할 수 있다. 다시 말해, 기도는 하나님의 뜻이 이루어지도록 자신을 비우고 그 뜻을 향해 우리의 마음의 방향을 설정하는 작업이며 이를 통해 하나님의 뜻이 우리 가운데 가장 최적화된 상태로 이루어지고 여기에는 우리의 필요가 하나님의 방식으로 채워지는 일이 포함된다.

2) 7-8절

이 구절은 이방인들처럼 기도하지 말라는 명령을 담고 있다. 여기서 이방인들의 기도의 태도를 보여주는 "βατταλογεω"는 '생각 없이 횡설수설' 하거나 혹은 '동일한 말을 반복적으로 사용하는 것'을 뜻한다. 전자의 경우는 기도를 듣는 대상에게 잘 보이기 위한 혹은 대상을 설득하기 위해서 온갖 많은 말을 하는 경우로 생각할 수 있고, 후자의 경우는 일종의 마술적인 효과를 불러 오기 위한 주술적인 기도를 의미할 수 있다. 그러나 7절에서는 이방인의 이러한 기도 형태를 "많은 말들/πολυλογία"이라

133 onald Hagner, *Matthew 1-13*, WBC 33A (Dallas: Word Books, 1993), 140.

고 규정하는 것에 비추어 볼 때 후자보다는 전자의 의미가 더 적절해보인다. 어떤 경우이든 이방인들처럼 하는 기도는 소위 지성을 다함으로써 하나님을 원격조정하거나 길들이는 전형적인 이교도 전통의 우상숭배적인 기도라 할 수 있다. 성경 전통이 말하는 하나님, 곧 "은혜 줄 자에게 은혜를 주고 긍휼히 여길 자에게 긍휼을 베푸시는"(출 33:19) 주권적이시며 은혜로우신 하나님에 대한 기도와는 근본적으로 다르다.

8절은 이러한 성경적 하나님에 대한 기도를 "너희가 하나님께 요청하기 전에 하나님은 너희의 필요를 이미 아시는" 하나님에 대한 기도라고 규정하고 있다. 기도해서 들어주시는 하나님이 아니라 이미 기도하기 전에 우리의 필요를 아시고 채워주시는 하나님이라는 뜻이다. 이 점을 6:32-33은 보다 자세히 설명하고 있다. 이방인들은 염려 중에 먹을 것과 마실 것과 입을 것을 구하지만, 우리의 하늘 아버지는 이 모든 우리의 필요를 알고 계신다고 말씀한다. 대신 하나님의 자녀들은 먼저 하나님의 나라와 하나님의 의를 찾으라고 말씀하신다. 누군가가 하나님의 의로운 다스림을 발견하게 되면 진정 우리의 필요를 채우시는 하나님을 만나게 된다는 뜻이다. 다시 한 번, 기도는 우리의 필요를 하나님께 알리는 것이 아니라 하나님의 뜻에 우리의 마음을 맞추는 것임을 말하고 있다.

3) 9-10절

이 부분은 소위 '주의 기도'[134]로 알려진 기도의 첫 부분이다. 먼저 주목할 점은 예수는 제자들에게 "이렇게 기도하라"고 말씀하심으로써, 이것

---

134 엄밀한 의미에서 이 기도는 주님의 기도라기보다는 제자들의 기도라고 할 수 있다. 정확히 말해서 예수와 함께 이 땅에 도래한 하나님의 나라/다스림을 구현하는 방식으로서의 제자들의 삶이 되기를 기도하는 것이나. 주의 기도의 전형은 요 17장 즉 대제사장의 기도로 알려진 기도이다.

이 실제적으로는 주의 기도가 아니라, 제자들이 해야할 기도임을 분명히 하고 있다. 더 정확히 말해서 예수를 따라 사는 제자들이 예수께서 이 땅에 펼치신 하나님의 나라를 삶으로 살아내는 구체적인 방식으로서의 기도라 할 수 있다.

또 하나 주목할 점은 "하늘에 계신 우리들의 아버지"라는 표현은 단순히 아버지를 부르는(호격형) 의미 정도가 아니라, 이 기도가 예배적인 성격을 지닌다는 것을 뜻한다. 즉 이 표현은 초월적인 하나님은 하늘에 계시기에 우리가 결코 달래거나 통제할 수 없고 개인이 사유화할 수 없는 분으로서, 공동체의 예배의 대상이라는 사실을 보여준다. 또한 하나님이 우리의 아버지로 표현됨으로써, 범접할 수 없는 초월적인 그 하나님이 우리와 친밀한 관계를 갖고 계신 아버지라는 점을 분명히 하고 있다. 이것은 단순히 하나님의 초월성과 내재성이라는 속성을 가리킨다기보다는 성경에 계시된 하나님의 근본적인 속성인 성육화하신 하나님(God Incarnate), 즉 우리 중에 거하시며 우리의 하나님이 되시고 우리는 그의 백성이 되는 것(cf. 레26:12; 겔37:27[나의 거처가 그들 중에 있을 것이며 나는 그들에게 하나님이 될 것이요 그들은 나의 백성이 될 것이라/ καὶ ἔσται ἡ κατασκήνωσίς μου ἐν αὐτοῖς καὶ ἔσομαι αὐτοῖς θεός καὶ αὐτοί μου ἔσονται λαός]; 계21:3[하나님의 장막이 사람들과 함께 있고 하나님이 사람들과 함께 거할 것이며 그들은 그의 백성들이 될 것이요, 하나님 자신이 그들과 함께 있을 것이라/ ἡ σκηνὴ τοῦ θεοῦ μετὰ τῶν ἀνθρώπων, καὶ σκηνώσει μετ' αὐτῶν, καὶ αὐτοὶ λαοὶ αὐτοῦ ἔσονται, καὶ αὐτὸς ὁ θεὸς μετ' αὐτῶν ἔσται])을 최종적인 목표로 삼고 계시는 하나님을 뜻한다.

주의 기도는 이러한 의미의 "하늘의 우리 아버지"를 서두로 곧 이어서 세 개의 청원들을 담고 있다. 이 청원들은 모두 "당신의/σου"라는 표현을 담고 있기에 "You-청원"으로 알려져 있다. 이에 반해서 이 청원들을 뒤잇는 셋 혹은 네 청원은[135] 모두 "우리/ἡμῖν"라는 표현을 담고 있기에 "We-청원"으로 알려져 있다. 주의 기도의 이러한 "You-청원들+We-청원들"이라는 구성은 앞서 "하늘의 우리 아버지"라는 표현이 담고 있는 하나님의 뜻인 "영속적으로 우리 중에 거하시는 하나님"의 의미와 유기적으로 연결되어 있다. 즉 You-청원은 하늘에 계신 하나님을 향한 청원이라면 We-청원은 이 하나님이 우리 중에 거하시기에 우리의 삶이 어떠해야 하는지에 관한 청원이라 할 수 있다. 하나님과 우리의 이러한 관계는 성경적인 하나님의 근본적인 성격을 잘 담아내고 있다고 할 수 있다.

세 개의 청원을 다루기 전에 주목할 점은 세 청원 모두는 성격상 종말론적인 지향을 갖고 있다는 점이다. "이미" 예수의 인성과 사역을 통해 이 땅과 인류 역사의 지평에 떠오른 하나님의 나라/다스림은 "아직"도 완전히 그 모습을 드러내고 있지 않고 있기에 이러한 세 청원이 주어진 것이라는 뜻이다. 주의 기도의 이러한 종말론적인 성격은 예수를 따르는 제자 공동체 즉 우리 크리스천 공동체 역시 "이미"와 "아직" 사이에 사는 공동체로서 하나님의 종말론적인 현현을 청원하면서 동시에 그 과정 중에 실존적인 삶의 문제 즉 생존의 문제, 공동체적 삶의 문제, 그리고 악의 문제들을 어떻게 다룰 것인가를 잘 보여주고 있다. 이 문제들의 해결은 여전히 "아직"을 향해나가는 하나님의 나라/다스림 곧 지속적으로 우리 삶에 다가오는 하나님의 나라/다스림을 통해서 해결될 수 있음을 강력하게 암시하고 있다.

세 개의 청원은 형식상으로는 세 개의 청원이지만 실제적으로는 배타적인 주권과 거룩을 근본 성격으로 하는 하나님과 그의 나라/다스림

---

135 "시험에 들게 마시고 악에서 구하옵소서"를 하나의 청원으로 볼 경우는 세 개의 청원 이 볼 경우는 네 개의 청원이 된다.

에 관한, 서로 유기적으로 연결된 하나의 청원이라 할 수 있다. 첫 번째 청원은 하나님의 이름이 거룩히 여김을 받게 해달라는 것이다. 구약 전통에서 이름은 단순히 어떤 사람이 불리는 방식 혹은 수단의 문제가 아니라 그 사람의 존재 전체 즉 그 사람의 전인격(the whole person)을 대변한다. 하나님은 이스라엘을 구속하시는 시점에서 자신의 이름을 "스스로 있는 자/ אֶהְיֶה אֲשֶׁר אֶהְיֶה/I am Who I am"로 모세에게 밝히시며 곧바로 이어서 자신을 아브라함과 이삭과 야곱의 하나님 곧 "여호와"라고 말씀하신다(출 3:14-15). 그리고 모세를 통한 이스라엘의 구속을 이루시는 시점에서 하나님은 자신이 여호와임을 분명하게 말씀하신다(출 6:3).

창세기 17:1에서 하나님은 아브라함에게 자신을 "전능한 하나님(엘 사다이/ אֵל שַׁדַּי"이라고 밝히시며 자신 앞에서 "온전하게 행하라" 말씀하신다. 여기서 "온전함"이라는 뜻의 " תָּמִים"은 하나님에 대한 경배 혹은 섬김과 관련해 하나님과 세상의 신들과 세력들 사이에서 두 마음을 품지 않는, 혹은 마음이 둘로 나뉘지 않는 것을 뜻한다. 즉 철저히 하나님-중심적, 하나님-의존적인 마음과 삶, 철저히 반-우상숭배적인 삶과 온전히 하나님만을 신뢰하고 따르는 정절과 충절의 삶을 가리킨다. 이 온전함과 정절은 이어지는 17:2에서 하나님이 아브라함과 맺으시는 언약에 비추어 볼 때 언약적인 온전 혹은 정절이라 할 수 있다. 이러한 언약적인 온전 혹은 정절은 이스라엘의 구속의 맥락에서 거룩함과 연결되어 표현되기도 한다. "나는 … 애굽 땅에서 너희를 인도하여 낸 여호와라 내가 거룩하니 너희도 거룩할 지어다"(레11:45). 이스라엘의 구속을 이루시는 하나님은 배타적인 주권으로 이스라엘을 구속하시는 여호와라는 뜻이다. 이러한 하나님의 배타적인 주권과 관련된 온전함은 이미 앞서 5:48의 예수의 말씀 가운데 나타나 있다. "하늘에 계신 너희 아버지의 온전하심과 같이 너희도 온전하라."

하나님은 절대적으로 주권적이시기에 그 어떤 것들과도 배타적으로 구별되시며 특히 이스라엘의 구속 가운데 하나님은 자신의 주권을 신원하신다는 점에서 구별된다는 것을 뜻한다. 이 점을 출애굽기 7:5이 잘 보여준다. “내가 내 손을 애굽 위에 펴서 이스라엘 자손을 그 땅에서 인도하여낼 때에 애굽 사람들이 나를 여호와인 줄 알리라.” 또한 구약성경은 이스라엘을 구속하신 하나님 여호와가 인류의 참된 구속자이시며 동시에 인류 가운데 거하시기를 원하여 인류를 창조하신 분이라는 것을 말하고 있다(cf. 창2:4). 이런 성경적 맥락에서 볼 때, 첫 번째 청원은 예수를 통한 하나님의 인류의 종말론적인 구속 가운데 하나님의 배타적인 주권이 지속적으로 드러나기를 청원하라는 예수의 권면의 말씀이다.

두 번째 청원은 하나님 아버지의 나라가 임하게 해달라는 청원이다. 이 청원의 핵심은 제자들에게 구약이 약속했고 성취가 예기되어왔던 복음, 즉 하나님의 종말론적인 다스림이 하나님의 아들이신 메시아 예수를 통해 이제 이 땅에 드러나기 시작했기에 예수를 통해 이미 시작되었고 자신들 역시 참여하기 시작한 이 다스림이 온전하고도 충만한 형태로 경험되기를 기도하라는 청원의 말씀이다. 여전히 관심은 이미 도래한 하나님의 나라/다스림과 아직도 온전한 형태로 드러나지 않은 하나님의 나라/다스림 사이에 놓여 있는 하나님의 종말론적 공동체의 삶의 근본적인 특징을 보여주고 있다. 즉 이미 하나님의 통치를 받고 있지만 아직 온전한 통치를 받고 있지 못한 자들의 삶의 염원과 열망을 보여준다.

세 번째 청원은 하늘에서 이루어진 것 같이 땅에서 하늘 아버지의 뜻이 이루어지게 해달라는 청원이다. 하늘에서 이루어진 하늘 아버지의 뜻은 온 피조세계에 대한 하나님의 초월적인 주권과 주권적인 다스림을 가리킨다(cf. 창 1:1의 천 지창조의 의미). 이런 점에서 하나님의 뜻이 땅에서 이루어지기를 청원하는 것은 초월적인 하늘 영역에서 이루어진 하나님의 다스림이 이 땅에 도래함으로써 사탄의 지배하에 있던 불의와 폭력의 옛 시대가 끝나고 이미 인류 지평에 떠오른 하나님의 의와 평화가 온전한 형태로 이 땅에 드러나는 새 시대가 도래하기를 청원하는 것이다. 다시 말해, 현 시대의 악한 질서가 완전히 타파되고 이 땅이 근본적으로 새로워지는(cf. 계 21:5. "내가 만물을 새롭게 하노라/ ἰδοὺ καινὰ ποιῶ πάντα") 다가올 새 세계에 대한 청원을 담고 있는 것이다. 이런 점에서 세 번째 청원 역시 이미와 아직 사이에 사는 하나님의 종말론적인 공동체의 정체성과 삶을 반영하고 있다.

여기서 한 가지 주목할 점은 구문론 상, You-청원들의 마지막 청원의 종속절인 "하늘에서 이루어진 것 같이"가 단지 세 번째 청원에만 종속된 것이 아니라, 앞의 두 청원에도 종속된 것이라는 주장이 제기된다. 이 주장은 앞서 서두에서 지적한 대로 이 세 청원이 근본적으로 하나님과 그의 나라에 유기적으로 연관된 사실상 하나의 청원이라는 점에서 설득력을 지닌다. 즉 하나님의 배타적이며 주권적인 속성과 이에 상응한 하나님의 나라/다스림은 처음부터 그 기원이 하늘에 있으며 종말론적으로는 이 땅을 포함한 온 피조세계를 포함한다는 뜻이다. 그러나 이러한 주장은 현재의 구문론적인 형태에서 볼 때 "하늘에서 이루어진 것 같이"는 보다 직접적으로 세 번째 청원과 근접해있으며 이런 점에서 세 번째 청원에 종속된 것으로 보는 것이 타당해보인다.

4) 11-13절

이 부분은 We-청원들을 담고 있다. 앞서 언급했듯이, 하나님 나라의 '이미와 아직' 사이에 사는 하나님의 종말론적인 공동체의 삶, 특히 우리 중에 거하시는 하나님과 우리의 삶은 어떠한 관계를 지니고 있는가에 관한 청원들이라 할 수 있다. 첫 번째 청원은 "오늘 우리에게 일용할 양식을 주소서"이다. 우리 중에 거하시는 하나님에게 우리는 "일용할" 양식을 청원할 수 있다. 여기서 양식을 수식하는 형용사인 "일용할"이라고 번역된 헬라어 단어 "ἐπιούσιον"는 1) "다가올 날을 위한," 2) "생존에 필요한," 3) "오늘을 위한" 이라는 세 가지 의미로 사용된다. 이 단어를 "다가올 날을 위한"으로 해석할 경우 미래에 완성될 하나님의 나라에서 먹을 양식을 오늘에 맛보게 해달라는 의미를 지닌다. 즉 현재 우리의 삶은 결정된 미래의 복을 오늘 누리도록 초청받은 자들의 삶이라는 뜻이다. 이 단어를 "생존에 필요한"으로 해석할 경우, 하나님의 나라와 "이미와 아직" 사이에 사는 하나님의 나라 백성들의 삶은 여전히 하나님의 주권적이고도 은혜로운 돌보심과 섭리 가운데 생존이 영위되는 자들임을 의미한다. 이 단어를 "오늘을 위한"으로 해석할 경우 그 의미는 제자들은 매일의 삶을 위한 양식을 청원해야한다는 뜻을 지닌다. 그러나 이러한 해석은 이 청원이 별도로 담고 있는 "오늘/σήμερον·"이란 단어를 불필요하게 만든다. 즉 오늘을 위한 양식을 오늘 달라는 의미가 되기 때문이다.

한편으로, 두 번째 의미인 "생존에 필요한"은 구약 백성이 광야에서 먹었던 만나의 의미 곧 "사람이 떡으로만 살 것이 아니라 하나님의 말씀으로 산다"라는 하나님의 백성의 삶의 정체성을 보여준다는 점에서 타당한 해석일 수 있다. 그러나 이스라엘의 종말론적인 성취이신 예수와 생의 성례전으로서의 만나의 종말론적인 성취로 예수의 죽음과 부활을 통해 이 땅에 도래한 메시아 시대와 그 시대의 완성에 대한 기대 가운데 사는 하나님의 백성들의 현 위치에 비추어 볼 때, "다가올 날을 위한" 양식, 즉 하나님 나라의 완성에 때에 이우러질 메시아 잔치의 기쁨과 환희를 오늘에 누리며 살게 해달라는 청원으로 이해하는 것이 보다 바람직하다고 할 수 있다. 어떤 경우든 하나님의 새 이스라엘 백성인 우리 크리스천들은 결정된 미래를 오늘에 살고 있는 자들이라 할 수 있다(cf. 고전 7:29이하).

두 번째 청원은 "우리가 우리에게 빚진 자들을 용서한 것 같이 우리가 갚아야 할 것들/죄들을 사하여 주소서"이다. 성경에서는 종종 죄를 갚아야 할 빚으로 표현한다. 또한 '죄'를 빚으로 표현하고 있는 것은 추상적이고도 개념적인 죄(cf. 눅 11:4 [죄/ἁμαρτία])가 아니라 구체적인 용서의 행위를 필요로 하는 실제적인 과실이나 잘못을 의도하고 있다. 즉 죄는 하나님이나 사람들에게 행한 잘못이나 과실로서, 죄 용서는 잘못과 과실에 대한 대가를 지불할 것을 전제한다. 이것은 여기서 죄가 하나님의 종말론적인 공동체가 실존적으로 직면하고 다루어야할 실제적인 문제임을 암시한다. 이 청원에 대한 보충적이면서도 보다 강조된 설명이 14-15 절에 나타난다. 여기서 빚은 명시적으로 '죄/παραπτώμα'로 표현되고 있다.

문제는 우리의 용서와 하나님의 용서 사이의 관계이다. 하나님의 용서는 우리의 용서를 조건으로 하고 있다는 뜻인가? 이 관계는 두 가지 관점에서 이해할 필요가 있다. 첫째로 공동체적인 관점이다. 즉 하나님의 종말론적인 공동체는 하나님의 용서를 경험한 자들의 모임으로서 공동체 구성원들 간의 용서를 근본적인 성격으로 하는 '용서의 공동체'라는 것을 뜻한다. 이것은 우선 순위의 문제라기보다는 하나님 나라의 '이미와 아직' 사이에 사는 종말론적인 공동체로서 하나님의 용서와 구성원들 간의 용서를 근본 특성으로 하는 공동체라는 뜻이다. 둘째로 종말론적인 관점이다. 하나님 나라의 "이미와 아직" 사이에 사는 하나님의 종말론적인 공동체의 삶에서, 하나님의 나라가 온전히 드러날 때에 경험하게 될 하나님의 완전한 죄 용서는, 하나님의 공동체의 구성원들 간의 구체적인 죄 용서의 행위(cf. ἀφήκαμεν[과거시제의 직설법 동사 사용)를 통해 경험되는 구체적인 하나님의 죄 용서(cf. ἄφες [과거시제의 명령법 사용-특정한 경우의 행동과 관련된 명령들)의 형태로 지금 여기서 미리 경험하거나 맛볼 수 있다는 것을 의미한다.

세 번째 청원과 네 번째 청원은 사실상 하나의 청원에 대한 소극적/부정적인 표현과 적극적/긍정적인 표현으로 취급할 수 있다. 즉 "우리를 시험으로 이끌지 마소서"와 "그러나 우리를 악으로부터 구하여 주소서"는 구문상 그리고 의미상 분명 하나의 청원을 뜻하고 있다는 것이다. 먼저 '시험'으로 번역되고 있는 πειρασμός는 유혹(temptation) 혹은 시련/시험(testing)의 의미를 지닌다. 그런데 시험을 이끄는 주체는 하늘의 아버지로 되어 있으며(cf. εἰσενέγκῃς[2인칭]), 하나님은 그의 자녀들을 연단키 위해 시련을 허용할 수는 있어도 죄에 빠지도록 유혹하시지 않기에(cf. 약 1:13) 여기서 πειρασμός는 시련 혹은 시험으로 번역되는 것이 타당하다. 무엇보다도 이러한 시련은 하나님의 나라/다스림이 이미 이 땅에 도래했지만, 아직 온전한 형태로 드러나지 않았기에 하나님의 백성과 자녀들은 하나님의 나라와 그의 다스림에 대한 충절과 정절을 포기하게 되는 상황들에 직면할 수밖에 없다.

이런 점에서 시련 혹은 시험은 크리스천들이 하나님의 나라와 그의 다스림에 신실하게 반응하며 살 수 있는가를 테스트하는 상황과 경우들을 뜻한다. 이런 의미에서 이 청원은 우리가 지속적으로 하나님의 다스림에 대한 배도나 불신 또는 회의에 이르지 않게 해달라고 기도할 것을 가르치고 있는 것이다. 물론, 종말론적인 관점에서 볼 때, 메시아 시대의 출현을 앞서 극심한 환난과 시련의 때가 필연적으로 있을 것이라는 당시의 공통의 기대가 있었기에 세상의 종말에 나타날 마지막 대환난이란 시험을 배제하지는 않지만, 이미 시작된 메시아 시대와 이 시대의 완성을 기다리며 사는 종말론적인 공동체인 우리들은 이 사이 기간 중에 현재적으로 직면하는 배도와 불신의 상황에서 신실할 것을 청원하는 것으로 보는 것이 타당해보인다(cf. πειρασμός가 관사 없이 사용됨).

이러한 배도와 불신의 상황에 빠지지 않게 해달라는 소극적인 청원은 보다 적극적인 청원으로 이어진다. 즉 "악으로부터 구출해주소서"라는 청원이다. 먼저 주목할 점은 '구출해주소서'라는 의미의 헬라어 단어(ῥῦσαι)는 과거 명령법으로 특정한 구출의 행위를 염두에 두고 있다는 점이다. 이미와 아직 사이에 사는 하나님의 백성들의 시련은 하나님의 구체적인 구출을 필요로 한다는 점을 뜻한다. 두 번째로 주목할 점은 "악으로부터"라는 표현이다. 여기서 '악'은 관사를 동반함으로써(οὐ πονηροῦ), 하나님의 나라/다스림에 대한 우리의 배도와 불신의 배후에 사탄이 있음을 암시한다(cf. 마 5:37, 13:19, 38). 물론, 사탄의 현현들이 악을 지칭할 수도 있다. 그러나 "이미와 아직"이라는 종말론적인 구도에 비추어 볼 때 사탄과 악의 구분은 별 의미가 없다고 할 수 있다.

이 시점에서 하나님의 시련 허용과 사탄의 역사의 관계를 간략하게라도 주목할 필요가 있다. 하나님은 그의 백성들의 신실함을 테스트하신다. 이스라엘의 광야 경험이 그러했고(오직 신실한 자들인 여호수아와 갈렙만이 가나안 땅에 들어감), 예수님의 광야 시험이 그러했다(마 4:1. 성령에 이끌리어 예수가 신실한 이스라엘인가는 테스트하기 위해 광야로 나가 마귀에 의해 유혹을 받는다). 욥이 하나님에 대한 경외의 온전성(integrity)을 테스트받기 위해서 마귀에 의해서 시험을 받는다. 하나님은 자신의 백성들의 신실함을 테스트하시기 위해 우리에게 환난과 시련을 허용하신다. 그리고 이 시련의 실행자는 사탄과 그에 속한 악의 세력들이다.

그러나 반드시 주목할 점은 하나님의 종말론적인 백성인 우리는 이미 성취된 하나님의 나라/다스림과 아직 완성을 향해 나아가는 하나님의 나라/다스림 사이에 사는 자들, 보다 중요하게는 이 나라/다스림의 현재적인 증거이자 표징이며 미래의 보장이자 보증인 성령의 오심과 내

주하심을 경험하는 자들로서, 하나님이 허용하셔서 사탄을 통해 이루어지는 배도와 불신의 상황들을 이겨낼 수 있는 것이다.

II 마태복음 16:13-20

성경 본문의 해석이나 이해는 기본적으로 본문 자체의 구조나 구성 형태를 파악함으로써 이루어진다. 다시 말해, 본문의 저자는 글로 표현된 문헌(written text)인 본문을 저작함으로 자신의 의도를 드러내는데, 이 때 저자는 자신의 의도를 가장 정확하고도 효과적으로 드러내기 위해 본문을 특정한 구조와 구성의 형태로 저작한다. '구조'라 함은 본문의 가장 의미 있는 기본 단위인 문장들을 특정한 방식으로 배열(structural arrangement)하는 것을 가리키며 '구성'은 문장들을 특정한 방식으로 배치(literary placement)하는 것을 가리킨다. 본문의 문장들의 이러한 배열과 배치 상태를 파악하는 것이 저자의 의도를 객관적으로 파악하는 첩경이라 할 수 있다. 이런 점에서 먼저 마태복음 16:13-20의 구조와 구성 형태를 살펴보고자 한다.

1. 본문의 구문서열화/ 문장흐름도

헬라어 본문

13 Ἐλθὼν δὲ ὁ Ἰησοῦς εἰς τὰ μέρη Καισαρείας τῆς Φιλίππου

ἠρώτα τοὺς μαθητὰς αὐτοῦ λέγων·

τίνα λέγουσιν οἱ ἄνθρωποι εἶναι τὸν υἱὸν τοῦ ἀνθρώπου;

14 οἱ δὲ *εἶπαν*·

οἱ μὲν Ἰωάννην τὸν βαπτιστήν, ἄλλοι δὲ Ἠλίαν,

ἕτεροι δὲ Ἰερεμίαν ἢ ἕνα τῶν προφητῶν.

15 *λέγει* αὐτοῖς·

ὑμεῖς δὲ τίνα με λέγετε εἶναι;

16 ἀποκριθεὶς

δὲ Σίμων Πέτρος *εἶπεν*·

σὺ εἶ ὁ χριστὸς ὁ υἱὸς τοῦ θεοῦ τοῦ ζῶντος.

17 ἀποκριθεὶς

δὲ ὁ Ἰησοῦς εἶπεν αὐτῷ·

μακάριος εἶ, Σίμων Βαριωνᾶ,

ὅτι σὰρξ καὶ αἷμα οὐκ ἀπεκάλυψέν σοι

ἀλλ᾽ ὁ πατήρ μου ὁ ἐν τοῖς οὐρανοῖς .

18 κἀγὼ δέ σοι λέγω

ὅτι σὺ εἶ Πέτρος,

καὶ ἐπὶ ταύτῃ τῇ πέτρᾳ *οἰκοδομήσω* μου τὴν ἐκκλησίαν

καὶ πύλαι ᾅδου οὐ κατισχύσουσιν αὐτῆς .

19 *δώσω* σοι τὰς κλεῖδας τῆς βασιλείας τῶν οὐρανῶν,

καὶ ὃ ἐὰν δήσῃς ἐπὶ τῆς γῆς ἔσται δεδεμένον

καὶ ὃ ἐὰν δήσῃς ἐπὶ τῆς γῆς ἔσται δεδεμένον

ἐν τοῖς οὐρανοῖς,

καὶ ὃ ἐὰν λύσῃς ἐπὶ τῆς γῆς ἔσται λελυμένον

ἐν τοῖς οὐρανοῖς,

20 τότε *διεστείλατο* τοῖς μαθηταῖς

ἵνα μηδενὶ εἴπωσιν ὅτι αὐτός ἐστιν ὁ χριστός.

한글사역

13 빌립보의 가이사랴 지역으로 가시면서(Ἐλθὼν)

예수께서 그의 **제자들에게** ***물어***(ἠρώτα) 말씀하기를(λέγων·)

사람들은 인자를 누구라 말하느냐' 하시더라.

14 이에 그들이 ***이르기를***(εἶπαν)

'어떤 이들은 세례 요한이라고, 다른 이들은 엘리야라고,

또 다른 이들은 예레미야 혹은 선지자들 중 하나라고 합니다'라고 하더라.

15 예수께서 그들에게 ***말씀하기를***(λέγει)

'그렇다면 너희들은 나를 누구라 말하느냐' 하시더라.

16 대답하여(ἀποκριθεὶς)

시몬 베드로가 ***이르기를***(εἶπεν)

'당신은 살아 계신 하나님의 아들로서의 그리스도이십니다' 하더라.

17 대답하여(ἀποκριθεὶς)

예수께서 그에게 ***이르시기를***(εἶπεν)

'바요나 시몬아 네가 복이 있도다!

이는 혈과 육(σὰρξ καὶ αἷμα)이 네게 [이를] 알게 한 것이 아니라

하늘에 계신 나의 아버지께서 [알게 한 것이기] 때문이라' 하시니라.

18 '또한 내가 네게 ***말하니***(λέγω)

너는 베드로라,

그러므로(and then) 이 반석 위에 교회를 세울 것이요

그래서(and so) 음부의 문들이 교회를 이기지 못할 것이라.

19 내가 너에게 천국의 열쇠를 줄 것이니,

네가 땅에서 묶는 무엇이든 하늘에서 묶여 있을 것이요 또한

네가 땅에 푸는 무엇이든 하늘에서 풀려 있을 것이라' 하더라.

20 그 때에 예수께서 **제자들에게** ***명하시기를***(διεστείλατο)

아무에게도 그들이 그가 그리스도라고 말하지 말라 하시더라.

2. 본문의 구조와 구성 설명

이상의 구문서열화/문장흐름도가 보여주듯이 본문의 큰 틀은 제자들에 대한 예수의 질문인 '인자가 누구인가?'라는 문제 제기로 시작해서(13절) '그 자신이 그리스도이다'라는 점을 아무에게도 말하지 말라는 예수의 명령으로 끝맺는(20절) 수미상관 구조이다.[136] 이것은 비록 예수와 베드로 사이의 대화가 본문의 핵심적인 역할을 하지만, 사실상 인자가 누구인가라는 예수의 정체성의 문제는 모든 제자들과 관련된 중요한 것임을 암시한다. 이러한 수미상관 구조 안에서 중요한 국면전환이 일어나는데 이 전환은 '인자가 누구인가?'에 대한 제자들 자신의 견해를 묻는 예

136 이러한 큰 틀은 이상의 구문서열화에서 13절과 20절이 동일한 정도로 들여쓰기가 가장 덜 되어 있는 형태와 예수께서 '제자들에게' 물어 말씀하셨다는 것과 명령하셨다는 점을 통해 잘 드러난다.

수의 질문과 이에 대해 제자들을 대표한 베드로의 대답으로 이루어져 있다(14-16절). 이후 베드로의 대답은 예수의 대답으로 이어지는데 여기에는 예수의 두 번에 걸친 말씀이 담겨 있다(17절과 18-19절). 첫 번째 말씀은 베드로의 대답을 통해 볼 때 베드로가 복되다는 것이고 두 번째 말씀은 베드로로 대변되는 반석 위에 교회를 세울 것이라는 것과 베드로에게 천국의 열쇠를 줄 것이라는 말씀이다.

본문의 이러한 구조 즉 제자들 모두에게 주어진 시작 부분의 인자가 누구인가라는 질문(A)과 끝 부분의 인자가 그리스도라는 점에 관한 경고(A'), 그리고 이들 사이에 놓여 있는 베드로의 대답과 예수의 이어지는 말씀(B)이라는 삼중적인 구조는 두 가지 중요한 암시를 지닌다고 할 수 있다. 첫째로 A-B-A'의 가운데 부분인 B가 본문의 핵심이며 이것은 A와 A' 모두를 아우르고 있다는 점이다. 둘째로 핵심 부분인 B는 왜 A'의 경고가 주어졌는지에 대한 암시적 해답을 주고 있다는 점이다.

또한 이러한 본문의 구조는 본문이 13절, 14-16절, 17-19절, 20절로 구분될 수 있음을 암시하며,[137] 보다 중요하게는 B에 해당되는 14-16절과 17-19절이 의미론적으로 매우 밀접하게 서로 연계되어 있음을 보여준다. 즉 16절의 "주는 살아계신 하나님의 아들 그리스도이십니다"라는 베드로의 고백에서 17절의 예수의 '복되다'는 말씀과 복됨의 이유로 고백이 하나님께로부터 기인한 것이라는 말씀이 나왔고 17절의 연장선상에서 18-19절의 '교회와 천국 열쇠'에 관한 말씀이 나왔다는 뜻이다.

---

137 Donald Hagner는 이 단락이 아주 세심하게 구성되어 있다고 주장하면서 다음과 같은 본문의 개요를 제시하고 있다. (1) 세팅과 첫 번째 질문 (13절); (2) 질문에 대한 대답(14절); (3) 제자들에게 주어진 질문(15절); (4) 질문에 대한 베드로의 대답(16절); (5) 대답에 대한 예수의 확언(17절); (6) 베드로에 주어진 위임명령(18-19절); (7) 침묵 명령(20절)(cf. D. H. Hagner, Matthew 14-28. WBC 33B [Word Books, 1995], 464). 이러한 개요는 본문에 대한 구문론적인 분석의 일환으로 저자의 의미론적(semantical) 혹은 수사적인(rhetorical) 본문 구성을 파악하는 데는 내재적인 한계가 있다고 생각된다.

구체적으로 말해 본문은 전체적으로 "살아계신 하나님의 아들 그리스도"라는 예수의 정체성은 하나님의 계시에 기인한 것이며 동시에 이 정체성으로부터 베드로에게 '교회가 세워지고 천국의 열쇠가 주어지고 있다'는 점을 강력하게 암시하고 있다는 뜻이다. 이 둘 사이에는 의미론적인 일치 혹은 연관 관계가 있음이 분명하다. 이제 본문을 이상의 개요상의 구분을 토대로 네 부분으로 나누어 간략히 살펴보고 19절을 중심으로 교회 사역의 본질을 생각해볼 것이다.

3. 본문의 소-단락별 해석

1) 13절

13절은 마태복음의 전체 구성에서 예수의 갈릴리 사역과 예루살렘 사역의 중간 부분에 해당하는 16:13-20:34이 시작되는 구절이다.[138] 더 정

---

138 마태복음의 경우 예수의 갈릴리 사역이 어디서 끝나고 예루살렘을 향한 중간 여정에 관한 부분이 어디에서 시작되는지에 학문적인 논쟁이 존재한다. J. D. Kingsbury는 "Aπò τότε ἤρξατο ὁ Ἰησοῦς/그 때로부터 예수께서 시작하셨다"는 표현이 4:17과 16:21에 나타난다는 사실에 주목하며 이 표현은 예수 사역에서 특정한 기간의 시작을 알리는 역할을 한다고 주장한다(J. Kingsbury, Matthew: *Structure, Christology, Kingdom* [Fortress, 1975], 8이하). 이런 점에서 Kingsbury는 4:17-16:20은 마태복음의 두 번째 주요한 문학적 단위로서 메시아 예수의 선포를 담고 있으며 16:21-28:20은 마태복음의 세 번째 주요한 문학적 단위로서 메시아 예수의 고난과 죽음 그리고 부활을 다루고 있다고 본다(ibid., 17과 21). D. Hagner 역시 4:17-16:20을 예수의 갈릴리 사역에 대한 기술로 보아서 본문 마 16:13-20을 갈릴리 사역의 절정으로 이해한다(cf. *Matthew 14-28* , 463). W. Swartley는 4:17-16:20이 마태복음의 갈릴리 섹션으로 보다 설득력이 있어 보이지만 4:12-16이 담고 있는 갈릴리에 대한 이중적 강조와 16:13의 가이사랴 빌립보에 대한 언급이 예수의 사역이 갈릴리를 분명 넘어선 것임을 암시한다는 점에서 4:12-16:12을 갈릴리 섹션으로 보고 16:13-20:34을 마태의 중간 부분으로 이해한다(cf. 윌라드 스워틀리, 『이스라엘의 성경전승과 공관복음서: 신구약의 성경신학적 관점』, 류호영 역 [도서출판 대서, 2010], 121-122; 219). 보다 중요하게 스워틀리는 마태의 중간부분이 이스라엘의 신앙 전승의 일환인 광야-정복 전승 혹은 신앙이 미친 구성적 영향 하에 놓여 있다고 주장한다. 공관복음서에 대한 이러한 성경-신학적인 이해는 복음서 이

확히 말하자면 본문은 예수께서 갈릴리 사역을 마치시고 예루살렘으로 향하시면서 갈릴리 바다에서 30km 정도 북쪽에 위치한 헬몬산의 산기슭에 있는 빌립보 지방에 이르러 일어난 일을 다루고 있다는 점에서 갈릴리 사역에서 예루살렘 사역으로 넘어가는 전환점에 놓여 있다고 할 수 있다. 이런 점에서 본문은 갈릴리 사역의 절정이며[139] 동시에 예루살렘 사역에 대한 초석이라 할 수 있다. 달리 표현하자면 본문은 갈릴리에서 하나님의 종말론적인 구속적 사역과 말씀들을 충분히 보고 듣고 경험한 자들이라면 이제 예수가 누구인가에 대한 바른 이해를 가져야 한다는 것과, 예루살렘의 사역은 바로 이러한 하나님의 종말론적인 구속 사역을 실제적으로 이루시는 일이라는 것을 보여주는 이중적인 역할을 한다는 뜻이다.

특별히 예수의 갈릴리 사역-중간 사역-예루살렘 사역을 구약의 이스라엘의 출애굽-광야/정복-성전/왕권 신앙 전승과의 유비관계에서 볼 수 있다면,[140] 예수의 갈릴리 사역은 이스라엘의 출애굽으로 대변되는 하나님의 구속적 행위의 종말론적 성취의 사역이며, 중간 사역은 이스라엘의 광야 여정과 가나안 정복으로 대변되는 하나님의 이스라엘 백성과의 순례의 종말론적인 성취이고, 예수의 예루살렘 사역은 이스라엘의 성전과 왕권의 구현으로 대변되는 하나님의 임재와 다스림의 종말론적인 성취로 볼 수 있을 것이다. 이런 맥락에서 볼 때 예수는 갈릴리 사역을 통해 사탄과 죄의 속박으로부터 인류를 구속하는 하나님 나라의 복음을 선포하셨고, 이제 본문에 이르러 예루살렘 사역을 향한 중간 여

해에 매우 의미 있고도 중요한 요소임이 분명하다.

139 cf. D. Hagner, Matthew 14-28 , 463.

140 이러한 구약의 신앙 전승들이 공관복음서에 미친 구성적 역할에 대한 보다 자세한 설명을 위해 다음을 보라. 윌라드 스워틀리, 『이스라엘의 성경전승과 공관복음서: 신구약의 성경신학적 관점』 류호영 역 (서울: 도서출판 대서, 2010).

정을 시작하면서 갈릴리 사역을 통해 선포된 하나님의 나라에 대한 제자들의 불신과 씨름하시게 되면서 먼저 제자들에게 자신이 누구인가를 분명히 하기를 원하신다고 할 수 있다.

2) 14-16절: 베드로의 고백과 그 의미

이 부분은 13절의 제자들에 대한 예수의 질문인 "사람들이 인자를 누구라 말하느냐?"에 대한 제자들의 대답(14절)과 이어지는 "너희들은 나를 누구라고 말하느냐?"라는 예수의 두 번째 질문(15절), 이에 대해 "당신은 살아계신 하나님의 아들 그리스도이십니다"라는 베드로의 대답으로 이루어져 있다.

14절에서 사람들의 대답 가운데 열거되는 인물들은 모두 구약 혹은 중간기 문헌에서 종말의 도래와 함께 나타날 자(cf. 말 3:1, 4:5; 제 2 마카비서 15:13-16; 제 2 에스드라서 2:18; 막 9:11-12. 특히 막 9:7의 하늘의 음성 "… 너희는 저를 들으라"가 신 18:15의 "나와 같은 선지자 … 너희는 그를 들을지라"와 연계되어 있음을 주목) 와 관계되어 있다. 물론, 이 인물들은 모두 약속된 자 자신이 아니라 이 분의 선구자 혹은 전령자로 묘사되고 있음을 주목할 만하다.[141]

보다 중요한 사실은 15절에 예수의 두 번째 질문과 13절의 예수의 첫 번째 질문 사이의 평행관계이다. 13절의 예수의 질문은 "인자를 사람들은 누구라고 말하느냐?/τίνα λέγουσιν οἱ ἄνθρωποι εἶναι τὸν υἱὸν τοῦ ἀνθρώπου;"란 형태를 띠는데 15절의 질문은 "너희들은 나를 누구라고 말하느냐?/ὑμεῖς δὲ τίνα με λέγετε εἶναι;"란 형태를 띠고 있다. 언어적 그리고 구문론적 측면에서 두 질문은 매우 유사하다. 특별히 이러한 유사

---

141 cf. D. Hagner, *Matthew 14-28* , 467.

점은 13절의 '인자'가 15절의 '나'라는 점을 분명히 하고 있다.[142] 보다 중요한 점은 두 번째 질문의 헬라어 구문에 따르면 'ὑμεῖς'가 문장 서두에 나오고 있다는 점이다. 이것은 ὑμεῖς가 강조되고 있다는 뜻이고 더욱이 동사 λέγετε의 주어를 따로 ὑμεῖς라고 명기함으로써 이러한 강조가 배가 되고 있다. 그렇다면 두 번에 걸친 예수의 질문의 초점은 다른 사람들이 아니라 바로 제자들이 나를 누구라고 생각하는가에 있다 할 수 있다.[143]

16절은 예수의 이러한 질문에 대한 베드로의 대답을 담고 있다. 물론, 베드로는 개인으로서 대답하는 것이 아니라 제자들을 대변하여 답을 하고 있다(cf. 15:15, 19:27). 베드로는 "예수님 당신은 살아계신 하나님의 아들 그리스도입니다"라고 고백한다(cf. 마 26:63; 막 14:61). 기본적으로 이 고백은 14절에 열거된 사람들의 견해와 대비된다. 즉 앞서 지적했듯이 사람들의 견해는 기본적으로 종말의 도래와 함께 나타날 자로서 약속된 메시아/그리스도의 전령자 혹은 선구자를 암시하고 있는데 반해, 베드로의 고백은 직접적으로 이 메시아/그리스도를 언급하고 있기 때문이다.

베드로의 고백에는 단순히 '예수가 그리스도'라는 언급만이 아니라 뒤에 '살아계신 하나님의 아들'이란 표현이 담겨 있다. 헬라어 원문에는 베드로의 고백이 "σὺ εἶ ὁ χριστὸς ὁ υἱὸς τοῦ θεοῦ τοῦ ζῶντος."라고 되어 있다. 한글 개역개정은 이 문장을 "주는 그리스도시요 살아계신 하나님의 아들입니다"라고 번역하고 있다. 즉 예수는 그리스도이며 동시에 하나님의 아들이란 뜻이며 이 두 표현 사이의 관계가 동격임을 상정하고

142 이에 반해 R. Gundry는 마태가 평행절인 막 8:27의 "τίνα με λέγουσιν οἱ ἄνθρωποιεἶναι;"란 질문에서 'με'를 삭제하고 대신 8:31에 나오는 'τὸν υἱὸν του/ ἀνθρώπου'란 표현을 집어넣음으로써 자신의 관심을 예수의 정체성에서 인자의 정체성으로 바꾸었고 이를 통해 예수의 정체성이 아니라 그리스도의 정체성 즉 하나님의 아들로서의 그리스도란 정의에 강조를 두고 있다고 주장한다(R. Gundry, Matthew: A Commentary on His Literary and Theological Art , [Eerdmans, 1982], 329).

143 cf. D. Hagner, *Matthew 14-28*, 468.

있는 듯하다.[144] 현대의 대부분의 영어 번역 성경들도 개역개정의 번역과 비슷하게 번역하면서 '그리스도'와 '하나님의 아들'이란 두 표현 사이에 쉼표를 넣어서 이러한 동격의 관계를 더욱 분명히 하고 있다.[145]

물론, 여기서 문법적으로 동격이라는 말이 반드시 '그리스도'와 '하나님의 아들'이란 두 표현이 독립적으로 사용되어 예수의 정체성을 개별적으로 밝혀주고 있다는 것을 뜻하지는 않을 것이다. 두 단어가 문법적으로 동격일지라도 대개의 경우는 두 번째 단어는 첫 번째 단어가 규정하고 있는 기본적 혹은 근본적인 의미 이외에 부가적인 정보를 제공하고 있거나 때때로 두 단어가 상호간에 보완적인 역할을 함으로써 두 단어가 함께 규정하는 의미를 보다 분명하게 하거나 풍부하게 하는 경우도 있다. 이러한 역할을 하는 동격으로 표현된 두 단어의 관계를 비-제한적 용법의 동격(non-restrictive apposition)이라 부른다. 아마 이런 의미에서 대부분의 한글 번역 성경들이나 영어 번역 성경들이 "예수가 그리스도시며 살아계신 하나님의 아들이다/ "You are the Christ, the Son of the living God."라고 표현하고 있는 듯하다.

그러나 문법적으로 동격의 두 단어의 관계를 달리 해석할 수 있는 방식이 존재한다. 즉 두 번째 단어가 첫 번째 단어를 수식하거나 한정하는 역할로 해석하는 경우이다. 이 역할은 문법적으로 제한적 용법의 동격(restrictive apposition)이라고 부르는데 그 뜻은 동격으로 표현된 두 단어

---

144 한글 번역 성경들 중에서 현대인의 성경은 개역개정과 마찬가지로 "… 그리스도시며 살아계신 하나님의 아들이십니다"라고 번역하고 있다. 흥미롭게도 개역개정과 현대인의 성경을 제외한 많은 한글 번역 성경들은 개역개정과 현대인의 성경과 달리 "… 살아 계신 하나님의 아들 그리스도십니다."라고 번역하고 있지만(cf. 표준새번역, 새번역, 공동번역) 여전히 '하나님의 아들'과 '그리스도' 사이의 정확한 관계가 무엇인지가 분명치 않아 보인다.

145 cf. KJV ("Thou art the Christ, the Son of the living God"); NIV("You are the Christ, the Son of the living God"); NLT("You are the Messiah, the Son of the living God"); NASB("You are the Christ, the Son of the living God").

중에서 첫 번째 단어가 규명하는 바는 언어적으로 두 번째 단어가 제공하는 한정 혹은 제한을 통해서만 이루어질 수 있다는 것이다.[146] 이것을 동격으로 표현된 두 단어인 '그리스도'와 '하나님의 아들'에 적용하자면, 예수가 그리스도라는 정체성에 대한 규명은 예수가 하나님의 아들이라는 규명을 통해서 한정되고 있고 이러한 한정을 통해서만 예수가 그리스도라는 의미의 참 뜻이 드러날 수 있다는 것이다.

이러한 이해에 따르면 베드로의 고백은 예수가 그리스도라는 사실과 동시에 예수가 하나님의 아들이라는 두 개의 별도의 정체성을 갖고 있지 않다. 예수가 그리스도라는 의미는 너무 일반적이고 막연하기에 예수의 정체성을 나타내는 데는 별 의미가 없다는 뜻이다. 하나님의 아들이라는 한정적 혹은 제한적 표현을 통해 그리스도라는 의미가 구체화될 때 비로소 예수의 참다운 정체성이 드러나게 된다는 뜻이다. 쉽게 표현하자면 그리스도는 이름, 하나님의 아들은 성과 같다. 그리스도는 일종의 일반보통명사의 역할을 하며 하나님의 아들은 메시아를 수식하거나 한정하는 고유명사의 역할을 한다. 보다 쉽게 말하자면 철수라는 이름의 사람이 있는데 이 사람이 정확히 누구인가는 그 사람이 '김'이란 성을 가졌는가 아니면 '이'라는 성을 가졌는가에 의해 알 수 있다는 뜻이

146 R. Quirk와 S. Greenbaum은 동격(apposition)을 설명하면서 동격을 비-제한적 용법(non-restrictive use)과 제한적 용법(restrictive use)으로 구분하여 비-제한적 용법의 경우 두 번째 단어는 첫 번째 단어가 이미 규명한 대상을 규명함에 있어서 본질적이지 않은 부가적 혹은 설명적인 정보를 제공하며 문헌의 경우 이러한 용법은 쉼표와 같은 구두점으로 표현된다고 주장한다. 이에 반해 제한적 용법의 경우 첫 번째 단어의 규명은 언어적으로 두 번째 단어가 제공하는 수정 혹은 한정을 통해서만이 이루어질 수 있다. 이 두 용법에 대한 예증을 위해서, R. Quirk과 S. Greenbaum은 다음과 같은 예를 제시하고 있다(R. Quirk and S. Greenbaum, *A University Grammar of English* [Longman, 1973], §§ 9.45-48; 13.3.).
비-제한적 용법의 동격: "Mr. Campbell, the lawyer, was here last night."
제한적 용법의 동격: "Mr. Campbell the lawyer was here last night."
(우리가 알고 있는 그 어떤 다른 캠벨씨가 아니라 변호사인 캠벨씨를 의미함)

다. 이런 점에서 베드로의 고백은 예수가 그리스도는 그리스도인데 어떤 그리스도냐, 즉 다윗의 아들 그리스도(Christ the Son of David)인가 아니면 하나님의 아들 그리스도(Christ the Son of God)인가 하는 중요성을 내포하고 있다 할 수 있다.

조엘 마커스에 따르면 이러한 메시아의 제한적 용법이 비록 시기상으로는 신약 시대를 뒤서지만, 동일한 구약 성경의 해석 전통에 서 있는 랍비문헌들에서는 분명한 용례를 보인다고 한다. 예를 들어 *B. Sukkah* 52a는 한 랍비의 가르침을 담고 있는데 랍비의 가르침에 따르면 거룩하신 분이 'The Messiah the son of David'에게 요청하는 것은 무엇이든 줄 것이라는 말씀을 한다. 그 후에 'The Messiah the son of David'이 'The Messiah the son of Joseph'이 죽임당하는 것을 보게 되면서 거룩한 분에게 오직 생명의 선물을 달라고 요청하고 있다. 이 용례는 랍비문헌들에서 'Messiah'는 메시아가 누구 계열인가를 분명히 하고자 한정어인 'Son-of-X'라는 수식어를 통해보다 정확한 의미가 드러날 수 있다는 것을 분명히 보여주는 중요한 예라 할 수 있다.[147]

이러한 용례의 중요한 사례가 신약 시대 이전 혹은 동시대적인 쿰란 공동체의 사해사본들에서도 발견된다. 쿰란공동체의 문헌들은 'Messiah-Son-of-X'라는 공식어구의 실제적인 증거들을 제공하고 있는데 "The Messiahs of Aaron and of Israel"(cf. CD12:23-13:1, 14:19; 1QS9:11, 1QSa2:11-22) 이 구체적인 표현들 중 하나이다. 보다 중요한 사실은, 조셉 피츠마이어의 연구에 따르면 4QTestimonia는 'the prophet, a political Messiah'와 'a priestly Messiah'를 언급하고 있는데 이것은 'The Messiahs of Aaron and Israel'이 각기 제사장 계열의 메시아와 정치적

147 Joel Marcus, "Mark 14:61: 'Are You The Messiah-Son-Of-God?'," *Novum Testamentum 31* (1989), 131.

인 다윗 계열의 메시아를 가리키고 있다는 것을 의미한다는 점이다.[148] 물론, 이 표현들에는 'son'이란 용어가 나타나지 않지만 마커스에 따르면 고대 히브리어의 단어 생략(an ellipsis)이란 문법적 관행을 고려할 때 이 표현들에는 모두 'son'이 생략되어 있음을 쉽게 추론할 수 있고, 이 경우 이 표현들은 'Messiah-Son-of-X'라는 공식 어구의 일환으로 정확한 표현은 각각 "The Messiah-Son of-Aaron"과 "The Messiah-Son-of-Israel"이라 할 수 있다.[149]

이러한 성경 외적 문헌들의 용례를 볼 때 본문에서 '그리스도'가 '하나님의 아들'에 의해서 수식을 받아 '그리스도'의 의미가 한정되거나 제한받고 있다라고 해석할 만한 충분한 근거가 있음이 분명하다. 이러한 용례는 또한 성경 내적인 증거를 갖고 있다. 먼저 누가복음 22:67-71에 따르면 유대 지도자들은 먼저 예수가 그리스도인지를 묻는다("εἰ σὺ εἶ ὁ χριστός, εἰπὸν ἡμῖν./네가 그리스도인지를 우리에게 말하라" 67절). 이에 대해 예수는 명시적으로 답하는 대신에 "ἐὰν ὑμῖν εἴπω, οὐ μὴ πιστεύσητε·/비록 내가 너희에게 말한다고 해도 너희는 결코 믿지 않을 것이라"고 말씀하신다. 그리고 곧 이어 예수는 시편 110:1을 인용하여 자신이 하나님의 권능의 우편에 앉게 될 것이라고 말씀하신다(cf. 69절). 이에 유대 지도자들이 다시 묻는다. "σὺ οὖν εἶ ὁ υἱὸς τοῦ θεοῦ;/그렇다면 네가 하나님의 아들이냐?" 여기서 접속사 οὖν을 주목할 필요가 있다. 이 표현은 유대 지도자들의 질문이 앞서 69절에서 예수께서 장차 하나님의 우편에 앉게 될 것

148 Joseph Fitzmyer는 쿰란의 메시아사상(messianism)을 설명하면서 하스모니아 왕조 시대의 쿰란 문헌들에서는 쿰란 공동체와 동일시 될 수 있는 메시아 대망사상이 완전히 꽃을 피게 되는데 이것은 "the advent of a Prophet and of the Messiahs of Aaron and Israel"(1QS 9:11)이란 표현을 통해 알 수 있다고 주장한다. 이에 대한 보다 자세한 설명을 위해 다음을 보라. J. Fitzmyer, *The Semetic Background of the New Testament* (Eerdmans, 1997), 129-133.

149 cf. J. Marcus, "Mark 14:61," 132.

이라는 대답에서 추론된 것임을 보여주는 추론적 접사(inferential particle)이다.[150] 이 질문에 대해 예수는 명백하게 자신이 하나님의 아들이라고 말씀하신다.

이상의 질문과 대답의 전체적인 흐름을 통해 볼 때 유대 지도자들은 최초에 그리스도에 관한 질문과 대답에서 예수의 정죄에 대한 확증을 얻지 못한 것이 분명하다. 그러나 이어지는 하나님의 권능의 우편에 앉게 될 것이라는 예수의 말씀을 들으며 이들은 이것이 예수가 자신을 하나님의 아들로 여기고 있다는 판단을 하게 되어 재차 명시적으로 예수가 하나님의 아들이냐고 묻게 된다. 이에 대해 예수께서는 분명하게 자신이 하나님의 아들이라 확인하셨고 이를 통해 유대 지도자들은 더 이상의 증거가 필요 없다고 말함으로써 예수의 정죄에 대한 확증을 갖게 된 것으로 보인다. 그렇다면 누가에게는 예수가 그리스도라는 것만으로는 예수가 신성모독의 단죄를 받을 수는 없고 예수가 하나님의 아들이라는 주창이 신성모독의 죄목에 해당된다는 것을 알 수 있다.

본문과 연계하여 누가 본문의 의미를 말하자면 그리스도와 하나님의 아들은 별개의 칭호이며 최소한 그리스도의 정확한 의미는 보다 자세한 질문을 통해 규명되어야 한다는 것을 암시한다. 추론하자면 하나님의 아들은 단순히 당시에 팽배해있던 메시아사상의 일환인 다윗 계열의 메시아(The Christ/Messiah-the Son-of-David)와 동의어가 아니라는 점을 강력하게 암시한다.[151]

둘째로 이러한 누가복음의 이해는 본문이 속한 마태복음 22:41-45에 의해서도 지지를 받는다. 이 본문은 먼저 예수께서 바리새인들에게

150 *A Greek-English Lexicon of the New Testament and Other Early Christian Literature*, BAGD (Univ. of Chicago Press, 1979), 583, 1.c. α.

151 J. Marcus, "Mark 14:61," 139-140.

"너희는 그리스도에 대해 어떻게 생각하느냐? 그가 누구의 아들인가?/τί ὑμῖν δοκεῖ περὶ τοῦ χριστοῦ; τίνος υἱός ἐστιν;"라고 묻는다(42a). 이에 대해 바리새인들은 그리스도가 다윗의 아들이라고 대답한다("그들이 말하기를 '다윗의 아들이라' 하더라./λέγουσιν αὐτῷ· τοῦ Δαυίδ." 42b). 물론, 이것은 예수 당시 그리스도/메시아의 기원에 대한 질문들이 크게 회자되고 있었음을 암시한다. 이에 대해 예수께서는 시편 110:1을 인용하여 다윗이 그리스도를 주라 불렀는데 어떻게 그리스도가 다윗의 아들이 되겠는가라고 말씀하심으로써 그리스도가 다윗의 아들됨의 부적절함을 지적하신다("그러므로 다윗이 그를 주라 고 부르고 있는데, 어떻게 그가 그[다윗]의 아들이겠느냐?/ἐι οὖν Δαυὶδ καλεῖ αὐτὸν κύριον, πῶς υἱὸς αὐτοῦ ἐστιν;" 45절).[152] 여기서 중요한 것은 예수께서 자신의 정체성을 규명하시면서 시편 110:1을 인용하고 있다는 점이다.

마태복음 22:41-45은 전체적으로 다음과 같이 정교한 구성 형태를 띠고 있는데 이것을 보다 이해하기 쉽게 아래와 같이 도식화할 수 있다.[153]

---

152 여기서 예수의 말씀은 ει+직설법 동사라는 조건문의 형태를 띠고 있다. 이것은 구문론상 논리적 조건절의 일환으로 조건절이 담고 있는 가정은 사실로 간주한다. 이에 반해서 ἐὰν+가정법 동사의 조건문 형태는 예상의 조건절로서 조건절이 담고 있는 가정은 개연성을 갖지만 미결정된 것으로 간주한다(cf. 류호영, 『헬라어문법』 [기독교문서선교회, 1997], 155-156). 이 두 조건문의 차이는 앞서 인용한 바 있는 눅 22:67에서 잘 나타나 있다. "ἐι σὺ εἶ ὁ χριστός, εἰπὸν ἡμῖν. εἶπεν δὲ αὐτοῖς· ἐὰν ὑμῖν εἴπω, οὐ μὴ πιστεύσητε·" 여기서 유대지도자들의 질문의 일환인 "ἐι σὺ εἶ ὁ χριστός"은 논리적 조건절로 '예수가 그리스도'라는 점을 사실로 간주하고 있는 데 반해 예수의 말씀인 "ἐὰν ὑμῖν εἴπω,"는 예사의 조건절로 '예수가 유대지도자들에게 말한다'는 것이 개연성 있을 수는 있어도 아직 결정된 것이 아니라는 의미를 담고 있다. 이런 점에서 "ἐι οὖν Δαυὶδ καλεῖ αὐτὸν κύριον"는 NLT가 번역하고 있듯이("Since David called him Lord") '다윗이 그를 주라고 불렀는데'라고 번역하는 것이 보다 더 적절하다.

153 막 22:41-46은 정교하게 구성된 형태를 보인다. A(41-42절): 예수의 질문 (*ἐπηρώτησεν*)과 바리새인들의 대답- B(43-45절): 시 118:1을 인용한 예수의 말씀- A'(46절): 더 이상 아무도 감히 한마디도 질문하지 못함(*ἐπερωτῆσαι*). A-B-A' 구조에서 핵심에 해당되는 B는 또 다시 정교한 구성 형태를 보인다. A(43절): ***그런데 어떻게***(*πῶς οὖν*) *다윗이 그[그리스도]를 주라고 부르는가?* - B(44절): 시편 118:1 인용 (내 우편에 앉으라!) - A'(45절): *다윗이 그[그리스도]를 주라 부르고 있다.* ***그런데 어떻게***(*οὖν … πῶς*) 그가 그[다윗]의

A(41-42절): 예수의 질문(ἐπηρώτησεν)과 바리새인들의 대답

B(43절): ***그런데 어떻게***(πῶς οὖν)

다윗이 그[그리스도]를 주라고 부르는가?

C(44절): 시편 118:1 인용 (내 우편에 앉으라!)

B'(45절): *다윗이 그[그리스도]를 주라 부르고 있다.*

그런데 어떻게(οὖν … πῶς) 그가 그[다윗]의 아들인가?

A'(46절): 더 이상 아무도 감히 한마디도 질문하지 못함(ἐπερωτῆσαι).

이상의 구성 형태인 A-B-C-B'-A'의 핵심은 C에 해당하는 시편 118:1의 인용이다. 여기서 만약 단순히 예수께서 다윗이 그리스도를 주라고 불렀다는 사실을 지적하기를 원한다면 굳이 시편 118:1 전문을 인용하실 필요는 없었을 것이다. 그런데도 시편 118:1 전문을 인용하신다는 것은 단순히 자신이 다윗의 아들인 그리스도가 아니라는 점만을 지적하는 것이 아니라, 보다 구체적으로 어떤 점에서 다윗의 아들 그리스도가 아닌지를 말씀하고자 하는 의도를 담고 있다. 즉 자신은 하나님의 천상의 왕권에 참여하고 있는 자로서의 그리스도(The Christ-the Son-of-God)로서 지상의 왕권을 대변하는 다윗의 아들로서의 그리스도(The Christ-the-Son-of-David)가 아니라고 말씀하고 있는 것이다.

더욱이 시편 110편은 유대 전통의 중간기 문헌들에서 종말론석으로 해석되어 여호와의 왕권이 마지막 때에 보편적-우주적으로 경험될 실체가 될 것이라고 주장하고 있으며,[154] 시편 110편에 대한 이러한 종말

아들인가? 이 두 구성 형태를 하나로 묶어 보면 다음과 같은 형태를 띤다. A(41-42절)-B(43절)-C(44절)-B'(45절)-A'(46절). 이러한 A-B-C-B'-A'은 핵심은 시편 118:1의 인용이다.

154 cf. J. Marcus, *The Way of the Lord: Christological Exegesis of the Old Testament in the Gospel of Mark*, (Westminster/John Knox Press, 1992), 133 이하.

론적인 해석의 일단이 이미 마태에 의해 43절에서 사용되고 있는 "성령에 의해/ἐν πνεύματι"란 표현에 잘 나타나 있다. 즉 이 표현은 시편 110:1이 종말론적으로 이해되고 있음을 암시하며 이것은 여타 다른 신약 성경에서 성령의 말씀은 다가올 종말론적인 사건들에 대한 예언적 말씀으로 이해되고 있다는 점에서도 지지를 받는다.[155] 그렇다면 예수께서는 시편 110:1을 인용하심으로써 자신은 다윗의 아들로서의 메시아가 아니라 하나님의 천상의 왕권에 참여한 주시며, 이런 점에서 하나님의 아들로서의 종말론적 메시아임을 강력하게 암시하고 있다. 이런 점에서 분명 마태복음 22:41-45은 하나님의 천상의 왕권에 참여한 주로서의 그리스도(The Christ-the-Son-of-God)와 다윗의 아들로서의 그리스도(The Christ-the-Son-of-David)를 분명히 구분하고 있다 할 수 있다.[156]

하나님의 아들로서의 그리스도/메시아란 개념은 사무엘하 7:13-14("… 내가 그의 왕국을 세울 것이요 … 내가 그의 왕국의 보좌를 영원히 정착시킬 것이라. 나는 그의 아비가 되고 그는 내 아들이 될 것이라")과 시편 2:6-8에 근거한다. 특별히 시편 본문에 따르면 7절에서 여호와께서 "너는 내 아들이라"고 말씀하시며 이 아들에게 만국을 소유로 주고 만국을 철장으로 다스릴 권세를 주신다. 그런데 이 구절에 앞서 2절은 세상의 왕들과 통치자들이 여호와와 그의 기름부음 받은자(מְשִׁיחוֹ/χριστοῦ αὐτοῦ[LXX])를 대적한다고 말하고 있다. 이어서 6절은 여호와께서 '나의 왕'을 시온에 세웠다고 말하며 7절은 여호와는 칙령을 내리시며 "너는 내 아들이라"고 말씀

155 cf. E. Lohmeyer, *Das Evangelium des Marcus* (Vandenhoeck & Ruprecht, 1951), 262, J. Marcus, *The Way of the Lord*, 132-133에서 재인용됨. 성령의 말씀이 지닌 종말론적 예언의 성격에 대해서 다음을 참조하라. 행 1:16, 4:25, 히 3:7, 9:8, 10:5, 벧후 1:21, BAGD, 'πνεῦμα', 677(6c).

156 cf. D. Hay, *Glory at the Right Hand: Psalm 110 in Early Christianity* (Abingdom, 1973), 116.

하신다. 그렇다면 여기서 '너'는 앞서 6절의 '나의 왕'을 가리키며 이 '나의 왕'은 2절의 '기름부음 받은자' 곧 '메시아/그리스도'를 가리킴이 분명하다. 보다 중요한 것은 이 '메시아/그리스도'가 여호와의 천상의 왕권에 참여하며 천하만국을 다스리는 대리 통치자라는 점이다. 또한 시편 2장은 중간기 문헌들 특히 묵시론적 종말론적 전통의 문헌들에서 종말론적-메시아적으로 해석되어 하나님이 마지막 때에 사탄의 세력들과 우주적인 결전을 행하실 것에 대한 예언으로 간주되었다.[157]

여기서 2절의 '메시아'가 단순히 '하나님의 아들'이란 왕적인 신분을 지녔다는 사실을 지적하는 것으로는 부족하다. 보다 중요한 점은 여기서 '하나님의 아들로서의 메시아/그리스도'가 어떤 종류의 왕적인 다스림을 행사하는가라는 사실이다. 아마 이런 점에서 시편 2:7은 단순히 왕적 아들됨(royal sonship)을 말하는 사무엘하 7:14의 예언을 넘어서고 있다고 할 수 있다. 시편 2:7의 문맥이 말하는 하나님의 천상의 왕권에 참여한 하나님의 아들로서의 메시아의 왕권은 우주적 차원의 악한 왕적 세력들의 저항과 위협을 받고 있는 왕권이며, 동시에 궁극적으로 이들을 철장으로 깨뜨리고 질그릇같이 부술 왕권이다.[158]

마지막으로 그리스도와 하나님의 아들은 제한적 동격의 관계로서 예수의 진정한 정체성은 하나님의 아들로서의 그리스도(The Christ-the-Son-of-God)라는 점은 본문 자체에 의해서도 지지를 받는다. 본문 20절에서 예수는 제자들에게 "μηδενὶ εἴπωσιν ὅτι αὐτός ἐστιν ὁ χριστός./그들이 어느 누구에게도 그가 그리스도이심을 말하지 말라"고 명령하고 있다. 이러한 금지 명령은 공관복음 해석의 핵심 주제인 '메시아 비밀'

---

157 시편2편의 종말론적-메시아적 해석에 대한 보다 자세한 설명을 위해 다음을 보라. J. Marcus, *The Way of the Lord*, 59-66.

158 Ibid., 71-72.

혹은 예수의 정체성과 관련한 '비밀 모티프(secrecy motif)'의 핵심적 어록이다.[159] 메시아 비밀 모티프는 특별히 1970년대 W. 브레데의 마가복음의 연구의 고전적 저작인 *Messiasgeheimnis*의 영어 번역 "Messianic secret"에서 유래되었고, 이 저작의 결과로 브레데는 양식비평과 편집비평의 선구자로 자리매김하게 되었고 그의 저작은 지금까지도 공관복음서 연구에 큰 영향을 미치고 있다.[160] 브레데에 따르면 마가복음에서 예수의 정체성과 관련한 다양한 침묵 명령이나 금지 명령들은 모두 역사적 예수가 빠트리고 있는 메시아 정체성에 대한 후대 교회 공동체들의 석명으로서, 역사적 예수 자신에게서 기인한다기보다는 후대의 신학적 해석의 일환이고 이런 점에서 마가복음은 역사적 기록이라기보다는 초대교회의 신학적 저작으로 보아야 한다는 것이다.

이러한 브레데의 주장의 타당성 여부를 떠나서 분명한 사실은, 마가복음과 달리 마태복음은 메시아란 칭호를 예수에게 사용하는 데에 조심스럽거나 주저함이 없으며 특히 당시의 독자들이 이해했을 법한 의미로 자유롭게 사용하고 있다는 것이다. 물론, 마태에게 가장 중요한 기독론적 칭호는 하나님의 아들임이 분명하지만 말이다. 마태가 메시아 칭호의 사용에서 마가와의 이러한 차이는 기본적으로 마태복음의 저작 배경과 목적에 관계되어 있다. 마태복음은 주후 70년의 성전 멸망과 예루살렘 멸망에 대한 다양한 유대적 반응의 일환이다. 즉 마태의 공동체는 유대교란 틀 안에서 존재했던 집단이었으며 동시에 당시의 여타 유대적 집단들 특히 초기 랍비들의 사상과 긴장 관계 속에 놓여 있었다. 이런 역사적 맥락에서 마태의 신학적 전망은 유대 전승이 어떻게 유대-크리

159 cf. D. Hagner, *Matthew 14-28* , 474.

160 cf. Christopher Tuckett, "Introduction: The Problem of the Messianic Secret" in *The Messianic Secret*, ed. C. Tuckett (Fortress Press, 1983), 1.

스천 문맥 속에서 가장 잘 보존되어 있는가를 보여주기 위한 노력의 일환이라 할 수 있다.[161]

그럼에도 불구하고 마태는 당시의 세상의 악한 세력들을 멸망시키고 민족주의적이며 정치적인 왕국을 세우려는 동시대적인 메시아 이해와 달리 메시아를 아브라함과 다윗 언약의 성취의 관점에서 이해하고 있으며, 이러한 관점은 이미 지적했듯이 하나님의 천상의 왕권에 참여하여 그 왕권을 지상에 구현시키시는 하나님의 아들로서의 그리스도라는 베드로의 고백 가운데 잘 나타나 있다. 이런 점에서 예수께서는 제자들에게 자신이 '사람들이 이해하는 방식으로서의 메시아'라고 사람들에게 알리지 말라 명하고 있는 것이다.[162]

3) 17-20절: 베드로의 고백 위에 세워진 교회와 그 사명

17절에서 예수는 베드로의 고백에 대해 "네가 복되다/μακάριος εἶ"라고 말씀하신다. 이어서 그 이유를 다음과 같이 말한다. "육과 피가 네게 알게 한 것이 아니라 하늘에 계신 나의 아버지가 [네게 알게 한 것이라]." 여기서 베드로의 고백에 대한 예수의 두 말씀의 의미를 간단히 살펴볼 필요가 있다. 먼저 '복되다/μακάριος'는 것은 당시 헬라 문헌에서 세속적인 의미에서 행운 혹은 행복함을 뜻한다기보다는 구약의 אַשְׁרֵי-전통의 '복됨의 상태/ being blessed' 곧 하나님께로부터 기인한 복됨의 상태를 가리킨다(cf. 시 1:1). 특별히 동일한 단어가 5:3이하의 지복강화에서

161 이러한 마태복음의 저작 배경, 특히 마태 공동체와 당시 1세기 유대교와의 관계에 대한 보다 자세한 설명을 위해 다음을 보라. D. Hagner, *Matthew 1-13*, "The special situation of Matthew's community" in lxix-lxxi.

162 cf. D. Hagner, *Matthew 14-28*, 474.

집중적으로 나타나는데, 여기서 복됨의 상태는 예수 그리스도 안에서 도래한 하나님의 나라/다스림에 참여한 자들의 상태 혹은 필연적 반응의 형태가 하나님 보시기에 객관적으로 복된 상태라고 선포하고 있음을 주목할 필요가 있다. 즉 세속적이고도 주관적인 의미에서의 행복이 아니라 하나님에 의해 약속된 구원/그의 다스림을 오랫동안 기다려왔던 자들이 이제 이 구원과 하나님의 다스림을 경험하기 시작함에 따라 하나님께서 그들을 복되다고 선언하고 계신 것이다.[163]

이 점은 계속해서 예수께서 베드로의 복됨에 대한 이유를 말씀하시는 가운데서도 지지를 받는다. 예수께서는 베드로의 복됨이 육과 피에서 기인한 것이 아니라 하나님의 계시에 기인한 것이라 말씀하신다. 물론, 이 두 표현은 대조적 평행법의 일환으로써 베드로의 고백이 하나님의 계시에 연유한 것임을 강조하여 말하고 있다. 여기서 베드로의 복됨을 말하는 예수의 말씀은 단순히 복됨의 이유만을 말하는 것이라기보다는 더 중요하게 베드로의 '당신[예수]은 하나님의 천상의 왕권을 지상에 구현하시는 그리스도이십니다'라는 고백이 하나님의 계시라는 점을 밝히고 있다.

즉 이러한 '하늘의 하나님으로부터 땅의 베드로에게 주어진 계시'의 하늘→땅이라는 하향적인 움직임은 이미 베드로의 '당신은 하나님의 천상의 왕권을 지상에 구현하시는 그리스도이십니다'라는 고백 속에 놓여 있는 동일한 하늘→땅이라는 하향적 움직임과 일맥상통하며, 이어지는 18절의 "내[천상의 왕권을 지상에 구현하는 그리스도]가 이 반석 위에 나의 교회를 세울 것이라"는 표현에서도 암시되고 있다. 그리고 더욱 중요하게는 19절의 '천국의 열쇠를 줄 것'이라는 표현과 이어지는 '땅에서

163 cf. D. Hagner, *Matthew 1-13*, 91.

묶고/풀고 하늘에서 묶고/풀릴' 것이라는 표현에 대한 매우 중요한 함의를 담고 있다.

18절은 이어지는 예수의 첫 번째 말씀으로 두 부분을 담고 있다. "σὺ εἶ Πέτρος, *καὶ* ἐπὶ ταύτῃ τῇ πέτρᾳ οἰκοδομήσω μου τὴν ἐκκλησίαν *καὶ* πύλαι ᾅδου οὐ κατισχύσουσιν αὐτῆς./너는 베드로라, 그러므로(and then) 이 반석 위에 교회를 세울 것이요 그래서(and so) 음부의 문들이 교회를 이기지 못할 것이라."

먼저 성경 중에서 가장 논란이 되는 베드로와 반석 사이의 문제를 논하기 전에[164] 이 말씀의 전체적인 구문 구조를 살펴 볼 필요가 있다. 이 말씀은 총 세 개의 문장으로 이루어져 있는데 이 세 문장들은 두 개의 연계 접속사 καὶ로 연결되어 있다. 그러나 중요한 점은 연계 접속사 καὶ가 단순히 '그리고'란 의미의 대등한 연계만을 나타내지 않는다는 점이다.[165] 이 점은 이 구절에 대한 UBS 4판이나 NA27판의 헬라어 성경의 편집 형태를 통해서도 알 수 있다. 이 성경들은 "너는 베드로라"는 문장 뒤에 쉼표를 넣은 후에 καὶ를 사용하여 두 번째 문장과 연결하고 있지만 두 번째 문장 뒤에는 쉼표 없이 καὶ만을 넣어서 세 번째 문장과 연결을 짓고 있다.[166] 이것은 이 헬라어 성경의 편집자들이 첫 문장과 나머지

164 cf. W. D. Davies and D. C. Allison, *A Critical and Exegetical Commentary on the Gospel according to Saint Matthew*, vol. 2 (T. & T. Clark, 1991), 623. Davies와 Allison은 보다 축약된 주석에서 이 두 관계에 대한 다양한 제안들을 다음과 같이 간략하게 요약해 설명하고 있다. '반석은 베드로의 신앙 혹은 고백, 그의 선포적 직분, 그에게 계시된 진리, 열두 사도들, 예수, 예수의 가르침, 하나님 자신 등으로 동일시되고 있다.' 이들은 이러한 설명에 이어 헬라어 본문의 가장 자연스러운 해석은 로마 가톨릭 전통의 해석인 '반석은 베드로이다'라고 주장한다(cf. W. D. Davies and D. C. Allison, *Matthew: A Shorter Commentary* [T. & T. Clark, 2004], 269).

165 Contra Craig S. Keener, *A Commentary on the Gospel of Matthew* (Eerdmans, 1999), 427.

166 Nestel-Aland, *Novum Testamentum Graece* (Gesamtherstellung Biblia-Druck, 1993), 45.

두 문장들의 구문론적 관계와 두 번째 문장과 세 번째 문장 사이의 구문론적 관계를 서로 다르게 취급하고 있음을 암시한다. 보다 구체적으로 말하자면 첫 번째 καὶ는 첫 번째 문장에서 흘러나오는 결과를 나타내며 이런 점에서 'and then/그래서 결과적으로'라는 의미를, 두 번째 καὶ는 두 번째 문장을 보다 자 세히 부연하여 설명하는 목적을 나타내기에 이런 점에서 'and so/그러기에'라는 의미를 내포한다 할 수 있다.[167]

이러한 구문 구조를 통해 예수의 첫 번째 말씀을 달리 표현하자면 다음과 같다. '너는 베드로다. 그러기에 결과적으로 내가 이 반석 위에 나의 교회를 세울 것이며 한 가지 중요한 사실을 첨언하자면 음부의 문들이 교회를 이기지 못할 것이라.' 달리 표현하자면 예수께서 반석 위에 자신의 교회를 세우시는 근거는 '네가 베드로'라는 사실이며 반석 위에 세워진 교회를 보다 자세히 설명하자면 음부의 문들이 이기지 못할 것이라는 뜻이다. 반석 위에 세워진 교회이기에 이에 대한 논리적 귀결은 음부의 문들이 이기지 못한다는 점이다. 이러한 해석은 '네가 베드로라'는 표현의 뜻이 무엇인지에 대한 중요한 함의를 담고 있다.

여기서 '너는 베드로라'는 표현은 앞선 마태의 본문인 4:18을 연상시킨다. "Σίμωνα τὸν λεγόμενον Πέτρον/베드로라 불리는 시몬." 특히 이 구절의 문맥에서 보면 시몬이 베드로로 불린 것에 대한 아무런 원인론적인 설명(etiological explanation)이 주어지지 않고 있으며 이런 점에서 여기서 '너는 베드로라'는 표현은 4:18에 대한 적절한 원인론적 설명을 주고 있다 할 수 있다. 그러나 이것은 여기서 비로소 시몬이 '베드로'라 불렸다는 것을 의미하지 않으며[168] 오히려 베드로에게 자신의 이름이 더 이상

167 cf. BAGD, "και" I. 2. f & I. 3., 392-393.

168 Contra W. D. Davies and D. C. Allison (*Matthew: A Shorter Commentary*,268-269). 이러한 새 이름의 수여라는 해석을 통해 Davies와 Allison은 이 본문을 아브람이 아브

시몬이 아니라 '베드로'라는 사실을 상기시키며 보다 중요하게는 '베드로'란 이름의 새로운 중요성이 부여되고 있다고 보는 것이 더 적절하다.[169]

이러한 새로운 중요성은 이어지는 '베드로'와 '반석의 관계를 통해서도 분명히 드러난다. 먼저 베드로를 가리키는 용어인 'Πέτρος'와 반석을 뜻하는 'πέτρα' 사이의 유사점을 주목할 필요가 있다. 비록 전자는 남성명사의 격어미 -ος를 사용하고 있고 후자는 여성명사의 격어미 -α를 사용하지만 둘은 동일한 어근 πέτρ-를 갖고 있다.[170] 또한 예수 당시에 이 두 용어는 보통 상호 교차적으로 사용되고 있었으며 예수께서 사용하셨을 것으로 추정되는 '베드로'란 이름의 아람어 형태가 *kephas*/게바였고 *kephas*는 단순히 '반석'을 뜻했다는 점[171]을 상기할 필요가 있다. 그렇다면 예수께서는 베드로와 반석의 이러한 유비 관계를 기초로 두 단어 사이에서 언어 유희(play on words)를 하고 계심이 분명하다. 즉 예수께서는 베드로가 반석으로 이 위에 자신의 교회를 세울 것이며 교회가 반석 위에 세워졌다는 점에서 음부의 문들이 교회를 이기지 못할 것이라고 말씀하고 있다는 뜻이다. 물론, 이 말이 로마 가톨릭 전통의 교황권을 인정한다는 것이나 교회가 교회 존재의 기반으로서의 예수에 근거한다는 점[172]을 부정하는 것이 아니다. 보다 엄밀히 말해서 여기서 의미하는 바

라함으로 새롭게 불리는 창 17:1-8과 연결지어 아브라함이 이스라엘이라는 하나님의 백성의 출생을 상징하듯이 베드로는 하나님의 종말론적 백성을 뜻하는 교회의 출생을 상징한다고 주장한다. 이 점을 지지하고자 이들은 아브라함과 사 51:1-2이 말하는 바위 사이의 유비관계를 지적한다(ibid., 268). 이러한 해석에 대해서 D. Hagner는 비록이 해석이 매우 흥미롭고 강한 호기심을 유발하지만 본문상의 증거보다는 추론에 근거한 해석이라는 적절한 비평을 하고 있다(cf. D. Hagner, *Matthew 14-28*, 470).

169 Ibid., 470.

170 cf. D. Hagner, *Matthew 14-28*, 470.

171 cf. Craig S. Keener, *A Commentary on the Gospel of Matthew* (Eerdmans, 1999), 426-427.

172 cf. 뒤에서 자세히 다룰 본문인 고전 3:11은 이 점을 분명히 하고 있다. "θεμέλιον γὰρ

는, 앞서 '예수가 하나님의 천상의 왕권을 지상에 구현하시는 분으로서의 그리스도'라고 고백했던 바로 그 베드로가 반석이며 이 반석 위에 교회가 세워질 것이라는 뜻이다. 이것을 달리 표현하자면 베드로는 예수의 인성과 사역을 통해서 하나님의 천상의 왕권이 지상에 구현됨 으로써 인류를 사탄의 속박에서 구출하여 구원하신다는 하나님의 복음의 메시지를 최초로 증언하는 자이며 이 사실의 주된 증인이라는 뜻이다. 이런 점에서 이런 고백을 하는 베드로가 반석이요 이 위에 교회가 세워질 것이라는 의미이다.[173]

한 걸음 더 나아가 예수께서는 이러한 고백을 하는 베드로 위에 세워진 교회를 음부의 문들이 이기지 못할 것이라 말씀하신다. 앞서 지적했듯이 이 말의 의미는, 음부의 문들이 반석 위에 세워진 교회를 이기지 못할 것이라는 함의를 지닌다. 물론, 음부의 문들이 이기지 못하는 것은 기본적으로 교회이지만 동시에 그렇게 이기지 못하는 이유는 교회가 반석 위에 세워졌다는 사실과도 연관이 있다 할 수 있다. 이것은 반석이 안정성과 내구성을 상징하는 은유이기 때문이다.[174]

먼저 많은 해석의 논란이 있는 '음부의 문들'의 의미를 규명할 필요가 있다. 한글 개역개정이 '음부의 권세'라고 번역하는 헬라어 표현인 'πύλαι ᾅδου'는 문자적으로는 '음부의 문들'을 뜻한다. '음부'라고 번역된 '하데스'는 대개의 경우 헬라어 구약 성경인 칠십인역에서 히브리어 '스

ἄλλον οὐδεὶς δύναται θεῖναι παρὰ τὸν κείμενον, ὅς ἐστιν Ἰησοῦς Χριστός./어느 누구도 현재 놓이고 있는 것 이외의 다른 기초석을 놓을 수 없으니 이 기초석은 예수 그리스도라."

173 cf. D. Hagner, *Matthew 14-28* , 470.

174 이러한 반석의 안정성과 내구성에 대한 은유가 마 7:24-25의 반석 위에 세운 집에서도 동일하게 나타나며 이 본문과 본고의 본문 사이에 언어적 유사점도 다음과 같이 존재한다. "***반석 위에*** 그의 집을 ***세우는*** 자 … ***반석 위에*** 지어졌기 때문이라/ᾠκοδόμησεν αὐτοῦ τὴν οἰκίαν ἐπὶ τὴν πέτραν· … τεθεμελίωτο γὰρ *ἐπὶ τὴν πέτραν*."

올(Sheol)'의 헬라어 표현이다.[175] 이런 점에서 신약 당시의 유대인과 크리스천들에게서 하데스의 일반적인 개념은 죽은 자의 처소 혹은 영역이었다. 하데스에 대한 이러한 기본적인 이해는 시간이 지나감에 따라서 발전하여 신약 시대의 유대 문헌들에서 때때로 악한 자들에 대한 형벌이 이루어지는 장소로 묘사되기도 하다가 최종적으로는 의인들이 죽음 후에 가는 낙원과 대비되어 악인들만의 형벌의 장소로 발전되었다.[176] 그러나 보다 중요하게 당시 유대 묵시전통에 속한 쿰란 문헌의 일환인 1QH 3:17-18은 마지막 때에 스올의 문들이 열려 그 안에 갇혀 있던 불경건한 세력들이 이 땅에 물밀듯이 밀려나와 세상을 환난 속으로 몰아가는 장면을 묘사하고 있음을 주목할 필요가 있다.[177]

한걸음 더 나아가 W. D. 데이비스와 D. C. 앨리슨이 지적하듯이 요한계시록의 여러 본문들은 음부의 세력들이 음부에서 풀려나서 성도들에 대한 총력적인 공격을 감행하게 될 마지막 때의 일을 암시하고 있다(cf. 계 6:8, 9:1-11, 11:7, 17:8).[178] 만약 하데스에 대한 이러한 유대 묵시문헌

---

175 cf. J. Jeremias, "Hades" TDNT 1(1964), 146. Richard Bauckham은 신약에 나타나는 총 10회의 Hades는 유대 전통의 스올(Sheol)의 용례 즉 모든 죽은 자들의 잠정적인 거주 장소에 대한 개념으로 사용되었다는 점을 지적하면서 이런 점에서 최후 심판에 날에 이루어질 영원한 형벌의 장소인 Gehenna(ge,enna)나 혼동해서는 안 된다고 주장한다(R. Bauckham, "Hades, Hell", *The Anchor Bible Dictionary* vol. 3, 14-15).

176 R. Bauckham, "Hades," 15.

177 R. Bauckham은 "Hades, Hell"(15)에서 마 16:18의 '음부의 문들'을 해석하면서 이 표현은 유대 전통의 이해를 따라 죽은 자들을 가두고 있는 장소, 보다 정확히 말해서 죽은 자들을 죽음에 가두어 놓는 하데스의 권세를 가리킬 뿐 어떤 경우에도 악의 세력들을 가리키지 않는다고 단언한다. 반면, 위에서 하데스가 단순히 죽은 자들의 거주지가 아니라 악한 세력들이 지배하는 장소를 상징하는 쿰란 문헌은 다음에서 인용되고 있다. Joel Marcus, "The Gates of Hades and the Keys of the Kingdom" (Matt 16:18-19), *CBQ* 50 (1988), 446.

178 W. D. Davies와 D. C. Allison은 이 요한계시록의 본문들 이외에도 또 다른 쿰란문헌인 1QH 6:22-29을 이러한 종말의 창궐하게 될 음부의 권세들에 대한 예증으로 제시한다(cf. *Matthew: A Shorter Commnetary*, 270).

의 묘사를 진지하게 받아들일 수 있다면 여기서 음부의 '문들'은 일종의 환유법으로서 음부의 악한 세력들을 상징한다고 할 수 있다. 또한 이러한 적극적인 의미 곧 공격적인 악한 세력들로 음부의 문들을 이해할 경우 예수께서 음부의 문들이 교회를 이기지 못한다는 것이 단순히 음부의 악한 세력들이 수비적이기에 공격적인 교회를 이기지 못한다는 것을[179] 의미하지 않는다는 것도 쉽게 이해할 수 있을 것이다. 어떤 의미에서 교회는 '문들'보다 더 움직임이 없어 보이며 동일한 맥락에서 마태복음 7:24-25은 비, 홍수, 바람에 의해 공격을 받는 반석 위에 세운 집을 묘사하고 있음도 주목할 필요가 있다.[180]

그렇다면 어떤 의미에서 음부의 문들이 교회를 이길 수 없는가? 이에 대한 질문에 앞서 교회의 의미를 잠시 생각해보고자 한다. 여기서 교회를 가리키는 ἐκκλησία는 칠십인역에서 보통 "히브리어 קָהָל이나 עֵדָה[181]"의 헬라어 번역이다. 이 히브리어들은 기본적으로 이스라엘 공동체를 가리키며 보다 중요하게 이러한 히브리적 전통의 이스라엘 공동체 개념에 대한 신약성경의 성취적인 근본적 성격을 이해한다면 교회는 하나님의 종말론적 백성 혹은 하나님의 메시아 공동체를 뜻한다 할 수 있다.[182] 한걸음 더 나아가 K. L. 슈미트는 크리스천 공동체로서의 교회는 성격상 승리의 구현인 하나님의 나라(the Kingdom of God as a triumphant entity)와 달리 언제나 전투적(a militant Church)임을 지적한다.[183] 이것은 여기서 예수께서 말하는 공격적인 음부의 문들과 대항하여 맞서 싸우

179 이것이 이 구절에 대한 전통적인 견해이다.

180 cf. J. Marcus, "The Gates of Hades," 444.

181 K. L. Schmidt는 구약에서 이 두 단어는 서로 간에 특별히 구분되어 사용되지 않고 있다는 점을 지적한다(cf. K. L. Schmidt, "ἐκκλησία", *TDNT* vol. 3, 524).

182 cf. D. Hagner, *Matthew 14-28*, 471.

183 cf. K. L. Schmidt, "ἐκκλησία", *TDNT* vol. 3, 534.

는 공격적인 교회의 모습을 잘 보여주고 있는 것이다.

그러나 슈미트의 지적은 본문 이해에 더 중요한 함의를 지닌다. 앞서 베드로는 이미 예수를 하나님의 천상의 왕권을 지상에 구현하시는 그리스도라고 고백한 바 있다. 엄밀한 의미에서 베드로의 고백은 예수가 이 땅에 도래시키신 하나님의 나라 혹은 하나님의 천상의 왕적 다스림을 뜻한다. 지상에 구현되기 시작한 하나님의 천상의 왕적 다스림, 곧 하나님의 나라는 예수의 죽음과 부활 그리고 승천을 통해 이루어진 사탄에 대한 근본적인 승리를 뜻한다. 베드로의 고백이 담고 있는 이러한 하나님의 나라/다스림의 근본적인 승리의 토대 위에 교회가 세워질 것임을 예수께서는 말하고 있는 것이다. 이런 점에서 하나님 나라의 도래 이전에 이 땅에 창궐해있는 음부의 악한 세력들이 교회를 대항하여 우주적-종말론적 전쟁을 수행하지만 이미 승리의 토대에 세워진 승리를 구현하는 전투적인 교회가 악한 세력들과의 전쟁에서 이길 것이 라는 예언적 성격을 담고 있다.

19절은 예수의 두 번째 말씀을 담고 있다. "내가 너에게 천국의 열쇠를 줄 것이니 네가 땅에 묶는 무엇이든 하늘에서 묶여 있을 것이요 네가 땅에서 푸는 무엇이든 하늘에서 풀려 있을 것이라." 이 말씀을 자세히 살펴보기 전에 두 가지 점을 지적할 필요가 있다. 첫째로 문장흐름도가 보여주고 있으며 동시에 앞에서 지적한 바 있듯 "이 반석 위에 나의 교회를 세울 것이라"는 첫 번째 말씀과 "내가 너에게 천국의 열쇠를 줄 것이라"는 두 번째 말씀은 기본적으로 동의적 평행관계(synonymous parallelism)로서 보다 정확히 표현하자면 두 번째 말씀은 첫 번째 말씀을 구체화시키는 역할(parallelism of specification)을 한다고 할 수 있다.[184] 즉 두

184 cf. 윌리엄 클라인 외 2인, 『성경해석학총론』 류호영 역 (서울: 생명의말씀사, 1997), 456 이하.

번째 말씀은 예수께서는 반석 위에 자신의 교회를 세울 뿐만 아니라 이 교회에게 천국의 열쇠를 줄 것이라는 점을 구체화하고 있다는 뜻이다. 둘째로 예수의 두 번째 말씀은 교회에 주어진 천국의 열쇠가 땅과 하늘에서 묶고 푸는 일과 밀접하게 연결되어 있음을 강력히 암시한다.

먼저 '천국'을 풀어쓰면 '하늘의 나라'를 뜻한다. '하늘의 나라'는 마태가 하나님의 나라를 대신해 사용하는 표현으로 하나님에 대한 경외감 때문에 하나님에 대한 유대 전통의 완곡어법을 이어받아 사용하고 있다. 이런 점에서 천국은 장소적인 개념이라기보다는 하나님의 왕권의 구현을 가리키는 역동적 개념이다.[185] 그러나 마태가 '하나님의 나라' 대신에 굳이 '하늘의 나라'라는 표현을 쓴 것은 단순히 하나님에 대한 경외감에서 유래한 유대 전통의 완곡어법을 사용하고 있는 것만은 아니다. 오히려 하늘 나라의 열쇠를 준다는 표현을 통해 마태는 하나님의 주권적인 다스림과 왕권이 이 땅에 세워진다는 것을 의도적으로 강력히 암시하고 있음이 분명하다. 즉 하나님의 천상의 왕권이 땅이라는 영역에 투사되고 있다는 점을 하늘 나라를 통해 은연 중에 나타내고 있다.[186]

둘째로 '천국의 열쇠'를 이해하기 위해 앞에서 '문들'은 음부의 악한 세력들에 대한 환유법의 일환이라고 지적했음을 상기할 필요가 있다. 그러나 '문들'은 단순히 하나의 문학적 장치로서의 환유법의 일환일 뿐만 아니라 마태에 의해 의도적으로 사용된 단어임을 주지할 필요가 있다. 아마 음부의 '문들'이란 표현은 '천국의 열쇠'란 표현에서 '문'이 암시되고 있음을 전제하는 듯하다. 다시 말해, '음부의 문들'이란 표현은 '천

---

185 cf. J. D. Kingsbury, *Matthew, Structure, Christology, Kingdom* (Fortress, 1975), 133-134.

186 cf. D. Hill, *The Gospel of Matthew*, NCB (Eerdmans, 1972), 90; J. Marcus, "The Gates of Hades," 447.

국의 문'의 열쇠를 이미 예견하고 있다는 뜻이다. 이런 점에서 베드로에게 주어진 것은 천국의 문을 열 수 있는 열쇠이다. 음부의 문이 죄와 사망의 영적 세력들이 물밀듯 지상으로 몰려나오는 공격적 세력을 상징하듯이, 천국의 문 역시 하나님의 천상의 왕권이 지상으로 분출되어 내려오는 것을 상정하고 있다는 뜻이다. 이러한 일이 베드로의 고백 가운데 암시되었고 이제 예수를 통해서 또 다시 강력하게 암시되고 있다.

통상적으로 이해되듯이 열쇠는 들어가는 일을 위한 것만이 아니라 나오는 일을 위한 것임을 상기할 필요가 있다. 더욱이 마태는 이미 주의 기도에서 "당신의 나라가 오고 당신의 뜻이 하늘에서 [일어난 것] 같이 또한 땅에서 일어나라/ἐλθέτω ἡ βασιλεία σου· γενηθήτω τὸ θέλημά σου, ὡς ἐν οὐρανῷ καὶ ἐπὶ γῆς·"는 예수의 말씀을 통해 이미 하늘에서 일어나고 있는 하나님의 다스림이 땅에까지 확장된다는 것을 암시한 바 있다. 그렇다면 예수에 대한 참된 고백을 하는 베드로 위에 예수께서는 교회를 세우시며 이 교회에게 천국의 문의 열쇠가 주어져 천상의 하나님의 왕권이 이 땅으로 확장되어 오도록 하셨다고 충분히 상정할 수 있다.[187]

예수는 베드로에게 천국의 열쇠를 주시면서 묶고 푸는 일을 말씀하신다. 이상에서 지적했듯이 교회에게 주어진 천국의 열쇠는 암시적으로는 천국의 문을 열어 하나님의 천상의 왕권을 이 땅에까지 확장시키는 역할을 한다면, 명시적으로는 이 땅에서 묶고 푸는 일에 관한 것임을 말한다. 묶고 푸는 것[188]은 당시 랍비 전통의 유대교에 따르면 거의 언제나

---

187 이러한 새롭고도 의미심장한 해석은 주로 다음에서 기인한다. J. Marcus, "The Gates of Hades", 446-7.

188 묶고 푸는 일에 대한 뜨거운 해석상의 논쟁에 대한 자세한 설명을 위해 다음을 보라. D. Hagner, *Matthew 14-28*, 472-473. 이 일은 크게 귀신을 내어 쫓는 축사와 죽음에 대한 권세, 마 18:18에서 동일한 표현이 나타나는데 그 문맥이 출교에 관한 것이기에 여기서도 출교에 관한 권세, 끝으로 토라 전통의 할라카적 해석으로 요약된다. 특별히 축사와 죽음에 대한 권세, 출교란 해석에 대한 적절한 비판을 위해 다음을 보라. J. Marcus,

무엇이 금지되고 무엇이 허용되는가에 관한 권위 있는 율법적 결정들과 관련된 관용어구들이다. 이러한 묶고 푸는 일에 대한 할라카적 결정을 통해 어떤 의무 사항이 부과되거나 제거된다.[189] 이런 점에서 묶고 푸는 일은 계시된 하나님의 참된 율법에 대한 해석과 연관되어 있으며, 한 걸음 더 나아가 마태의 전체적인 맥락에서 볼 때 특별히 율법을 성취하려 오신 예수와 그의 가르침(cf. 마 5:17이하), 즉 성취된 율법과 관계된 것으로 이해할 수 있다.[190] 이 점은 마태복음 28:18-20에서 예수께서 지상 대명령으로 "하늘과 땅에 모든 권세가 내게 주어졌다/ἐδόθη μοι πᾶσα ἐξουσία ἐν οὐρανῷ καὶ ἐπὶ τῆς γῆς."는 점을 상기시키시며 제자들에게 모든 나라들로 제자되게 하라고 말씀하시면서 "내가 너희에게 명령한 모든 것들을 지키도록 그들을 가르치라/διδάσκοντες αὐτοὺς τηρεῖν πάντα ὅσα ἐνετειλάμην ὑμῖν·"는 구체적인 지침을 주셨다는 사실에서도 지지를 받는다.

그러나 여기서 문맥상 볼 때 묶고 푸는 일이 토라에 대한 권위 있는 해석이나 성취된 율법에 대한 선포에만 국한된다고 볼 수 없다. 더욱이 '묶고 매는 일'에 대한 랍비 전통의 할라카적인 관용적 이해는 마태의 예수가 보여주는 랍비 전통에 대한 매우 비판적 시각과 배치된다는 점을

"The Gates of Hades," 450-451.

189 cf. Büchsel, "δεω" *TDNT*, Vol. 2 (1964), 60.

190 J. Marcus는 다음에서 이러한 주장 다시 말해, 하나님에 의해 계시된 참된 토라 즉 성취된 토라의 선포를 를 강력하게 개진하고 있다(J. Marcus, "The Gates of Hades," 451-455). 그러나 W. Swartley는 Marcus가 묶고 푸는 권세가 한편으로는 이러한 성취된 토라라고 주장하면서 다른 한편으로는 하나님의 왕적 능력이 하늘로부터 나와서 음부의 문들로부터 풀려난 마귀들을 상대로 전쟁을 한다고 주장함으로써 논리적인 모순이 있다고 비판한다. 이런 점에서 Swartley는 묶고 푸는 행위는 두 차원 곧 축사적 의미와 할라카적인 의미를 지닌다고 주장한다(cf. W. 스워틀리, 『이스라엘의 성경전승과 공관복음서』, 229, 각주 72번).

주목할 필요가 있다(cf. 마 23:8).[191] 문맥상 이 구절은 하나님의 천상의 왕권이 예수를 통해서 지상에 구현되고 있음에 대한 베드로의 고백에서 시작해서 이 천상의 왕권이 지상에까지 확장되도록 천국의 열쇠가 주어졌다는 맥락에 놓여 있다. 그렇다면 여기서 묶고 푸는 일은 하나님의 나라/다스림의 구현과 관련된 예수의 케리그마적 선포들을 포함하고 있다고 보는 것이 더 적절하다. 특별히 하나님의 종말론적 구원을 중재하시는 예수의 독특한 위치와 관계된 케리그마적 선포들을 담고 있다 할 수 있다.[192]

이것은 묶고 푸는 일, 즉 이 땅에 예수께서 선포하신 하나님의 천상의 다스림이 천국의 열쇠를 통해 지상에서 구체화되며 이런 점에서 지상에까지 확장된 이 천상의 왕권이 땅의 모든 일들에 대한 최종적 권위와 관계된 것임을 의미한다. 물론, 이러한 권세에는 예수를 통해 드러난 율법의 참된 의미(cf. 5:21-6:34)와 동시에 예수를 통해 구현된 율법이 요구하는 의의 성취(cf. 5:17-20)를 선포하는 일 뿐만 아니라 죄와 사망으로 대변되는 사탄의 속박과 율법의 속박으로부터의 구속을 선포하는 일이 포함된다.[193]

---

191 cf. Büchsel, “δεω”, 60-61.

192 D. Hagner, *Matthew 14-28*, 473. 이런 점에서 Hagner는 묶고 푸는 일을 보다 확장해서 요 20:23 (너희가 누구의 죄든지 용서하면 그 죄가 그들에게 용서된 채로 있게 되며 누구의 죄든지 그대로 붙잡아 두면 [그 죄가 그들에게] 그대로 붙잡혀 있는 대로 있게 된다/ἄν τινων ἀφῆτε τὰς ἁμαρτίας ἀφέωνται αὐτοῖς, ἄν τινων κρατῆτε κεκράτηνται.)을 포함시킨다. 이에 대한 적절한 비판을 위해 다음을 보라. J. Marcus, “The Gates of Hades,” 450-451.

193 W. Swartley는 J. E. Toews와 R. H. Hiers를 인용하면서 중간기 문헌과 예수 자신의 축사 사건에 비추어 볼 때 묶고 푸는 권세는 사탄의 세력들을 묶는 것과 사탄의 세력에 의해 속박된 사람들을 풀어주는 것을 가리킨다고 주장한다. 동시에 Swartley는 이 권세는 도덕적 분별력 즉 율법 가운데 무엇이 구속력이 있고 무엇이 자유로워졌는지를 선언하는 권세를 뜻하고 있음을 인정한다(cf. W. 스워틀리, 『이스라엘의 성경전승과 공관복음서』, 228-229).

이러한 천상의 왕권의 지상적 구현이라는 '하늘로부터 땅이라는 움직임'은 땅에서 묶고 푸는 일이 어떻게 하늘에서 묶고 푸는 일과 연결되어 있는지를 살펴봄으로써 더 분명해질 수 있다. 먼저 19b를 헬라어 원문으로 살펴볼 필요가 있다. "ὃ ἐὰν δήσῃς ἐπὶ τῆς γῆς ἔσται δεδεμένον ἐν τοῖς οὐρανοῖς, καὶ ὃ ἐὰν λύσῃς ἐπὶ τῆς γῆς ἔσται λελυμένον ἐν τοῖς οὐρανοῖς," 여기서 묶고 푸는 행위를 나타내는 동사들은 모두 완료시제의 분사형(δεδεμένον과 λελυμένον)으로 표현되고 있으며 모두 미래형의 ειμι 동사인 ἔσται와 함께 완곡어법의 형태를 이루고 있다.[194]

이에 대해 세 가지 점을 먼저 지적할 필요가 있다. 첫째로 이러한 완곡형의 분사구문 형태는 일반적으로 특정한 상황 하에서 주로 나타나는 구문 형태이지만 미래 완료시제와 완료 가정법의 경우에는 반드시 필요한 구문 형태라는 점이다.[195] 보다 중요하게 본문의 'ειμι+분사'와 같은 완곡형의 분사구문 형태는 단순히 필요한 표현일 뿐만 아니라 강조하는 바가 분사형 동사가 담고 있는 동작의 지속성이라는 점이다.[196] 둘째로 인도 유럽어에 속하는 헬라어에서 동사의 시제는 동작의 시간(kinds of time)보다는 동작의 종류(kinds of action) 즉 화자의 관점을 주로 나타낸다는 점이다.[197] 이런 점에서 본동사인 미래시제의 ἔσται는 본문의 화자의 미래적 관점을 보여준다 할 수 있다. 끝으로 헬라어에서 완료시제는

194 이러한 형태는 분사용법 가운데 보조적용법(supplementary participle)의 완곡형(periphrastic construction)의 일환이다 (cf. F. Blass and A. Debrunner, *A Greek Grammar of the New Testament and Other Early Christian Literature*, ed. by R. Funk (일명 BDF) [The Univ. of Chicago Press, 1961], §414; 류호영, 『헬라어교본』 [서울: 기독교문서선교회, 1996], 134이하)

195 cf. BDF § 352.

196 cf. BDF § 353.

197 cf. BDF § 318.

어떤 이전 동작의 결과로 나타나는 어떤 정황이나 상태를 가리킨다.[198]

이 모든 경우를 종합해서 이 구절이 말하는 묶고 푸는 행위에 적용하기 전에 이 두 완곡형의 분사구문을 선행하는 동일한 구조의 두 종속절(ὃ ἐὰν δήσῃς ἐπὶ τῆς γῆς … ὃ ἐὰν λύσῃς ἐπὶ τῆς γῆς)을 간단히 주목할 필요가 있다. 이 두 종속절은 모두 'ἐὰν+가정법 과거동사'의 형태를 띤다. 이것은 두 가지를 암시한다. 첫째로 여기서 조건문의 형태는 예상의 조건문의 일환으로 가정되고 있는 것이 개연성이 있는 임박한 미결정의 사안임을 암시한다.[199] 둘째로 과거 시제의 동사는 동작의 시작 혹은 끝이 강조되고 있음을 암시한다.[200]

끝으로 묶고 푸는 일의 의미를 서술하기 전에 본문의 구문상의 중요한 한 가지를 지적할 필요가 있다. 먼저 19a에서 예수께서는 미래 동사를 사용해서 베드로에게 천국의 열쇠를 ***주실***(δώσω) 것이라 말씀하셨다. 이것이 말씀하시는 화자로서의 예수의 입장이든 내레이터로서의 마가의 입장이든 천국의 열쇠가 주어지는 시점은 미래의 특정한 시간임을 암시한다. 그리고 19b에서 베드로 편에서의 묶고 푸는 행위를 종속절의 형태로 표현하면서 예수께서는 미래완료 분사를 사용해서 베드로의 묶고 푸는 땅에서의 일이 하늘에서 묶고 풀릴 것이라고 말씀하신다. 이러한 전체적인 구조는 모든 일들이 미래에서 일어날 특정한 일들에 관한 것임을 잘 드러내 준다. 즉 모두 미래적 관점에서 이해할 필요가 있다는 뜻이다.

또한 여기서 완료 형태의 분사를 진지하게 고려할 필요가 있다. 헬라어의 완료시제는 현재적 결과를 지닌 이전 행동이다. 미래의 어느 시점

---

198 Ibid.

199 cf. BDF § 373; 류호영, 『헬라어교본』, 155-156.

200 cf. BDF § 318.

에서 땅에서 이루어질 베드로의 묶고 푸는 행위는 그 이전에 하늘에서 이미 이루어진 묶고 푸는 행위의 결과임을 강하게 암시한다. 동시에 '미래형 정동사 ἔσται+완료형 분사'의 완곡형의 구문 형태는 묶고 푸는 동작이 지닌 지속성을 강조하고 있는 것이다.

그리고 종속절에서 베드로가 땅에서 묶고 푸는 행위가 '예상의 조건절 + 과거 가정법 동사'로 표현된다는 점 역시 베드로의 이러한 행위가 미래의 특정한 시점에서 최초로 이루어질 것임을 암시한다. 그렇다면 미래의 특정한 시점에서 이루어질 베드로의 땅에서 묶고 푸는 행위는 그 이전에 하늘에서 이미 이루어진 묶고 푸는 행위의 결과이며 이러한 묶고 푸는 행위는 지속적인 성격을 지닌다는 점을 강하게 암시한다.[201]

그렇다면 19절이 전체로 말하려는 바는 다음과 같다. 즉 향후 미래에 베드로에게 주어진 천국의 열쇠를 통해 열려진 하나님의 천상의 다스림이 이 땅에 구현됨에 따라서 예수를 통해 드러난 율법의 참된 의미와 성취된 율법, 그리고 옛 시대에 속한 사탄의 속박과 율법의 속박으로부터의 구속에 대한 선포가 이루어지되, 이 모든 일은 이미 하늘의 실체인 하나님의 천상의 왕권의 지상적 구현 혹은 지상으로의 확장이라는 점이다. 이런 점에서 19절 전체는 베드로에게 부여되는 천국 복음 선포에 관한 권위에 대해 말하고 있을 뿐만 아니라[202] 이러한 천국 복음 선포를 통해 궁극적으로 하나님의 다스림이 온 땅에 편만할 것임에 대한 보

---

201 이러한 완료형의 분사를 중심으로 하늘에서 묶고 푸는 행위가 땅에서의 묶고 푸는 행위를 선행한다는 점을 J. Marcus는 신약 성경에 모두 네 번 나타나는 완곡형의 미래 완료 동사들(마 16:19, 18:18; 눅 12:52; 히 2:13)을 중심으로 이 행위에 대한 단순 미래적 의미를 지지하는 다른 학자들의 견해를 매우 효과적으로 비판하고 있다(cf. J. Marcus, "The Gates of Hades," 448-449).

202 D. Hagner는 땅에서의 묶고 푸는 행위를 선행하는 천상의 묶고 푸는 행위를 인정하면서도 보다 중요하게 19절은 세상에서의 베드로의 사역에 대한 권위의 제정에 더 큰 관심이 있다고 주장한다(cf. *Matthew 14-28*, 474).

증과 확신이라 할 수 있다.

4) 20절: 메시아 비밀의 의미

끝으로 20절에서 예수께서는 제자들에게 “자신이 그리스도라고 아무에게도 말하지 말라”고 명령하신다. 이것은 공관복음 전승의 중요한 주제인 메시아 비밀의 일환으로 보인다.

그러나 앞서 베드로의 고백은 예수가 그리스도이되 어떤 의미의 그리스도인가에 대한 답으로, 하나님의 아들로서의 그리스도라는 점을 상기할 필요가 있다. 이런 점에서 지상적인 기원을 지닌 민족적이며 정치적인 세속적 의미의 메시아에 대한 열망을 부추기는 ‘그리스도’라는 표현을 예수에게 사용하는 것은 부적절하다는 뜻을 내포한다.[203] 하나님의 천상의 왕권을 지상에 구현하시는 그리스도라는 고백이 하나님의 계시에 기인하며 동시에 이 고백의 대상인 예수께서 세우시는 하나님의 종말론적인 공동체인 교회는 결코 악의 세력에 의해 좌초되지 않을 것이라는 비밀은 필연적으로 잘못된 메시아 사상, 즉 세속적인 의미의 그리스도에 대한 침묵을 요청한다는 뜻이다.

4. 결론–신학적 강해

예수는 자신이 하나님의 천상의 왕권을 지상에 구현하는 그리스도라고 고백하는 자들을 한데 불러 모아 교회를 세우셨다. 교회는 이러한 신앙

203 Ibid., 474.

고백을 하는 자들의 모임이다. 이런 점에서 교회는 단순히 건물이 아니고 종교적 예식들이 행해지는 장소도 아니다. 교회는 천국 복음, 즉 '예수님을 통해서 하늘에 있던 하나님의 다스림이 이 땅에 임하여 우리를 모든 형태의 속박과 압제로부터 구속하여 해방시키셨으므로, 이제 이 다스림만이 우리의 삶과 인류와 역사를 실질적으로 주관하고 이끄는 주체라고 믿습니다'라고 고백하는 자들의 모임이다. 이런 고백을 하며 사는 자들이 모인 교회는 사탄과 음부의 권세가 이기지 못한다.

아무리 외형적으로 교회가 성장하고 수백억 혹은 수천억 원의 교회 건물이 세워졌다 해도, 그 교회가 예수를 통해서 이 땅에 임한 하나님의 다스림을 믿지 않는다면, 이 다스림만을 전적으로 신뢰하고 의지하지 않는다면, 인간 주도적인 방식이나 세상 모든 사람들이 하는 세속적인 방식을 따라 교회가 세워지고 운용된다면 이런 교회는 분명 본문이 말하는 교회와 거리가 먼 교회다. 이들은 이 땅에 임한 하나님의 다스림을 받아들이지 않은 교회이며, 따라서 이런 교회는 음부의 문들을 이기지 못한다.

사탄은 자신의 왕국의 문, 즉 음부와 사망의 문을 열어 놓고 지속적으로 인류를 죄의 속박 아래 두어 죽게 함으로써 자신의 음부의 문으로 들어오게 한다. 그렇기 때문에 만약 교회의 구성원들이 예수께서 이 땅에 임하게 하신 하나님의 다스림만이 정말로 인간과 세상을 다스리는 유일하고도 절대적인 실체임을 고백하고 그대로 살지 않는다면, 그 교회는 사탄이 열어 놓고 기다리는 음부의 문으로 들어갈 수밖에 없다.

또한 예수에 대해 참된 고백을 하는 베드로, 곧 반석 위에 세운 교회에게는 천국의 문을 열어 하나님의 천상의 왕권을 이 땅에 구현하는 역할이 주어졌다. 하나님의 천상의 왕권이 예수를 통해 이 땅에까지 확장되었음을 선포하는 그 일을 통해 천상의 왕권이 지상에서 이루어지는 것이다. 하늘의 하나님의 왕권에 의해 이미 사탄이 묶여 있고 동시에 하나님의 다스림이 이 땅에 풀어져 있기에, 이러한 천국 복음의 선포를 통해 교회는 하늘에서 묶인 사탄과 풀린 하나님의 다스림을 이 땅에 온전하게 드러낼 수 있는 것이다.

이러한 하나님의 다스림의 복음이 교회에게 주어진 천국의 열쇠다. 교회는 하나님이 다스린다는 복된 소식을 선포함으로써 사람들을 하나님의 다스림의 세계로 들어가게 할 수 있다. 교회는 하나님이 다스린다는 복된 소식을 믿고 받아들이는 것만이 사탄과 죄의 속박으로부터 벗어나는 유일한 길이라고 선포함으로써 사람들을 하나님의 다스림의 세계로 들어가게 할 수 있다.

뿐만 아니라, 교회는 하나님의 다스림의 복음을 선포하는 일을 통해서 하나님의 다스림을 이 땅에 풀어놓을 수 있다. 사탄의 속박으로 가득 찬 이 땅과 거기에 사는 사람들에게 하나님의 다스림을 선포함으로써 하나님의 다스림을 온 세계에 풀어놓게 된다는 뜻이다. 이러한 교회의 선포를 통해 하나님은 자신의 다스림을 정말로 세상과 사람들 가운데 능력 있게 행사하실 수 있다고 예수는 말씀하신다. 마태복음 28장 18-20은 이와 같은 동일한 맥락에 놓여 있다.

5. 현대적인 의의

본문 마태복음 16:13-20은 교회의 본질이 베드로의 고백처럼 예수 그리스도는 하나님의 천상의 왕권을 이 땅에 구현하시는 그리스도라고 고백하는 하나님의 종말론적인 백성들의 모임이라는 것을 보여준다. 또한 본문은 교회의 사명이 하나님이 예수 그리스도를 통해서 천상의 왕권을 지상에까지 확장시켜서 구현하신다는 복음을 선포하는 데 있음을 점을 나타내준다. 교회는 이러한 하나님의 다스림의 복음을 선포함으로써 이 땅에 창궐해 있는 음부의 세력들을 몰아내고 하나님의 다스림을 편만하게 하는 일을 할 수 있다.

또한 본문은 예수께서 이러한 교회에 천국의 열쇠를 주심으로써 땅에서 묶고 푸는 일과 하늘에서 묶고 푸는 일이 유기적으로 연결되어 있음을 보여주고 있다. 이런 점에서 교회의 복음 선포는 다름 아닌 천상에서 이미 묶여지고 풀어진 하늘의 결정, 곧 예수를 통한 하나님의 종말론적인 다스림의 구현이 이 땅에서 실행되는 방식과 긴밀하게 연결되어 있다.

이러한 교회의 본질과 사명은 현상적인 교회의 모습들에 대해 시사하는 바가 실로 크다. 교회는 많은 종교들 중 하나인 기독교를 표방하는 배타적인 종파적 집단이 아니다. 또한 많은 도덕 종교 중 하나로서 기독교 신앙을 배타적으로 점유하여 교회 구성원들만의 구원을 말하고 서로간의 교제와 사회적 책임을 말하는 종교적 집단이 아니다. 베드로전서 1:1은 하나님의 종말론적인 공동체의 일원인 베드로 교회 공동체들을 이렇게 잘 표현하고 있다. "ἐκλεκτοῖς παρεπιδήμοις διασπορᾶς/선택된 그리고 흩어진 나그네들." 즉 하나님의 종말론적인 출애굽 공동체인 베드로 교회 공동체의 구성원들은 수직적 차원에서 하나님의 부르심을 입은 자들이며 동시에 수평적 차원에서 '흩어진 나그네들'이라는 점이다. 특별히 이 공동체는 물리적 의미에서 이주(移住)를 통한 출애굽이 아니라 믿음을 통해 새로운 삶의 실존으로 출애굽한 공동체라는 점이다. 이런 점에서 기독교 공동체인 교회는 사회 밖으로의 이주 공동체가 아니라 하나님의 종말론적인 다스림의 세계 속으로 옮기어 들어가는 이행(

移行) 공동체라 부르는 것이 마땅하다.[204]

마태복음 본문 역시 동일한 맥락에 놓여있다. 하나님의 천상의 왕권이 예수를 통해 이 땅에 보편적으로 구현되고 있다는 사실에 대한 고백은 인간의 구도의 길과 영성 추구의 결과로 오는 것이 아니라 전적으로 하나님께로부터 기인한 것이다. 보다 중요하게 이러한 고백을 하는 모든 사람들은 사탄의 다스림의 세계에서 하나님의 다스림의 세계 속으로 옮겨 들어간 자들로서 하나님의 종말론적 공동체인 교회 공동체의 일원들이다. 동시에 하나님의 다스림의 세계에 사는 모든 자들은 여전히 이 세상 속에서 살아가면서 세상을 향해 하나님의 다스림이란 복음을 선포하도록 부름받은 자들이며, 또한 세상 속에서 실질적이고도 구체적으로 하나님의 다스림을 따라 살도록 부름을 받는 자들이다. 이를 통해 하나님의 다스림이 구체적으로 실현됨으로써 사탄의 지배 영역, 정확히 말해서 인류 타락 이후 이 땅에 준동하고 창궐한 사탄의 다스림 - 곧 예수의 사건을 통해 근본적으로 제어되었지만 여전히 영향력의 여파를 지닌 사탄의 다스림 - 을 실질적으로 줄여가고 하나님의 다스림의 영역을 넓혀갈 수 있게 된다.

동일하게 중요한 사실은 하나님의 종말론적인 공동체인 교회에 천국의 열쇠가 주어졌다는 점이다. 즉 천국 복음, 곧 하나님의 다스림의 복음을 선포하고 동시에 이 복음을 삶으로 살아냄으로써 이 땅 위에 창궐해있는 사탄과 죄의 세력들을 몰아내고 하나님의 다스림을 편만하게 할 수 있다는 점이다. 이를 통해 하나님의 천상의 왕권이 이 땅으로 확장되어 나가게 되며, 바로 이것이 하나님 나라의 확장인 것이다. 교회가 이러

---

204 교회 공동체 구성원들의 본질과 관련한 하나님의 종말론적인 출애굽 공동체, 이주 공동체 그리고 이행 공동체에 대한 보다 자세한 설명을 위해 다음을 보라. L. 고펠트, 『신약신학 II』, (서울: 크리스챤다이제스트, 1995), 218-221.

한 하나님의 다스림의 복음을 전하지 않고 그 이외의 좋은 말들과 좋은 프로그램을 통해 교인들만의 풍요로운 삶을 추구한다면 그것은 이미 성경이 말하는 교회가 아니며 또 다른 의미의 사회 단체나 기관이라 할 수 있다. 교회 구성원들 각자가 하나님의 다스림을 따라 살지 않는데 어떻게 하나님의 다스림이 이 땅에 구현되고 하나님의 나라/다스림이 이 땅에 확장되기를 원하겠는가? 교회 공동체 구성원들이 서로를 보면서 돈과 명예와 권력, 좋은 배경과 가문 그리고 좋은 외모와 화려한 이력이 정말 삶의 관건이라는 생각이 떠오르게 된다면 그 것은 사탄과 죄의 세력을 여전히 이 땅에 창궐하게 하는 것이며, 하나님의 다스림이 이 땅에 구현되고 확장되는 일을 근본적으로 대적하는 일일 것이다.

그러나 서로를 보면서 이 모든 세속적인 힘의 원리를 작동하지 않고 오직 하나님의 선하신 인도를 따라 살며 전적으로 하나님만을 의존해사는 모습을 보게 된다면, 그 때 하나님의 다스림이 진정한 삶의 실체라는 사실을 자각하게 될 것이다. 더 나아가 이러한 삶의 방식과 모습을 통해서 하나님의 다스림이 이 땅에 실질적으로 구현될 것이다.

Ⅲ 누가복음 10:25-37

25 Καὶ ἰδοὺ νομικός τις ἀνέστη ἐκπειράζων αὐτὸν λέγων·

διδάσκαλε, τί *ποιήσας* ζωὴν αἰώνιον κληρονομήσω;

26 ὁ δὲ εἶπεν πρὸς αὐτόν·

ἐν τῷ νόμῳ τί γέγραπται; πῶς ἀναγινώσκεις;

27 ὁ δὲ ἀποκριθεὶς εἶπεν·

ἀγαπήσεις κύριον τὸν θεόν σου

ἐξ ὅλης [τῆς] καρδίας σου καὶ ἐν ὅλῃ τῇ ψυχῇ σου

καὶ

ἐν ὅλῃ τῇ ἰσχύϊ σου καὶ ἐν ὅλῃ τῇ διανοίᾳ

σου, καὶ

τὸν πλησίον σου ὡς σεαυτόν.

28 εἶπεν δὲ αὐτῷ·

ὀρθῶς ἀπεκρίθης· τοῦτο ποίει καὶ ζήσῃ.

29 ὁ δὲ θέλων δικαιῶσαι ἑαυτὸν εἶπεν πρὸς τὸν Ἰησοῦν·

καὶ τίς ἐστίν μου πλησίον;

30 Ὑπολαβὼν ὁ Ἰησοῦς εἶπεν·

ἄνθρωπός τις κατέβαινεν ἀπὸ Ἰερουσαλὴμ εἰς Ἰεριχὼ

καὶ λῃσταῖς περιέπεσεν,

οἳ καὶ ἐκδύσαντες αὐτὸν καὶ πληγὰς ἐπιθέντες

ἀπῆλθον ἀφέντες ἡμιθανῆ.

31 κατὰ συγκυρίαν δὲ ἱερεύς τις κατέβαινεν ἐν τῇ ὁδῷ ἐκείνῃ και

ἰδὼν αὐτὸν ἀντιπαρῆλθεν·

32 ὁμοίως δὲ καὶ Λευίτης [γενόμενος] κατὰ τὸν τόπον ἐλθων καὶ

ἰδωὶν ἀντιπαρῆλθεν.

33 Σαμαρίτης δέ τις ὁδεύων ἦλθεν κατ᾽ αὐτὸν καὶ

ἰδωὶν ἐσπλαγχνίσθη,

34 καὶ προσελθὼν κατέδησεν τὰ τραύματα αὐτοῦ ἐπιχέων ἔλαιον καὶ

οἶνον,

ἐπιβιβάσας δὲ αὐτὸν ἐπὶ τὸ ἴδιον κτῆνος

ἤγαγεν αὐτὸν εἰς πανδοχεῖον καὶ ἐπεμελήθη αὐτοῦ.

35 καὶ ἐπὶ τὴν αὔριον ἐκβαλων ἔδωκεν δύο δηνάρια τῷ πανδοχεῖ

καὶ εἶπεν·

ἐπιμελήθητι αὐτου, καὶ ὅ τι ἂν προσδαπανήσῃς

ἐγὼ ἐν τῷ ἐπανέρχεσθαί με ἀποδώσω σοι.

36 τίς τούτων τῶν τριῶν πλησίον δοκεῖ σοι γεγονέναι τοῦ ἐμπεσόντος

εἰς τοὺς λῃστάς;

37 ὁ δὲ εἶπεν·

ὁ ποιήσας τὸ ἔλεος μετ᾽ αὐτοῦ.

εἶπεν δὲ αὐτῷ ὁ Ἰησοῦς·

πορευου και συ ποίει ὁμοίως.

한글사역

25 어떤 율법교사가 일어나 예수를 시험하여 이르되

선생님 내가 무엇을 행함으로써 장차 영생을 유업으로 얻게 됩니까? 하더라.

26 예수께서 그에게 이르시되

율법에 무엇이라 기록되었으며, 너는 어떻게 (그것을) 읽느냐? 하시더라.

27 그가 대답하여 이르되

"너는 네 마음을 다하며 목숨을 다하며 힘을 다하며 뜻을 다하여

주 너의 하나님을 사랑하고 또한

네 이웃을 네 자신 같이 사랑하라" 하였나이다 하더라.

28 예수께서 그에게 이르시되

네가 옳게 대답하였도다. 너는 이를 행하라 그러면 네가 살리라 하시더라.

29 자신을 옳게 보이기 위해그가 예수께 말하기를

그러면 누가 나의 이웃입니까 묻더라.

30 예수께서 대답하여 이르시되

어떤 사람이 예루살렘에서 여리고로 내려가다가

강도들에게 걸려들었다.

그들은 그의 옷을 벗기고 그를 때리고 거의 죽은 채로 내버려두고 가버렸더라.

31 우연히 한 제사장이 그 길로 내려가다가 그를 보고 피하여 지나갔더라.

32 마찬가지로 레위인이 그 곳을 따라 오다가 그를 보고 피하여 지나갔더라.

33 그런데 어떤 사마리아인이 여행하다가 거기 이르러 그를 보고 불쌍히 여겨

34 다가가서 기름과 포도주를 붓고 상처를 싸매고

그를 자기 짐승에 태워

여관으로 그를 데리고 가서 그를 돌보았더라.

35 그리고 다음 날 그가 여관 주인에게 두 데나리온을 내어 주며

말하기를, 이 사람을 돌보아 주라. 당신이 추가로 지불하는 것은 얼마든지

내가 돌아올 때에 당신에게 갚으리라 하더라.

36 네게는 이 세 사람 중에 누가 강도들에게 걸려든 자의 이웃이 되었다고 보이느냐?

37 그가 말하기를

그에게 자비를 행한 자입니다, 하더라.

예수께서 그에게 말씀하시기를

가서 너도 이와 같이 행하라, 하시더라.

1. 서론

본문은 예수와 함께 이 땅에 펼쳐지기 시작한 하나님 나라를 축사 및 치유라는 행위와 가르침의 말씀으로 드러내시는 예수님의 지상 사역 중 가르침의 말씀인 비유를 통해 도래한 하나님의 나라와 이에 따른 새로운 질서를 말씀하고 있는 본문이다.

한 마디로 도래한 하나님의 나라의 새로운 질서는 하나님의 나라 백성들의 삶을 어떻게 규정하고 있는가를 보여주고 있다는 것이다. 그것은 1) 이웃에 대한 근본적인 새로운 정의를 요구하며(인식의 변화. "누가 강도만난 자의 이웃인가?"), 2) 이웃을 공동체의 일원으로 받아들이는 근본적인 동인은 하나님의 사랑의 현현인 사마리아인의 구체적인 사랑과 자비의 행위라는 점("너도 동일한 방식으로 행하라" 사랑과 자비의 실천)을 보여주고 있다.

2. 본문 강해

본문은 예수를 시험하기 위해서 율법사가 '무엇을 행해야(*ποιήσας*) 영생을 유업으로 얻는가'라는 질문으로 시작한다. 예수는 율법사의 율법 이해를 물어보심으로써 율법이 영생을 유업으로 얻는 일과 모종의 연관이 있음을 암시하신다. 율법사는 율법의 근본정신을 하나님의 사랑과 이웃 사랑으로 잘 요약해 표현하고 있다. 이에 예수님은 율법에 대한 정확한 이해에 더하여 율법의 정신을 삶으로 구현하는 것이 중요하다면서 하나님과 사랑과 이웃 사랑을 행하면 살리라(ποίει καὶ ζήσῃ)고 말씀 하신다. 그리고 예수님은 비유를 다 말씀하신 후 율법사에게 "너도 동일한 방식으로 행하라" 말씀하심으로써, 본문은 하나님의 무조건적인 사랑을 받아서 그 사랑을 실천하는 것이 결국 영생과 하나님의 나라를 유업으로 받는 일임을 분명히 하고 있다. 이 일을 위해 먼저 우리의 사랑의 대상이 누구인가를 규명할 필요가 있는 것이다.

이런 맥락에서 예수님과 율법사의 대화는 갑자기 이웃이 누구인가의 문제로 급반전하게 된다. 그리고 예수님은 이웃이 누구이냐는 율법사의 질문에 대한 대답으로 유명한 선한 사마리아인의 비유를 말씀하신다.

예루살렘에서 여리고로 내려가는 어떤 사람(ἄνθρωπός)이 강도들(λῃσταις)의 먹이감이 되어 거의 죽을 지경에 이를 정도로 맞고 모든 것을 빼앗긴 채로 버려진 상태로 남게 된다. 세 명의 사람이 그 곁을 지나가는데 처음 두 사람은 제사장과 레위인으로 묘사된다. 이들은 당시 예루살렘 성전을 중심으로 자신들의 안녕과 안정을 추구하는 사두개인들 계열의 종교 지도자들을 상징한다. 이들은 구약에서 보면 성전과 성전 제사의 참된 의미를 망각하고 성전을 자신들의 기득권과 안정의 토대로 삼아 온갖 불의를 행하는 자들로서 하나님의 준엄한 심판의 대상들로 선지자들의 통렬한 정죄의 대상들이었다(렘 7장을 참조).

여기서 두 가지를 주목할 필요가 있다. 먼저 강도를 만난 자를 본문은 '어떤 사람'이라고 지칭하고 있다는 점이다. 이것은 불특정한 어떤 한 사람을 가리킨다기보다는 잘못된 유대 전통의 종교와 종교적인 제의와 제도들 그리고 세속적인 인습과 관행의 희생양으로 전락하여 사는 보편 인류를 대변하는 표현이다(cf. 눅 24:47. 정말로 이 사람은 의로운 자였다).

두 번째로 여리고로 내려가던 사람에게 폭력을 행하고 그의 재물을 약탈한 자들을 강도들이라고 지칭하고 있다는 점이다. 강도들이라 표현하고 있는 헬라어 단어의 원뜻은 폭도들이라는 표현으로서, 예수님이 예루살렘 성전을 정화하시면서, 성전 관리자들을 가리키면서 저들이 "만민의 기도의 집을 강도의 굴혈을 만들었다"고 그들을 정죄하실 때 사용한 표현이다. 즉 이들은 성전을 자신들의 삶의 토대이자 안정의 본거지로 삼아 성전을 배타적으로 점유하고 기득권을 누리던 자로서, 성전에 나타난 하나님의 속죄와 임재에 대한 보편적인 열망과 염원을 저버린 자들이었다. 이런 점에서 강도를 만난 자는 이러한 종교적인 관행의 희생자라 할 수 있다.

마지막으로 강도 만난 사람 곁을 지나간 사람으로 설정된 인물은 전혀 예기치 못한 의외의 인물인 사마리아인이었다. 이 사람의 의외성은 앞의 두 사람이 소위 정통의 예루살렘 종교의 지도자들이요 신봉자들인데 비해서 당시 유대인들의 경멸의 대상인 사마리아인이었다는 점에서 그렇다. 강도를 만나 사경을 헤매는 자를 무조건적인 사랑으로 받아들여 일단 응급조치를 하고 근처 여관으로 데려가서 얼마간의 치료비를 지불하면서 보다 근본적인 치료를 부탁하고 후에 돌아와서 모자라는 치료비를 줄 것이라고 말한다.

그리고 이 사마리아인은 율법사에 의해서 자비를 베푼 자로 묘사되고 있으며, 예수님은 강도를 만난 자의 이웃이 바로 자비를 베푼 자라고 말씀하신다. 그리고 율법사에게 가서 사마리아인이 행한 것과 동일한 방식으로 "행하라"고 말씀 하신다. 즉 앞서 율법에 바른 이해에 따라 율법사에게 "이를 행하라 그리하면 살리라"고 말씀하신 것과 동일한 말씀을 하고 계신 것이다.

우리는 여기서 몇 가지 중요한 점을 주목할 필요가 있다. 첫째로 강도를 만난 자가 누구인가라는 점이다. 바로 잘못된 종교적인 관행과 세속적인 인습의 먹잇감으로 전락한 인류 모두가 강도를 만난 자라는 점이다. 우리 모두는 잘못된 종교적인 관행과 실천 그리고 세상이 돌아가는 이치에 따라 살기에 이 모든 것들의 희생양이 되어버린 자들이라는 점을 분명히 해야 할 필요가 있다. 두 번째로 우리를 이렇게 희생양으로 삼은 자들은 다름 아닌 종교적인 기득권자들로서 자신들의 안정을 유지하기 위해 오직 종교적인 일들에 몰두해 있으며, 나아가 세속적인 권력과 결탁하여 사람들을 약탈하는 강도 같은 자들이라는 점이다. 세 번째로 이러한 강도 만난 자들과 같은 우리를 구출, 보호하고 상처를 싸 매주는 자들은 율법에 정통한 율법사도 아니고 하나님에 대한 제사에 정통한 제사장들도 아니라는 점이다. 강도를 만나 약탈당하여 벌거벗겨지고 완전 황폐화된 우리를 구출하고 보호하는 분은 우리의 예상을 완전히 뛰어넘는 사마리아인이라는 점이다. 마치 하나님의 사랑이 율법의 행위나 제사 행위 같은 것들로 우리에게 다가오는 것이 아니라, 전혀 예기치 못한 방식으로 다가오고 있는 것과 같다.

이 점을 보여주시는 분이 바로 구약의 선지자 같은 분이신 예수님이시다. 예수님은 누가복음에 따르면 율법과 제사의 근본정신을 드러내시고 그 근본정신을 온전히 이루신 종말론적인 선지자이시다. 이 점을 예수님이 십자가상에서 죽으셨을 때 "이 사람은 진실로 의인이었다"(cf. 눅 23:47)라는 백부장의 고백이 잘 보여준다.

우리의 진정한 이웃은 하나님이시다. 우리의 전통과 인습으로는 전혀 우리의 이웃이라고 예측할 수 없었던 바로 그 분, 즉 자신의 아들을 약탈당해 거의 죽게 된 우리에게 아낌없이 내어주셔서 살리시고, 살리는 일에 부족한 것이 있다면 그것마저도 다시 이 땅에 오실 때 다 지불하시겠다는 하나님 바로 이 분이 우리의 이웃이시다. 보다 정확히 말해서 모든 사람이 기대했고 자신들의 이웃으로 쉽게 받아들일 수 있는 힘과 무력의 메시아가 아니라, 전혀 이해할 수 없고 그래서 극렬하게 저항하고 배척했던 또한 도저히 자신들의 이웃으로 받아들일 수 없었던 고난 받아 죽임 당하시는 세상 죄를 지고 가는 어린양으로 오신 메시아 예수가 우리의 이웃인 하나님이시다.

이러한 이웃을 받아들이려면 먼저 우리의 이웃에 대한 세속적인 관점을 내려놓아야 한다. 유유상종과 같은 인습적인 사고와 관행을 내려놓아야 한다. 그리고 죽임당하신 예수가 바로 우리의 진정한 이웃이신 하나님이라는 점을 받아들여야 한다. 이 이웃만이 진정 우리의 문제를 해결하며 우리 인류 공동체를 하나님의 참된 사랑의 공동체로 만들 수 있는 분이다.

나아가 이웃에 대한 인습적 개념을 바꾸고, 죽임 당하신 예수로 오신 우리의 이웃인 하나님과 그의 사랑을 받아들이게 되면, 드디어 우리도 진정 우리의 이웃이 누구인가를 바로 이해할 수 있게 된다. 우리의 이웃은 강도를 만난 자이다. 온갖 형태의 기득권과 관행과 인습적인 권위들에 의해서 희생의 대상으로 전락한 모든 인류가 우리들의 이웃이다. 우리의 무조건적인 사랑을 받아야 할 대상들이다.

Ⅳ 고린도전서 3:10-15

1. 본문의 한글사역과 구조 이해

1) 구조 이해

헬라어 본문

10 Κατὰ τὴν χάριν τοῦ θεοῦ τὴν δοθεῖσάν μοι

ὡς σοφὸς ἀρχιτέκτων

θεμέλιον ἔθηκα, ἄλλος δὲ ἐποικοδομεῖ.

ἕκαστος δὲ βλεπέτω πῶς ἐποικοδομεῖ.

11 θεμέλιον γὰρ ἄλλον οὐδεὶς δύναται θεῖναι παρὰ τὸν κείμενον,

ὅς ἐστιν Ἰησοῦς Χριστός.

12 εἰ δέ τις ἐποικοδομεῖ ἐπὶ τὸν θεμέλιον χρυσόν, ἄργυρον, λίθους τιμίους,

ξύλα,

χόρτον, καλάμην,

13 ἑκάστου τὸ ἔργον φανερὸν γενήσεται,

ἡ γὰρ ἡμέρα δηλώσει,

ὅτι ἐν πυρὶ ἀποκαλύπτεται·

καὶ ἑκάστου τὸ ἔργον ὁποῖόν ἐστιν τὸ πῦρ [αὐτὸ] δοκιμάσει.

14 εἴ τινος τὸ ἔργον μενεῖ ὃ ἐποικοδόμησεν,

μισθὸν λήμψεται·

15 εἴ τινος τὸ ἔργον κατακαήσεται,

ζημιωθήσεται,

αὐτὸς δὲ σωθήσεται, οὕτως δὲ ὡς διὰ πυρός.

한글사역

10 나에게 주어진 하나님의 은혜에 따라

지혜로운 건축자와 같이

나는 기초석[205]을 놓았으니 다른 사람이 그 위에 (건물을) 세우느니라.

그러나 각자는 어떻게 그 위에 세울까를 유의해야 하느니라.

11 왜냐하면 어느 누구도 현재 놓인 것 곧 예수 그리스도 이외에

다른 기초석을 놓을 수 없기 때문이라.

12 그런데 만약 어떤 이가 이 기초석 위에

금 은 보석 나무 풀 짚을 [건물로] 세운다면

13 각자의 일[206]이 분명해질 것이라

왜냐하면 그 날이 [각자의 일을] 보여줄 것이기 때문이니

---

205 이 단어는 헬라어로 θεμέλιος로서 기본적으로 '기초' 혹은 '기초석'을 뜻한다. 한글 번역성경들 중에서 개역개정만이 '터'라고 잘못 번역하고 있고(건물의 터와 건물의 기초는 다름) 새번역과 공동번역 등은 '기초'로, 문자역의 영어번역성경인 NASB는 'foundation'이라고 번역하고 있다.

206 이 단어는 헬라어로 ἔργον로서 기본적으로 '일(work)' 혹은 '행위(deed)'를 뜻한다. 이 단어를 개역개정은 '공적'으로, 새번역은 '업적'으로 공동번역은 '일'로, NASB는 'work'로 번역한다. 본문의 전체적인 논지의 흐름으로 볼 때 '일(work)'로 번역하는 것이 바람직하다.

이는 [각자의 일이] 불 가운데 드러나게 되기 때문이라.

즉 각자의 일이 어떤 종류의 일인지를 불이 시험할 것이기 때문이라.[207]

14 만약 어떤 이의 일이 그가 위에 세웠던 것 그대로 머물러 있다면

삯[208]을 그가 취하게 될 것이요[209]

15 만약 어떤 이의 일이 불타버리게 된다면

[삯이] 몰수될 것이라[210].

---

207 13절 전체의 구문에 대한 번역상의 논란이 있다. 논란의 핵심은 첫 번째 이유절의 동사인 δηλώσει(보여줄 것이라)의 목적어가 명시되지 않고 있다는 것과 두 번째 이유절의 동사인 ἀποκαλύπτεται(드러나게 된다)의 주어가 무엇인가('그날' 혹은 '각자의 일')라는 점이다. G. Fee는 ἀποκαλύπτεται의 주어는 '그날'이어야 하는데 그렇지 않으면 마지막 문장이 불필요해지기 때문이라고 주장한다. 이런 점에서 G. Fee는 바울의 의도를 중심으로 13절의 두 이유절과 마지막 문장을 다음과 같이 해석하고 있다. "왜냐하면 그 날이 각자의 일 [복음 혹은 지혜]을 드러내게 될 것이기 때문이니 이는 그날이 불과 함께 나타날 것이기 때문이라. 즉 불이 각자의 일의 질을 시험하게 될 것이라"(G. Fee, *The First Epistle to the Corinthians*, 142). 그러나 NA27판이나 UBS4판의 편집자들이 구두점들을 통해서 어떻게 본문의 구조를 이해했는가가 잘 보여주듯이 13절의 네 문장들에서 처음 세 문장 뒤에 큰 휴지부('\')는 분명 처음 세 문장이 구문론상 보다 밀접하게 연결되어 있고 마지막 네 번째 문장은 앞의 세 문장이 말한 바에 대한 일종의 요약적 혹은 설명적인 재진술이라 할 수 있다. 이 점은 네 번째 문장 앞에만 καὶ가 나타나고 있다는 점에 의해서도 지지를 받는데 이것은 καὶ가 이 Pμ는 네 번째 문장이 세 번째 문장만의 재진술일 수는 없다는 것을 나타낸다(contra G. Fee). 그리고 ἀποκαλύπτεται이 미래 수동이라는 점도 충분히 고려해야 하고 보다 중요하게는 13절과 본문의 전체적인 논지가 건물의 세우는 자들의 '일'의 드러남 즉 이 일이 기초석이신 예수 그리스도라는 성격에 부합되는가에 있다는 점을 주목할 필요가 있다. 이런 점에서 '그날'의 도래나 '불과 함께 도래하는 그날'은 이 '일'의 성격을 심판하고 시험하는 보조적인 역할을 할 뿐이다. 이런 점에서 13절에서 일관되게 흐르는 관심은 '각자의 일'에 있다 할 수 있다.

208 이 단어는 헬라어로 μισθὸς로 기본적으로 삯(wages) 혹은 보상(reward)를 뜻한다. 이 단어를 개역개정과 새번역, 공동번역 등 대부분의 한글 번역 성경들은 '상'으로 번역하고 있고 NASB는 'reward'로 번역한다. 이 단어의 바른 번역은 앞서 ἔργον을 어떻게 번역하는가와 연결되어 있는데 ἔργον을 '공적'이나 '업적'으로 번역한다면 μισθὸς는 '상'이나 '보상'으로 번역하는 것이 바람직하고 ἔργον을 '일'로 번역한다면 μισθὸς는 한 일에 대한 '삯'이나 '임금'으로 번역하는 것이 바람직하다. 저자의 논지의 흐름에서 볼 때 ἔργον이 일'이었다면 μισθὸς 역시 '삯'으로 번역하는 옳다고 본다.

209 '목적어+주어'의 이러한 문장 구조는 헬라어 원문이 μισθὸν을 문장 서두라는 강조의 위치에 놓고 있다는 점을 그대로 보여주고자 함이다.

210 '몰수될 것이다'의 헬라어 단어는 ζημιωθήσεται로서 '손실을 겪다' 혹은 '몰수하다'란 뜻을 지닌 ζημιοω의 3인칭 단수 미래 수동태 직설법 동사형이다. 이런 점에서 3인칭 주어

그러나 그 자신은 구원을 받게 될 것이니 불을 통한 [구원]과 같을 것이라.

2) 본문의 구조 설명

이상의 문장 흐름도가 보여주듯이 본문은 구문론적인 관점에서 볼 때 10-11절, 12-13절, 14-15절로 구분된다. 그러나 저자의 논리 흐름과 사고 전개라는 의미론적인 관점에서 볼 때, 이 세 부분은 서로 간에 매우 질서정연한 논리적 관계를 지니고 있다. 첫째로 10-11절에서 바울은 자신을 하나님의 건물로 묘사된 고린도 교회 공동체(cf. 9절-"너희들은 하나님의 건물이라/θεοῦ οἰκοδομή ἐστε") 위에 기초석을 놓는 자로 규정하고, 다른 사람들은 이 기초석 위에 건물을 짓는 자들로 규정하면서 건물 세우는 일에 유의할 것을 명령한다(10절. cf. 명령법 동사 'βλεπέτω'). 물론, 여기서 건물을 세우는 일에 유의해야 할 명시적인 이유로 이 건물이 '그리스도라는 기초석 위에 세워질 것이기 때문이라'(11절)고 밝힌다.

둘째로 바울은 12-13절에서 보다 확장된 형태로 왜 건물을 세우는 일에 유의해야 하는지를 설명하고 있는데 이 설명은 먼저 불로 시험할 날이 있을 것이라는 명시적 진술과, 각자가 세운 건물들이 이 불의 시험을 견디어 그대로 서 있거나 견디지 못하고 없어질 것이라는 암시를 담고 있다. 끝으로 바울은 14-15절에서 건물 세우는 일에 유의해야 할 것

가 누구냐에 따라서 '그가 손실을 당하게 될 것이다' 혹은 '삯이 몰수될 것이다'라고 번역하는 것이 옳다. 개역개정은 '누구든지 … 해를 받으리라'로, 새번역은 '그는 손해를 볼 것입니다'로, 공동번역은 '그는 낭패를 볼 것입니다'로, NASB는 'he will suffer loss'로 번역하고 있다. 14절과의 구문론상의 평행관계를 고려한다면 주어를 '그'로 취급해서 '그가 손실을 겪게 될 것이다'로 번역하는 것이 좋고 만약 이 동사의 수동태를 그대로 살려 번역한다면 '삯이 몰수될 것이라'고 번역하는 것이 좋다. 전체적으로 본문 저자의 초점이 마지막 날에 건축자가 한 일 곧 바울이 놓은 기초 위에 건축한 일이 헛된 일 곧 헛수고가 되지 않도록 유의하라는 경고이기에 '삯이 몰수될 것이라'고 번역하는 것이 더 바람직하다.

에 대한 12-13절의 확장된 설명을 보다 명시적으로 구체화하면서 동시에 수신자들 편에서의 동기를 부여하는 역할을 하는 상의 문제로 진술을 확장시킨다. 즉 불의 시험을 견딘 건물을 세운 자는 건물 세운 일에 대한 상을 받게 될 것이며, 불의 시험을 견디지 못하고 불타버린 건물을 세운 자는 건물 세운 일에 대한 상이 몰수될 것이라는 점을 분명하게 밝히고 있다.

이를 간략히 정리하자면, 바울은 그리스도를 고린도 교회 공동체로 대변되는 하나님의 건물의 기초석으로 놓았기 때문에 다른 건축자들은 매우 조심스럽게 이 건물을 세워가야 한다고 말한다. 이렇게 해야 할 당위성 혹은 이유가 있다면 하나는 건물을 불로 시험할 날이 있을 것이란 점이고, 다른 하나는 불을 견디어 낼 수 있는 건물을 세운 건축자는 일에 대한 상을 받을 수 있지만 불을 견디어 낼 수 없는 건물을 세운 건축자는 일에 대한 상이 몰수될 것이라는 점이다.[211]

2. 본문의 소 단락별 해석

1) 10-11절

본문의 앞 문맥에서 바울은 자신을 밭을 경작하는 심는 자(planter)로 묘사하고 있는데 여기서 바울은 자신은 건물의 기초를 놓는 거장 건축가(도편수: master builder/ἀρχιτέκτων)로 묘사하고 있으며 다른 사역자들의 일은 이 기초 위에 건물을 세워가는 것이라고 말하고 있다. 그리고 이 건물의

211 이상과 같이 본문의 세 부분을 논리적으로 연결하고 저자의 사고의 흐름을 따라 본문을 읽게 되면 이와 같이 본문을 정리하여 요약적으로 진술할 수 있으며 이런 점에서 저자의 논지를 보다 정확하게 파악할 수 있다.

유일한 기초는 예수 그리스도라고 분명히 밝힌다. 이 점은 바울이 2:2에서 "나는 너희와 함께 있을 때 예수 그리스도와 십자가에 못 박힌 그 이외에는 아무 것도 알지 않기로 작정했다"고 말한 바와 일맥상통한다.

문제는 11절에서 바울은 예수 그리스도라는 기초석 외에 다른 기초석을 놓을 수 없다고 말함으로써 여기서 '다른 기초석을 놓을 수 있는가 없는가'에 관심이 있는 것으로 해석할 여지가 있는 것처럼 보인다는 점이다.[212] 그러나 11절 초두의 γὰρ가 보여주듯이 11절이 10b에서 말하는 '어떻게 자신이 세운 기초석 위에 건물을 세울지를 유의하라'는 말의 이유로 제시되고 있음이 분명하다. 이와 같은 사실은 11절에서 바울은 단지 하나님의 건물의 기초석은 오직 예수 그리스도일 뿐 다른 기초석은 없다라는 근본적인 원리를 지적하려는 의도뿐만 아니라, 보다 중요하게 다른 기초석 위에 세워진 건물은 본질상 하나님의 건물이 아니라는 매우 실제적인 교훈을 주려는 의도를 보여준다. 즉 바울이 이하에서 말하려는 바는 기초석에 관한 것이라기보다는 기초석 위에 어떻게 건물을 세울 것인가에 관한 보다 구체적이고 실천적인 것이기에 예수 그리스도라는 기초석에 걸맞지 않게 세워진 건물은 본질상 하나님의 건물이 아니라는 점을 먼저 분명히 하려는 의도로 보인다.[213]

그렇다면 본문에서 저자의 일관된 관심은 건물을 세우는 자들이 과

---

212 G. Fee는 이런 점에서 즉 11절이 세워져가는 건물과 관계된 것이 아니라 다른 기초를 놓는 것과 관계된다는 점에서 유비란 관점에서의 돌출 부분으로 볼 수 있음을 지적한다. 그러나 Fee는 곧 이어 이러한 돌출적 성격은 유비에 관한 것일 뿐 바울의 논지에 관한 것은 아니라는 바른 지적을 한다(Ibid., 139). 11절의 이러한 돌출적인 성격은 1:22과 3:22이 암시하듯이 베드로파의 주창('나는 게바에게 속했다') 즉 게바는 교회 공동체가 그 위에 세워진 반석(마 16:18)이라는 사실에서 촉발되었을 가능성도 있다(cf. Jerome Murphy-O'Connor, *1 Corinthians*, New Testament Message 10 [Michael Glazier, 1979], 26).

213 이 점을 G. Fee는 건물을 세우는 일에 조심해야 할 이유는 건물의 기초석의 성격에 관계된 것이라는 지적을 통해 잘 표현하고 있다(Ibid., 139).

연 기초석이신 예수 그리스도에 걸맞게 건물을 세울 것인가에 있다 할 수 있다. 여기서 고린도 교회 공동체의 기초석이 예수 그리스도라는 말이 무슨 의미인지를 알기 위해 고린도전서의 맥락, 즉 이 구절에 이르기까지의 문학적 문맥을 살펴볼 필요가 있다.[214]

먼저 본 구절에 이르기까지 바울이 사용하고 있는 '예수 그리스도'의 중요한 용례들을 중심으로 인접 문맥을 간단히 개관하고자 한다. 첫째로 바울은 고린도전서 서두의 인사 부분에서 자신을 하나님의 뜻에 따라 '예수 그리스도'의 사도로 부름 받았고 동시에 고린도전서의 모든 수신자들 역시 '그리스도 예수' 안에서 거룩해진 자들이요 '예수 그리스도'의 이름을 부르는 자들로 규정한다(1:1-3). 둘째로 바울은 '그리스도'에 관한 증언(복음)이 수신자들 가운데 확증됨에 따라 그들이 '그리스도' 안에서 부요해지고 모든 은사에 부족함이 없게 됨에 대해 감사한다(1:4-9). 셋째로 이러한 인사와 감사 다음에 편지의 본론에서 바울은 수신자들에게 나뉨이 없이 한 마음과 한 뜻으로 온전해지기를 권면하며 이에 대한 근거로 '그리스도'께서 그들을 위해 십자가에 못 박히셨고, 그들이 '그리스도'의 이름으로 세례를 받았다는 사실을 제시한다.

이에 덧붙여 바울은 자신의 사도적 임무 또한 복음을 전파하는 일이지만, 이 일은 반드시 '그리스도'의 십자가가 헛되지 않게 되는 방식 곧 수사로 대변되는 사람의 지혜로 이루어지지 않는다는 점을 분명히 한다(1:10-17). 넷째로 바울은 '그리스도'의 십자가라는 주제를 보다 확장해서 설명한다. 즉 '그리스도'의 십자가는 하나님의 능력이자 하나님의 지혜이

---

214 고린도전서 1:1에서 3:11에 이르기까지 '예수 그리스도,' '그리스도 예수,' '그리스도,' '예수' 라는 표현이 모두 21회 나타난다. 총 59절에서 이 표현들이 21회(2:8에 십자가에 못 박힌 '영광의 주'를 포함시킨다면 22회) 나타남으로써 거의 3절에 한 번씩 이 표현들이 나타나고 있다는 뜻이나. 이것은 바울의 일관된 관심이 예수 그리스도임을 명백히 드러내고 있다.

며 하나님은 표적을 요구하고 지혜를 찾으려는 모든 사람들의 세상적인 능력과 지혜를 무력화시키고 이에 대한 하나님의 대안인 선포, 곧 십자가에 달려 죽으신 '그리스도'라는 '하나님의 어리석음'으로 믿는 자들을 구원하시기를 기뻐하셨다고 단언한다(1:18-25).

다섯째로 바울은 십자가에 달려 죽으신 '그리스도'라는 하나님의 능력과 지혜에 대한 생생한 두 예증을 기술한다. 하나는 세상적인 능력과 지혜의 잣대로 볼 때 연약하고 미련했던 수신자들이 '그리스도' 안에 있게 되어 '그리스도'의 의와 거룩함과 구속을 힘입게 되었다는 사실이며(1:26-31), 다른 하나는 바울의 메시지와 복음 선포가 사람의 지혜가 아닌 하나님의 능력 곧 성령의 증거들로 이루어졌다는 사실을 통해 보여준다. 보다 중요하게 두 번째 예증의 기저에는 "수신자들 가운데서 나는 '예수 그리스도'와 십자가에 달려 죽으셨던 그분 이외에 그 어떤 것도 알지 않기로 작정했다/οὐ γὰρ ἔκρινά τι εἰδέναι ἐν ὑμῖν εἰ μὴ Ἰησοῦν Χριστὸν καὶ τοῦτον ἐσταυρωμένον."(2:2)라는 바울의 단호한 결심이 놓여 있음을 주목할 필요가 있다(2:1-5).

여섯째로 그럼에도 불구하고 바울은 성숙한 자들 중에서는 자신이 지혜를 말한다는 점을 인정한다. 그렇지만 이것도 세상의 지혜가 아닌 하나님의 지혜로서 이 세대에게는 감추어졌던 신비 가운데 있는 지혜이기에 영적이지 않은 사람에게는 미련한 것이지만 하나님의 영이신 성령을 통해서만 알 수 있음을 강조하고 있다(2:6-16). 일곱 번째로 이런 점에 비추어서 바울은 수신자들을 영적인 자들(πνευματικοῖς)이 아니라 육적인 자들같이(ὡς σαρκίνοις,) 곧 '그리스도'의 어린애들과 같이(ὡς νηπίοις ἐν Χριστῷ) 취급할 수밖에 없으며 이것은 그들 중에 시기와 분쟁이 있다는 점, 즉 바울과 아볼로는 하나님의 밭과 하나님의 건물에서 같이 일하고 삯을 받게 될 서로 간에 동역자일 뿐임에도 불구하고 수신자들 이 바울파와 아볼로파로 나뉘었다는 것이 이를 분명히 보여준다고 말한다(3:1-9).

본문의 문학적 문맥에 대한 이상과 같은 주제적 읽기(thematic reading)를 통해 볼 때 바울의 일관된 요지는 자신의 사도적 기원과 권위의 요체이며 고린도 교회 공동체의 존재 근거인 예수 그리스도, 즉 인간의 지혜와 능력을 무력화시키시고 어리석게 만드는 하나님의 신적 안티테제(divine antithesis)인 십자가에 달려 죽으신 예수 그리스도라는 케리그마임이 분명하다. 뿐만 아니라, 이러한 신적 안티테제인 십자가의 달려 죽으신 예수 그리스도라는 복음 선포(proclamation as kerygma)는 하나님의 종말론적 공동체의 일원인 고린도 교회가 그리스도 안에서 하나된 몸(bodily oneness in Christ)으로서 분열과 나뉨이 없어야 할 뿐만 아니라, 반드시 인간의 지혜와 인간의 능력의 대안인 하나님의 지혜와 능력인 십자가에 달려 죽으신 그리스도에 절대적으로 부합하는 방식으로 세워져 가야하는 공동체임을 강력하게 암시한다.

이런 점에서 고린도 교회의 기초석이 그리스도라는 것은 인간의 지혜와 인간의 능력 위에 세워진 교회가 아니라 하나님의 지혜와 능력인 그리스도의 십자가라는 복음, 즉 보다 구체적으로 말해서 십자가의 복음을 통해 온갖 형태의 세속적 속박에서 믿는 자들을 구속하신 하나님의 구원 위에 세워진 교회임을 암시한다. 그러기에 이 구절에서 사도 바울은 기초석이 그리스도라는 표현을 통해 앞서 1:23과 2:2에서 명시적으로 밝힌 바 있는 "예수 그리스도와 십자가에 달린 그분"을 가리키고 있음이 분명하다.[215]

215 cf. G. Fee, *The First Epistle to the Corinthians*, 139.

2) 12-13절

12-13절에서 바울은 10b에서 말한 자신의 요지인 '어떻게 자신이 놓은 기초석 위에 건물을 세울지를 유의하라'로 돌아와 왜 유의해야 하는지를 구체적으로 설명한다. 앞서 11절의 외형상의 돌출적인 성격을 설명하면서 10b에서 '어떻게 세울지에 대해 유의하라'는 명령에서 11절의 '예수 그리스도라는 현재 놓인 기초석 이외에 다른 기초석을 놓을 수 없다'는 단언으로의 일탈은 유비상의 일탈일뿐 실상은 논리상의 일관성을 보여주는 것이며, 이런 점에서 바울의 일관된 관심은 건물을 세우는 자들이 과연 건물의 기초석인 예수 그리스도라는 성격에 걸맞은 건물을 세울 것인가에 있다는 점을 지적한 바 있다. 즉 건물을 세우는 방식이 아니라 건축물 자체의 성격이 바울의 관심이었다는 점이었다.

이와 같은 논지의 연장선상에서 바울은 다시 건축의 방식이 아니라 건축 자재에 관해 말하고 있다. 이런 점에서 여기서 열거되는 금, 은, 보석, 나무, 풀, 짚과 같은 건축 자재들 역시 건축 방식에 관한 것이 아니라 지어진 건축물이 어떠한 성격의 건축물인가 즉 어떤 재질로 만들어진 건축물인가를 보여주는 은유들이라 할 수 있다. 보다 정확히 말해서 여기서 바울의 관심은 어떤 건축 자재가 예수 그리스도라는 기초석에 어울리는 건축 자재이며 어떤 건축 자재로 지어진 건물이 예수 그리스도라는 기초석에 적합한 것인가에 있는 것이다.

이런 점에서 금, 은, 보석, 나무, 풀, 짚은 가치의 정도에 따른 열거라기보다는 크게 불멸의 재질인가 아니면 사멸하는 재질인가에 따른 열거라 할 수 있다. 이런 점에서 불멸의 재질로 건물을 세워가는 것은 10-11절에서 바울이 말하는 유일하고도 영속적인 기초인 십자가에 달려 죽으신 예수 그리스도에 준하는 것들로 건물을 세워가는 것과 같다 할 수 있다. 다시 말해, 하나님의 지혜와 능력이란 십자가에 달려 죽으신 그리스도에 준하는 방식으로 교회 공동체를 세워가는 것을 뜻한다. 이에 반해 사멸될 재질로 건물을 세워가는 것은 교회 공동체의 기초인 십자가에 달린 그리스도에 반하는 것들로 건물을 세워가는 것을 의미하며, 이런 점에서 세상적인 힘과 지혜로 교회 공동체를 세워가는 것을 뜻한다 할 수 있다.

이점은 이어지는 14-15절에서 오직 두 가지 일, 즉 불을 견디는 일과 불에 타버리는 일이 대비되는 사실에서도 지지를 받는다. 그렇다면 분명히 금, 은, 보석은 불멸의 재질에 대한 은유이며 나무, 풀, 짚은 사멸하는 재질에 대한 은유라 할 수 있다. 그러나 동시에 주목할 점은 12-13절은 분명 '어떤 이'가 이와 같은 건축 자재들을 건물로 세운다고 가정하고 있다는 점이다. 즉 건물이 이러한 건축 자재들로 세워진다고 말하지 않고 '어떤 이'가 이 건축 자재들로 건물을 세운다고 가정하고 있다는 뜻이다. 이것은 바울이 이러한 건축 자재란 은유를 통해서 건물 자체에 관심을 두고 있다기보다는 건물을 세우는 자들에게 관심을 두고 있음을 암시하고 있다.[216] 이것 역시 14-15절에서 사도 바울이 불의 시험을 통과한 건물 자체에 대한 관심보다는 건물을 짓느라고 수고한 대가 곧 삯에 대한 관심을 두고 있다는 점에서도 지지를 받는다.

13a절은 예수 그리스도라는 기초석 위에 세워진 금, 은, 보석, 나무, 풀, 짚의 건물을 건축자의 '일/ἔργον'로 묘사하며 '그날'에 불로 이 일이 어떤 종류의 일이었는지를 시험하게 될 것이라 말한다. 많은 구약의 본문들이 여호와의 날에 있을 불의 연단 혹은 시험을 말하고 있다. 이런 점에서 여호와의 날인 '그날'은 분명 하나님의 심판에 대한 고전적인 종말론적 이미지인 불이란 특징을 지닌다(여호와의 심판의 날로서의 '그날'에 대해

216 cf. Ibid., 140.

선 다음을 보라. 사 2:12, 렘 46:10, 암 5:18; 불과 여호와의 날이 연계된 것을 위해선 다음을 보라. 욜 2:3, 3:3, 말 4:1, 단 7:9. 또한 다음을 참조하라. 신 32:22, 암 7:4, 말 3:2).

특히 말라기 3:2-3이 본문의 13절과 밀접한 평행관계를 보인다. 두 본문 모두 금, 은, 그날, 불과 같은 유사한 용어들을 사용하고 있으며, 불로 특정한 대상을 소멸시키는 심판을 상정하고 있고, 하나님의 성전으로서의 건물과 이 건물의 지도자들에 대한 심판을 암시하고 있다는 점에서 그렇다.[217] 물론, 이 두 본문 사이에 불에 의한 심판의 성격에 대한 중요한 차이, 즉 말라기 본문은 정화라는 의미에서의 심판을 말하고 이 본문은 불멸의 것과 사멸의 것을 구분해내기 위해 테스트한다는 점에서의 심판을 말한다는 차이가 있다.[218] 또한 14-15절은 명시적으로 이러한 불의 시험적 성격을 말하고 있음이 사실이다.

그러나 여호와의 날에 있을 불에 의한 심판 이미지군(群)은 그것이 정화이든 테스트이든지 성경의 예언 전승의 일관된 주제이기에, 특히 여호와의 날에 임할 불의 심판이 본문 13절의 성경적 배경이 된다는 점에는 이의가 있을 수 없다. 물론 예수 그리스도의 죽음과 부활을 통해 이러한 여호와의 날에 있을 종말론적인 심판의 중심이 미래에서 현재로 옮겨온 것이 사실이지만 말이다.[219] 어떤 경우이든 바울은 여기서 건물을 세우는 자들의 일은 종국적으로 반드시 불을 통한 시험의 대상이 될 것이라는 점을 분명히 하고 있다. 이러한 맥락에서 14-15절은 이러한 불의

---

217 cf. Roy E. Ciampa & Brian S. Rosner, "I Corinthians," in *Commentary on the New Testament Use of the Old Testament*, eds. G. K. Beale & D. A. Carson (Baker Academic, 2007), 703. 그러나 이 두 본문 사이의 중요한 차이는 말라기 본문은 정화라는 의미의 심판이 강조되고 있는 반면,에 본고의 본문 경우는 불멸의 것과 사멸의 것을 구별한다는 의미의 심판이 강조되고 있다는 점이다.

218 이 점은 G. Fee 역시 분명히 주목하고 있다 (cf. *The First Epistle to the Corinthians*, 142).

219 cf. G. Fee, *The First Epistle to the Corinthians*, 142.

시험을 견뎌낸 일을 한 자, 곧 그가 건물을 세워가는 일이 유일한 규범적 기초인 예수 그리스도에 적합하기에 불멸의 자재로 세운 일이 드러나게 되며 그에 따른 임금 혹은 상이 있을 것임을 말하고 있는 것이다.

여기서 고린도 교회 공동체의 상황을 염두에 둔 바울의 의도를 생각해 볼 필요가 있다. 본문에서 건물을 세워가는 일이라는 은유 혹은 유비를 통해서 바울이 염두에 두고 있는 대상들은 예수 그리스도를 기초로 개인적인 신앙의 삶을 어떻게 살아갈 것인가를 고민하는 고린도 교회 공동체의 개별적인 구성원들이라기보다는 세상적인 지혜를 따라 고린도 교회를 이끌어가는 지도자들이라는 점을 고려할 필요가 있다. 이 점은 이미 사도 바울이 1:17에서 그리스도의 십자가라는 복음을 전하면서 자신은 '수사로 대변되는 인간의 지혜로 하지 않는다'고 말하고 있다는 점과 3:4에서는 고린도 교회 내에 네 그룹의 파당을 언급하면서도 결국 5절에서 바울과 아볼로만을 언급하고 있다는 점,[220] 끝으로 바울은 1:19에서 하나님은 지혜자들의 지혜를 '멸하실 것이라'고 말하는데 여기서 '멸하실 것이라'의 동사가 3:4에서 '아볼로에게 속한'이란 뜻을 지닌 'Απολλῶ와 동음이의어인 ἀπολῶ이며 아볼로의 헬라어 표기가 'Απολλῶς라는 점 등은 바울의 일관된 관심이 세상적인 지혜와 대변되는 십자가에 달려 죽으신 그리스도라는 것을 강력히 암시한다. 이런 점에서 13절은 이들이 고린도 교회를 세우는 데 사용한 세상적인 전통의 지혜들은 사멸될 것들로 심판의 날이 도래하여 심판의 불로 테스트될 때 결코 살아남을 수 없다고 말하고 있다고 보는 것이 적절하다.

220 행 18:24-19:1-7은 에베소에서의 아볼로와 바울의 사역을 연이어 기술하고 있는데 아볼로는 그의 능통한 학문적인 지혜로 성경을 잘 풀어서 하나님의 길에 대해 증언하지만 그는 요한의 세례만을 아는 자로 묘사되고 있음에 반해 바울은 성령의 세례를 전하는 자로 묘사되고 있다.

3) 14-15절

14-15절은 앞서 12-13절이 말한 바 즉 마지막 날의 불을 통한 심판을 통해 예수 그리스도라는 기초석 위에 건축자들이 세운 다양한 재질의 건물들이 과연 이 기초석에 부합되는 건물들인가를 시험할 것이라는 점에 대한 보다 구체적이고도 명시적 진술일 뿐만 아니라, 더 나아가 시험을 통과한 건물과 통과하지 못한 건물을 세운 자들에 대한 상/임금의 문제를 다룬다.

이 부분은 건물을 세운 자들의 '일(τὸ ἔργον)'이 오직 두 종류의 일일 뿐임을 동일한 구문구조를 지닌 평행을 이루는 두 개의 종속절을 통해 분명히 하고 있다(εἴ τινος τὸ ἔργον + 미래 동사). 하나는 어떤 이의 일이 그가 전에 세운 그대로 머물러 있는 일이고, 다른 하나는 어떤 이의 일이 불타 없어져 버린 일이다. 불의 시험을 겪은 후에 생각할 수 있는 개연성은 이 두 경우 이외에는 없다는 것을 암시한다. 이것은 기본적으로 12절에서 열거된 건축 자재들을 통해 저자는 교회 공동체를 세우는 자재들이 다양한 질을 갖고 있다는 점을 보여주려는 것이 아니라 오직 불멸의 자재들인가 아니면 사멸할 자재들인가를 보여주려는 의도라는 지적과 일맥상통한다. 또한 13절이 말한 불의 심판이 더러운 교회 공동체를 깨끗하게 하려는 정화의 성격을 지닌 것이 아니라, 특정한 교회 공동체가 기초석인 예수 그리스도에 적합한 올바른 공동체인지를 시험하는 성격을 지녔다고 말한 바와 궤적을 같이 한다. 이런 점에서 특히 13-15절의 불은 연옥 사상을 주창하는 자들이 주장하듯이 정련 혹은 정제를 암시한다기보다는[221] 분명 심판을 암시한다.

그 다음이 두 개의 종속절 뒤에 나오는 두 주절의 형태를 주목할 필

221 cf. J. Paul Sampley, "The First Letter to the Corinthians", *New Interpreter's Bible*, 829.

요가 있다. 첫 번째 주절은 "μισθὸν λήμψεται"로서 '삯' 혹은 '보상'을 뜻하는 μισθὸν이 강조의 위치에 있음을 암시한다. 즉 어떤 이의 일에 대한 '대가'가 있을 것인가, 보다 정확히 말해서 어떤 이가 한 일이 헛된 일이 아니라는 것을 분명히 보여주고자 하는 의도로 여겨진다.

앞서 바울은 본문 앞 6-7절에서 자신은 심는 역할을 했고 아볼로는 물을 주는 역할을 했을 뿐이지만, 그러나(강한 역접의 연결사 ἀλλὰ를 보라) 하나님이 자라나게 하셨으니 결과적으로(7절 서두에 결과를 나타내는 연결사 ὥστε를 보라) 심는 자나 물을 주는 자는 아무것도 아니고 자라나게 하신 하나님만이 중요하다는 분명한 암시를 준 바 있다.[222] 이어서 8-9절에서 바울은 6-7절에서 분명히 밝힌 심고 물을 주는 자와 자라나게 하신 자 사이의 차이 혹은 대조라는 연장선상에서 보다 중요하게 이 차이를 수고와 삯이라는 은유를 통해 구체화시키고 있다. 이런 점에서 바울이 8-9절에서 말하는 심고 물주는 자와 하나님 사이의 차이를 다음과 같이 표현할 수 있다. '심는 자인 나 바울과 물을 주는 자인 아볼로는 동일한 성격의 일을 한다는 점에서 하나이다. 이런 점에서 우리 각자는 각자의 수고에 따라 각자의 삯을 받게 될 뿐이다. 왜냐하면 우리는 하나님께 속해 있는 서로 간에 동역자(fellow-worker)일 뿐이기 때문이라.'[223]

---

222 고전 3:6-7은 헬라어로 다음과 같이 되어있다. "ἐγὼ ἐφύτευσα, Ἀπολλῶς ἐπότισεν, ἀλλὰ ὁ θεὸς ηὔξανεν· ὥστε οὔτε ὁ φυτεύων ἐστίν τι οὔτε ὁ ποτίζων ἀλλ' ὁ αὐξάνων θεός.." 이 문장을 문자적으로 번역하면 다음과 같다. "바울은 심었고 아볼로는 물을 주었으나, ***그러나***(ἀλλα). 하나님이 자라나게 하셨고 ***그 결과***(ὥστε) 심는 자나 물을 주는 자는 아무 것도 아니나(οὔτε ..ἐστίν τι/is not anything), ***그러나***(ἀλλ') 자라나게 하는 자는 하나님 [이니라]" (이러한 바울의 역할과 아볼로의 역할은 각기 행 18:1과 행 18:27에 암시되고 있다). 그러나 분명 여기서 초점은 심고 물을 주는 자와 자라나게 하는 분 사이의 대조일 뿐이다. 이런 점에서 7절 역시 심고 물을 주는 자는 아무런 중요성이 없되 오직 자라나게 하는 분이신 하나님만이 중요하다는 의미를 분명히 암시하고 있다. 그러나 유감스럽게 모든 현대 번역 성경들은 이 점을 나타내지 못하고 있다.

223 8-9절은 헬라어로 다음과 같이 되어 있다. "ὁ φυτεύων δὲ καὶ ὁ ποτίζων ἕν εἰσιν, ἕκαστος δὲ τὸν ἴδιον μισθὸν λήμψεται κατὰ τὸν ἴδιον κόπον· θεοῦ γάρ ἐσμεν συνεργοί, θεοῦ

다시 말해, 앞서 5절이 명시하고 있듯이 바울과 아볼로의 역할은 고린도 교회 교인들로 하여금 십자가에 달려 죽으신 예수 그리스도라는 복음을 믿게 하는 공동의 목표를 두고 서로 간에 상호보완적인 역할을 한다는 점에서 동역을 하고 있으며, 이런 맥락에서 이들은 서로 간에 동역자로서 이에 대한 대가가 있을 뿐이라는 점을 밝히고 있는 것이다.[224] 이런 점에서 바울은 물론, 6-9절은 밭(γεώργιον)이란 유비 혹은 은유를 통해 밭에서 일하는 사역자인 바울과 아볼로는 밭의 주인이신 하나님(cf. 9절 "θεοῦ γεώργιον/하나님의 밭")에 비견해서 아무 것도 아니라는 점에서 4절에서 말하는 바울파와 아볼로파라는 것이 육신에 속한 일 곧 세속적 인 가치를 대변한다고 말하고 있고, 본문 10-15절에서는 건물(οἰκοδομή)이란 유비 혹은 은유를 통해서 하나님의 건물(cf. 9절, "θεοῦ οἰκοδομή/하나님의 건물")을 세우는 자들이 건물을 세우는 일에 조심해야 한다는 점을 말한다는 차이는 존재한다. 그러나 이 두 본문은 모두 고린도 교회 공동체의 사역자들이 하나님의 밭과 건물에서 일하는 자들로서 이들의

γεώργιον, θεοῦ οἰκοδομή ἐστε." 여기서 위에 본문에서 '동일한 성격의 일을 한다는 점에서 하나이다'라는 표현은 헬라어로 단순히 "ἕν εἰσιν"으로서 문자적으로는 "하나이다." 개역개정을 포함해 대부분의 한글과 영어 번역 성경들은 '하나/ one'이라고 번역하고 있으며 (개역한글은 '일반이라'고 번역함) 공동번역의 경우에는 "동등한 사람이다"라고 번역함으로써 문맥상의 뉘앙스를 살리려 했다. 그러나 5절은 분명 아볼로와 바울을 믿음의 중재자 즉 이들을 통해 고린도 교회 교인들이 십자가에 달려 죽으신 예수 그리스도란 복음을 믿게 한 자들이라고 밝히고 있다. 이런 점에서 이들은 동일한 목표를 지닌 사역자라는 점에서 '하나'라고 말하고 있는 것이다. 14절에 대한 이러한 이해와 관련해 보다 중요하게 이어지는 문장이 심는 자와 물을 주는 자를 분명히 수고에 대가로 삯을 받는 자들이라고 밝히고 있고 그 이유를 명시적으로 이들이 하나님에 속한 (여기서 θεοῦ는 소유의 속격을 뜻함. cf. 류호영, 『헬라어교본』, 234) 동역자들이라고 명시하고 있음에 비추에 볼 때 여기서 "ἕν"은 삯이 주어질 사역자(5절에서 바울은 자신과 아볼로를 "διάκονοι/사역자"로 규정하고 있음)라는 점에서 '하나'라고 해석하는 것이 적합하다.

224 바울은 이런 맥락에서 3:4에서 고린도교회 교인들이 '나는 바울파다 나는 아볼로파'라고 말하는 것을 보니 너희는 영적인 사람이 아니라 육적인 사람이라고 말하고 있는 것이다(cf. 4절 'οὐκ ἄνθρωποί ἐστε; NASB는 이 표현을 "are you not mere men?"이라고 비슷하게 번역하고 있다. 이에 관해 또한 다음을 보라. Jerome Murphy-O'Connor, *1 Corinthians* (Michael Glazier, 1979), 23.

일관된 관심은 어떻게 이 공동체를 공동체의 기초석이신 십자가에 달려 죽으신 그리스도라는 복음에 합당하게 섬길 것인가에 있어야 한다는 데 초점을 두고 있으며, 이런 맥락에서 두 본문 모두는 이 공동체를 섬기는 자들은 단순히 일꾼이고, 수고 혹은 일에 대한 삯과 보상이 있을 것이라고 말하고 있는 것이다.[225]

두 번째 주절은 “ζημιωθήσεται”로서 구문구조상 첫 번째 주절과 같이 주어가 따로 명기되지 않은 상태에서 단지 미래형의 동사로만 이루어져 있으며, 하나의 작은 차이는 두 번째 주절은 수동형이 암시하듯이 따로 목적어인 ‘μισθὸν’이 명시되고 있지 않다는 점이다. 보다 중요하게 첫 번째 주절의 경우에 μισθὸν이 강조의 위치에 옴으로써 ‘삯을 어떤 이가’ 받게 될 것이라는 점이 강조되고 있다면 동일한 맥락에서 두 번째 주절 역시 비록 μισθὸν이 명시되고 있지는 않지만 “ζημιωθήσεται”(기본형은 손실을 겪다 혹은 몰수하다란 뜻을 지님)가 수동이라는 점에서 여전히 ‘삯’이 암시되고 있으며 이런 점에서 여기서 저자가 강조하는 바는 ‘삯’이 몰수될 것이라는 점을 강하게 암시하고 있다고 할 수 있다.[226] 이 점은 두 번째 주

225 이런 점에서 G. Fee가 여기서 말하는 ‘보상 혹은 삯’이 어떻게 값없이 주어지는 선물로서의 은혜와 양립할 수 있는가 하는 힘겨운 설명(cf. G. Fee, *The First Epistle to the Corinthians*, 143)은 본문의 논지를 다소 벗어난 것이라 할 수 있다 .

226 NASB, NIV를 비롯한 많은 영어 번역성경들은 두 번째 주절을 한결같이 “he will suffer loss/ 그가 손실을 겪게 될 것이라”고 번역하고 있다. G. Fee 역시 이 절을 동일하게 번역하면서 여기서 ‘어떤 이’가 겪게 될 손실은 문맥상 특히 17절 (“εἴ τις τὸν ναὸντοῦ θεοῦ φθείρει, φθερεῖ τοῦτον ὁ θεός·/ 만약 누군가 하나님의 성전을 파괴한다면 하나님이 이 사람을 파괴하신다.”)에 비추어 볼 때 고린도 교회 공동체의 지혜와 나뉨에 의해 파괴되어 가는 과정 중에 있는 이 교회 공동체를 가리킨다. 한 걸음 더 나아가 이 공동체가 파괴된다는 것은 복음의 본질과 열매를 구현함으로써 교회 공동체가 해야 될 고린도 사회에 대한 살아있는 대안으로서의 역할을 하지 못하는 것을 뜻하기에 결국 어떤 이가 겪게 될 손실은 종국에 거짓된 성도로 드러나게 될 고린도 교인들이라고 말한다. 이런 점에서 또한 이들은 삯 혹은 보상을 얻게 되지 못한다고 주장한다(cf. G. Fee, *The First Epistle to the Corinthians*, 143-144). 이러한 해석 특히 16-17절과 연계한 손실에 대한 해석은 교회 공동체가 기초석이신 십자가에 달려 죽으신 하나님의 지혜와 능력에 따라 세워지지 않게 되면 결국 거짓된 신자들을 양산해 낸다는 점을 바르게 지적하고 있음이 사

절 다음에 첨언의 문장이 나오는데 이 문장에 있는 'σωθήσεται'라는 미래 수동형 동사는 앞의 두 미래형 동사와 달리 동사의 주어가 αὐτὸς라고 따로 명기되고 있다는 사실에서도 지지를 받는다. 여기서 αὐτὸς는 강조의 의미보다는 역접의 연결 사인 δὲ가 암시하듯이 바로 앞 문장이 '삯이 몰수될 것이라'고 말했기 때문에 여기서는 주어를 따로 명기해 '그러나 그 자신은 구원을 받게 될 것이라'는 점을 첨언의 형태로 밝히고 있는 것이다. 또한 이러한 첨언의 성격은 이어지는 "불을 통한 [구원]과 같을 것이라"는 표현에서도 지지를 받는다.

그렇다면 바울은 분명 어떤 이의 일 곧 하나님의 종말론적인 교회 공동체를 세우는 일이 인간의 능력과 지혜의 신적 안티테제(divine antithesis)인 십자가에 달려 죽으신 예수 그리스도 가운데 구현된 하나님의 능력과 지혜를 따라 이루어진다면, 마지막 때에 하나님의 불의 시험을 통과하게 되어 그 일이 헛된 수고가 아님이 드러날 것이고 이에 따른 삯이 주어질 것임을 말하고 있다. 반면, 이러한 하나님의 종말론적인 교회 공동체를 세우는 어떤 이의 일이 인간의 능력과 지혜를 따라 이루어짐으로써 기초석이신 십자가에 달려 죽으신 예수 그리스도에 부합되는 일이 아니라면 필연적으로 이 불에 의해 불타 없어질 것이기에 그의 일이 헛수고 였고 이 점에서 아무런 삯이나 보상이 주어지지 않을 것임을 말하고 있다.

이어지는 15c의 첨언 즉 '그 자신은 구원을 받게 될 것이되 불을 통한 구원을 받게 될 것이라' 역시 동일한 맥락에서 이해될 수 있다. 즉 지

실이다. 그러나 이 해석이 주창하는 '무엇이 손실인가?'라는 점은 본문의 저자의 일관된 관심이 교회 공동체를 세우는 데 있어서 헛수고를 하지 말라는 경고에 있으며 이런 맥락에서 헛된 수고에는 삯이 없을 것이라고 말하고 있다는 점에서 본문의 부차적인 관심이라 할 수 있다. 이런 점에서 ζημιωθήσεται는 '그가 손실을 겪다' 보다는 수동형을 충분히 고려하여 '삯이 몰수될 것이다'로 번역하는 것이 바람직하다.

금까지 바울의 일관된 관심이 건축자 자신이 아니라 건축자가 한 일 곧 예수 그리스도라는 기초석 위에 교회 공동체를 세우는 일의 성격에 있었듯이 동일한 맥락에서 여기서도 분명 건축자 자신과 그가 한 건물을 세우는 일은 구별될 수 있으며 이 건물이 기초석과 성격이 다르기에 불타 없어지는 것은 마땅하지만 건축자 자신은 별개의 문제일 뿐만 아니라 또한 이것이 여기서 저자의 관심이 아니라는 점을 암시하고 있는 것이다.

15절의 "불을 통한 구원"이란 표현은 아모스 4:11의 "불 속에서 빼낸 불 붙은 나무 조각"을 연상시킨다. 아모스 선지자는 4장에서 하나님이 다양한 방식의 심판을 통해 이스라엘을 자신에게 돌아오게 하려고 했지만 그들이 깨닫지 못하고 더욱 마음이 굳어감을 상기시키고 있다. 동일한 맥락에서 11절에서 하나님은 소돔과 고모라 같이 이스라엘을 무너뜨리시고 그 백성을 불 속에서 끄집어낸 타다 남은 나무 조각같이 만드셨으나 그들이 끝내 돌아오기를 거절했다고 말씀하신다. 소돔과 고모라 성의 멸망에서 몸만 겨우 구원받은 롯과 그의 가족이 암시하는 바와 불 속에서 꺼내진 타나 남은 나무 조각이 암시하는 바가 동일하다. 심판의 불이 롯이 이룬 모든 것을 다 태워 없애고 겨우 몸만 살아남은 것 같이 또한 불속에서 꺼내진 나무 몸통과 같이 잘못된 건축물을 세운 자도 그가 세운 건축물은 불타 없어질 것이지만 그 자신은 남아 있을 것임을 암시한다. 이런 점에서 여기서 암시하는 것은 정화의 심판 개념도 아니고 가톨릭 전통의 연옥사상도 아니다. 그러나 동시에 '불 속에서 꺼내진 나무 조각'은 세속적인 방식으로 계속해서 교회 공동체를 세우는 자들은 심각한 위험에 처해있는 자들이요 이런 점에서 아슬아슬하게 폐허의 잔해 가운데서 겨우 이끌어질 것이라는 경고를 담고 있다.[227]

227 cf. G. Fee, *The First Epistle to the Corinthians*, 144.

4) 결론-신학적 강해

바울은 먼저 10절에서 분명하게 자신에게 주어진 하나님의 은혜에 따라 인간의 지혜와 능력에 대한 신적인 안티테제로서 하나님의 지혜이자 능력인 십자가에 달려 죽으신 그리스도로 고린도 교회 공동체로 대변되는 하나님의 건물의 기초석을 놓았다고 천명한다. 이것이 자신의 역할이었으며 다른 교회 사역자들이 자신이 놓은 이 기초석 위에 건물을 세우는 일에 기여하기를 기대한다고 말한다. 이것은 분명 크리스천 공동체는 근본적으로 유기적으로 연결되어 있는 단일한 공동체로서 각자의 주어진 역할에 따라 이 공동체를 세워가야 할 것을 암시한다(cf. 12:12-31).

사도 바울은 교회 공동체 구성원들 간에 이러한 상호 보완적 역할을 설명하면서 바로 앞 단락(5-9절)에서는 자신의 사역과 아볼로의 사역의 상호적 역할을 긍정적으로 묘사하고 있고, 본문에서는 교회 공동체 구성원들이 건물을 세워가는 일에 대한 기여의 질(quality)에 관심을 집중하고 있다. 물론, 이 두 부분의 기저에 흐르는 사상은 하나님의 밭에서 일하는 일꾼과 하나님의 건물을 세워가는 사역자 들로서의 자신과 아볼로 그리고 교회 공동체를 이끄는 자들의 정체성과 역할이다.

한 걸음 더 나아가 바울은 그리스도를 고린도 교회 공동체로 대변되는 하나님의 건물의 기초석으로 놓았기 때문에 다른 건축자들은 매우 조심스럽게 이 건물을 세워가야 한다고 말한다. 앞서 바울은 그리스도의 십자가라는 복음을 선포함에 있어서 자신은 인간적인 지혜 전통의 일환인 현란한 수사(rhetoric)로 하지 않았음을 밝히고, 이 십자가라는 하나님의 말씀은 옛 시대에서 새 시대로 넘어가는 전환점에서는 두 가지 역할을 한다고 천명한다. 하나는 멸망당할 자들에게는 미련하고 어리석음의 역할이며 다른 하나는 구원을 받을 자들에게는 하나님의 능력의 역할이라는 것이다(1:17-18). 또한 바울은 유대인과 헬라인으로 대변되는 이 땅 위의 모든 인류는 능력에 집착하여 표적을 구하고 이성에 집착하여 지혜를 추구하지만, 바울은 십자가에 달려 죽으신 그리스도를 선포하니 십자가는 세속적인 의미에 능력에 집착하는 자들을 걸려 넘어지게 하고 인간의 지혜에 집착하는 자들을 실소하게 만드는데, 하나님이 그렇게 하신 이유는 세상의 지혜로는 하나님을 알 수 없다고 하나님이 판단하셨기 때문이라고 말한다(1:21-24).

이런 맥락에서 10b에서 바울은 하나님의 건물인 교회 공동체를 세워가는 자들은 어떻게 이 건물을 세워갈지를 매우 조심해야 한다고 말한다. 11절은 조심해야 할 이유를 어느 누구도 예수 그리스도라는 이 건물의 기초석 이외에 다른 기초석을 놓을 수 없기 때문이라고 밝힌다. 이것은 잘못된 기초 위에 건물을 세울 수 있다는 개연성을 상정하여 이러한 건물을 세우는 자는 잘못을 행하는 것이라고 말하고자 함이 아니다. 오히려 잘못된 기초 위에 건물을 세우는 자는 정작 하나님의 종말론적인 교회 공동체를 세우는 것이 아니라 세속적인 의미의 공동체를 세우는 것이라는 근본 취지를 상기시키기 위함이다.

12-13절에서 바울은 어떻게 그리스도가 기초석인 하나님의 교회 공동체를 세워야 하는가를 구체적으로 불멸의 재료로 짓는 경우와 사멸하는 재료로 짓는 경우로 나누어 설명하면서 마지막 날에 있을 하나님의 불의 심판이 어떤 공동체가 불멸의 재료로 지어졌고, 어떤 공동체가 사멸하는 재료로 지어졌는가를 판가름할 것이라고 말한다. 끝으로 14-15절에서 바울은 하나님의 불의 심판을 견뎌낸 공동체를 세운 건축자는 그의 일에 대한 대가로 삯을 받게 될 것이지만 불의 심판에 불타 없어질 공동체를 세운 건축자는 헛된 일을 했기에 마땅히 삯이 없을 것이라고 말한다. 이에 대해 바울은 한 가지 단서를 달고 있는데 즉 사멸하는 재료로 교회 공동체를 세운 자는 헛수고를 했기에 일에 대한 삯은

주어지지 않지만 그 자신은 구원을 얻게 될 것이라 말한다. 즉 여기서 저자의 초점은 구원의 문제가 아니라 일에 대한 대가가 주어질 것인가 주어지지 않을 것인가에 있음을 강력하게 암시하고 있다.

이러한 전체적인 맥락에서 볼 때 본문의 요지는 하나님의 종말론적인 공동체인 교회 구성원들이 어떻게 그들의 개인적인 신앙생활을 잘 영위할 것인가의 문제도 아니고, 신자 개인이 얻게 될 구원의 안정성에 대한 문제도 아니며, 또한 하나님의 불의 심판을 통해서 영원한 생명에 들어갈 자들이 깨끗하게 정화될 것이라는 가톨릭 전통의 연옥설에 대한 지지 본문도 아니다.

본문은 하나님의 종말론적인 공동체인 교회 공동체를 세우는 자들이 이 공동체를 세워가면서 영원한 건축 자재이며, 이 건물의 영원한 기초석인 십자가에 달려 죽으신 그리스도로부터 이탈되어 사멸할 재료인 세상의 지혜와 세상의 능력, 곧 온갖 형태의 세속적인 방식으로 교회 공동체를 세워가기에 이들이 한 일은 결국 다가올 하나님의 불의 심판을 견디지 못할 것이라고 경고하고 있는 것이다.[228]

바울은 여기서 하나님의 교회 공동체를 세워가는 일이 오직 하나님의 복음 즉 우리의 구원을 이루신 하나님의 능력이요 지혜인 십자가만을 선포하고 이 공동체의 구성원들 모두가 자기-주권에 대한 자기-주창을 포기하며 십자가를 통해 나타난 하나님의 승리의 방식인 죄에 대해 죽고 의에 대해사는 방식을 따라 살도록 권면하는 일을 통해 이루어진다면, 그 일에 대한 대가로 삯이나 보상이 하늘에서 주어질 것이라고 말하고 있다. 그렇지만 세상적인 인간의 지혜 곧 인본주의적 성장 동력과 원리, 인간의 철학, 대중 심리학, 교회의 관리나 경영상의 기교들, 관계적

228 cf. Ibid., 137.

인 측면에서 교인들 상호간의 우호적 관계들로 대변되는 인간 전통의 지혜를 따라 하나님의 교회 공동체를 세워간다면, 이 모든 것들은 영원한 불멸의 기초석인 그리스도에 적합한 것들이 아니기에 그들은 헛된 일을 한 것이며 이에 대한 아무런 보상이나 삯이 없을 것임을 강력하게 경고하고 있다.

5) 현대적 의의

본문은 교회 공동체를 세워가는 일은 전적으로 이 공동체의 기초인 십자가에 달려 죽으신 예수 그리스도에 준하는 방식으로 이루어져야 할 것을 말한다. 그러나 지금의 교회를 보면 세속적인 의미의 성장 동력에 함몰되어 있음을 그 누구도 부인할 수 없을 것이다. 교회 강단에서 전파되는 설교는 인간의 도덕적이며 인격적 함양을 지향하는 도덕적 설교가 주조를 이루며, 또한 영적인 설교라는 미명 하에서 기발한 교훈들을 비이성적으로 남발하는 풍유적 설교가 판을 치고 있다. 교회의 최대 관심도 외형적 성장에 있기에 수단과 방법을 가리지 않고 교인들의 수를 늘려가는 데에 관심을 집중하고 있다. 물론, 이러한 양적 성장이 질적 성장으로 나아가기 위한 기초적인 단계라고 강변하면서 말이다.

그러나 교회 공동체는 처음부터 십자가에 달려 죽으신 예수 그리스도의 구속과 부활을 통해 죄에 대해 죽고, 의에 대해 산 자들의 모임인 하나님의 종말론적인 공동체이다. 이런 점에서 교회 공동체를 세우는 자들은 반드시 그리스도의 죽음과 부활의 기초 위에 교회 공동체를 세워 나가야 한다. 교회는 사회적 단체나 기관이 아니며 또한 단순히 종교적 집단도 아니다. 자신들의 삶의 문제를 해결하거나 심리적이며 정신적인 혹은 영적인 문제를 해결하거나 영적인 진리를 찾아 나서는 구도자들의 모임도 아니다. 이런 점에서 교회는 구제나 자선의 단체도 아니고, 정신 도량의 장도 아니다. 그러기에 그 어떠한 인간적 혹은 세속적인 방식으로 교회를 이끌고 교회 공동체를 세워나간다는 것은 성경적 교회이기를 근본적으로 포기하는 것이다.

교회는 세상적인 힘과 지혜가 작용하거나 작동되지 않는 하나님의 공동체이다. 오직 하나님의 지혜이며, 능력인 예수 그리스도와 그의 정신을 따라 운용되는 공동체이다. 다양한 방식의 프로그램, 교제, 구제나 선교들이 있다 해도, 이 모든 것들이 십자가에 달린 예수 그리스도라는 정신에 부합하지 않으면 모두 헛된 것이라는 뜻이다. 즉 교회의 모든 일이 인간적이며 세속적인 옛 삶의 방식은 죽고, 하나님 중심적이며 의존적인 새 삶의 방식으로 이루어지지 않는다면 이 모든 것들은 하나님의 교회 공동체를 세워가는 것이 아니라 다른 세속적인 공동체를 세워가는 일에 불과하다. 이런 점에서 마지막 불의 심판을 견디지 못할 것이며 이들의 수고는 헛된 것으로 판명나게 될 것이다.

본문이 말하는 바는 교회 공동체를 세워가는 일이 양보다 질이 우선되어야 한다는 뜻이 아니다. 또한 질적 성장을 강조하는 것도 아니다. 양질의 좋은 교인들을 만들어내라는 뜻이 결코 아니다. 처음부터 끝까지 교회는 하나님의 공동체(건물)이기에 예수 그리스도 이외의 기초에 세워진 공동체는 교회 공동체가 아니란 점이며 이러한 세속적 공동체를 세워가는 자는 불의 심판을 견디지 못할 것이라는 준엄하고도 단호한 경고이다. 이 점에서 교회 공동체를 세워가는 자들은 귀를 기울일 필요가 있다.

V 에베소서 4:1-16

헬라어 본문

1 Παρακαλῶ οὖν ὑμᾶς ἐγὼ ὁ δέσμιος ἐν κυρίῳ

ἀξίως περιπατῆσαι τῆς κλήσεως ἧς ἐκλήθητε,

2 μετὰ πάσης ταπεινοφροσύνης καὶ πραΰτητος,

μετὰ μακροθυμίας,

ἀνεχόμενοι ἀλλήλων ἐν ἀγάπῃ,

3 *σπουδάζοντες* τηρεῖν τὴν ἑνότητα τοῦ πνεύματος

ἐν τῷ συνδέσμῳ τῆς εἰρήνης·

4 ἓν σῶμα καὶ ἓν πνεῦμά καθὼς καὶ ἐκλήθητε ἐν μιᾷ ἐλπίδι τῆς κλήσεως ὑμῶν·

5 εἷς κύριος, μία πίστις, ἓν βάπτισμα,

6 εἷς θεὸς καὶ πατὴρ πάντων, ὁ ἐπὶ πάντων καὶ διὰ πάντων καὶ ἐν πᾶσιν

7 Ἑνὶ δὲ ἑκάστῳ ἡμῶν ἐδόθη ἡ χάρις κατὰ τὸ μέτρον τῆς δωρεᾶς τοῦ Χριστοῦ

8 διὸ λέγει, Ἀναβὰς εἰς ὕψος

ᾐχμαλώτευσεν αἰχμαλωσίαν,

ἔδωκεν δόματα τοῖς ἀνθρώποις

9 τὸ δὲ Ἀνέβη τί ἐστιν, εἰ μὴ

ὅτι καὶ κατέβη εἰς τὰ κατώτερα μέρη τῆς γῆς

10 ὁ καταβὰς αὐτός ἐστιν καὶ ὁ ἀναβὰς ὑπεράνω πάντων τῶν οὐρανῶν,

ἵνα πληρώσῃ τὰ πάντα

11 καὶ αὐτὸς ἔδωκεν τοὺς μὲν ἀποστόλους, τοὺς δὲ προφήτας,

τοὺς δὲ εὐαγγελιστάς, τοὺς δὲ ποιμένας καὶ διδασκάλους,

12 πρὸς τὸν καταρτισμὸν τῶν ἁγίων

εἰς ἔργον διακονίας,

εἰς οἰκοδομὴν τοῦ σώματος τοῦ Χριστοῦ

13 μέχρι καταντήσωμεν οἱ πάντες

εἰς τὴν ἑνότητα τῆς πίστεως καὶ

τῆς ἐπιγνώσεως τοῦ υἱοῦ τοῦ θεοῦ,

εἰς ἄνδρα τέλειον,

εἰς μέτρον ἡλικίας τοῦ πληρώματος τοῦ Χριστοῦ

14 ἵνα μηκέτι ὦμεν νήπιοι,

κλυδωνιζόμενοι καὶ

περιφερόμενοι παντὶ ἀνέμῳ τῆς διδασκαλίας

ἐν τῇ κυβείᾳ τῶν ἀνθρώπων,

ἐν πανουργίᾳ

πρὸς τὴν μεθοδείαν τῆς πλάνης,

15 *ἀληθεύοντες* δὲ ἐν ἀγάπῃ

αὐξήσωμεν εἰς αὐτὸν τὰ πάντα,

ὅς ἐστιν ἡ κεφαλή, Χριστός,

16 ἐξ οὗ πᾶν τὸ σῶμα

συναρμολογούμενον καὶ συμβιβαζόμενον

διὰ πάσης ἁφῆς τῆς ἐπιχορηγίας

κατ' ἐνέργειαν ἐν μέτρῳ ἑνὸς ἑκάστου μέρους

τὴν αὔξησιν τοῦ σώματος

ποιεῖται

εἰς οἰκοδομὴν ἑαυτοῦ ἐν ἀγάπῃ

한글사역

1 그러므로 주안에서 갇힌 자인

나는 너희가

2 모든 겸손과 온유함과, 오래 참음으로

사랑 안에서 서로를 ***용납함으로써***, 그리고

3 평강의 줄로 성령의 하나 되게 하심을 지키기 위해 ***최선을 다함으로써***

너희들이 받은 바 있는 그 부르심에 합당하게 *살라고* ***권면하노라.***

4 너희가 너희의 부르심의 한 소망 안에서 부름을 받았던 것처럼,

몸이 하나요, 성령도 하나요,

5 주도 하나요, 믿음도 하나며, 세례도 하나이고,

6 모든 자들의 아버지 되시며,

만물 위에, 또한 만물을 통해, 그리고 만물 안에 계신 하나님도

한 분이시니라.

7 그런데 우리 각자에게는 은혜가 그리스도의 선물의 정도에 따라 ***주어졌도다.***

8 그러기에 성경이

"높은 곳으로 올라가시면서,

그가 포로 된 자들을 포로로 데려갔고,

사람들에게 선물을 주셨도다." 라고 말하고 있는 것이다.

9 그렇다면 올라갔다 함은 무엇을 말하느뇨?

그것은 그가 땅 아래로 내려갔었다는 뜻이 아니겠는가?

10 내려가셨던 바로 그분이 또한 하늘의 모든 것들 위로 올라가신 분이니,

이는 그가 만물을 충만하게 하기 위한 목적이라.

11 또한 바로 이 분이 사람들마다 각기 사도, 선지자, 복음 전파자,

목사와 선생이 되게 하셨으니,

12 이는 섬김의 일에까지 그리고 그리스도의 몸을 세워감에까지(목표)

성도들을 훈련하기 위함이요(목적),

13 이 일은 우리 모두가

하나님의 아들에 대한 믿음과 지식에까지(목표)

온전한 사람에까지

그리스도의 충만함의 성숙한 분량에까지

미칠 때까지(지속되어질 것이라).

14 그 목적은 사람들의 교활함과 궤휼로(수단)

미혹케 하는 속임을 위해(목적)

모든 풍조의 가르침 가운데,

이리저리 ***요동치고 휩쓸리지*** 않음으로써

15 우리가 더 이상 어린애가 되지 않고,

대신 사랑 가운데 ***진리를 말함으로써***

그리스도, 곧 머리이신 그 분에게까지(목표)

그리스도, 곧 머리이신 그 분에게까지(목표)

우리가 모든 것들을 성장시키기 위함이니라.

16 그런데 그 분으로부터 모든 몸이,

하나로 연결되어지고 함께 연합되어짐으로써

모든 지원 적인 마디와 연결 부분들을 통해서

각각의 지체의 부분마다에 있는 능력에 따라서

사랑 안에서 몸 자체를 세워가기까지(목표)

몸의 성숙을 ***이루어가는*** 도다.

1. 구문 및 구조 설명

A. 링컨은 양식 및 전승이라는 비평적 관점에서 여타 학자들이 주장하듯이, 본문 전체가 명확하게 정의된 형식을 갖고 있지 않다고 주장한다.[229] 그러나 우리는 주어진 모든 본문들은 그 전승 과정이 어떠하든, 영감된 저자에 의해서 그 자체로서 완결된 형식을 갖추었고, 그러기에 본문이 말하려는 바, 곧 본문의 주제 상 언제나 페리코피(pericope), 즉 하나의 문학적 주제를 담고 있는 독립된 최소 단락이라는 인식을 갖고 있다. 이런 점에서 이 본문도 예외가 아니라고 본다. 이상의 구조 분석이 분명히 보여주듯이, 일단 본문은 크게 세 개의 소 단락으로 구분된다: 1-3절; 4-6절; 7-16절.

이러한 단락 구분은 F. F. 브루스의 구분과도 일치하지만, 유감스럽

---

229 Andrew T. Lincoln, *Ephesians*, 42 WBC, Word Publishing [1990], p. 224.

게도 그는 이 세 단락들 사이에서 별다른 연결 관계를 제시하지 않고 단지 "지상의 삶에 놓여 있는 새로운 인류"라는 보다 큰 단락인 4:1-6:20절의 세 개의 주요한 하부 단락들 정도로 의미를 부여하고 있다.[230] 그러나 F. F. 브루스의 주장과 달리, 우리는 이 세 개의 소 단락 사이에는 보다 강력한 연관관계가 놓여있다고 생각한다. 다시 말하면, 브루스가 말하는 4:7-16절과 4:17-5:20절 사이의 연결성보다도 4:1-3과 4:4-6절, 4:7-16절 사이에 훨씬 밀접한 연결성이 존재한다는 뜻이다.

구체적으로 위의 구조 분석은 분명히 본문이 세 개의 구별된 소 단락으로 이루어졌음을 보여주고 있다. 먼저 우리는 본문의 구조를 분석함에 있어서 주어+정동사로 이루어지는 주절들(main clause)에 주목할 필요가 있다. 이 경우 주절들은 1절에 나오는 "나는 권하노라"(Παρακαλω)와 7절에 "은혜가 주어졌다"(ἐδόθη ἡ χάρις), 그리고 11절에 "바로 그 분이 … 주셨도다"(αὐτὸς ἔδωκεν) 정도를 생각해볼 수 있다. 4-6절에 해당하는 부분은 비록 원문 상 동사가 나타나 있지 않지만, 많은 번역서들이 보여주듯이 '… 이 존재한다/there is …'라는 정동사를 담고 있다고 보는 것이 좋다. 이외에 본문 가운데 많은 정동사들이 존재하지만, 이 동사들의 경우는 접속사, 관계대명사, 혹은 접사 등과 같은 종속절에 속한 동사이기에 주절에 속한 정동사와는 서열 상 혹은 무게 상 하위 요소들로 분류한다. 이상의 사실들을 고려할 때, 본문은 일단 1-3절, 4-6절, 7-10절, 11-16절로[231] 구분할 수 있다.

본문의 구조를 파악하는데 주목해야 할 두 번째 요소는 본문을 듣

---

230 F. F. Bruce, *The Epistles to The Colossians To Philemon and To The Ephesians*, NICNT, Eerdmans [1984], pp.333-353.

231 이 부분은 원문 상 하나의 긴 문장으로 이루어져있으며, 16절의 경우도 15절 끝에 나오는 단어 'Χριστός,'를 선행사로 하는 관계대명사로 시작되어있다:('Χριστός,' ἐξ οὗ').

는 자, 곧 저자의 실제적 혹은 가상적 대화자(direct address)의 어형 변화이다. 1-6절까지는 이 대화자가 2인칭 복수형으로 표현되고 있는데 반해서(cf. 1절의 'ὑμᾶς/너희들'과 4절의 'ἐκλήθητε/너희들이 부름받았다'), 7-16절까지는 이 대화자가 1인칭 복수로 표현되고 있다(cf. 7절의 'ἡμῶν/우리들'과 14절의 'ὦμεν/우리가 … 이다'와 'αὐξήσωμεν/우리가 성장시키다'). 이 점은 본문을 1-6절과 7-16절로 구분해볼 수 있는 가능성을 보여준다.

세 번째로, 본문 구조를 파악하기 위해 우리는 단어들 사이의 상호 연관 관계에 주목할 필요가 있다. 먼저 1-3절 부분에서 저자는 수신자들에게 이들이 전에 부름 받은(ἐκλήθητε) 바로 그 부르심(τῆς κλήσεως)에 합당하게 살라고 권면하고 있는데, 4-6절 부분에서 저자는 동일한 단어들을 사용하여, '부르심(τῆς κλήσεως)에 대한 한 소망 가운데 수신자들이 부름을 받은(ἐκλήθητε) 바 있다'라고 말하고 있다. 그렇다면 이 두 소 단락 사이에는 형식과 내용상 모두에 있어서 유기적인 연결이 있음을 알 수 있다. 또한 7-10절 부분은 10절에서 '내려가셨던 바로 그 분이/ὁ καταβὰς αὐτός' 라는 표현을 담고 있는데, 이어지는 11-16절은 동일한 표현인 'καὶ αὐτὸ ς/또한 바로 이 분'으로 시작되고 있다. 이 점 역시 7-10절과 11-16절이 서로 형식과 내용상 연결되어 있음을 보여주는 것이다. 이상의 여러 가지 구조상의 특징들을 모두 고려할 경우 우리는 본문을 크게 1-6절과 7-16절로 구분할 수 있다.

이제 본문의 구성을 사고의 흐름과 내용 전개를 중심으로 보다 자세히 생각해보고자 한다. 먼저 본문은 1-3절에서 "성령의 하나 되게 하심 속에서 부르심에 합당한 삶을 살라"는 권면을 담고 있다. 그리고 4-6절에서는 이 부르심과 관련한 신앙고백(confession of faith)의 내용 혹은 대상들의 하나 됨을 서술함으로써 하나 됨에 합당한 삶에 대한 성경-신학적 근거를 제시하고 있다. 그리고 저자는 바로 뒤이어 7절에서 '우리 모두 각각에게 그리스도의 선물의 정도에 따라 은혜가 주어졌다'는 사실을 말한다. 그리고 저자는 자신의 주장을 뒷받침하기 위하여 시 68:18절을 인용하고 있다(cf. 8절). 저자는 이 시편 구절을 미드라쉬(midrash)라는 유대적 해석법을 사용하여 예수 그리스도의 승천 사건 이후의 수신자들의 당대의 상황에 적용함으로써(cf. 9-10), 현재 수신자들 가운데 발견되는 다양한 재능/은사들은 모두 그리스도께서 승천하시면서 자신의 몸인 교회를 세우기 위해 선물로 주신 것이라고 주장한다. 그리고 저자는 11절에 들어가서 이 다양한 은사들을 구체적으로 열거함과 동시에 이 다양한 은사들, 곧 다양성(diversity)을 그리스도의 한 몸이라는 통일성(unity)의 문맥에서 설명함으로써, 다양성의 목적과 이를 통한 몸의 성숙(maturity)(12-16절)을 말하고 있다.

그렇다면 이 본문 속에는 '하나 됨'이라는 주제를 중심으로 상호 관계를 지니고 있는 동시에 구별된 세 개의 소 단락들이 존재한다는 점과, 4:1은 이 권면의 본문을 도입하고 있을 뿐만 아니라 에베소서의 후반부 전체를 도입하고 있다는 점을 염두에 두면서, 우리는 "그리스도의 몸 안에서의 하나 됨"이란 커다란 주제 아래, 다음과 같이 세 소 단락들의 주제들을 제시할 수 있다.

1) 서로 간의 관계 속에서 성령의 하나 됨을 유지함으로써 우리의 부르심에 합당하게 살라는 권면(1-3절)
2) 교회의 부르심과 교회의 하나 됨의 기초에 대한 진술(4-6절)
3) 예수 그리스도로부터 주어진 개개의 재능들을 그리스도의 한 몸을 전체적으로 세우는 데 기여하라는 진술(7-16절)

2. 문학적 문맥 고찰

에베소서의 저자는 1장에서부터 3장까지 그리스도 안에서 하나님께서 행하신 위대한 일들을 직설법의 형태로 서술한 뒤에, 드디어 4장에 들어와서 이 일들에 비추어 그의 수신자들에 대한 윤리적 권면을 명령법의 형태로 제시하고 있다. 이런 점에서 에베소서 전체를 간략하게나마 개관하면서 그 가운데 본문이 놓여있는 위치에 대해잠시 생각하는 것이 좋을 듯하다.

사도 바울은 에베소서를 하나님의 복들에 관한 일련의 진술들과 함께 시작하고 있는데, 이 복들에 대한 묘사는 하나님의 지혜, 하나님의 미리 아심, 하나님의 목적 등에 대한 관심을 이끌어내는 대단히 다양한 표현들로 가득 차있다. 바울은 우리가 구원받은 것은 우리의 개인적인 이익을 위해서 뿐만 아니라 하나님께 찬양과 영광을 돌리고자 함이라는 점을 강조하고 있다. "때가 성취의 시점에 도달 했을 그 때" 곧, 하나님의 목적의 클라이맥스는 우주 안에 있는 만물을 모두 그리스도 아래로 한데 모으는 일이다(1:10). 바울의 수신자들이 이 점을 인식한다는 것은 대단히 중요하며, 그런 점에서 바울은 1:15-23에서 이들의 깨달음을 위해 기도하고 있다. 동일한 맥락의 기도가 두 번째로 3:14-21절에서도 나타나고 있다.

교회를 향한 하나님의 원대한 목표들을 설명한 다음, 바울은 계속해서 이 목표들의 성취를 향한 단계들을 보여주고 있다. 첫 단계로, 하나님은 은혜의 한 행위로 개인들을 자신과 화목시키셨다(2:1-10). 둘째 단계로, 하나님은 이 구원받은 개인들을 서로 화목케 하셨는데, 이 화목의 사건은 그리스도께서 자신의 죽음을 통해 서로 간의 장벽들을 허무심을 통해 가능케 되었다(2:11-22). 그러나 하나님은 심지어 그 이상을 행하셨다. 그분은 이 화목케 된 개인들을 교회라는 종말론적인 하나의 보편 공동체인 한 몸 안으로 연합케 하셨다. 이것은 바울에게 계시되기 까지는 온전히 알려지지 않았던 "비밀"이다(3:1-6). 이제 바울은 하나님께서 교회를 향해 의도하셨던 바를 보다 분명하게 진술할 수 있게 되었는데, 그것은 이 비밀이 하나님이 자신의 "각종 지혜"를 "하늘에 있는 정사와 권세들"에게 드러내시는 방법이자 수단이라는 것이다(3:7-13). "하늘의 영역들"이란 표현을 반복적으로 사용함으로써(1:3, 20; 2:6; 3:10; 6:12) 크리스천의 존재는 단순히 땅이란 영역에만 놓여있지 않다는 점을 분명히 하고 있다. 크리스천의 존재가 지닌 의미와 중요성은 하늘, 곧 그리스도께서 승천하사 하나님의 우편에 앉아 계신 그 곳으로부터 기인한다(1:20).

그럼에도 불구하고, 크리스천의 삶은 이 땅에서 이루어지는데, 이곳은 믿는 자들의 실제적인 일상의 삶이 하나님의 목적들을 지속적으로 이루어 가는 곳이기도하다. 승천하신 주님이 자신의 교회의 구성원들에게 '선물들'을 주심으로써 이들로 하여금 서로 서로를 섬기고 봉사하며, 이를 통해 하나 됨과 성숙을 증진시킬 수 있도록 하셨다(4:1-16). 그리스도의 머리되심 아래서 교회가 하나되는 것은 그리스도 아래서 "하늘과 땅에 있는 만물"이 하나 됨을 미리 보여주는 것이다(1:10). 순결함과 서로 간의 존경을 지닌 새로운 삶은 그리스도 없이 살았던 이전 방식의 삶과 극명한 대조를 보여 준다(4:17-6:9). "주님 안에서 강한" 자들은 커다란 영적 전쟁에서, 특별히 기도의 능력을 통해 악한 자들에 대해 승리한다(6:10-20).

이상의 문학적 문맥에 대한 개관을 통해 분명해진 사실은 4:1-16절은 에베소서의 후반부인 권면 부분(paranetic section)을 시작하고 있으며, 앞에 나오는 세 개의 장으로 이루어진 전반부의 교리적/신학적 진술들에 그 근거를 두고 있다는 점이다. 이러한 사실은 본문이 추론적 접사인

οὖν으로 시작된다는 점에서도 잘 드러나고 있다.

【부록 2】 설교를 위한 본문 해석의 실제적 단계

1단계) 본문 선정과 본문 확정(중요 단어 연구 포함)

하나의 주제를 담고 있는 단락을 본문으로 선정하고 본문을 확정한다. 본문 확정은 본문을 개인적으로 번역하는 사역(私譯)을 통해 이루어지는데 본문을 개인 번역하면서 아울러 간단한 단어 연구를 병행할 수 있다.

본문 사역은 향후 이루어질 단계별 본문 연구들의 기본적인 자료가 되며 동시에 본문에 대한 해석자의 이해를 증진시키고 본문의 요지에 대한 확신을 증가시킨다.

2단계) 인접 문맥과 보다 큰 문맥 고찰

본문의 인접 및 보다 큰 문맥을 살핀다. 문맥 연구를 통해서 본문이 어떠한 주제 흐름 위에 놓여 있는지를 파악한다. 이 연구는 본문의 전후 문맥을 여러 번 읽으면서 본문이 어떠한 맥락에 놓여 있는지를 파악하며 이를 통해 본문의 개략적인 논지에 보다 근접한 이해를 갖게 한다.

3단계) 본문의 구조와 구성 파악

본문이 어떠한 언어적 구조로 이루어졌는가? 본문이 어떠한 문학적 구성 형태를 띠고 있는가를 살펴서, 본문의 구조와 구성 형태를 파악한다.

본문의 모든 문장들을 주절과 종속절로 나눈 다음(1차 서열화), 주절들 중에서 가장 중요하다고 판단되는 주문장을 찾아서(2차 서열화) 주문장을 중심으로 본문의 전체적인 구조를 파악한다. 또한 본문의 구성상의 특징이나 문학적인 특이점들을 자세히 관찰해서 본문의 전체적인 구성 형태를 파악한다.

이를 통해 본문의 개요가 드러나며 본문의 논지와 요지가 보다 효과적으로 파악될 수 있다.

4단계) 본문의 석의상의 개요 작성

1-3단계의 해석 과정을 통해서 본문의 전체적인 윤곽이 드러나게 된다. 그렇게 드러난 본문의 전체적인 윤곽을 중심으로 본문의 개요를 만든다. 이 개요는 본문의 논지나 요지를 시각적으로 보여주는 장점을 지닌다.

5단계) 본문의 책-내 및 책-간 연구

본문을 본문이 속한 책의 문학적 구성과 신학적 메시지 차원에서 살펴보고, 한 걸음 더 나아가 성경 전체의 신학적 관점에서 조명해본다. 이를 통해 본문의 신학적 메시지를 찾는다. 이 연구는 기본적으로 책 전체를 통독하거나 성구사전을 통해서 비교 연구할 수 있는 다른 본문을 찾아서 본문을 책 안과 밖의 관점에서 조명할 수 있는 기회를 제공한다. 또한 이 연구는 1-4단계를 통해 얻게 된 본문의 논지 혹은 요지를 신학적으로 조명하여 신학적 메시지로 전환할 수 있게 한다.

6단계) 역사적-신학적 정황 연구

본문과 본문이 속한 책의 역사적 배경을 이해한다. 또한 특정한 신학적 메시지가 주어진 특정한 역사적 정황에 대한 이해를 갖는다. 책의 경우는 주석의 서론이나 성경 사전을 통해서, 본문의 경우는 주석이나 성경

사전을 통해서 역사적-신학적 정황을 파악한다.

7단계) 2차 문헌 참고

해석자 자신의 본문 연구를 주석을 참고하여 보완하고 교정하면서, 본문의 요지와 논지에 대한 이해를 더욱 구체화시키고 풍요롭게 한다.

참고할 주석은 형태상으로는 한 구절씩 해석해놓은 주석(verse by verse commentary)보다는 본문을 하나의 문학적 단위로 취급하여 전체적인 관점에서 설명하는 주석이 좋고, 내용상으로는 역사-비평적 관점에서 여러 가지 해석 이론들을 열거해놓은 주석보다는 본문의 문학적 구성을 기초로 하여 본문의 주제를 성경-신학적으로 강해해놓은 주석(biblical-theological commentary)이 좋다.

이를 통해 본문의 요지에 대한 해석자의 이해가 확증되며, 해석자의 해석상의 결정들에 대한 확신을 제공한다.

8단계) 본문의 문학적-신학적 주제문 작성

본문의 요지인 문학적-신학적 메시지를 한 단락 정도로 요약 진술한다. 진술 방법은 해석자가 판단하여 결정한 본문의 요지를 해석자 본인의 표현으로 에세이 형식으로 한 단락 정도의 길이로 서술한다.

9단계) 본문의 주제의 현대적 의의로 전환

본문의 문학적-신학적 메시지를 현대적 의의로 전환한다. 이 단계에서 해석자는 본문의 신학적 메시시에 대해 "So What?"(그래서 어떻다는 것인가?)이란 질문을 제기함으로써 본문의 메시지가 현대의 청중에게 지닌 상관성(relevance)을 찾아내려 진력한다. 이를 통해 해석자 자신에 주는 메시지 혹은 현대 청중에게 주는 교훈을 보다 효과적으로 찾아낼 수 있게 한다.